VOYAGES
HISTORIQUES ET LITTÉRAIRES
EN ITALIE.

TOME III.

A PARIS,
DE L'IMPRIMERIE DE CRAPELET,
RUE DE VAUGIRARD, n° 9.

VOYAGES
HISTORIQUES ET LITTÉRAIRES
EN ITALIE,

PENDANT LES ANNÉES 1826, 1827 ET 1828;

OU

L'INDICATEUR ITALIEN;

PAR M. VALERY,

CONSERVATEUR-ADMINISTRATEUR DES BIBLIOTHÈQUES
DE LA COURONNE.

TOME TROISIÈME

A PARIS,

CHEZ LE NORMANT, LIBRAIRE,

RUE DE SEINE SAINT-GERMAIN, N° 8.

1832.

VOYAGES EN ITALIE.

LIVRE IX.

FLORENCE.

CHAPITRE PREMIER.

Route de Bologne à Florence. — Apennins. — *Pratolino.* — Aspect de Florence.

La route de Bologne à Florence traverse l'Apennin. De ce côté, les Apennins diffèrent tout à fait de l'aspect grandiose des Alpes; ils n'offrent ni le ciel âpre, ni le vert cru des sapins de ces dernières; ils ne retentissent ni de la chute des torrens et des cascades, ni des détonations de l'avalanche; la végétation est pâle, chétive, et au lieu de ces pics des Alpes si hardis, si subits, qui s'élancent comme d'un seul jet jusqu'au ciel, les Apennins ont l'air de plusieurs monticules entassés les uns sur les autres : on dirait presque qu'ils ont été construits, et comme ces édifices que la faiblesse de l'homme met plusieurs siècles à terminer, ils semblent aussi avoir été interrompus et repris.

Un très bel orage dont je fus témoin, au mois d'août, dans ces montagnes, vint toutefois les animer et leur donner quelque grandeur; l'effet de l'arc-en-ciel et de ce soleil d'Italie perçant les nuages et plongeant dans la vallée, était merveilleux.

Cette route a quelques phénomènes curieux de la nature : près de Pietra Mala, limite de la Toscane, est une source d'eau froide, dite *l'Acqua buja*, qui s'enflamme à l'approche d'une lumière, et le petit volcan, appelé *Fuoco del legno*, dont la flamme bleue au jour, et rouge à la nuit, est toujours allumée.

A cinq milles de Florence, à gauche, était la célèbre villa de Pratolino, bâtie par le prince François, fils de Côme Ier, afin d'y recevoir sa maîtresse Bianca Capello. Ce voluptueux asile et l'enchanteresse qui l'habitait furent à plusieurs reprises chantés par le Tasse [1]. Montaigne avait visité le Pratolino, dont il admire un peu trop la grotte et le mécanisme qui en fesait jaillir l'eau de toute part à l'improviste, et même des siéges lorsqu'on s'y plaçait [2]. Les curiosités de l'Italie semblent

[1]
Dianzi all'ombra di fama occulta e bruna,
Quasi giacesti, Pratolino, ascoso ;
Or la tua donna tanto onor t'aggiunge,
Che piega alla seconda alta fortuna
Gli antichi gioghi l'Apennin nevoso ;
Ed Atlante, ed Olimpo, ancor sì lunge,
Nè confin la tua gloria asconde e serra ;
Ma del tuo picciol nome empi la terra.

Rime, madrigali, 360, t. II. Deux autres madrigaux (359 et 361) sont inférieurs à celui-ci :

Qui la bassezza altrui divien sublime, etc.
Pratolin, re de' prati, e re de' cori, etc.

V. aussi Liv. VII, ch. XIV, le dialogue du Tasse *Il Rangone* adressé par lui, de l'hôpital Sainte-Anne, à Bianca Capello.

[2] Montaigne voulait se rendre de Bologne à Rome par la Marche d'Ancône ; mais un Allemand l'ayant averti qu'il avait été volé par les brigands du côté de Spolette, Montaigne prit la route de Florence : il a peint assez plaisamment le zèle peu moral et les tromperies des aubergistes auxquels il eut affaire. *Journal de son Voyage*, t. II, p. 39 et suiv. Arrivé à Florence, Montaigne fut admis, ainsi que M. d'Estissac, à la table du grand-duc et de Bianca. Le portrait

avoir plus frappé Montaigne que ses arts et sa littérature, dont il a trouvé moyen de parler à peine dans tout son voyage, tant il était préoccupé par ses diverses infirmités et le récit des petites catastrophes qu'elles produisaient. Le palais, du grand architecte florentin Bernard Buontalenti, l'ami, le maître, le confident du prince François, fut démoli il y a quelques années [1]; la plupart des merveilles hydrauliques et bizarres de ce Marly toscan ont disparu; mais les arbres, très beaux, existent encore. Il semble que cette sorte de contemporains est d'ordinaire trop négligée; les arbres sont plus intéressans que les ruines même, puisqu'ils ont vécu et senti en même temps que les personnages qu'ils rappel-

---

le plus exact que l'on ait de celle-ci, est celui qu'il en a tracé : Cette duchesse, dit le secrétaire narrateur de son voyage, « est belle à l'o-« pinion italienne, un visage agréable et imprieux, le corsage gros, « et de tetins à leur souhait. Elle lui sembla bien avoir la suffisance « d'avoir engeolé ce prince, et de le tenir à sa dévotion long-temps... « Le Grand-Duc métoit assés d'eau; elle quasi point. » *Id.*, p. 57 et suiv.

[1] Baldinucci, cité par l'*Observateur florentin* (t. vii, p. 27 et suiv.), rapporte une scène singulière entre le poète et l'architecte de Pratolino, qui ne se trouve point dans la Vie du Tasse par Serassi : quelques jours après la représentation d'une pièce du Tasse à Florence (peut-être de l'*Aminta*) avec des décorations (*prospettive*) et des machines de Buontalenti, comme celui-ci rentrait chez lui, il vit descendre de cheval, devant sa porte, un homme bien monté, en habit de voyage, et d'un aspect imposant; s'étant arrêté un moment, l'étranger vint à lui : N'êtes-vous pas, dit-il, ce Bernard Buontalenti, dont si hautement on vante les merveilleuses inventions, et particulièrement les incroyables (*stupende*) machines imaginées pour la dernière comédie du Tasse? Buontalenti ayant répondu avec modestie que c'était lui-même, mais qu'il ne méritait point tous ces éloges, l'inconnu, avec un doux sourire, se jette à son cou, le baise au front, et ajoute aussitôt : Vous êtes Bernard Buontalenti, et moi, je suis Torquato Tasso; adieu, adieu, mon ami. adieu; et sans donner à l'architecte stupéfait le temps de lui répondre, il remonte à cheval et part au grand galop, sans que jamais il reparût ou pût être retrouvé, malgré toutes les recherches que fit faire le grand-duc, averti par Buontalenti de l'apparition de l'illustre poète.

lent. Malgré les artifices et l'ambition de l'aventureuse vénitienne, le souvenir de ses amours et de sa fin malheureuse est plus vif sous les frais ombrages de Pratolino qu'il ne pourrait l'être au milieu des murs et de la magnificence de son ancienne demeure. Ces arbres invitent à la rêverie, et ils sont pour l'imagination infiniment préférables à ce colosse accroupi de l'Apennin qui aurait plus de cinquante brasses s'il se levait, médiocre statue d'auteur incertain [1], et qui représente Jupiter faisant de la pluie [2]. Le faste et les vanités de Pratolino ont été sévèrement condamnés par le grand duc Ferdinand II, prince savant et philanthrope, lorsqu'il disait qu'avec l'argent qu'on y avait dépensé il eût bâti cent hôpitaux [3].

L'approche et les environs de Florence offrent comme une expression plus vive de l'Italie, de l'Italie lettrée, artiste; la nature y paraît brillante et ornée; la culture parfaite; les hauteurs sont couvertes de villa charmantes, mêlées aux massifs d'oliviers, et telle est la multitude de ces dernières qu'on pourrait dire encore, comme au temps de l'Arioste :

> *A veder pien di tante ville i colli,*
> *Par che 'l terren vele germogli, come*
> *Vermene germogliar suole, e rampolli.*
> *Se dentro un mur, sotto un medesmo nome*
> *Fosser raccolti i tuoi palazzi sparsi,*
> *Non ti sarian da pareggiar due Rome.* [4]

---

[1] Lalande et plusieurs voyageurs l'attribuent à Jean Bologne; d'autres écrivains l'indiquent comme de l'Ammanato.

[2] *V.* Liv. VIII, chap. XVII.

[3] La dépense s'était élevée à 782,000 écus. Milizia. *Memorie degli Architetti.* T. II.

[4] « A la vue des collines de Florence, couvertes de tant de villa, il « semble que la terre les fasse germer comme les rejetons qui ger- « ment et surgissent de son sein; si tes palais épars étaient réunis « par un seul mur et sous un même nom, tu pourrais, ô charmante « cité (*gentil città*), égaler deux Rome. » *Rime.* Cap. XVI.

CHAPITRE II.

Fête Saint-Laurent. — Florentins. — Fêtes de Florence. — Barberi. — Improvisateurs. — Sgricci.

Le lendemain du jour que j'arrivai à Florence pour la première fois était la Saint-Laurent, une des fêtes nationales des Florentins. Malgré les petits excès de circonstance, ce peuple si calme, si rangé, ne me paraissait guère ressembler à cet épais Tyrrhénien, à cet Étrurien engraissé (*obesus Etruscus, pinguis Tyrrhenus*) des vers de Catulle et de Virgile, à ces musiciens ivrognes et gloutons chassés de Rome pour leur intempérance, et qui n'y rentrèrent que sous la condition de pouvoir manger à leur aise dans les sacrifices où ils jouaient de la flûte :

Inflavit quum pinguis ebur Tyrrhenus ad aras.

Il n'était pas moins différent de ce peuple républicain et furieux qui mangeait tout crus les corps de Guglielmo de Scesi et de son fils livrés par son tyran le duc d'Athènes [1]. Mais si le peuple de Florence a perdu l'esprit séditieux, la haine des nobles, l'inconstance et les vices politiques que lui reprochèrent successivement et si violemment ses historiens et ses poètes [2], il a

[1] Machiavel, *Istor. fiorent.* Lib. II.
[2] *V.* le Dante. *Il popolo di Roma*, remarque avec raison Machiavel, *godere i supremi onori insieme coi nobili desiderava, quello di Firenze per essere solo nel governo senza che i nobili ne participassero combatteva. E perchè il desiderio del popolo romano era più ragionevole, venivano ad essere le offese ai nobili più sopportabili ; talchè quella nobilità facilmente e senza venire all' armi cedeva.... Dall' altro canto il desiderio del popolo fiorentino era ingiu-*

conservé ses anciennes et solides qualités [1]. Mes fréquens passages par Florence n'ont fait que confirmer la bonne opinion que j'avais de lui; il m'a semblé offrir plus d'un rapport avec le peuple moral de Genève [2], tels sont l'ordre, le bon sens, l'économie, le goût et l'intelligence commerciale [3]. Le fougueux et sévère Savonarole, le réformateur catholique de Florence, est une espèce de Calvin. La noblesse florentine, comme les classes

---

rioso ed ingiusto; talchè la nobiltà con maggiori forze alle sue difese si preparava, e perciò al sangue ed all' esilio si veniva de' cittadini. Istor. fiorent. Lib. III. *La natura de' Fiorentini,* dit Varchi, *è d'esser rare volte d'accordo tra di loro* (Stor. fior. Lib. XIV). On se rappelle, parmi d'autres exemples de leurs révolutions, que ne pouvant un jour s'entendre sur le choix du gonfalonier, ils élurent le Christ. *V.* encore les satires de Philelphe, et la première scène du D. Garzia d'Alfieri sur *i leggeri abitator di Flora.*

[1] L'auteur anonyme de la *Vie de Léon X*, donnée dans l'appendice du dernier volume de l'ouvrage de Roscoe, fait cet éloge des Florentins : *Magis enim pecuniæ ac vitæ commodis quam inanibus hujusmodi officiis student.* Le Dante, louant les vieilles mœurs de sa patrie, l'appelle :

Sobria e pudica......
E vidi quel di Nerli e quel del vecchio
Esser contenti alla pelle scoverta,
E le sue donne al fuso ed al pennecchio. (Parad. can. XV.)

Boccace, dans sa belle lettre sur l'exil à Pino de Rossi, traite l'économie florentine d'abominable avarice : *L'abbominevole avarizia de' Fiorentini*. Il semble qu'une certaine parcimonie fut toujours particulière aux Florentins. On raconte que le faste et la représentation qu'imposait la cour de Mme Elisa Bacciocchi à des gens si habitués à l'épargne leur rendaient singulièrement pesante la domination française. L'économie autrichienne doit être plus en rapport avec les habitudes florentines.

[2] *V.* Liv. I, chap. II, et ci-après le chap. XI sur Savonarole.

[3] L'*Observateur florentin* rapporte, d'après les *Sigilli*, de Manni, le testament caractéristique de ce riche marchand de Florence qui condamnait à mille florins d'or celui de ses fils qui de 16 ans à 35 serait une seule année sans faire le commerce ou exercer quelque métier, *per unum annum vagabundus exstiterit, et si neque mercator, neque artifex fuerit, neque aliquam artem licitam et honestam fecerit realiter.* T. IV, p. 180.

élevées de Genève, compte aujourd'hui de zélés propagateurs du perfectionnement social et des lumières, et on lui doit l'état florissant des écoles d'enseignement mutuel en Toscane, et l'établissement de Caisses d'épargne [1]. Quelques autres traits moins importans paraissent avoir aussi quelque analogie : l'âpreté gutturale de l'accent florentin rappelle assez l'accent traînard et lourd de Genève, et la mauvaise et petite monnaie de ces deux villes surprend désagréablement le voyageur avec la civilisation qui les distingue [2].

[1] Malgré quelques circonstances fâcheuses, la Caisse d'épargne de Florence offrait des résultats satisfaisans, d'après le rapport lu à la commission de cette caisse, le 5 mai 1830, par son président, M. le marquis Cav. Côme Ridolfi, homme éclairé, physicien et chimiste instruit. Il est vrai que l'esprit florentin devait être singulièrement préparé à ce genre d'établissement, et qu'il était dans les vieilles mœurs de la ville.

[2] La *Zecca Vecchia* (l'ancienne Monnaie), sur le bord de l'Arno, est maintenant occupée par des filatures de soie. Les monnaies de Florence ont eu à diverses époques de la célébrité. Villani, cité par l'*Observateur florentin* (T. V, p. 207), rapporte le trait de ce dey de Tunis qui, frappé de la beauté des nouveaux florins de Florence, s'informa de marchands pisans, alors très nombreux dans son état, de ce qu'étaient ces chrétiens et ces Florentins qui avaient de tels florins : Ce sont les Arabes de notre pays, répondirent ceux-ci ; le dey, assez pénétrant, malgré sa barbarie, leur ayant répliqué : Mais cette monnaie n'est pas de la monnaie d'Arabes ; voyons la vôtre ; ils ne surent que répondre. Il fit chercher alors un marchand de Florence, et lui demanda quels étaient enfin ces Florentins qui étaient les Arabes des Pisans, et il apprit de lui que Pise n'était de moitié ni si peuplée, ni si riche, ni si puissante que Florence, et qu'elle n'avait pas de monnaie d'or. La valeur de ces florins paraît avoir changé, ainsi qu'on le voit par les reproches amers que le Dante adresse à sa volage patrie :

> Quante volte del tempo che rimembre,
> Leggi, monete, officii e costume
> Hai tu mutato, e rinnovato membre ? (Purgat. can. VI, 145.)

La monnaie à l'effigie du duc Alexandre, gravée par Benvenuto Cellini, a été comparée aux médailles du siècle d'Auguste. Sa redoutable légende : *Has nisi periturus mihi adimat nemo*, fut mise depuis par Cromwell sur sa monnaie. Dans le XVIIe siècle, la piastre de

Cette fête de la Saint-Laurent, inférieure, il est vrai, à la Saint-Jean-Baptiste, la première des fêtes de Florence, était bien loin de la joie et de l'éclat des anciennes fêtes de la seigneurie au temps de la république, qui faisaient dire à leur vieil historien qu'il semblait que *cette terre était le paradis* [1] ; elle ne rappelait guère davantage les étranges divertissemens offerts au pape Pie II en 1459, ni le tournoi, ni le grand bal auquel il assista, et cette arène où l'on vit la rare et gigantesque giraffe, et jusqu'à dix lions, combattans dégénérés des anciens cirques de Rome, dont il fut impossible d'exciter la colère; elle ne ressemblait même point à la pompeuse et assez triste cérémonie dont Montaigne avait été témoin sous le grand-duc François Ier, en 1580 [2]. Le principal plaisir de cette fête était la course des chevaux *Barberi*, spectacle qui ne me parut guère plus agréable qu'à Montaigne, et que je ne trouvai pas très digne de tout le mouvement qu'il causait. Quoique sans cavaliers, ces coursiers ne sont pas d'une vitesse extraordinaire, et il est fort probable qu'ils seraient vaincus dans les courses de Newmarket ou de notre Champ-de-Mars.

Les improvisateurs florentins ne brillaient pas beaucoup à cette fête; ils paraissent avoir quitté l'ancien tonneau, trépied sur lequel ils montaient, et ils ne déclament plus que dans les salons et pour les amateurs : de pauvres diables seulement, espèce de saltimbanques et de compères chantans, débitaient deux à deux, et accompagnés d'un joueur de guitare, certains lieux communs de morale (tels que de savoir s'il valait mieux

---

Côme III dut être aussi fort belle, si l'on en juge par sa jolie légende, si différente de la précédente : *Ipsa sui custos forma decoris erit.*

[1] *Che pare che quella terra sia il paradiso.* Goro Dati, historien de 1400.

[2] *Voyages.* T. III, p. 139.

avoir une femme laide que jolie, etc.,) ou quelques histoires triviales peu intelligibles pour un étranger. Le prince des improvisateurs actuels, M. Sgricci, habite Florence, et est pensionné du grand-duc. Je l'avais admiré à Paris comme tout le monde, autant du moins que l'excessive rapidité de sa prononciation le permettait; j'ai été surpris de trouver contre lui, à Florence, de sévères préventions; l'injustice allait même jusqu'à contester la réalité de ses improvisations. Il paraît qu'il en est des improvisateurs comme des prophètes, antiques et sacrés improvisateurs, qui avaient plus de succès ailleurs que dans leur pays. Malgré les talens de M. Sgricci, l'improvisation florentine a dû décliner si l'on se rappelle ce qu'elle était au XVIe siècle, alors qu'il existait à Florence une société littéraire chargée par Léon X de donner le titre de poète aux plus habiles improvisateurs, et de les couronner. Sous Sixte-Quint, un frère Philippe, religieux de l'ordre de saint Augustin, est comme l'Homère des improvisateurs; presque aveugle dès son enfance, il devint, toutefois, illustre théologien, philosophe, orateur, poète. Un témoin, le docte Matthieu Bosso, le correspondant de Bessarion, le maître prudent et scrupuleux de la grande Isotte[1], rapporte l'avoir entendu merveilleusement improviser à Vérone, où il prêchait en même temps le carême[2]. Un des sujets qu'il traita en chantant, et en s'accompagnant de la guitare, fut l'éloge des trois illustres lombards, comme on disait alors, Catulle, Cornelius Nepos et Pline le jeune. Une autre fois, il analysa, de la même manière, toute l'histoire naturelle de Pline l'ancien; et l'on a prétendu qu'il n'omit rien d'important des trente-six Livres qui nous en sont restés. Le

---

[1] *V.* Liv. v, chap. xxix.
[2] *Epistol.* 75, p. 349, cité par l'*Observateur florentin.* T. V, p. 51.

déclin de l'improvisation me paraît indifférent : un tel tour de force, cette espèce de magnétisme du cerveau qui semble plutôt une secousse des sens et un ébranlement des nerfs qu'une inspiration de l'âme et de la pensée, n'importe point à l'honneur poétique de l'Italie.

CHAPITRE III.

Palais vieux. — Démocratie florentine. — *Salles du conseil.* — Emprisonnement de Côme. — *Salle de l'audience.* — Portraits. — *Hercule*, de Bandinelli ; *David*, de Michel-Ange. — *Place.* — *Loge des Lanzi.* — Orgagna. — Statues.

FLORENCE est comme la capitale du moyen âge, et son vieux palais, sévère, solide, pittoresque, élevé à la fin du XIIIe siècle, au temps de sa prospérité[1], orné des vieilles armoiries de la république, peintes à fresque au-dessous de ses créneaux, dominé par son haut et hardi beffroi, est singulièrement caractéristique. L'architecte était Arnolfo di Lapo[2] ; habilement restauré par Michelozzo, d'après les intentions de Côme de Médicis, le *Palazzo Vecchio* fut encore refait intérieurement à l'usage de Côme II, par Vasari : « Tellement, » dit celui-ci, « que si les premiers architectes « revenaient au monde, ils ne reconnaîtraient plus leur « ouvrage.[3] » Un détail de sa première construction montre quelle était alors la passion et la puissance démocratique à Florence : au moment où les fondemens en étaient jetés, le peuple ne permit point qu'ils s'étendissent sur le terrain souillé des maisons des Uberti et

---

[1] Machiavel. *Istor. fior.* Lib. II.
[2] *V.* ci-après, chap. IX.
[3] *Hist. de la vie et des ouvrages des plus célèbres architectes*, par M. Quatremère de Quincy. T. I, p. 20, 1, 73, 4, 5.

des autres factieux qu'il avait démolies, dont il avait chassé les maîtres abhorrés comme nobles et comme Gibelins, et la symétrie de ce palais de la *seigneurie*, commandé par elle, fut sacrifiée à une telle volonté. La vaste salle du conseil, exécutée par Cronaca, auquel le crédit de son ami Savonarole la fit accorder, rappelle encore les mœurs et les habitudes républicaines de cet État, et les formes de son gouvernement: mille citoyens y délibéraient sur les affaires publiques; ils formaient comme un conseil d'état perpétuel, tandis que la première magistrature était de deux mois. Telle fut la rapidité avec laquelle cette immense salle, alors moins élevée, fut construite, que Savonarole dit que les anges avaient servi de maçons. La voûte, les deux grandes murailles, sont maintenant couvertes de peintures faciles et communes de Vasari, représentant d'un côté la guerre contre Pise, et de l'autre, celle contre Sienne. Aux quatre angles sont les tableaux ci-après, dont le premier, le plus intéressant, rappelle un fait singulièrement honorable pour l'esprit et la civilisation d'un peuple : il représente la réception des douze ambassadeurs envoyés par diverses puissances, à Boniface VIII, pour le jubilé de 1300, ambassadeurs qui tous se trouvèrent Florentins; aussi le pape, frappé d'une telle rencontre, et de cette réunion de Florentins gouvernant l'univers, dit qu'ils étaient un cinquième élément [1]. Le tableau est

---

[1] La liste des puissances ou princes dont ces Florentins étaient ministres, ne paraîtra peut-être pas moins extraordinaire que le fait lui-même; c'étaient la France, l'Angleterre, le roi de Bohême, l'empereur d'Allemagne, la république de Raguse, le seigneur de Vérone, le GRAND KAN DE TARTARIE, le roi de Naples, le roi de Sicile, la république de Pise, le seigneur de Camerino, le grand-maître de Saint-Jean de Jérusalem. L'*Observateur florentin*, parlant du palais Giraldi, cite un passage du *Diario*, manuscrit de Marmi, à la bibliothèque Marruccelliana, d'après lequel plusieurs familles florentines

de Jacques Ligozzi, auquel on doit aussi le couronnement de Côme, par Pie V, placé à l'autre extrémité; les deux autres tableaux sont l'élection de Côme Ier, de Cigoli, et sa prise du manteau de l'ordre militaire de Saint-Étienne, par Passignano. Plusieurs statues de cette salle sont remarquables; telles sont : Côme, père de la patrie; Jean de Médicis, Côme Ier, un groupe de Clément VII couronnant Charles-Quint, Léon X, le duc Alexandre, et surtout l'Adam et Éve, de Bandinelli; la Victoire, noble et énergique statue, inachevée, de Michel-Ange, qui devait faire partie du mausolée de Jules II; un beau groupe en marbre de son jeune élève, Vincent Danti, la *Vérité qui dompte l'erreur;* et quatre statues mises dans des niches, qui proviennent de la villa Médicis de Rome.

Je fus curieux de visiter l'endroit de la tour appelé *la Barberia*, et non *l'Alberghettino*, comme l'ont répété tous les historiens qui se sont copiés, où le fougueux et éloquent Renaud des Albizzi, qui s'était rendu maître des élections de Florence, fit enfermer Côme de Médicis, père de la patrie, sous la garde de Frédéric Malavolti, le plus honorable et le plus délicat des geôliers de l'histoire, puisqu'il mérita d'être embrassé avec attendrissement par son prisonnier[1]. C'est dans cet étroit espace, raconte Machiavel, qu'il entendait le peuple assemblé, le bruit des armes sur la place, la cloche qui convoquait la *balia*, espèce de comité de salut public de Florence, et qu'il dut trembler pour ses jours. La détention de Côme fut commuée en un exil qui servit à sa fortune,

---

se seraient établies jusqu'en Éthiopie; la famille Giraldi même y subsisterait peut-être encore. T. I, p. 218.

[1] *V.* dans Machiavel le discours naïf et touchant qu'il tint à Côme s'étant aperçu que, par crainte du poison, celui-ci n'avait rien voulu prendre depuis quatre jours. *Istor. fior.* Lib. IV.

et pendant lequel, bien éloigné de la rancune ordinaire aux bannis politiques, il ne cessa par de secrets et d'utiles avis de servir son pays [1]. La *Barberia* qui me fut montrée, était fort déchue de sa destinée politique : une partie servait de bûcher; l'autre était un cabinet réservé pour le service des gens de la garde-robe du grand-duc. Les divers appartemens du vieux palais qui portent chacun le nom de l'un des Médicis ont été peints à fresque par Vasari et son école; ils passent pour être de ses bons ouvrages : on distingue la chambre de Clément VII, où ce pape est représenté au plafond, couronnant Charles-Quint.

La porte de la salle dite de l'*Audience*, ornée de figures, d'ornemens et d'excellens ouvrages en marqueterie de Benoît da Maiano, est magnifique : au lieu d'armes, d'écussons et autres signes ordinaires de vanité, les premiers magistrats de Florence ont fait mettre sur les deux battans les portraits de Pétrarque et du Dante, hommage rendu avec justice aux premiers écrivains de la langue italienne, placés convenablement au lieu même où ces magistrats recevaient le peuple florentin. Les peintures de François Salviati, à la salle de l'audience, re-

---

[1] On trouve dans les *Delizie degli eruditi toscani* du Dr Lami, une relation de l'exil de Côme et de son retour, composée par lui, et regardée par M. Giordani comme un modèle de pureté et d'élégance de style. *V.* un article de M. Giordani, inséré dans la *Bibliothèque italienne* de 1816, et T. X, p. 86 de ses *OEuvres*. Une relation inédite des mêmes événemens, tirée de l'histoire manuscrite de Florence de Jean Cavalcanti, a été publiée par le laborieux chanoine Moreni. (*Della carcere, dell'ingiusto esiglio, e del trionfal ritorno di Cosimo, padre della patria : narrazione genuina tratta dall' Istoria fiorent. Ms. di Giovanni Cavalcanti con illustrazioni.* Florence, 1821, in-8°. La narration de cet historien s'accorde avec celle de Côme, dont il est au reste partisan, quoiqu'il rende justice à Renaud des Albizzi, et avec celle de Machiavel qui, selon l'éditeur, l'aurait suivie.

présentant les *Batailles et le triomphe de Camille*, passent pour le plus bel ouvrage de ce Florentin trop vanté que possède sa ville natale; et l'on cite surtout la science digne d'un antiquaire avec laquelle ont été rendus les armes, les costumes et tout ce qui tenait aux usages de l'ancienne Rome.

Une autre pièce, espèce de garde-meuble, offrait une réunion de portraits dont le contraste était bizarre : plusieurs étaient de la famille des Médicis; il y en avait un de Louis XIV; on y voyait celui de Bonaparte qu'il avait laissé à l'île d'Elbe, et un autre du roi d'Etrurie. Cet étrange musée, formé par le hasard, montrait la souveraineté sous ses formes les plus diverses : lettrée sous les Médicis, grande sous Louis XIV, conquérante sous Napoléon, vaine sous le petit-fils de Charles IV.

A l'entrée du vieux palais sont les deux célèbres statues colossales : *l'Hercule assommant Cacus*, de Baccio Bandinelli, et le *David* de Michel-Ange. L'*Hercule*, le plus important des nombreux travaux de Bandinelli, a quelque chose de la hauteur et du dédain de cet artiste, dépréciateur amer et envieux de Michel-Ange, et ennemi de Benvenuto Cellini [1]. Malgré l'exagération ordinaire du talent de Bandinelli, ce groupe est grandiose :

---

[1] Benvenuto Cellini ne cesse dans ses Mémoires de poursuivre Bandinelli de ses injures. Leur scène en présence du grand-duc est plus violente qu'aucune dispute littéraire. Un jour Benvenuto, regardant et menaçant son rival, l'invite à se pourvoir d'un autre monde, car il comptait l'expédier de celui-ci : *Provvediti, Baccio, d' un altro mondo, che di questo ti voglio cavare, io;* Bandinelli répond : *Fa che io lo sappia un dì innanzi, sì ch'io mi confessi e faccia testamento e non muoja come una bestia come tu sei.* (*Vie de Cellini*, par Vasari.) Benvenuto rend plus de justice à Bandinelli dans son *Trattato sopra la scultura*, puisqu'il l'appelle *eccellentissimo artefice*, digne d'être placé à côté de Donatello et de Michel-Ange. Parmi les nombreuses plaisanteries auxquelles donna lieu dans l'origine le groupe d'Hercule, on a cité la comparaison du corps de ce-

l'attache du col de la figure de Cacus est regardée comme admirable; et Michel-Ange même, auquel on l'avait envoyée moulée à Rome, convenait qu'elle était très belle, mais qu'il fallait attendre le reste.

Le *David*, que le ciseau de Michel-Ange fit à vingt-neuf ans sortir du bloc énorme où il était caché depuis près d'un siècle [1], n'est point un de ces ouvrages dus à la faveur et à l'ascendant des Médicis: ils étaient bannis lors de sa création. Le patriotisme de Michel-Ange lui fit quitter, pour s'y livrer, les brillans et lucratifs travaux du Vatican. On conçoit que, dans une telle position et avec le sentiment de sa supériorité, le jeune et superbe artiste ait agi aussi librement avec le sénateur Pierre Soderini, alors gonfalonier, qui avait critiqué la figure : il feignit de la retoucher, et fit voler de l'autre main, dans les yeux du premier magistrat de la république, un nuage de poussière de marbre capable de l'aveugler [2]. On a remarqué l'impétuosité avec laquelle

lui-ci à un sac de pommes de pins, et cette terzine mise dans la bouche de Cacus :

> *Ercole non mi dar, che i tuoi vitelli*
> *Ti renderò con tutto il tuo bestiame,*
> *Ma il bue l'ha avuto Baccio Bandinelli.*

[1] Simon de Fiesole, sculpteur florentin, avait tenté de donner à ce bloc de marbre la forme d'un géant; mais il n'avait pu en venir à bout. Quelques défectuosités de la statue actuelle, surtout à l'une des épaules, et le défaut d'ensemble entre ses membres, paraissent provenir des coups du ciseau mal habile de Simon.

[2] Ce gonfalonier, le seul perpétuel qu'ait eu la république florentine, paraît singulièrement exposé aux railleries du génie. On connaît les vers piquans composés à sa mort par Machiavel, qui avait été secrétaire de la république sous l'administration de Soderini :

> *La notte che morì Pier Soderini,*
> *L'alma n'andò dell'inferno alla bocca.*
> *E Pluto la gridò : anima sciocca,*
> *Che inferno? va nel limbo de' bambini.*

Michel-Ange exécutait ses statues; il abattait avec son ciseau d'énormes quartiers de marbre; on eût dit que, découvrant la figure qu'il avait imaginée, il s'indignait, il luttait contre le bloc qui la lui disputait. Vasari et la foule d'écrivains venus après lui ont fort exalté les beautés du *David* qu'ils ont été jusqu'à mettre au-dessus des colosses anciens et modernes : ces éloges semblent aujourd'hui exagérés; il serait peut-être plus juste de ne voir dans cette statue qu'une admirable étude de la jeunesse de l'auteur, qu'un essai grandiose, qu'un développement hardi des formes du nu et de sa science anatomique.

La place du vieux palais, dite du Grand-Duc, n'a point l'immensité de certaines places des grandes capitales, espèces de champs, de plaine avec du pavé, des bornes et des carrosses; mais elle est riche des merveilles de l'art, et il faut une sorte de résolution pour la traverser sans s'arrêter. A côté de l'*Hercule* et du *David* est la superbe fontaine de l'Ammanato, une des plus grandes compositions de la sculpture moderne, et la plus grande de l'artiste. La légèreté de ce Neptune colossal, tiré par quatre chevaux marins, est extrême. On critique l'équilibre et le mouvement des bras; les Tritons et autres petites divinités marines en bronze sont d'un travail exquis. La statue de Côme Ier, par Jean Bologne, la meilleure des quatre statues équestres qu'un rare concours de circonstances le mit à même d'exécuter, est un monument noble et harmonieux : les bas-reliefs du piédestal sont excellens ; une des petites figures est le portrait du nain de la cour de Toscane.

La *Loggia de' Lanzi* d'Orgagna[1], monument capital

[1] C'est à tort qu'on l'appelle ordinairement Orcagna ; il signait Orgagna. *V.* la note 3 de son brillant éloge, par M. Niccolini. *Prose,* p. 57. Florence, 1823.

pour l'histoire de l'art, est le premier ornement de la place du Grand-Duc, et, on peut le dire, le plus beau portique du monde. On y admire l'élégance, la solidité de la construction et la grandeur, le bon goût des arcades. Quoique les pilastres d'ordre corinthien se ressentent de la barbarie du temps, tel est le mérite de la sculpture et des corniches qu'ils semblent d'une harmonie parfaite. Côme Ier, voulant par la suite continuer la décoration de la place, demanda un projet à Michel-Ange, qui répondit que ce qu'il y avait de mieux à faire était de continuer l'ouvrage d'Orgagna. Architecte, sculpteur, peintre, poète, ce grand et fécond artiste toscan du XIVe siècle semble lui-même un Michel-Ange prématuré [1]. Les figures des Vertus de marbre et demi-relief ne sont point d'Orgagna, comme l'a dit Vasari; elles furent exécutées vers 1368 par Jacques di Pietro, et il n'y en a que six au lieu de sept. Les arcades de la *Loggia*, anciens rostres de Florence, d'où le peuple, convoqué au son de la cloche du beffroi, était harangué, qui voyait installer son gonfalonier, ses généraux recevoir le bâton du commandement et ses citoyens les insignes de chevalier, d'où les décrets de son gouvernement étaient promulgués, ces arcades sont ornées de célèbres statues.

La *Judith*, de Donatello, malgré le mérite de l'illustre statuaire, manque de simplicité, de noblesse et d'abandon : on dirait une novice l'épée à la main. Les circonstances politiques durent contribuer à la réputation de cette statue; autrefois, dans le palais de Pierre

---

[1] Orgagna ne paraît point avoir été sans une sorte d'amour-propre sur la variété de ses talens et sur l'importance qu'il attachait à ce que la postérité ne les ignorât point. C'est ainsi qu'il ne manquait jamais d'écrire sur ses tableaux *Orgagna sculptor*, et sur ses sculptures *Orgagna pictor*.

de Médicis, elle en fut tirée lors de l'expulsion de celui-ci et du pillage de son palais; placée sous la *loge* du palais de la Seigneurie, elle devint une allégorie et un monument public de la délivrance de Florence, et l'on y inscrivit ces mots redoutables qu'on y lit encore : *Exemplum salut. publ., cives posuere* MCCCCXCV ; menace populaire dont l'administration paternelle des grands ducs de Toscane n'a jamais dû s'inquiéter.

Le *Persée*, chef-d'œuvre de Benvenuto Cellini, malgré quelque recherche, est une belle statue. Quand on se rappelle les détails de sa fonte, l'intrépidité avec laquelle l'artiste, épuisé de fatigue, dévoré de la fièvre, s'élance de son lit pour rétablir et précipiter la liquéfaction du bronze dans lequel il jette tous les plats et toutes les écuelles d'étain de son ménage, sa fervente et dévote prière, sa guérison subite et son joyeux repas avec tous ses gens, cette statue devient une sorte d'action qui peint les mœurs du temps, et le caractère de l'homme extraordinaire qui l'a exécutée [1]. Sur le piédestal sont quatre petites figures de bronze charmantes : Cellini, en véritable artiste, sentait que les monumens étaient surtout faits pour le peuple, lorsqu'il fixait secrètement ces figures à leur place, malgré le désir immodéré de la Duchesse (*voglia tanto smisurata*) de les garder dans son appartement, et qu'il renouvelait par là l'ancienne inimitié de cette princesse.

Le groupe hardi de l'*Enlèvement d'une Sabine*, par Jean Bologne, n'offre au fond qu'une espèce de scène de cabaret; c'est un mari jeté par terre dont un soldat emporte la femme. Et cependant, telle est la puissance du beau, toujours pur, toujours grave, toujours sérieux, malgré le sujet, ces grandes figures toutes nues ne sont

---

[1] *Vita di Benvenuto Cellini.* T. II, p. 281 et suiv.

ni indécentes ni ridicules. L'apparition de ce groupe excita dans toute l'Italie une vive acclamation; elle ne fut pas cependant universelle, si l'on en juge par le trait de ce curieux, qui, venu à cheval de Rome à Florence pour le voir, s'approcha de la *Loggia*, et sans descendre partit en disant : *Questa è dunque la cosa di cui si fa tanto chiasso*[1]? Il est probable que ce connaisseur n'aura pu observer de son cheval le superbe bas-relief en bronze du piédestal qui représente l'*Enlèvement des Sabines*.

Le lion de la loge des Lanzi, par Flaminius Vacca, sculpteur du XVIe siècle, semble digne du ciseau grec; il était le plus beau que l'Italie moderne eût produit avant les célèbres lions de Canova.

Deux des premiers monumens de la place du Grand-Duc, tels que le groupe de la Sabine et la statue de Côme, sont l'ouvrage d'un sculpteur flamand, devenu le plus habile élève de Michel-Ange. Le palais Uguccioni, bâti sur un dessin superbe d'auteur inconnu, attribué faussement à Michel-Ange, paraît décidément de Raphaël; car il est tout-à-fait dans le style d'autres palais de Rome reconnus son ouvrage. Florence, illustre par tant de fameux artistes, a vu des maîtres étrangers et lointains venir lui consacrer leurs talens, et s'y faire, pour ainsi dire, naturaliser par leurs chefs-d'œuvre, comme si elle était la vraie patrie de la gloire et du génie.

[1] « C'est donc là cette chose dont on fait tant de bruit? »

CHAPITRE IV.

Uffizi. — Galerie. — *Bacchus*, de Michel-Ange. — Copie du Laocoon. — *Mercure*, de Jean Bologne. — Finiguerra. — Tête de cheval. — Chimère. — *Niobé*. — L'*Alexandre* mourant. — *Brutus*; — *Satyre*, de Michel-Ange. — Portraits des peintres. — Coffret de Clément VII. — Tribune. — *Vénus*. — Statues. — Tableaux. — École florentine. — Médailles. — Camées.

Les *Uffizj*, destinés d'abord aux magistrats de Florence, qui occupent encore une partie du rez-de-chaussée, et devenus la Galerie, sont un édifice de bonne architecture qui fait honneur aux talens de Vasari et de Buontalenti ses architectes. Les trois corridors et les vingt chambres de la galerie n'ont point l'imposant coup d'œil de notre galerie du Louvre. Le placement des statues, des bustes et des bas-reliefs entre les croisées, ne paraît point une heureuse disposition, puisqu'une moitié est exposée contre son jour; les petites pièces sous clef ressemblent plutôt à des cabinets de curiosités qu'aux salles d'un musée impérial et royal. Les tableaux des trois corridors sont les moins remarquables, quoique plusieurs appartiennent à de grands maîtres. On distingue: l'*Adoration des Mages*, de Ghirlandaio; l'*Enfant Jésus debout*; *S. Joseph et la Vierge*, de Luc Signorelli; un *S. Laurent*, une *Madeleine*, de Cigoli; un *Père éternel* venant de créer Adam, de Jacques Empoli; un *buste d'homme en noir*, de l'école vénitienne; un *Déluge*, de François Bassano; *J.-C. mort auprès des Maries*, éclairé d'un flambeau, de son père Jacques; *Noé introduisant les animaux dans l'arche*, de Jacques et François; un *buste d'homme* qui pose la main sur un crâne, du Titien. Parmi les statues sont : le superbe sanglier antique du second vestibule; les deux chiens aboyant qui semblent garder le musée; la collection la plus complète des bustes des Empereurs; une voluptueuse *Léda*; le groupe gracieux de l'Amour et de Psyché; le beau Ganymède avec l'Aigle; une *Vénus* demi-nue; un superbe torse de faune; le Bacchus à demi-ivre, de Michel-Ange, celui de ses ouvrages qui se rapproche le plus de la perfection grecque; le *S. Jean-Baptiste exténué par le jeûne*, un des beaux ouvrages de Donatello; la célèbre copie du Laocoon, par Bandinelli, maniérée, tourmentée, que le présomptueux artiste vantait comme supérieure à l'original, et qui lui attira le mot piquant de Michel-Ange, si applicable à toutes les espèces d'imitateurs et de traducteurs, *che chi andava dietro ad alcuno mai passare innanzi non gli poteva*[1], ainsi que cette caricature du Titien, exécutée en bois par Nicolas Boldrini, qui représentait un singe et deux autres singes plus petits entortillés par deux serpens comme le groupe. Toutefois le pape Clément VII fut si content de la copie de Bandinelli, qu'il la garda au lieu de l'envoyer à François Ier pour lequel il l'avait fait exécuter.

Le cabinet des bronzes modernes est d'une rare beauté. Le merveilleux *Mercure*, de Jean Bologne, semble véritablement détaché de la terre et lancé en l'air par Borée; mais ses formes ont un peu trop du Faune et pas assez du Dieu. Le buste de Côme Ier par Benvenuto Cellini, dont il parle dans sa vie, est un de ses meilleurs ouvrages. Le casque et le bouclier qu'on lui attribue pourraient avoir appartenu à François Ier, puisque la Salamandre est au-dessus du casque, et que tous deux ressemblent beaucoup à son armure très authentique conservée

---

[1] « Celui qui marche derrière un autre ne peut avoir le pas sur lui. »

au cabinet des médailles de notre grande bibliothèque. La châsse donnée à l'église des Anges de Florence, par Côme et Laurent de Médicis, afin de renfermer les reliques des saints Protus, Hyacinthe et Némésius, ce chef-d'œuvre de Ghiberti fut barbarement brisé et vendu à la livre pour le prix du bronze; les débris ont été assez bien rassemblés: les deux petits anges sont pleins de grâce. Le *Sacrifice d'Abraham*, du même, est une pièce curieuse pour l'histoire de l'art; elle fut présentée par lui au concours pour l'exécution des portes du baptistère qui lui fut accordée. Au-dessous est le morceau de Brunellesco, son généreux émule [1].

Le cabinet des bronzes antiques et du moyen âge passe pour le plus riche après celui de Naples. Une statue de Sérapis est admirable. Une aigle romaine, l'aigle de la XXIVe légion, cet héroïque témoin de la valeur antique, a maintenant pour aire une armoire vitrée. Un casque trouvé à Cannes a une inscription en lettres incertaines de quelque peuple primitif de l'Italie, allié des Carthaginois. Un manuscrit sur tablettes en cire noire, semblable à celui de Genève, contient la dépense du roi Philippe-le-Bel pendant un voyage, et s'étend du 28 avril au 29 octobre 1301 [2]. D'après quelques conjectures, il pourrait être du neveu de Joinville. Ce manuscrit a été illustré par Cocchi dans sa lettre critique à Pompée Neri, du 24 janvier 1746: l'abbé Lebeuf, dans une dissertation sur les manuscrits en cire noire, regarde celui de Genève comme beaucoup plus instructif, et il croit même qu'on ne peut rien tirer des autres [3]. Le fameux *Couronnement de la Vierge*, ancienne *Paix* du baptistère, de Masofiniguerra, le plus beau des six nielles du cabi-

---

[1] *V.* ci-après, chap. IX.
[2] *V.* Liv. Ier, chap. VIII.
[3] *Mém. de l'Académie des Inscriptions*, T. XX.

net, est un monument de l'histoire des arts qui honore l'Italie, et prouve qu'on lui doit l'origine de la gravure sur des planches de métal gravées en creux, imaginée, en 1452, par l'orfévre florentin, d'après ces premiers essais. Une tête de cheval antique, fragment d'un cheval de bronze, est vivante. Une noble et vraie statue d'homme haranguant, passe pour l'une des belles statues étrusques connues. La Chimère, d'une si parfaite conservation, que son inscription étrusque rattache à l'art de cette nation si habile dans le travail du bronze, est un modèle du beau simple et sévère, caractère du style toscanique. Parmi les petites figures, un groupe célèbre par son exécution et par les interprétations savantes auxquelles il a donné lieu, a été récemment et justement désigné sous le nom de la *Naissance de Vénus*; la déesse, très petite, se trouve dans les bras de l'Amour, génie grave et puissant qui n'est point le malin Cupidon. Le beau Bacchus dit l'*Idole*, aussi étrusque, pose sur une base moderne, chef-d'œuvre de Desiderio da Settignano, un des plus élégans ouvrages du XVe siècle.

Les vases en terre cuite, s'ils n'ont ni la grâce du dessin ni le vernis brillant des vases de Nola, sont intéressans comme histoire de l'art : ceux de Chiusi, dont la collection est aussi riche qu'unique, et parmi lesquels il en est deux d'une grandeur extraordinaire, sont entièrement noirs et ornés de bas-reliefs qui offrent des sujets empruntés principalement aux traditions religieuses du pays; ceux d'Arezzo, d'une terre rouge très fine, se rapprochent des vases romains trouvés dans le midi de la France.

Au milieu de la salle des vases en terre cuite, est une touchante et mélancolique statue du génie de la mort, restaurée assez mal à propos pour un Cupidon. L'ancienne poterie d'Urbin, de Cagli et de Castel Durante, séjour des ducs de la Rovère, fut coloriée d'après les dessins de Raphaël, des Carraches et d'autres habiles peintres. Il semble qu'alors on était moins ouvrier et plus artiste; il y avait moins d'aisance, mais plus de grandeur; on fabriquait moins, et on exécutait mieux.

On dirait que le Dante avait pu visiter la salle de Niobé, créée dans le dernier siècle, lorsqu'il s'écrie à l'aspect des figures habilement sculptées qu'il rencontre sur le chemin du purgatoire :

> *O Niobe, con che occhi dolenti*
> *Vedev' io te segnata in su la strada*
> *Tra sette e sette tuoi figliuoli spenti !* [1]

Les anciens, qui dissertaient beaucoup moins que nous sur les passions, ont une vérité profonde et diverse dans la manière de les rendre; la douleur de Niobé diffère de celle du Laocoon; la mère couvre sa fille avec effroi sans songer aux traits qui la menacent; le prêtre d'Apollon cherche à se débarrasser en même temps que ses fils; sa douleur aiguë est presque menaçante; celle de Niobé est tendre, naïve, et, malgré ses angoisses, toujours noble, toujours idéale. Après Niobé, l'Enfant mourant est peut-être la plus admirable statue de cette grande et pathétique scène. Les différentes attitudes des statues semblent singulièrement se prêter à l'ingénieuse conjecture du savant architecte anglais, M. Cokerell, qu'elles ornaient le fronton d'un temple d'Apollon.

La tête colossale dite de l'*Alexandre mourant* a inspiré un beau sonnet d'Alfieri [2]. Malgré mon peu de goût

---

[1] *Purgat.* XII, 37. « O Niobé, quelle douleur attristait ton « visage, lorsque je te vis représentée sur ma route entre tes sept et « sept fils morts ! »

[2]
> *Quel già sì fero fiammeggiante sguardo*
> *Del Macedone invitto emul di Marte,*
> *Pregno il veggio di morte : è vana ogni arte,*
> *Ogni rimedio al crudel morbo è tardo.*

et mon insuffisance pour les discussions archéologiques, j'inclinerais plutôt, d'après deux peintres d'un génie vrai, Plutarque et Bernardin de S.-Pierre, à voir dans ce buste Alexandre abandonné des dieux '. Un buste colossal de Jupiter est plein de douceur et de majesté.

Le grand tableau de *Henri IV à la bataille d'Ivry*, de Rubens, n'est qu'ébauché, et il a tout le feu du sujet et du héros. A la salle du Baroccio, les soldats d'un *Christ arrêté*, du Sodome, sont pleins d'expression; la figure du Sauveur manque de divinité; un *Homme avec un singe sur l'épaule*, tableau plein de gaîté, de vérité; un *Moine* en blanc, un des plus beaux tableaux de la salle, sont d'Annibal Carrache; le *Duc de Nemours et Laurent de Médicis*, tableau copié de Raphaël, passe pour un des meilleurs ouvrages d'Alexandre Allori; la *Femme habillée de bleu* est d'André del Sarto; une *Vierge*,

> Or, se' tu quei, che l' Indo, il Perso, il Mardo,
> E genti e genti hai dome, estinte, o sparte?
> Quei, che credesti a onor divini alzarte
> Piantando a Grecia in cor l' ultimo dardo?
> Tu sei quel desso; e la natia grandezza
> Morendo serbi, qual chi in tomba seco
> Porta di eterna gloria alta certezza.
> Gloria? Oh qual sei di regia insania cieco?
> Gloria a Persian tiranno, ove all' altezza
> Nato era pur di cittadino Greco? Son. XLII.

, « Plutarque remarque, dit M. de Saint-Pierre (T. III, note 12 « des *Etudes de la Nature*), qu'Alexandre ne se livra au désordre « qui souilla la fin de son auguste carrière que parce qu'il se crut « abandonné des dieux...... Je serais surpris que l'expression de « cette situation n'eût pas inspiré le génie de quelque artiste grec. » Après avoir cité le passage d'Addison sur ce buste et sur deux ou trois autres du même air et de la même posture qu'Addison suppose représenter le conquérant pleurant pour de nouveaux mondes, ou dans quelques autres circonstances semblables de son histoire, M. de Saint-Pierre croit que la circonstance de l'histoire d'Alexandre, à laquelle il faut rapporter ces bustes, est celle où il se plaint aux cieux de l'avoir abandonné. « Je ne doute pas, ajoute-t-il, « qu'elle n'eût fixé l'excellent jugement d'Addison, s'il se fût rappelé « l'observation de Plutarque. »

remarquable par l'effet du clair-obscur, de Luc Cambiaso; un portrait d'homme, un autre presque demi-figure, un autre de femme, d'Holbein, sont parfaits; un *Vieillard*, demi-buste, est de Jean Bellino; une *Ste. Marie-Madeleine*, *l'Impératrice Galla Placidia remplaçant sur un piédestal une idole par un crucifix* (l'impératrice est le portrait de la seconde femme de l'empereur Léopold), sont des ouvrages soignés, finis, de Carlo Dolci, peintre aujourd'hui plus estimé des amateurs et des dames que des artistes; une *Vierge*, pleine de charme, de douceur et de vérité, est de Sassoferrato; un *portrait de princesse* qui a quelque ressemblance avec Marie Stuart, de Vandyck; la seconde femme de Rubens; sa *Bacchanale*, sont superbes; une *tête de femme* est du Baroccio; un *Jeune Homme tenant une lettre*, dur, mais vrai, de Francia; un excellent portrait du sculpteur Francavilla, de Porbus; un *Philippe IV* à cheval, plus grand que nature, de Velasquez. Au milieu de cette pièce, dite du *Baroccio*, est la célèbre table octogone en pierres dures, la plus grande qui existe, à laquelle vingt-deux artistes travaillèrent sans interruption, et qui, commencée en 1623 sur le dessin de Ligozzi, ne fut achevée qu'en 1649 : Poccetti a fait le dessin du petit médaillon du milieu. Dans les armoires de cette même pièce, se trouve la collection des dessins, la plus riche qu'il y ait en Europe; elle en compte 27,000, et remonte jusqu'à Giotto; plus de 200 sont de Michel-Ange, 150 de Raphaël, et il en existe de la plupart des premiers maîtres italiens.

Le buste de Brutus, ébauché par Michel-Ange, représente bien le meurtrier de César, le Romain que l'âme du poète a peint éloquemment :

Vivat, et ut Bruti procumbat victima, regnet. [1]

[1] *Pharsal.* VII, 597. Quelques personnes ont prétendu que ce

On lit au bas ces vers :

*Dum Bruti effigiem sculptor de marmore ducit
In mentem sceleris venit, et abstinuit.*

Un Anglais, le comte Sandwich, impatienté de ce lieu commun, a écrit par opposition : *Brutum effecisset sculptor, sed mente recursat tanta viri virtus; sistit et abstinuit.* Je ne crois pas que le génie de Michel-Ange dut éprouver ces diverses terreurs : il est plus probable que l'inconstance naturelle qui lui fit commencer et abandonner tant d'autres ouvrages aura laissé inachevé le Brutus. Ce buste est à peu près le seul qu'ait exécuté Michel-Ange; il n'a point fait non plus de portraits : chose surprenante et regrettable, si l'on se rappelle les princes qui le recherchèrent et les hommes illustres dont il fut l'ami. Un statuaire romain, Ceracchi, élève de Canova, voulait continuer le buste de Michel-Ange; ardent et sombre ami de la liberté, il périt sur l'échafaud pour avoir conspiré contre Bonaparte, premier consul, dont il pressentait la domination; ses talens pouvaient le conduire à la gloire, et il était plus digne de terminer le Brutus que d'attenter aux jours du nouveau César. La tête de Satyre que Michel-Ange travaillait à quatorze ans dans les jardins de Laurent-le-Magnifique, le fit connaître de ce grand homme, qui, enchanté d'une telle rencontre et de la précocité de ce sculpteur enfant, voulut l'avoir à sa table, dans sa maison, et lui faire une pension. Il avait reproché au satyre d'avoir toutes ses dents, quoique vieux; critique que la prodigieuse intelligence de l'auteur sut aussitôt et habilement mettre à profit. Quoique vivant à la cour du maître de Florence, et son ami, l'artiste ne perdit rien par la suite de son

---

buste était celui de Lorenzino Médicis, le meurtrier de son cousin le duc Alexandre. *V.* ci-après, chap. xv.

indépendance, de sa fierté et de ses habitudes solitaires. Les ouvrages antiques remarquables de cette salle sont : une *Sapho*, gracieuse; un buste de *Solon*, réhabilité par Visconti, et qui, jusqu'à lui, passait pour un portrait de jeune Romain, ouvrage d'un autre Solon, artiste du temps d'Auguste; une *Tête de vieillard*, d'une conservation extraordinaire; un *Démosthènes* expressif; une grande tête de *Pompée*, en porphyre; un *Platon*, authentique; le fragment d'une statue en marbre de Paros, peut-être un *Bacchus* ou un *Faune*, admirable; un buste de *Scipion*, beau et rare.

La collection des portraits des peintres faits par eux-mêmes, unique au monde, est curieuse, quoiqu'il s'y trouve un grand nombre de portraits médiocres. Les peintres nouveaux doivent éprouver aussi quelque incertitude à offrir leurs portraits; puisque l'usage, lorsqu'il y a trop-plein dans cette espèce de Panthéon, est d'exiler dans quelque villa du grand duc ceux que l'on juge les plus faibles. Le portrait de Raphaël ne paraît pas de son meilleur temps. L'aspect de tous ces visages silencieux d'artistes autrefois célèbres cause une vraie émotion. La noblesse des traits se rencontre assez avec la supériorité des talens, et il y a quelque harmonie entre le genre de ces mêmes talens et les diverses physionomies des peintres. Tels sont: Titien, avec sa forte expression; Léonard de Vinci, le plus beau des portraits de la collection, plein de grandeur et de majesté; Paul Veronèse, brillant, magnifique; Michel-Ange, triste, âpre; André del Sarto, pur, facile, sans inspiration [1]; les cinq portraits

---

[1] Vasari raconte ainsi quelle fut l'occasion singulière de ce portrait, à la suite d'un tableau qui avait été commandé à l'auteur par les moines de Vallombreuse : *E perchè finita l' opera avanzò de' colori e della calcina : Andrea preso un tegolo, chiamò la Lucrezia sua donna e le disse : Vien quà, poichè ci sono avanzati questi colori, io ti voglio ritrarre, acciocchè si veggia in questa tua età, come ti*

des Carraches, riches, variés, parmi lesquels Annibal s'est peint, s'est renouvelé jusqu'à trois fois ; le Dominiquin, tenant un livre entr'ouvert à la main, rêveur, souffrant, comme son caractère et sa destinée ; le Guide, son rival, favorisé de la fortune, animé, satisfait ; le Giorgione, superbe ; Tintoret, ridé, rigide ; Jules Romain, dont la bouche et les yeux parlent ; Cavedone dont les traits expriment les soucis et la pauvreté [1] ; Vasari, qui montre sur sa poitrine le collier de l'ordre équestre de Côme Ier, emblème de la médiocrité décorée; Angelica Kauffmann, jeune, gracieuse. Il y a toutefois quelques contrastes : le beau portrait d'Holbein est d'une expression dure ; Cigoli, si pathétique, a l'air bouffon ; l'Albane et Carlo Dolci n'ont point l'élégance de leurs productions. Le portrait de Marietta Robusti, la fille du Tintoret, debout appuyée contre un clavecin, et tenant d'une main un cahier de musique, intéresse, quoique imparfait, lorsqu'on se rappelle la vie et les talens divers de cette jeune femme [2]. Un portrait agréable est celui de Sophonisbe Anguissola, Crémonaise, très habile peintre de portraits du xvie siècle, qui perdit la vue vers la fin de ses jours, et dont Vandyck disait qu'il avait plus appris de cette vieille aveugle que de tout autre voyant. Le portrait de Currado, bon peintre florentin du xve siècle, fut fait à quatre-vingt-quatre ans, et il mourut à quatre-vingt-onze, toujours travaillant et enseignant. L'excellent portrait de Morto da Feltro ne le représente probablement pas ; le crâne vers lequel le personnage

---

sei ben conservata, e si conosca nondimeno quanto hai mutato effigie, e sia per esser questo diverso dai primi ritratti. Ma non volendo la donna, e se forse aveva altra fantasia, star ferma, Andrea quasi indovinando esser vicino al suo fine, tolta una spera, ritrasse se medesimo in quel tegolo tanto bene, che par vivo e naturalissimo.

[1] *V.* Liv. vii, chap. xxii.
[2] *V.* Liv. vi, chap. xviii.

a le doigt tourné lui a valu son surnom de *Morto*. Le portrait de Jeanne Fratellini, florentine du xviie siècle, est singulièrement touchant, puisqu'il exprime son amour et sa douleur de mère et d'artiste : elle s'y est peinte faisant le portrait de son fils unique et de son élève qui lui fut enlevé à la fleur de l'âge. Le portrait de Canova, de sa façon, est loué par ses admirateurs [1]. Au milieu de cette salle on voit le fameux vase Médicis, sur lequel est sculpté le sacrifice d'Iphigénie : l'Agamemnon a bien un voile sur la tête, mais il ne lui couvre point le visage comme celui de Timanthe et comme celui d'un bas-relief de beau style grec sculpté sur un *puteal* de cette même galerie. Un hermaphrodite couché sur une peau de lion est plein d'ardeur et de volupté.

Les deux salles des tableaux de l'école vénitienne offrent plusieurs chefs-d'œuvre de ses premiers maîtres. A la première sont : le portrait grandiose du condottiere Gattamelata, du Giorgione; la *Ste. Catherine*; l'*Annonciation*; le *Martyre de Ste. Justine*, inachevé, mais plein de génie et de hardiesse ; *Esther devant Assuérus*, de Paul Véronèse; les deux superbes *Portraits de François de la Rovère et de la Duchesse sa femme*, du Titien; la *Vierge*, et à côté St. François, de Polydore de Caravage ; un joli *Portrait de jeune Homme* avec des plumes sur la tête; un *Homme assis*, de Pâris Bordone; un beau *Portrait d'Homme tenant un livre*, du Pordenone; un des beaux *Christ mort*, de Jean Bellino ; une très belle *Figure habillée à l'espagnole*, est prise à tort pour le portrait de St. Ignace, de J.-B. Morone; la *Famille du Bassan*, espèce d'intérieur, si vrai, si naturel, si varié : derrière est son maître le Titien et sa femme; un *Paysage*, du même, avec des bergers et des troupeaux ; le portrait du gé-

[1] *V*. Liv. v, chap. xxxix.

néral et amiral vénitien Venier, du Tintoret; quatre beaux bustes de Paul Véronèse, de Pâris Bordone, de Tibère Tinelli, de Campagnola. A la seconde pièce : l'esquisse de la *Bataille de Cadore*; la *Vierge et S. Antoine* ermite; un magnifique portrait de Jean de Médicis, le capitaine des bandes noires, qui ressemble à la tête de Napoléon [1]; la *Vierge* en rouge, et Ste. Catherine; la femme en chemise tenant des fleurs, dite la *Flore*; la *Ste. Catherine des roues*, brillant portrait de la reine de Chypre, Catherine Cornaro, du Titien; les *Noces de Cana*, du Tintoret; son admirable portrait de Sansovino vieux, qui rappelle et justifie la devise qu'il avait inscrite dans son atelier : *Disegno di Michelangiolo, e colorito di Tiziano*; la *Conversion de S. Paul*, du Pordenone; *Moïse faisant l'épreuve des charbons ardens et de l'or*; le *Jugement de Salomon*; une *Sainte Société*, espèce d'allégorie fort peu intelligible; un *Chevalier de Malte* tenant son chapelet, du Giorgione; un *Vieillard* assis tenant un livre; un *Buste*, tous deux pleins de vérité, du Morone; un *Guerrier*, de Sébastien del Piombo; un *Homme jouant de la guitare*, du Moretto; une tête de *S. Paul*, ébauchée; *Jésus-Christ* sur le Calvaire, admirable de tristesse, de Paul Véronèse; le *Christ mort près des trois Maries*, du Bassan; un *Homme roux*, superbe, de Pâris Bordone.

Le riche cabinet des gemmes, composé de plus de quatre cents pierres dures, en offre plusieurs travaillées par Benvenuto Cellini, ou dans son goût; huit bas-reliefs en or, dont un représente la vue de la place du Grand-Duc, sont de Jean Bologne. L'objet le plus précieux est le célèbre coffret en cristal de Clément VII, sur lequel Valerio Vicentino, le plus habile graveur de

[1] *V.* Liv. VIII, chap. XVIII; et ci-après, chap. X.

son temps, a merveilleusement ciselé la *Passion* en neuf compartimens : sa fille l'avait aidé dans cet ouvrage exquis, donné par le pape à François Ier, lors du mariage de sa nièce Catherine de Médicis avec le frère puîné du dauphin, depuis Henri II, monument l'un des plus remarquables de la perfection des arts au xvie siècle, et dont la France doit vivement regretter la perte.

Les tableaux de l'école française sont des plus faibles de leurs auteurs. On distingue : le *Thésée retrouvant à Trézène les marques de son origine*, du Poussin ; les beaux portraits de J.-B. Rousseau, par Largillière ; d'Alfieri et de la comtesse d'Albani, par M. Fabre. Alfieri a écrit de sa main derrière ces derniers deux sonnets, autres portraits vivans de lui et de son amie. Mme de Sévigné et sa fille, de Mignard, n'ont ni le charme ni la beauté des modèles ; une *Vénus* antique, dite *della Spina*, au milieu de la salle, est un ouvrage élégant, délicat.

L'école flamande offre beaucoup de noms célèbres, mais pas de tableau capital. Une tête de l'apôtre *S. Philippe*, d'Alber Durer, est d'un beau style. Plusieurs portraits d'Holbein représentent des hommes d'une grande et juste célébrité : Zwingle, le réformateur modéré de la Suisse ; Thomas More ; François Ier, très petite figure, d'une finesse admirable : une caricature de Callot, qui aurait dû être mis à l'école française, est fort plaisante.

Parmi les tableaux des peintres italiens, on remarque : la *Vierge, S. Jean et un Évêque* ; un joli *Portrait de Vieillard* avec une fourrure rouge, de Paul Véronèse ; un petit portrait de Parmesan fait par lui-même, au milieu d'un tableau contenant huit autres portraits ; une rondache sur laquelle est peinte effroyablement la

Tête de Méduse, du Caravage; un buste de la *Vierge* pressant l'enfant Jésus contre son sein, plein de grâce, de Charles Cignani; des *Hommes et des Femmes qui chantent* dans un frais paysage, du Guerchin; la *Vierge* avec son fils qui embrasse S. Jean enfant, de Barthélemi Schidone; un petit *Buste d'homme*, du Tintoret; l'*Annonciation*, un des chefs-d'œuvre du Garofolo.

La célèbre tribune de la galerie de Florence paraît, lorsqu'on y pénètre, comme le sanctuaire des arts : un jour mystérieux y règne, la coupole est incrustée de nacre de perle, le pavé d'un marbre précieux, et elle réunit quelques uns des premiers chefs-d'œuvre de la sculpture antique et de la peinture : la *Vénus* de Cléomènes, placée au milieu, semble la divinité de ce sanctuaire. Il est impossible de ne pas admirer sans cesse cette voluptueuse pudeur, cette pudeur grecque, mythologique, qui ne peut être la pudeur virginale, que de bonnes gens ont souhaitée à la déesse de Gnide.

Les quatre autres chefs-d'œuvre antiques sont : le *Petit Apollon*, peut-être le plus parfait modèle de l'idéal gracieux; le *Rotateur*, si naturel, si vrai, qui, après avoir été Cincinnatus, Manlius et deux ou trois autres Romains, puis l'esclave qui découvre la conspiration des fils de Tarquin, ou celle de Catilina, paraît décidément le scythe commandé par Apollon pour écorcher Marsyas; le groupe des *Lutteurs*, unique en son genre et admirable de vigueur, de précision et d'intelligence anatomique; le *Faune*, gai, animé, léger, dont la tête et les bras furent très habilement restaurés par Michel-Ange, et à sa manière.

Il faut convenir que la rareté des tableaux de chevalet de Michel-Ange fait à peu près tout le mérite de sa *Vierge* avec l'enfant Jésus et S. Joseph. Les deux *Vénus* du Titien sont admirables; celle surtout qui tient des fleurs et dont la couleur est vraiment sublime : la voluptueuse langueur de ses traits exprime merveilleusement le vague des passions dans la jeune femme. Ces deux grandes Vénus nues, couchées, d'une beauté si réelle et si fraîche, la Vénus antique, l'espèce de mobilier élégant de la tribune, donnent à ce cabinet un aspect assez peu décent : on dirait un boudoir public. Le portrait de Beccadelli, nonce à Venise, tenant un bref de Jules III, encore du Titien, alors âgé de soixante-quinze ans, a bien l'air et la finesse d'un prélat romain. *Notre Dame sur un piédestal, S. François et S. Jean l'Évangéliste debout,* est un des ouvrages les plus achevés d'André del Sarto ; une *Ste. Famille avec Ste. Catherine* est un des tableaux les plus exquis, les plus variés, les plus harmonieux de Paul Veronèse. Des six tableaux de Raphaël, cinq sont d'immortels et divers chefs-d'œuvre : les *deux Stes. Familles*; le *S. Jean au désert*, si inspiré, mais dont le paysage est trop noir; la gracieuse *Fornarine*; et le portrait de Jules II qui exprime si vivement la force d'âme et le génie du pontife. Le *Charles-Quint après son abdication*, de Vandyck, est une belle composition de portrait : il se promène à cheval, nu-tête, sur le bord de la mer agitée; à défaut des orages du monde qu'il regrette, il semble contempler, rechercher ceux de l'Océan. Le *duc François d'Urbin* armé est un bon ouvrage du Baroccio. La *Vierge adorant l'enfant Jésus* passe pour le meilleur des quatre tableaux du Corrège. *L'Hérodiade recevant la tête de S. Jean-Baptiste,* de Léonard de Vinci, offre un effroyable contraste de joie, celle de la danseuse et du bourreau qui rit.

Deux salles sont destinées aux tableaux de l'École florentine, de cette école à la fois si naïve, si correcte, si élégante et si gracieuse. A la première salle, la *Tête de Méduse*, de Léonard de Vinçi, inachevée, paraît à la fois terrible et bizarre. Un *portrait de Bianca Capello*, par le Bronzino, haut en couleur, s'accorde assez avec les habitudes bachiques de cette dame, remarquées par Montaigne [1]. Le petit tableau du *S. François recevant les stigmates*, du Cigoli, le plus précieux de ses nombreux *S. François*, est pénétrant de douleur et de foi. Dans la seconde salle on admire: *S. Yves assis recevant les pétitions des veuves et des orphelins*, harmonieuse et touchante composition d'un coloris parfait, de Jacques Empoli; un beau portrait d'homme demi-figure; le *portrait de Côme l'ancien*, d'une excellente physionomie; *Joseph présentant Jacob à Pharaon*, du Pontorno : ces divers ouvrages exécutés avant qu'il ne se fût perdu par l'imitation et dans sa première manière, dont Michel-Ange disait que s'il avait pu s'y tenir il aurait élevé l'art jusqu'au ciel; la *Vierge, S. Jean, Ste. Anne* et plusieurs religieux, une des grandes et belles peintures de Fra Bartolommeo; la *Vierge, S. Victor, S. Bernard, S. Jean-Baptiste et S. Zanobi*, de Dominique Ghirlandaio; et de son digne fils Rodolphe, deux traits de l'*Histoire de S. Zanobi*, dont quelques têtes ont mérité d'être attribuées à Raphaël; le *Martyre de S. Étienne*, superbe, le plus parfait, pour la couleur, des tableaux de Cigoli, que Pierre de Cortone regardait dans son temps comme le meilleur tableau des églises de Florence. Malgré les énormes éloges prodigués à la *Descente du Sauveur dans les lymbes*, vantée comme le chef-d'œuvre du Bronzino, ce tableau manque à la fois de charme, de naturel et de vérité.

Les ouvrages de savans tels que Holstenius, Vaillant, Spanheim, Mezzabarba, Occone, Noris, Gori, Eckel, Sestini, ont suffisamment fait connaître aux amateurs le beau choix des articles qui composent le médailler de

[1] *V*. ci-dessus, chap. 1er.

Florence, d'environ quinze mille médailles et supérieurement classé. La collection des camées tant anciens que modernes, dont les pièces les plus capitales se voient dans les deux publications de la Galerie de Florence, est la plus riche que l'on connaisse, et s'élève à plus de quatre mille.

CHAPITRE V.

Bibliothéque Laurentienne. — Vestibule. — Escalier. — Vitraux. — Catalogue. — Virgile. — Pandectes. — Tacites. — *Décaméron.* — Pâté de Courrier. — Lettres de Cicéron copiées par Pétrarque. — Notes de Politien. — Lettre du Dante. — Portrait du Dante. — Discours *de la véritable amitié.* — Manuscrits d'Alfieri. — Miniatures. — Évangéliaire syriaque. — Portrait de Laure. — Missel. — Doigt de Galilée. — Collection d'Elci.

La bibliothéque Laurentienne, un de ces foyers illustres dans les annales des lettres, passa long-temps pour la plus riche de l'Europe. Ses destinées, si incertaines à sa naissance [1], furent enfin fixées en 1571, lorsque Côme Ier chargea Vasari de terminer l'édifice, commencé par Michel-Ange, qui devait la recevoir. Le vestibule, l'escalier, sont d'un goût maigre, capricieux, bizarre. L'escalier fut construit en l'absence de Michel-Ange ; il paraît en avoir désavoué l'invention, ainsi qu'on le voit par une phrase de sa réponse écrite de Rome à Vasari [2].

---

[1] *V.* ci-après, chap. xi, sur l'ancienne bibliothéque du couvent de St.-Marc.

[2] « *Mi torna ben alla mente come un sogno, una certa scala, ma non credo che sia quella che pensai allora, perchè mi torna cosa goffa.* »

L'intérieur de la salle est d'une architecture beaucoup plus régulière et plus sage. Les vitraux coloriés sur les dessins de Jean d'Udine, élève de Raphaël, et d'une extrême élégance, répandent un jour mystérieux qui invite à la méditation et à l'étude. Suivant l'usage du temps, les manuscrits sont posés à plat sur des pupîtres auxquels ils tiennent par une petite chaîne, ce qui doit singulièrement *fatiguer* la couverture et lui faire perdre sa fraîcheur et sa beauté. Ils furent ainsi disposés par les deux premiers bibliothécaires de la Laurentienne, Baccio Valori et Jean Rondinelli. Les bancs mis devant et entre les quatre-vingt-huit pupîtres (*plutei*) pour les travailleurs qui n'y sont pas trop à leur aise, l'aspect sévère de ces gros volumes enchaînés, annoncent des mœurs littéraires d'un autre âge. La Laurentienne qui n'a que des manuscrits, en compte environ neuf mille. Le catalogue des manuscrits grecs, latins et italiens de Bandini, ouvrage de quarante-quatre ans, est un vrai chef-d'œuvre de méthode, d'exactitude et de critique. On doit désirer qu'il soit aussi bien continué par le savant bibliothécaire actuel, M. Furia, qui depuis longtemps a promis la suite. Les catalogues des manuscrits orientaux et hébreux ont été donnés par Assemanni et Biscioni. Les plus célèbres manuscrits sont :

Le Virgile du IVe ou du Ve siècle, le plus ancien des manuscrits de Virgile, manuscrit in-4°, parchemin, d'une merveilleuse conservation, auquel il ne manque que les premières pages, miraculeusement retrouvées à la Vaticane, il y a peu d'années, par les soins de M. Mai, et suppléées, en 1771, par Foggini, qui a barbarement numéroté les feuillets avec des chiffres arabes. C'est d'après ce manuscrit que Heyne a mis et que l'on met encore, dans certaines éditions, l'orthographe du temps de la république (*is* pour *es*, *o* pour *u*), usage pédantesque, puisque cette vieille orthographe détruit l'harmonie des vers ;

Les *Pandectes*, prises, dit-on, au siége d'Amalfi par les Pisans, en 1135, 2 vol. in-fol. parchemin, et d'un caractère assez fort et très lisible, qui paraissent du vi^e ou du viie siècle. L'origine et l'authenticité de ces fameuses Pandectes a donné lieu à de nombreuses conjectures. Plusieurs savans, parmi lesquels Politien, qui les a doctement corrigées, et dont une copie avec ses notes marginales autographes est à la Laurentienne, ont cru qu'elles étaient une copie envoyée en Italie par Justinien, et peut-être de la main de Tribonien, parce que les diverses préfaces grecques n'ont ni points ni virgules ; d'autres ont pensé qu'elles passèrent directement de Constantinople à Pise par la voie du commerce, ou qu'elles furent transportées à Ravenne par quelque exarque. Elles sont toujours les plus anciennes que l'on connaisse, et peuvent être regardées comme l'original de toutes nos Pandectes. On a loué la modération de Gino Capponi, qui, nommé gouverneur de Pise après l'avoir contraint de se rendre par famine, ne lui avait enlevé que ses Pandectes. Il semble que la perte irréparable de tels monumens, de ces trésors de l'antique gloire d'une cité, ne doit pas lui être moins cruelle que le paiement de contributions, et qu'elle doit peut-être lui coûter davantage. Arrivées à Florence en 1406, les Pandectes furent mises au Palais vieux ; elles n'étaient montrées au temps de la république qu'avec une permission de la Seigneurie, et qu'à la lueur de flambeaux ; c'est ainsi que les vit Budé avec la légation française qui se rendait à Rome. Elles furent ensuite conservées, ainsi que les actes du Concile de Florence encore à la Laurentienne, dans la garde-robe du grand-duc ; un des officiers de la cour en avait la clef, et il ne la communiquait que sous certaines formalités dont il n'est plus aujourd'hui question : un volume ouvert est exposé sous verre ; l'autre est serré, et la faveur d'en toucher les feuillets est accordée avec obligeance et discernement par MM. les bibliothécaires ;

Les deux manuscrits de *Tacite ;* le premier qui serait de l'an 395, si l'on s'en rapportait à la note qui le termine, quoique les bénédictins croient y reconnaître une écriture lombarde du xe ou du xie siècle [1]; remarque modifiée par Ernesti et par quelques autres, qui, tout en avouant que ce manuscrit n'est qu'une copie faite sur l'exemplaire de 395, le font remonter au ixe siècle, au viie et même au vi^e : le second Tacite, dont l'âge ne paraît pas aussi très sûr, est celui de Corbie, qui, le premier, a fourni les cinq premiers livres des Annales, et a rectifié plusieurs passages des livres précédemment publiés, conquête littéraire, une des plus brillantes de Léon X, découverte merveilleuse faite dans un couvent, au fond de la Westphalie, par le receveur apostolique Ange Arcimboldi, que le généreux pontife récompensa d'une gratification de 500 sequins ;

La fameuse copie du *Décaméron*, faite, dit-on, en 1384, par Amaretto Mannelli, qui a donné à celui-ci une sorte de renommée depuis la perte de l'original [2]. Il faut convenir toutefois que l'amitié de Boccace pour Amaretto, et les liens qui l'unissaient à sa famille, sont une conjecture assez incertaine pour lui attribuer à une telle distance cette même copie et les notes qui l'accompagnent. Le Décaméron, qui avait librement circulé manuscrit et pendant le premier siècle de l'in-

---

[1] *Nouv. Traité de diplomatique*, T. III, p. 278, 80.
[2] *V.* ci-après, chap. xiv.

vention de l'imprimerie, excita plus tard, après le concile de Trente, les soupçons de la cour de Rome. On conserve à la Laurentienne la curieuse correspondance entre les quatre commissaires florentins nommés par Côme Ier, le grand-duc, le prince de Toscane, et les censeurs romains qui opéraient sous les yeux du pape; grave négociation au sujet d'un recueil de contes, à la suite de laquelle fut imprimée à Florence par Junte, au bout de sept ans, en 1573, l'édition dite des *Députés*, édition officielle, qui ne fit que donner du prix aux réimpressions des éditions complètes.

Après ces premiers et grands manuscrits, une multitude d'autres sont importans sous le rapport historique ou littéraire : un *Plutarque* du ixe ou du xe siècle, mais auquel il manque le second volume, est d'une conservation extraordinaire. J'ai examiné le manuscrit de *Longus*, célèbre par la tache d'encre de Paul-Louis Courrier, faite par *étourderie*, selon une déclaration de sa main jointe au manuscrit. Malgré ma vive sympathie pour un aussi excellent écrivain et pour un caractère aussi indépendant, je ne puis dissimuler qu'au premier abord l'aspect de l'énorme pâté, maladroitement attaqué par l'acide muriatique, ne semble le condamner; peut-être qu'un faux honneur national, que l'amour-propre blessé des bibliothécaires a pu les porter à étendre cette tache : de toutes les virulentes et coupables accusations de Paul-Louis, c'est assurément la seule que nous croyions ne pas devoir tout-à-fait rejeter.

La volumineuse collection des anciens historiens grecs rappelle l'éclatante protection accordée par François Ier aux sciences et aux lettres; la traduction latine d'un premier volume in-folio, imprimé à Paris (1544), lui fut dédiée par Guido Guidi, noble Florentin qui exerçait habilement la médecine, qu'il avait nommé son premier médecin, et appelé à la chaire de médecine du collége royal. Le philologue et alchimiste hollandais, Jacques Tollius, devait traduire le reste encore inédit. L'achèvement d'un pareil travail semble revenir à la France qu'il honorerait ; mais les gouvernemens actuels ne paraissent point s'en soucier, et depuis long-temps il ne s'est présenté personne à la Laurentienne qui annonçât l'intention de s'y livrer.

La copie des *Lettres familières* de Cicéron de la main de Pétrarque, d'après l'ancien manuscrit passé à la Laurentienne, qu'il avait le premier découvert dans la bibliothéque du chapitre de Vérone [1], ainsi que la copie des *Lettres à Atticus*, prouvent le culte qu'il avait voué à l'orateur romain. Ces copies sont encore remarquables sous le rapport calligraphique et comme main-d'œuvre. La reliure des *Épîtres* n'est que du temps de Côme : la vieille couverture en bois de ce volume, si souvent pris et repris par Pétrarque, l'avait tellement, dans ses chutes fréquentes, blessé à la jambe gauche, qu'on faillit la lui couper, tant l'érudition alors était rude et presque meurtrière. Il y a bien encore à ce volume, comme auparavant, des fermoirs et des coins en cuivre, mais ils ne produiraient point une pareille plaie.

Un bel *Horace* du xiie siècle appartint à Pétrarque; il l'avait acheté en 1347, ainsi que le porte une inscription de sa main; il y a joint aussi quelques notes rares, et qui ne paraissent guère plus intéressantes que ses notes incertaines sur le Virgile de l'Ambrosienne [2]. Un manuscrit papier, fort défectueux, renferme plusieurs de ses épîtres latines, autographes, adressées à quelques uns de ses nombreux protecteurs.

[1] *V.* Liv. v, chap. xxiii.
[2] *V.* Liv. iii, chap. ix.

Le *Térence*, contenant plusieurs pages de remarques de la main de Politien, avait été, selon l'inscription qu'il y a mise, collationné par lui, en 1491, à Venise, sur l'ancien et célèbre manuscrit de Bembo passé à la Vaticane [1]. On voit, par ces remarques que l'impéritie du relieur a en partie mutilées, et par une foule d'autres qui couvrent les manuscrits de la Laurentienne, l'ardeur, la volupté avec laquelle cet illustre lettré, grâce aux bienfaits des Médicis, pouvait se livrer à l'étude, à l'explication et à la propagation des chefs-d'œuvre antiques.

Un manuscrit in-4° de l'*Histoire* de P. Orose, mutilé au commencement, a près de mille ans d'antiquité.

C'est à la Laurentienne que fut découverte, à la fin du dernier siècle, la lettre superbe du Dante, écrite en latin à un religieux de ses parens, par laquelle il refuse, malgré le supplice de quinze années d'exil, de rentrer à Florence, sous la condition de faire amende honorable dans la cathédrale, de demander pardon à la république et de payer une amende, monument admirable de la force d'âme du poète, commentaire le plus éloquent de ses vers, et qui donne le secret de son génie. [2]

Le volumineux commentaire de Benvenuto da Imola sur le Dante, de 1375, malgré ses erreurs, est encore intéressant et utile. Cet élève de Boccace avait occupé dix années à Bologne une de ces chaires *dantesques* fon-

---

[1] *V.* Liv. xiv.

[2] Cette lettre n'est point autographe. On ne connaît rien de l'écriture du Dante. La lettre de la Laurentienne, insérée par Foscolo dans ses *Essays on Petrarch*, p. xvii, n'avait point été, ainsi qu'il l'a cru, découverte par lui. L'abbé Mehus, le créateur de l'histoire littéraire de Florence, l'avait indiquée au chanoine de Vérone, Dionisi, qui l'a publiée (*Anecdot. V. Veronæ*, 1790, p. 176); elle est la huitième du Recueil des Lettres du Dante donné par M. Witte. (*V.* Liv. vi, chap. v.) M. Villemain l'a parfaitement traduite, T. Ier, p. 355, de son *Cours de Littérature française*, pour l'année 1830.

dées dans toute l'Italie [1], et il ne s'était point montré indigne d'un tel honneur.

Le grossier dominicain, auteur de l'*Ottimo commento della divina Commedia* publié récemment [2], qui paraît contemporain du poète, donne la mesure de la science de ceux qui, alors, étaient appelés doctes en Italie, et il peut faire juger de l'immense supériorité du Dante sur son siècle.

Le discours de l'illustre Bruni l'Arétin contre son ancien ami Nicolas Niccoli, véritable libelle qui, heureusement pour sa mémoire, n'a jamais été imprimé, fait peu d'honneur aux mœurs littéraires du temps, puisqu'il montre à quelle violence, à quelles invectives deux des esprits les plus cultivés de Florence avaient pu se laisser emporter.

Parmi les manuscrits inédits de Marsile Ficin, on remarque : des *Commentaires* sur le *Philèbe*, de Platon, le *Parménide*, le *Sophiste*, le *Timée*, le *Phœdon*; des traités *De Divino furore*, *De virtutibus moralibus*, *De quatuor sectis philosophorum*; des *Questions* sur l'*Esprit*, une traduction des *hymnes d'Orphée*, et des *Dits* de Zoroastre, ouvrages de sa première jeunesse; une version italienne de la *Monarchie* du *Dante*, etc., travaux divers qui prouvent l'ardente activité des premiers hommes de lettres de la renaissance.

Malgré la facilité un peu commune des vers du *Paradisus*, poëme d'Ugolin Verini, ils ont une sorte d'intérêt par les détails sur les affaires de Florence, et par le culte sincère et la tendresse que l'auteur avait voués aux Médicis, dont les armes couvrent ce brillant manuscrit, ainsi que beaucoup d'autres de la Laurentienne. Ugolin fut surpassé par son fils Michel Verini, jeune

[1] *V.* ci-après, chap. xii.
[2] Pise, 1827-29, 3 vol. in-8°.

poète de la plus haute espérance, mort à dix-sept ans, martyr, a-t-on dit, de sa chasteté, comme si l'on mourait de cela et à cet âge, ami de Politien et de Laurent de Médicis qui allait quelquefois souper chez cette famille, car la protection littéraire de Laurent était simple, bourgeoise, familière, et ne ressemblait point aux encouragemens pompeux et à distance accordés par la munificence des princes.

Les deux manuscrits de l'*Hermaphrodite*, du Panormita, ne justifient que trop les censures dont la pudeur publique et Poggio, Philelfe et Laurent Valla qui voulait que l'on brûlât l'auteur comme le livre, avaient frappé cet obscène recueil dédié à Côme Ier, et imprimé pour la première fois à Paris, en 1791, sans doute comme une preuve nouvelle des préjugés vaincus à cette époque. Une lettre de Guarino, de Vérone, en tête du manuscrit, cherche assez singulièrement à défendre toutes ces infamies par des citations de S. Jérôme.

Les manuscrits des troubadours de la Laurentienne, quoique en partie reconnus fautifs, ont été savamment employés par M. Raynouard, qui a su y découvrir d'importantes variantes et quelques pièces qui ne se trouvaient point ailleurs. L'un de ces manuscrits du xve siècle, bien conservé et d'une belle écriture, avait appartenu à Benoît Varchi et à Charles Strozzi dont les noms s'y lisent encore.

A la fin de l'un des nombreux manuscrits du Dante, des xive et xve siècles, sont deux petites pièces en son honneur; la première rappelle sa gloire et ses infortunes; la seconde donne son portrait physique bien moins connu. [1]

[1]
Fu' l nostro Dante di mezza statura,
Vestì onesto, secondo suo stato,
Mostrò un pò per l'età richinato,
Fè mansueta, e grave l'andatura.

Le petit volume des poëmes sur l'amitié peint les mœurs du xve siècle. Le fait singulier qu'il rappelle semble le premier modèle des concours académiques. Pierre de Médicis, d'après le conseil de Léon-Baptiste Alberti, avait fait proclamer qu'il décernerait une couronne d'argent travaillée en branche de laurier à l'auteur du meilleur discours en vers italiens sur la *véritable amitié* : les concurrens devaient réciter leurs poëmes dans l'église Ste-Marie *del fiore*, et, afin de faire honneur au pape Eugène IV, qui tenait alors son concile à Florence, on offrit aux secrétaires apostoliques d'être juges du concours. Le dimanche 22 octobre 1441, l'église étant magnifiquement décorée, les officiers des études, les juges et les poëtes s'y rendirent avec un pompeux cortége : la seigneurie, l'archevêque, l'ambassadeur de Venise, un nombre infini de prélats assistaient à la cérémonie; le peuple florentin remplissait l'église. Mais, lorsqu'il fallut adjuger le prix, les secrétaires du pape, sous prétexte que plusieurs des pièces étaient d'un mérite à peu près égal, et qu'il était impossible de se décider, décernèrent la couronne à la cathédrale; inepte jugement encore moins sensé que le partage de prix trop souvent adopté par l'Académie française, et qui excita le vif mécontentement, non seulement des poëtes, mais de la

La faccia lunga, poco più che misura,
  Aquilin naso, e'l pel nero, e ricciuto,
  E'l mento lungo, e grosso, e'l labro alzato,
    E grosso un pò sotto la dentatura.
Aspetto maninconico, e pensoso,
  Cigli umidi; cortese, e vigilante
  Fu negli studi, sempre grazioso;
Vago in parlar, la voce risonante,
  Dilettossi nel canto, e in ogni sono,
  Fu in gioventù di Beatrice amante;
    Et ebbe virtù tante,
  Che il corpo a morte meritò corona
  Poeticha, e l'alma andò a vita bona.

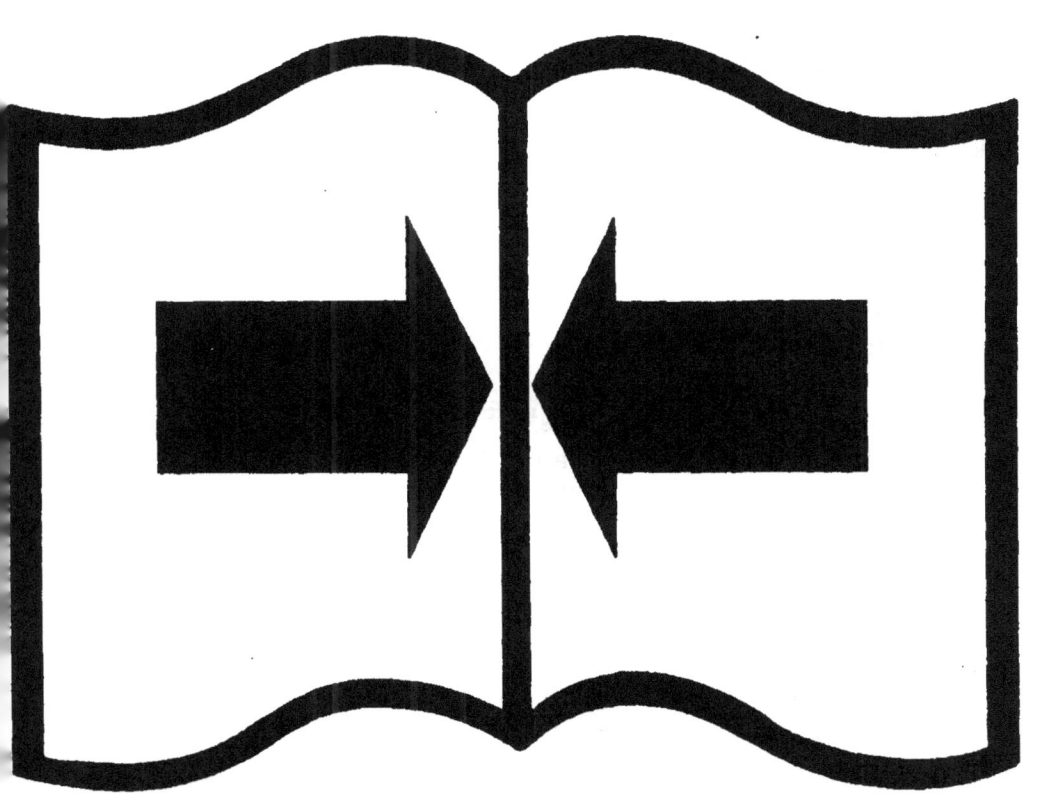

Reliure serrée

ville entière. Les six concurrens (*dicitori*) étaient François d'Altobianco degl' Alberti, Antoine degl' Agli, depuis évêque de Fiesole, Mariotte Davanzati, Anselme Calderoni, François Malecarni, Benoît de M. Michele d'Arezzo. L'examen rapide, incomplet des divers discours n'est pas sans quelque intérêt. Degl' Alberti prétend que Phocion, *Périclès*, les deux Brutus et Camille qui délivrèrent leur patrie, s'ils n'avaient pas rassemblé des amis, n'auraient pu y parvenir et acquérir une éternelle mémoire, malgré leur vertu, leurs travaux et leur génie; il est assez pédant et cite beaucoup les anciens; degl' Agli, dont le discours peut-être est le plus remarquable, a de l'imagination; il paraît nourri des idées platoniciennes alors si répandues à Florence; le discours de Davanzati n'est qu'une froide dissertation; celui du florentin Malecarni, intitulé: *Trionfo di Amicizia*, paraît curieux; il y a de la poésie et des allégories sur l'amitié, à laquelle il donne un char, un cortége; à sa suite, marchent Arthus, Tristan, Isotte, Lancelot, Genièvre. La pièce du dernier *dicitore* n'est point achevée.

Les éditions d'Homère, de Virgile, des tragiques grecs et d'Aristophanes sur lesquelles Alfieri, vers la fin de ses jours, étudiait avec tant d'ardeur, ont été données à la Laurentienne par M. Fabre, qui les avait reçues de Mme la comtesse d'Albany, ainsi que ses manuscrits. J'ai examiné le manuscrit des tragédies. Peu d'auteurs ont travaillé leurs ouvrages autant qu'Alfieri; un volume contient le plan en prose de la tragédie: c'était la manière de Racine; on y remarque les esquisses, moitié en français et moitié en italien, du *Philippe* et du *Polynice*, et en italien seulement d'*Antigone*, d'*Agamemnon*, d'*Oreste*, de *Rosemonde*, de *Marie Stuart* et de *D. Garzia*; un second volume présente la tragédie versifiée, avec des remarques sur les endroits faibles et à corriger; le troisième volume est une mise au net sur laquelle il y a encore des corrections de la main d'Alfieri. La publication complète de ces manuscrits et des variantes qui ne font point partie des œuvres posthumes, pourrait fournir une étude littéraire intéressante. J'ai parcouru l'esquisse française d'un *Charles I*^{er}, écrite à Paris, dont Alfieri s'était occupé après le *Philippe*, et qu'il abandonna vers la moitié du troisième acte, à la scène du jugement, tant, comme il l'avoue lui-même, son cœur et sa main s'étaient glacés, et ne lui permettaient point de continuer. Alfieri, dans l'étrange dédicace de son *Agis* à Charles Ier, indique encore le vice de ce sujet. Lorsque Charles paraît pour la première fois au second acte, Alfieri le désigne comme un *roi prisonnier, opprimé, philosophe, peu coupable, qui a l'âme grande et le cœur bon*: la philosophie attribuée à Charles n'est peut-être pas un trait fort exact. Une note autographe d'Alfieri, en tête d'un des volumes et datée de Florence, 1798, porte qu'il ne lui a été rendu que cinq volumes des manuscrits qu'il avait laissés en France en 1792: *Ma non però dal pubblico loro (Francesi) ma sottratte da un privato per restituirmele.* Cette restitution, qu'Alfieri eut le tort d'oublier plus tard, est due à Ginguené, alors ambassadeur à Turin, ainsi qu'on le voit par deux de ses lettres et par les réponses d'Alfieri; correspondance qui honore la mémoire de l'écrivain français. Les médiocres traductions de l'*Énéide* et des *Géorgiques* font partie de ces manuscrits: Alfieri avait même commencé à traduire les *Bucoliques*, quoique son âpre génie ne parût guère propre à un tel travail.

Les miniatures d'un grand nombre de manuscrits de la Laurentienne en font de curieux monumens des divers âges de la peinture. Les vingt-six miniatures du précieux *Évangéliaire* syriaque sont encore, après plus de douze siècles, d'une merveilleuse conservation. L'histoire touchante de la femme adultère ne se trouve point dans ces Évangiles, non plus que l'interprétation des mots *Lama sabacthani.* Le manuscrit fut exécuté l'an 586, dans le monastère de S.-Jean, à Zagba, ville de la Mésopotamie, par le calligraphe Rabula; il passa au xie siècle dans le couvent de Ste.-Marie de Maiphuk, puis à celui de Ste.-Marie de Kannubin, et en 1497 à la Laurentienne. Les scribes syriens, comme les scribes grecs, latins, arabes, avaient coutume de mettre à la fin de leurs ouvrages quelque note qui leur fût personnelle : Rabula demande pieusement que ceux qui le liront prient pour lui. La même invitation se retrouve sur plusieurs manuscrits de l'Alcoran. La *Bible*, in-fol. de 1029 pages, doit être de la moitié du vi[e] siècle, puisque son patient copiste, le bénédictin Cervandos, du couvent de S.-Salvador, sur le mont Amiat, au-delà de Sienne, est indiqué dans les annales de l'ordre de S.-Benoît, par Mabillon, à l'année 541. Un des plus élégans et des plus authentiques portraits de Laure, est celui d'un antique manuscrit du *Canzoniere*, qui, s'il n'a point été peint d'après l'original, a peut-être été fait d'après le portrait contemporain de Simon Memmi. Le portrait de Pétrarque, avec une couronne de laurier par dessus son capuchon, est beaucoup moins gracieux. Un *Évangéliaire* à lettres d'or, avec de longues figures aussi sur fond d'or, était autrefois à la cathédrale de Trébisonde; l'évêque Alexis Celabene le sauva du pillage de cette ville par les Turcs, et l'offrit à Jules II, afin qu'il pût se rappeler, au milieu des pompes de S. Pierre, les infortunes et la dispersion de la nation grecque. Un des beaux ouvrages du xive siècle, est le *Missel* qui, avec dix-neuf autres livres de chœur de l'ancien couvent des Anges, dont dix-huit ont péri victimes d'une cupide barbarie, fut si vivement admiré par Léon X, lorsqu'il vint à Florence après son élection, qu'il l'avait voulu voir d'après l'éclatant éloge qu'il se souvenait d'en avoir entendu faire à Laurent le Magnifique son père. Les artistes de ces brillantes miniatures étaient les moines camaldules : le volume de la Laurentienne semble pouvoir être attribué à D. Lorenzo, le Raphaël de cette peinture si soignée, si finie, et que les loisirs, le calme et la patience du cloître pouvaient seuls exécuter.

Le doigt de Galilée est exposé dans un bocal au milieu de la salle; ce doigt avec lequel peut-être il avait montré les satellites de Jupiter, cette relique de la science fut dérobée du tombeau de son martyr à Ste.-Croix [1], par l'antiquaire Gori; à la vente du musée de celui-ci, Bandini l'acheta; quelque temps égarée et retrouvée, elle fut placée en 1803 à la Laurentienne.

La précieuse collection des premières éditions des classiques grecs et latins, formée par le chevalier Ange d'Elci, de Sienne, qu'il avait constamment emportée et accrue pendant ses divers voyages à travers l'Europe, a été léguée par lui en 1818 à la Laurentienne; elle sera un digne complément aux manuscrits de cette bibliothèque. La collection d'Elci possède encore les premières éditions des écrivains bibliques dans le texte, du premier siècle de l'imprimerie; presque toutes les éditions aldines de l'*ancre sèche;* le recueil dit *Memoriale* de Pannartz. Le plus beau livre peut-être de la collection est l'un des deux exemplaires peau de vélin du *Lucien* de Florence, avec une magnifique miniature qui représente Laurent de Médicis. Ce volume provient de la bibliothèque Riccardi; d'Elci en obtint du grand-duc la jouissance sa vie durant, sous la condition de le léguer avec ses livres

---

[1] *V.* ci-après, chap. xii.

à la Laurentienne. Une salle nouvelle doit recevoir ces trésors bibliographiques ; elle sera comme un monument consacré à d'Elci, qui fera plus vivre sa mémoire que ses satires, ses épigrammes, et même que son édition de Lucain et ses élégantes poésies latines.

CHAPITRE VI.

Bibliothéque Riccardi. — Pline. — Ancienne universalité de la langue française. — Anecdote du Dante. — Manuscrits de Poggio. — Constance Varano. — Sommaires de l'histoire de Florence. — Testament de Strozzi. — Autographes.

La bibliothéque Riccardi est devenue propriété de la ville, et publique depuis 1811. Elle compte 23,000 volumes et 3500 manuscrits. Fondée en 1558, par Richard Romulus Riccardi, élève de l'illustre Pierre Vettori, elle s'est beaucoup accrue par la donation d'un autre Riccardi, le chanoine Gabriel, mort sous-doyen de la cathédrale en 1789, dont la seule collection comptait 1800 manuscrits. Les éditions du xve siècle sont assez nombreuses. On distingue les éditions *rarissimes* de la *Bible* de Rome (1471 et 72); du *Lactance* de Subiaco (1465); de l'*Halieuticon* d'Oppien (1478) : une *Bible* de Venise (1492) a de petites notes autographes de Jérôme Savonarole. Les plus importans manuscrits concernent le moyen âge et la renaissance; plusieurs manuscrits classiques sont uassi fort remarquables.

Le manuscrit de l'*Histoire naturelle* de Pline, in-fol., du ixe ou du xe siècle, est le plus ancien qui existe ; il n'a point été collationné : quoique mutilé au commencement, au milieu et à la fin, il pourrait fournir d'utiles variantes sur cette encyclopédie de l'antiquité.

Les *Commentaires de César*, corrigés par Julius Celsus, du xii° siècle, sont une conquête des Génois sur le roi d'Aragon, battu par leur flotte le 12 août 1435.

Le *Virgile*, du xv° siècle, défectueux au commencement, est orné d'élégantes figures d'une parfaite conservation.

Un ancien et précieux *Térence* provient de la bibliothèque du couvent de S.-Marc, ainsi que le constate l'inscription, et Côme de Médicis en avait hérité de Nicolas Niccoli. [1]

Politien avait fait copier d'un ancien manuscrit le traité de Pelagonius, *de re veterinaria*, ainsi qu'on le voit par la curieuse inscription qu'il y a mise [2]. Ce manuscrit est peut-être le seul qui existe de Pelagonius, écrivain du iv° siècle, cité par Végèce. [3]

Les manuscrits des troubadours sont curieux : des extraits en ont été pris par le comte de Caylus, et font partie de la collection de M. de Ste.-Palaye, déposée à la bibliothèque de l'Arsenal.

Le manuscrit de l'histoire de Venise, depuis l'origine de cette ville jusqu'en 1275, traduite d'après d'anciennes chroniques latines en français, offre un fait curieux ; l'auteur, maître Martin de Canale, déclare dans son in-

---

[1] *V.* ci-après, chap. xi.
[2] *Hunc librum de codice sane quam vetusto Angelus Politianus, Medicæ domus alumnus, et Laurenti cliens, curavit exscribendum. Dein ipse cum exemplari contulit, et certa fide emendavit. Ita tamen ut ab illo mutaret nihil, ut et quæ depravata inveniret, relinqueret intacta, neque suum ausus est unquam judicium interponere; quod si priores institutum servassent, minus multo mendosos codices haberemus. Qui legis, boni consule, et vale. Florentiæ anno MCCCCLXXXV. Decembri mense.*
[3] Il a été imprimé à Florence, en 1828, avec une traduction italienne.

troduction qu'il a choisi cette langue « parce que la « langue françoise cort parmi le monde, et est la plus « délitable à lire et à oïr que nulle autre. » Brunetto Latini donnait les mêmes motifs lorsqu'il composait aussi en français, au commencement du XIIIe siècle, son *Tesoro*. Cette supériorité, cette universalité de notre langue est donc très antérieure, comme on voit, à nos chefs-d'œuvre littéraires et à l'ascendant momentané de nos armes.

Au titre du manuscrit du *Traité de la foi catholique*, du Dante, on lit qu'il fut composé par cet *illustre et très fameux docteur et poète florentin*, selon qu'il avait répondu à Messire l'inquisiteur de Florence sur ce qu'il croyait. Sur un manuscrit in-f°. des *Rime*, est à la suite d'un quatrain le récit d'une anecdote passablement scandaleuse, caractéristique des mœurs de cette époque, et qui montre le poète sous un aspect nouveau et différent[1].

---

[1] *Questi quattro versi fè Dante sendo in corte d'un signore, e usando spesso famigliarmente in casa, s'accorse più volte che un frate di San Francesco, che era un bellissimo cristiano, e valentissimo uomo, e reputato di spiritual vita, usava in detta corte, e andava spesso a visitare la donna del signore, rimanendo con lei molte volte solo in camera, e a uscio serrato. Di che Dante, parendogli que sta una non troppo onesta dimestichezza, e portando amore al detto signore, non fè se non che con bel modo lo disse al signore, e marito di costei. E lui gli disse come costui era tenuto mezzo santo. Il perchè Dante tornato l'altro dì allui, e quel frate in quel medesimo dì, e in quella medesima ora giunse, e fatta poca dimostranza col signore, andò a visitare la madonna. Dante, come il frate fu partito, veduto dove egli andava, s'accostò al signore, e dettegli questi quattro versi, i quali fecione che il detto signore onestamente dette moto, che d'allora innanzi il detto frate non andò più a vedere la moglie senza lui. E que' versi fece scrivere in più luoghi del suo palagio. E' versi sono questi :*

    Chi nella pelle d'un monton fasciasse
    Un lupo, e fralle pecore mettesse,
    Dimmi, cre' tu, perchè monton paresse,
    Ch' egli però le pecore salvasse?

Un beau manuscrit de la *Commedia*, de 1498, contient des remarques en vers qui peignent l'humeur et les dispositions de quelques-uns de ses anciens possesseurs; l'un se plaint qu'en réclamant les volumes qu'il a prêtés, il perd à la fois ces volumes et l'amitié de l'emprunteur; un autre plus généreux a écrit que le livre était à lui et à ses amis; un autre moraliste se plaint de la pauvreté qu'il a soufferte pendant sa jeunesse, et de l'inutilité de ses richesses devenu vieux.

A la fin d'un manuscrit des *Triomphes* de Pétrarque, une inscription porte qu'il a été terminé le 22 juin 1402 aux *Stinche*, les prisons de Florence [1]. La même inscription se retrouve sur quelques autres manuscrits, souvenirs touchans des consolations dues à l'étude.

La relation déjà imprimée plusieurs fois des voyages du frère Oderig Frigoli, parti de son couvent de Padoue en 1318 pour Constantinople et l'Orient, contient d'étranges détails sur les rencontres et la manière d'observer de ce voyageur. [2]

Les lettres nombreuses et inédites de Poggio déposées à la Riccardiana, ont fourni au traducteur italien de sa vie écrite en anglais par Shepherd, d'utiles rectifications et plusieurs faits nouveaux [3]. Ces lettres curieuses sont comme un tableau des mœurs vives, passion-

---

[1] *V.* ci-après, chap. XXIII.

[2] *Andai in Ermenia maggiore, e pervenni ad Arzelone, dove presso a una dieta è il fiume del Paradiso detto Eufrates. In questa terra senti' che una grande donna lasciò per suo testamento, che de' beni suoi si facesse un munistero di meretrici, che sempre fossero apparecchiate a servire agli uomini in ogni carnalitade, e questo fece per l'anima sua maladetta. Di quindi venni al monte dove è l'arca Noè, e volentieri sarei salito alla cima del monte, avvegnachè mai non si trovò chi vi potesse salire, ma perchè non volli aspettare la carovana, non me ne volli provare.*

[3] *Vita di Poggio Bracciolini, tradotta dall' Avv. Tommaso Tonelli, con note ed aggiunte.* Florence, 1825, 2 vol. in 8°.

nées, querelleuses des hommes de la renaissance; leur publication serait intéressante, et elle honorerait le gouvernement de la Toscane, riche et qui a peu de charges. Parmi les lettres inédites de Poggio, on en remarque plusieurs à son plus intime et plus constant ami, Nicolas Niccoli, dans lesquelles il lui rend compte de ses découvertes au Mont-Cassin de divers fragmens des anciens, et de la peine qu'il prenait à les transcrire; on y voit le prix énorme des manuscrits à cette époque[1] : une lettre écrite de Londres explique les motifs qui l'ont engagé à quitter la cour de Rome pour se rendre en Angleterre; il expose dans une autre le désir qu'il a de retourner dans sa patrie; il trace un portrait peu flatteur des Anglais du xve siècle, plus occupés de mangeaille (*gola*) et de plaisirs que des lettres, et parmi lesquels le petit nombre d'amis de celles-ci ne sont que des barbares plus experts en sophismes et en controverses que doués d'une science véritable; quelques lettres sont de curieuses relations de voyages d'antiquités et de fouilles faites à Alatri, Tusculum et Ostie. Dans une lettre au secrétaire de l'évêque de Winchester, Poggio, vieux, parle avec enthousiasme de sa jeune épouse, dont il se vante plus tard à son autre ami Charles Arétin d'avoir eu un dernier fils et le plus beau de tous, malgré ses soixante-dix ans.

Le manuscrit qui contient les discours et les lettres en latin de Constance Varano, contemporaine et correspondante de la grande Isotte[2], montre chez les dames lettrées du xve siècle qui haranguaient habituellement les papes et les rois, une sorte de caractère public et de puissance dont il est difficile aujourd'hui de se faire une

---

[1] Un Lactance se payait 12 florins; les Lettres de S.-Jérôme, 45; une Bible, 40; quelques Discours de Cicéron, 14, etc.

[2] *V*. Liv. v, chap. xxix.

idée. Le premier de ces discours, compositions plutôt érudites qu'éloquentes, est la célèbre harangue adressée publiquement au peuple de Camerino, lorsque Constance y ramena son frère Rodolphe, auquel ce domaine avait été restitué à la suite d'une autre harangue prononcée par elle à l'âge seulement de quatorze ans, en présence de Blanche Marie Visconti, épouse du comte François Sforze.

Un manuscrit autographe de Machiavel offre les sommaires de son Histoire de Florence. Ces sommaires détaillés, écrits avec beaucoup d'ordre et de soin, et qu'il paraît avoir faits à son usage, devraient être imprimés dans ses œuvres. Ils se trouvent assez singulièrement reliés à la suite de dialogues familiers en allemand et en italien, aussi spirituels que le sont ordinairement ces sortes de dialogues dans les diverses grammaires.

Un manuscrit sublime est l'ancienne copie du Testament de Philippe Strozzi, le dernier vengeur de la liberté florentine, testament tracé dans sa prison au moment de se frapper d'une épée qu'il y avait découverte, adressé au *dieu libérateur*, et par lequel il le supplie faute de mieux, d'admettre son âme parmi les âmes de Caton et d'autres hommes de courage, qui n'ont point survécu à l'asservissement de leur patrie.[1]

---

[1] DEO LIBERATORI.

Per non venir più in potere de' maligni inimici miei, ove, oltr' all' essere stato ingiustamente e crudelmente straziato, sia costretto di nuovo per violenza de' tormenti dire cosa alcuna in pregiudizio dell' onor mio, e degli innocenti parenti ed amici ; la qual cosa è accaduta a questi dì allo sventurato Giuliano Gondi : Io Filippo Strozzi mi sono deliberato, in quel modo che io posso, quantunque duro (rispetto all' anima) mi paia, colle mie mani finire la vita mia. L' anima a Iddio, somma misericordia raccomando, umilmente pregandolo, se altro di bene darle non vuole, che le dia almeno quel luogo dove è Catone Uticense, ed altri simili virtuosi uomini, che tal fine hanno fatto, etc.

La tragédie de la *Conversion de Ste. Marie-Madeleine*, depuis imprimée, et composée assez singulièrement par Richard Riccardi, pour les noces du prince de Toscane, D. Côme de Médicis, cette tragédie, quoique accompagnée *con un' aria musicale alla maniera antica*, est une nouvelle preuve que les représentations des *Mystères* se sont prolongées en Italie après la *Sophonisbe* et la *Rosmonde*.[1]

La Riccardiana possède plusieurs manuscrits autographes d'écrivains diversement célèbres : une *Défense*, in-4°, de *Savonarole*, contre Samuel Casinensis, par Jean-François Pic de la Mirandole; l'*Histoire* partiale de *Florence*, de Jacopo Nardi, qui ne fut imprimée qu'après sa mort et même avec des suppressions; les *Canzoni* et autres *Rime* de Chiabrera, dont plusieurs sont adressées à Richard Riccardi; le *Traité de fortification et d'architecture militaire* de Galilée, à la suite de lettres à Christine, à Don Benoît Castelli, à Monsignor Dini et autres, du discours sur le flux et reflux de la mer; quelques ouvrages inédits de son digne bibliothécaire le Dr Lamy, ainsi que les quarante volumes de lettres adressées par les savans de son temps à ce laborieux érudit.

CHAPITRE VII.

Bibliothéque Marucelli. — *Mare magnum*. — Bibliothéque Magliabecchi. — Catalogue.

La bibliothéque Marucelli, la moins ancienne des bibliothéques publiques de Florence, est de l'année 1751;

---

[1] *V*. Liv. x, chap. Ier.

elle peut être regardée comme une dépendance de la Laurentienne qui en est voisine, et elle a la même administration. Son fondateur, dont elle porte le nom, fut un prélat vertueux et lettré qui, de son vivant, avait mis ses livres à la disposition des savans peu riches; il semble après sa mort avoir voulu leur conserver la même destination, d'après l'inscription touchante de la Marucelliana : *Publicæ et maximæ pauperum utilitati*. On regrette toutefois qu'elle ne soit ouverte que trois jours par semaine, sans compter les innombrables jours de clôture des bibliothéques d'Italie. Elle a 45,000 volumes; les manuscrits peu nombreux sont plutôt historiques et diplomatiques que littéraires. On y conserve les manuscrits des deux Salvini, du laborieux antiquaire Gori, et du sénateur Buonarotti : le plus intéressant des manuscrits est le *Mare magnum*, espèce de dictionnaire encyclopédique, d'*Index* général en 112 vol. in-fol., composé par Marucelli, de toutes les matières traitées dans les ouvrages qu'il avait lus, vaste répertoire qui pourrait être utile comme moyen de recherche.

La Magliabecchiana est comme la grande bibliothéque de Florence; elle compte 150,000 vol., 12,000 manuscrits, et elle reçoit un exemplaire de tous les ouvrages imprimés. Indépendamment des diverses bibliothéques qui, successivement, y ont été réunies, telles que les bibliothéques Marmi, Gaddi, Biscioni, Palatine, Lamy, de l'abbaye des Roccettini de Fiesole, d'une partie de celle des Jésuites, des bibliothéques de Sainte-Marie-Nouvelle et Strozzi, la Magliabecchiana s'est accrue des bibliothéques de couvens supprimés par l'administration française. Le fondateur, Magliabecchi, bibliothécaire du grand-duc Côme III, avait été jusqu'à quarante ans orfévre sur le pont vieux, et il devint un des plus savans et des plus passionnés bibliographes qui aient existé.

Le premier bibliothécaire, Cocchi, a dressé le catalogue d'une manière peut-être fort profonde, fort *rationnelle*, mais qui n'est pas très claire, et rend les recherches peu faciles; il a considéré tout ce que l'esprit humain peut savoir sous trois aspects : les paroles, les choses et les faits; ces derniers, moraux ou sacrés; et il a conséquemment établi quatre grandes divisions, savoir : les belles-lettres, la philosophie et les mathématiques; l'histoire profane, l'histoire ecclésiastique, sous-divisées elles-mêmes en dix parties; d'où il résulte que la grammaire commence son bizarre catalogue qui se termine par la Bible. Un catalogue excellent des éditions du xv° siècle a été publié par le bibliothécaire Ferdinand Fossi[1], aidé du savant et obligeant bibliothécaire actuel, M. l'abbé Follini. Les plus remarquables sont : deux exemplaires, dont un peau vélin, de la *Bible* de Mayence (1462), un des premiers et des plus splendides produits de la typographie, qui confirme la remarque sur la beauté primitive de cet art[2]; le premier *Homère* que Florence, la première, eut la gloire d'imprimer (1488), exemplaire peau vélin, offert et dédié à Pierre de Médicis, orné des armes de sa famille exécutées dans un superbe cadre, et de riches miniatures, mais dont vingt feuillets manquent et sont remplacés par des feuillets manuscrits imitant assez bien l'ancienne impression; les *Lettres familières* de Cicéron (1469), peau vélin, le premier livre imprimé à Venise; le célèbre *Dante*, avec le commentaire diffus, mais encore estimé de Christophe Landino (Florence 1481), pour lequel il reçut un palais, *alla collina in Casentino*[3], brillant exemplaire entièrement

---

[1] *Catalogus codd. sæc.* xv *impressorum bibliothecæ Magliabechianæ*. Flor. 1793, 94, 95, 3 part. in-fol.

[2] *V.* Liv. vi, chap. xii.

[3] Landino y mourut en 1504, à près de quatre-vingt-un ans. Son

sur vélin, orné de nielles avec les armes de la république, et présenté par Landino au sénat de Florence; le *Décaméron, Deo gratias* [1] : une note à la main sur un exemplaire de l'édition dite des *Députés* (1573), fait connaître leurs noms [2]; l'*Histoire florentine* de Léonard Arétin, traduite en italien par Donato Acciaioli (Venise 1476), très bel exemplaire sur vélin de cette première édition, qui se termine par les mots *laus immortali Deo*; l'un des deux exemplaires sur vélin de la rare édition du *Musée* et des *Gnomœ monosthicœ* (Florence, vers 1500); l'*Anthologie* de Lascaris (Florence 1494), magnifique exemplaire, avec des médaillons peints aux angles, imitant des camées antiques, qui fut offert à Pierre de Médicis ; un des cinq magnifiques exemplaires sur vélin de l'*Argaunotique* d'Apollonius de Rhodes (Florence, 1496), orné de riches miniatures et d'arabesques. Un manuscrit de 1342, du vieux maître de Pétrarque, Convenevole de Prato, que l'indigence rendit infidèle, qui mit en gage le traité de la *Gloire*, de Cicéron, que son élève lui avait prêté, et qui ne s'est point retrouvé; ce manuscrit contient un long poëme latin adressé au roi Robert, écrit au temps du pape Benoît XII, dans lequel l'Italie personnifiée prie le roi de la secourir au milieu des malheurs qui l'accablent : la

---

corps, qui ne s'est point corrompu, s'y montre encore; il peut être regardé comme le mieux conservé qu'il y ait en Europe. Une inscription de huit vers italiens rappelle la vie, les ouvrages de Landino et le phénomène de son cadavre. Le capitaine Gavignani, Bolonais, lui arracha deux dents en 1632, qu'il emporta comme relique. Un curé l'a mutilé par pudeur d'une autre manière, lorsqu'il sut que la princesse Violante Béatrix de Bavière devait venir le visiter ; aussi la princesse, frappée de l'étrange attentat, dit en plaisantant que celui qui l'avait ordonné mériterait bien de subir la peine du talion.

[1] *V*. Liv. VII, chap. XII.
[2] C'étaient François Cattani da Diacceto, Antoine Benivieni, Louis Martelli, Vincent Borghini, Baccio Valori, Agnolo Guicciardini, Jacopo Pitti, Bastiano Antinori et Baccio Baldini.

flatterie de Convenevole envers Robert surpasse encore celle de Pétrarque [1], car il va jusqu'à le comparer à Jésus-Christ.

Les matériaux de la *Biblioteca degli scrittori Fiorentini e Toscani*, de l'irascible et impétueux médecin et philologue Cinelli Calvoli, ami de Magliabecchi, ont été réduits en douze vol. in-fol. par le chanoine Biscioni; ils prouvent la science et l'infatigable ardeur au travail de cet écrivain, malgré les traverses dont sa vie fut remplie [2]. A la salle des manuscrits, une *Notre-Dame* est un très bel ouvrage de Carle Maratte.

CHAPITRE VIII.

Cabinet scientifique et littéraire de M. Vieusseux. — Déclin, fin des anciennes académies; nouvelles sociétés savantes. — Progrès intellectuels de l'Italie. — Savans, littérateurs de Florence. — Ocheda.

A côté de ses vieux et doctes dépôts littéraires, Florence possède un établissement moderne du plus haut intérêt; c'est le cabinet de M. Vieusseux, directeur de l'*Anthologie*, qui doit recevoir une des premières visites de tout voyageur éclairé, et qui contribue singulièrement à l'agrément du séjour de cette ville. Là

---

[1] *V*. Liv. VIII, chap. XIII.

[2] De curieuses particularités bibliographiques sur Cinelli et l'édition originale du *Malmantile*, auquel il a joint un avertissement, ont été données par M. Charles Nodier dans ses *Mélanges tirés d'une petite bibliothèque* (Paris, 1829, in-8°); l'erreur qu'il reproche à M. Gamba, d'avoir donné à l'imprimeur les prénoms de Jean Dominique au lieu de Jean Thomas, avait toutefois été rectifiée par celui-ci dans la seconde édition de sa *Serie dei testi di lingua italiana*. Venise, 1828.

se trouvent les principaux journaux, les revues, les nouveautés remarquables qui paraissent en Europe : un tel établissement, au centre de l'Italie, doit finir par avoir une action puissante sur le perfectionnement, les progrès, la civilisation de ce pays, et il semble presque une institution. Déjà, on doit en convenir, les Italiens de nos jours apprécient l'avantage de ces moyens d'instruction : tandis que les anciennes et futiles académies de versificateurs et de pédans, dont les titres quelquefois n'étaient ni moins ridicules ni moins bizarres que les travaux, déclinent ou finissent, on voit s'élever des sociétés savantes, livrées à l'observation des faits et ayant un but d'utilité publique. Il n'est pas rare de trouver jusque dans les plus petites villes des hommes occupés de l'étude des sciences exactes et naturelles, formant des collections, et s'assemblant modestement entre eux, sans prendre le brevet et l'enseigne d'académiciens.

M. Vieusseux réunissait le soir, une fois la semaine, les hommes de lettres les plus distingués de Florence, collaborateurs la plupart de l'*Anthologie* : M. l'abbé Zannoni, antiquaire de la galerie, secrétaire de l'académie de la Crusca et érudit du premier ordre ; M. Micali, l'historien de l'Italie avant la domination romaine ; le vieil abbé Sestini, le Pyrrhon, le Bayle de la numismatique ; M. Niccolini, dont je parlerai ; l'ingénieux et élégant Giordani ; le biographe de Boccace, M. Baldelli [1] ; M. le professeur Ciampi, helléniste ; M. Montani, dont le style brillant et hardi et les principes littéraires appartiennent à la nouvelle école ; M. Tommaseo, littérateur distingué, qui partage les mêmes doctrines ; M. De Fortis, logicien exact et sévère ; M. Capei, qui tient l'Italie au courant des travaux de jurisprudence en Allemagne ; M. Valeriani, vrai polyglotte ; M. Libri, grand mathématicien ; M. Gaz-

[1] Mort en 1831.

zeri, excellent chimiste et professeur très lucide, homme dont la simplicité et la candeur mériteraient d'être peintes par Fontenelle; le chanoine Borghi, célèbre lyrique et traducteur heureux de Pindare; M. Pananti, écrivain et poète original, dont le récit de la courte captivité à Alger est plein d'intérêt, et qui a vu ses vœux éloquens pour la destruction de ce repaire exaucés par la France.

Je ne crois pas indigne de figurer à la suite de ces noms littéraires, celui de Thomas de Ocheda, homme moins célèbre, mais immensément instruit, qui était mon voisin et mon commensal à la petite et très bonne auberge de *la Fontana*, où il demeurait depuis plusieurs années, et où il est mort au mois de février 1831. Ocheda, d'origine espagnole, né à Tortone en 1757, avait été bibliothécaire de Crevenna, de 1785 à 1789, et de lord Spencer, de 1790 à 1818, époque à laquelle l'état de sa santé le fit revenir en Italie et se fixer à Florence. Au milieu des vastes bibliothèques dans lesquelles il avait passé sa vie, la lecture était devenue l'unique passion d'Ocheda, et il y avait sacrifié la réputation qu'il eût certainement obtenue par ses écrits [1]. Lorsque je le

---

[1] Parmi les manuscrits qu'a laissés Ocheda, on cite : Des observations sur la vie d'Apollonius de Tyanes; la traduction de quelques épîtres des Pères grecs; une Notice sur Crevenna, adressée à Tiraboschi, qui la lui avait, à ce qu'il paraît, demandée; une lettre au même sur les variantes des manuscrits de Callimaque, de la bibliothèque de Modène, que Van Santen désirait connaître; une lettre latine au philologue hollandais qui, dans le *proœmium* de l'hymne de Callimaque à Apollon, avait beaucoup loué Ocheda; un grand nombre de lettres et de pensées détachées, parmi lesquelles des conseils pleins de tendresse à son neveu Albertin, qui abandonna la philosophie pour la carrière des armes, et fut tué à Wagram; une lettre fort curieuse au prétendu prince d'Albany (Pierre III de Russie), qui désirait l'exemplaire de la Scanderbéide de la bibliothèque Crevenna, et une autre non terminée, mais la plus importante de toutes, adressée aux éditeurs anglais du *Trésor de la langue grecque*, de Henry Estienne.

connus, Ocheda était un petit vieillard, pâli par l'étude, mais vert et vif encore, possesseur d'une bibliothéque de huit mille volumes d'un choix exquis, travaillant chaque jour douze à quatorze heures, commençant régulièrement son année par la lecture d'*Homère*, et ne sortant de *la Fontana* que de deux à quatre pour faire un tour aux Cascines et chez les libraires, d'où il revenait le plus souvent avec quelque emplette. La conversation de ce solitaire était intéressante, et offrait une foule d'anecdotes diverses sur l'histoire des pays qu'il avait parcourus ou habités : en Italie, ses souvenirs remontaient aux querelles entre le sénat de Bologne et la Chambre apostolique, et à la réception de Joseph II à l'université de Pavie, ainsi qu'aux réponses que l'empereur avait faites ou qu'on lui avait attribuées; il avait visité les hernutes de La Haie, remarqué en Hollande les suites de la révocation de l'édit de Nantes, et assisté à la lutte des Orangistes et du parti populaire; pendant ses vingt-huit ans de séjour en Angleterre, il avait observé les élections, et l'effet qu'avaient produit sur l'opinion les grands événemens dont l'Europe avait alors été le théâtre. Aucune des branches du savoir humain n'était, je crois, étrangère à Ocheda; mais il s'était principalement occupé de philosophie, de philologie sacrée et d'histoire littéraire. On doit regretter toutefois que cet homme savant, excellent, doué de facultés et de qualités si rares, en ait méconnu la céleste source : la nature était le seul livre dans lequel ce grand bibliographe n'avait point su lire.

CHAPITRE IX.

Dôme. — Arnolfo di Lapo. — Coupole. — Brunellesco. — *Pavé.* — Tombeaux. — Statues. — Peintures. — *Chœur.* — Dernier ouvrage de Michel-Ange. — Gnomon. — *Sacristie.* — Pazzi. — Des conspirations républicaines funestes à la liberté. — *Campanile.* — *Zuccone.* — *S. Jean.* — *Portes.* — Ghiberti. — Cossa. — Autel. — *Bigallo.* — Banc du Dante.

Ste.-Marie del Fiore, le dôme de Florence, un des édifices les plus remarquables de l'Europe, et la première grande église bâtie hors du goût gothique, quoiqu'elle ne soit pas tout-à-fait dans le goût ancien, est un ouvrage d'Arnolfo di Lapo, l'architecte du Palais vieux. Quand on songe qu'à cette même époque la seigneurie faisait entourer la ville d'une troisième enceinte, revêtir de marbre le baptistère, bâtir le grenier appelé *la Tour de St.-Michel*, on est singulièrement frappé du nombre et de la splendeur de pareils travaux. Les beaux et grands monumens de Florence datent du temps de la république, et les Médicis eux-mêmes n'ont construit que le bâtiment bien moins solide des *Uffizi*. Le décret de la république florentine qui ordonne la reconstruction de ce temple, est mémorable : un sénatus-consulte de l'ancienne Rome ne serait pas plus noble que ce décret de la commune de Florence au xiiie siècle : « la haute sagesse d'un peuple
« d'illustre origine exigeant qu'il procède dans les
« choses concernant son administration de manière à
« ce que la prudence et la magnanimité de ses vues
« éclatent dans les ouvrages qu'il fait exécuter au-de-
« hors, il est ordonné à Arnolphe, chef maître (*capo*

« *maestro*) de notre commune, de tracer un modèle ou
« dessin pour la restauration de *Sta.-Revarata,* lequel
« porte l'empreinte d'une pompe et d'une magnificence
« telles que l'art et la puissance des hommes ne puissent
« rien imaginer de plus grand ou de plus beau, et cela
« d'après la résolution prise en conseil public et privé
« par les personnages les plus habiles de cette ville,
« de n'entreprendre, pour la commune, aucun ouvrage
« dont l'exécution ne doive répondre à des sentimens
« d'autant plus grands et plus généreux, qu'ils sont le
« résultat des délibérations d'une réunion de citoyens
« dont les intentions ne forment en cela qu'une seule
« et même volonté. » Arnolfo di Lapo, un des grands
hommes de l'architecture moderne, le créateur de l'école
d'architecture florentine, était digne du choix de
ses concitoyens. Malgré l'espèce de nudité du dôme,
sa solide construction est encore admirée. L'opinion
du temps attribuait les tremblemens de terre à des courans d'eau souterrains; Arnolfo fit creuser des puits
profonds dans l'intérieur de l'édifice, afin d'en prévenir les effets. « Je t'ai préservé des tremblemens de
« terre, dit le fier artiste, s'adressant à son monument,
« selon une tradition conservée à Florence; Dieu te pré-
« serve de la foudre ! »

Quoique non interrompus, les travaux de Ste.-Marie
del Fiore durèrent cent soixante ans; ils montrent ainsi
la marche, les progrès et la décadence de l'art. Arnolfo eut pour successeurs Giotto, Thadée Gaddi, Orgagna[1], Laurent Filippi, et enfin l'illustre Brunellesco, dont la prodigieuse coupole, modèle de St.-Pierre
de Rome, quoique gâtée par son inepte successeur
Baccio d'Agnolo, est le chef-d'œuvre. Le plus éclatant

---

[1] On ignore quelles parties doivent lui être attribuées.

hommage qu'ait reçu cette coupole se trouve sans doute dans la disposition de Michel-Ange, qui indiqua lui-même la place de son tombeau à l'église de Ste.-Croix [1], de manière que les portes étant ouvertes, on pût apercevoir de là l'audacieux monument que son génie si fier, si indépendant, avait imité. L'histoire a conservé le discours de Brunellesco, prononcé dans une des conférences qui précédèrent la construction de la coupole du dôme; il est difficile de s'exprimer avec plus de modestie et d'adresse, de mieux exposer les difficultés de l'entreprise, et d'embarrasser davantage ses concurrens [2]. On sent que Brunellesco, architecte, sculpteur, peintre, orfévre, horloger, géomètre, était encore orateur [3] : sa retraite, toute sa conduite pendant les consultations auxquelles prenaient part les plus fameux architectes de l'Europe, demandés à leurs princes par les marchands de Florence, établis en France, en Angleterre et en Allemagne, ne furent pas moins habiles que sa harangue. Enfin, après des traverses inouies et une rigoureuse captivité, il obtint seul la direction des travaux. Comme un vigilant capitaine qui place et anime ses soldats, Brunellesco conduisait lui-même chaque ouvrier, et examinait la qualité des matériaux; chaque jour il inventait de nouvelles machines et de plus courts procédés, et lorsqu'à l'exception de l'exté-

---

[1] *V.* ci-après, chap. xii.

[2] V. l'*Histoire de la vie et des ouvrages des plus célèbres architectes*, par M. Quatremère de Quincy, T. I, p. 53 et suiv.

[3] Brunellesco était aussi livré aux questions les plus abstruses de la philosophie; il se rendait aux conférences où elles étaient traitées, et il passait à Florence pour un des plus rudes joûteurs dans ce genre d'argumentation. Nourri de la lecture du Dante, il appuyait ordinairement ses conclusions des vers du poète. Il paraît encore avoir été facétieux et homme de plaisir : on le voit le principal acteur de la jolie nouvelle du *Grasso legnaiuolo*, dont l'auteur est inconnu.

rieur du tambour et de la lanterne la coupole fut achevée, il mourut sur cette espèce de champ de bataille [1].

Quoique sans façade [2], Ste.-Marie *del Fiore* est d'un aspect extrêmement noble et harmonieux ; le marbre de diverses couleurs, dont tout l'édifice est incrusté, produit le plus brillant effet. Au-dessus des portes latérales sont plusieurs bas-reliefs remarquables : une *Vierge* en marbre avec deux anges, de Jean de Pise ; une *Annonciation* en mosaïque, de Ghirlandaio, et la singulière *Assomption*, appelée à Florence la *Mandorla*, parce que la Vierge est représentée sur un médaillon qui a la forme d'une amande (*mandorla*) : c'est l'ouvrage de Nanni di Antonio di Banco, et l'une des bonnes sculptures du XVe siècle. On remarque que l'ange placé en haut du bas-relief a sous le bras un de ces instrumens rustiques dont jouent à Rome les joyeux et dévots montagnards appelés *Pifferari*.

A l'entrée de l'église, on est frappé de la beauté, de l'éclat du pavé et de la variété de couleurs des marbres

---

[1] Les statues colossales d'Arnolfo di Lapo et de Brunellesco viennent d'être fort convenablement élevées en face du dôme par la *Deputazione dell' opera* (la fabrique de l'église); elles sont l'ouvrage de M. Louis Pampaloni, jeune sculpteur florentin, et ont obtenu le suffrage des meilleurs juges. *V.* la Dissertation de M. Melchior Missirini : *Delle statue di Arnolfo di Lapo et di Filippo di ser Brunellesco eseguite da Luigi Pampaloni.* Pise, 1830, in-4°.

[2] Cette imperfection est due aux prétentions successives de quelques uns des architectes. Giotto démolit une partie de la façade d'Arnolfo, afin de la rendre plus analogue à l'architecture du clocher. Le reste fut détruit par le caprice du provéditeur Benoît Uguccioni, auquel Buontalenti avait persuadé d'exécuter une façade plus élégante; mais il fut ensuite impossible de s'accorder sur le choix du plan. Cent ans après, le devant du dôme fut peint à fresque par quelques peintres de Bologne, pour le mariage du prince Ferdinand, fils de Côme III, avec Violante de Bavière. Le dessin bizarre, autant qu'on peut encore en juger, car la fresque est à peu près effacée, était de Passignano. Quoiqu'il contraste avec l'architecture de l'église et du clocher, il n'est pas sans mérite.

qui le composent, ouvrage charmant, d'auteur incertain, et qui semble un parterre émaillé de fleurs. Une telle décoration est digne de l'église *del Fiore* et de la cathédrale de Florence, une des villes de l'Europe où le luxe des fleurs est porté au plus haut point, et qui a conservé le lis pour armoiries. [1]

Le dôme a d'illustres tombeaux : tel est celui de Brunellesco; la sépulture de sa famille était à l'église S.-Marc; il a convenablement été enseveli dans les murs qui parlent si haut de sa gloire. L'épitaphe caractéristique est de Marsuppini [2]; son portrait en bourgeois de Florence est de Bugiano, son disciple. Le tombeau de Giotto, le restaurateur de la peinture, tout-à-fait semblable à celui de Brunellesco, est à côté; le buste est de Benoît da Maiano. L'inscription, fort belle, qui aurait pu être prise des vers du Dante, ou de Pétrarque, ou de la prose de Boccace [3], fut composée par Politien, que Laurent de Médicis en chargea [4]. Le mausolée de Marsile Ficin, le

---

[1] Il fut d'abord blanc, ensuite rouge; le Dante regrette ce changement, suite des révolutions :

. . . . *Che' l giglio*
Non era ad asta mai posto a ritroso,
Nè per division fatto vermiglio. Parad. can. XVI, 153.

[2]   D. S.
Quantum Philippus architectus arte dædalea valuerit, cum hujus celeberrimi templi mira testudo, tum plures aliæ divino ingenio ab eo adinventæ machinæ documento esse possunt. Quapropter ob eximias sui animi dotes singularesque virtutes, XV kal. Maias anno MCCCCXLIV, *ejus B. M. corpus in hac humo subposita grata patria sepeliri jussit.*
       Philippo Brunellesco antiquæ architecturæ
                  Instauratori.
     S. P. Q. F. civi suo benemerenti.

[3] *V.* Liv. VII, chap. III.

[4]   *Ille ego sum, per quem pictura extincta revixit,*
    Cui quam recta manus, tam fuit et facilis.
  Naturæ deerat, nostræ quod defuit arti;
  Plus licuit nulli pingere, nec melius.

premier, le plus intelligent interprète de Platon, le chef de l'Académie platonicienne, fondée par Côme de Médicis, dans son palais, le représente tenant un in-folio entre les mains ; cet ardent disciple de la philosophie grecque était chanoine de la cathédrale : son tombeau fut élevé aux frais de l'État; le buste est de l'habile sculpteur André Ferrucci de Fiesole. Les trois monumens voisins de Brunellesco, de Giotto et de Marsile Ficin honorent singulièrement Florence; ils la montrent comme le véritable berceau des arts et de la philosophie, et prouvent la reconnaissance qui lui est due.

Le tombeau d'Antoine d'Orso, évêque de Fiesole, et ensuite de Florence, est surmonté de sa statue; il est assis les mains croisées, et par son attitude paisible il rappelle bien plus le *savio* que le *valoroso prelato* vanté par Boccace [1], qui, lorsque l'empereur Henri VII assiégeait Florence, parut sur les remparts à la tête de son clergé armé et du peuple animé par un tel exemple, et mit en fuite l'armée ennemie. Le poëte toscan, François de Barberino, qui avait été reçu docteur par d'Orso, lui fit élever ce mausolée, d'une élégance remarquable pour le temps, sur lequel on ne lit point d'inscription, et dont le bas-relief inexplicable a fait jusqu'ici le désespoir des savans.

Le monument de Pierre Farnèse, général des Florentins, par Jacques Orgagna, est très beau : on le voit dans un bas-relief le fer à la main, combattant sur un mulet, son cheval ayant été tué, et remportant la victoire sur sa nouvelle et peu noble monture.

La châsse, en bronze, de S. Zanobi, un des premiers

Miraris turrem egregiam sacro aere sonantem,
Hæc quoque de modulo crevit ad astra meo.
Denique sum Jottus : quid opus fuit illa referre ?
Hoc nomen longi carminis instar erit.

[1] *Giorn.* VI, *nov.* III.

prédicateurs du christianisme en Toscane, contemporain de S. Ambroise et descendant de Zénobie, la reine de Palmyre, est ornée de bas-reliefs populaires de Ghiberti, représentant divers miracles du saint; il est impossible de rien imaginer de plus pur et de plus gracieux que les six anges ou les six renommées (car on peut choisir), qui soutiennent la couronne de la partie supérieure de cette châsse d'une si élégante simplicité.

Les grandes statues de *S. Jacques* majeur, par Sansovino, de *S. Philippe* et de *S. Jacques* mineur, par Jean dell' Opera, sont des meilleures de cette église; le *S. Jean-Baptiste*, de Benoît da Rovezzano, malgré quelque confusion dans les draperies, a de la noblesse. Le *S. Marc* assis est le chef-d'œuvre de Nicolas Aretino, grand sculpteur du xive siècle. *S. André*, de François Ferrucci, est une belle statue, malgré l'excessive ampleur des plis. La statue de Poggio, par Donatello, est maintenant dans l'intérieur du dôme; elle était autrefois à la façade, au milieu d'un groupe des apôtres; alors Poggio fut quelquefois pris pour l'un de ses voisins, auquel le rouleau de papier qu'il tient à la main pouvait le faire ressembler, et la dévotion populaire fit brûler plus d'un cierge devant l'image de ce moqueur des gens d'église et de l'auteur licencieux des *Facéties*. A la chapelle S.-Joseph, le *Saint*, tableau de Laurent Credi, peintre florentin du xve siècle, est très estimé. Les vastes peintures de la coupole, par Vasari et Frédéric Zuccari, tirées la plupart de la *Divina Commedia*, et qui offrent plus de trois cents figures, sont plutôt énormes que grandes, et elles ne frappent véritablement que par leur étendue. [1]

---

[1] Ces figures ont cinquante pieds; celle de Lucifer même est bien plus grande, et, comme l'écrivait Zuccari, *sì smisurata, che fa parere le altre figure di bambini*. L'ingénieux Lasca s'est moqué de ces

Les fresques verdâtres du tombeau de Jean Aucud, condottiere anglais qui passa avec sa compagnie du service de Pise à celui de Florence, étaient fort estimées de Vasari, malgré la vive polémique à laquelle a donné lieu la manière dont trotte le cheval d'Aucud, qui lève à la fois le pied droit de devant et le pied droit de derrière [1]. Cet ouvrage colossal de Paul Uccello, artiste du xve siècle, est peut-être le premier exemple d'une grande hardiesse en peinture, et elle ne paraît pas sans bonheur. [2]

Près d'une porte de la nef latérale, une vieille peinture d'auteur incertain contre le mur, et qui paraît du temps, représente le Dante debout, en robe rouge, avec une couronne de laurier par-dessus son bonnet, et tenant un livre ouvert à la main : d'un côté est une vue de l'ancienne Florence, et de l'autre une sorte de représentation des trois parties de son poëme avec l'inscrip-

peintures qui, selon lui, gâtaient la coupole de Brunellesco au peuple florentin :

Non sarà mai di lamentarsi stanco,
Se forse un dì non le si dà di bianco.

[1] *V.* les observations ingénieuses de M. Cicognara sur le mouvement des chevaux en sculpture et en peinture. *Stor. del. scult.* lib. vi, cap. 6.

[2] Telle était la réputation de bravoure d'Aucud, que son souverain, le roi d'Angleterre Richard II, demanda et obtint ses os des Florentins. Sacchetti (*nov.* 181) rapporte de lui un mot de vrai *condottiere*. Deux frères convers étant allés le trouver au château de Montecchio, près Cortone, lui donnèrent ce pieux salut : *Dio vi dia la pace*, auquel Aucud repartit : *Dio vi tolga la vostra elemosina.* Les frères, peu rassurés, lui demandèrent pourquoi il leur faisait une telle réponse ; il leur dit : *Non sapete che io vivo di guerra, e che la pace mi farebbe morir di fame?* Un trait peint sa froide cruauté. Ayant abandonné en 1371 le sac de Faenza à ses gens, il survint lorsque deux officiers, entrés dans un couvent, se battaient pour une jeune et belle religieuse ; afin de terminer le différend, Aucud égorgea cette infortunée.

tion singulière du poète et érudit Coluccio Salutati [1]; unique et chétif monument élevé par la république florentine à l'homme qui avait tant illustré sa patrie.

Le chœur, en marbre, exécuté par ordre de Côme Ier, et orné de quatre-vingt-huit figures en bas-reliefs de Bandinelli et de son élève Jean dell' Opera, est admirable. Les personnages que représentent ces superbes figures ont jusqu'ici paru inintelligibles, et il est probable qu'elles ont été imaginées selon la fantaisie des artistes. Le maître-autel et les sculptures qui le décorent sont aussi de Bandinelli; le crucifix en bois, très beau, est de Benoît da Maiano; derrière cet autel, une *Piété*, groupe inachevé, transporté de Rome, et que Michel-Ange destinait au tombeau qu'il voulait se préparer à Ste.-Marie majeure, est son dernier ouvrage; l'inscription fort simple qui indique ce fait touche vivement, puisqu'elle marque le terme de la vie glorieuse et de l'infatigable vieillesse de ce grand homme.

Le célèbre gnomon du dôme était regardé par Lalande, juge ici véritablement compétent, comme le plus grand instrument d'astronomie qu'il y eût au monde. Cette belle méridienne fut tracée en 1468 par le Florentin Paul Toscanelli, esprit curieux, envahisseur, correspondant scientifique de Colomb, qui profita de ses recherches, et leur dut indirectement sa grande découverte.

Les portes de bronze de la sacristie des chanoines, couvertes de bas-reliefs en terre cuite vernissée, de Luc de la Robbia, sont d'une merveilleuse beauté. Ces portes

[1] *Qui cælum cecinit, mediumque, imumque tribunal,*
Lustravitque animo cuncta poeta suo,
Doctus adest Dantes, sua quem Florentia sæpè
Sensit consiliis ac pietate patrem.
Nil potuit tanto mors sæva nocere poetæ,
Quem vivum virtus, carmen, imago facit.

furent fermées intrépidement et à temps par Politien et les autres amis de Laurent de Médicis, lorsqu'ils coururent à son secours après le meurtre de Julien son frère, frappé par Bandini et François Pazzi, et quand blessé lui-même, et se défendant l'épée à la main, la sacristie lui servit d'asile. Politien, comme la plupart des lettrés et des artistes de cette époque, était homme de résolution, et il n'avait pas moins de cœur que de talent. Je regrette qu'Alfieri ne l'ait point jeté dans sa belle tragédie de la *Congiura de' Pazzi*, au risque même d'y déranger la monotone et succincte symétrie de ses personnages [1]. La pièce du tragique italien, inspirée par sa haine, par son horreur puérile des Médicis (*del Mediceo giogo*), ne pouvait échapper à un dénouement malheureux, puisque ses héros, malgré les généreux sentimens qu'il leur prête pendant quatre actes, devaient, d'après l'histoire, finir par être pendus. La conjuration des Pazzi, de ces Brutus, de ces Cassius florentins, comme toutes les conspirations républicaines contre les chefs populaires qui s'élèvent, affermit la puissance presque absolue des Médicis, et ces vaines tentatives ont produit et précipité constamment la perte de la liberté.

Le *Campanile* du dôme de Florence, qui, après plus de cinq siècles, est encore si ferme et si droit, chose remarquable dans un pays où le terrain trop peu solide voit plus d'une tour penchée, ce merveilleux clocher, si orné, si brillant, si léger, le plus beau des clochers, d'une architecture gothique allemande, est l'ouvrage de Giotto; il prouve que ce créateur de la peinture moderne n'était pas moins habile dans l'art de bâtir. Charles-Quint avait une telle admiration pour le *Campanile*, qu'il aurait voulu qu'on le mît sous verre, qu'il ne fût

---

[1] *V*. Liv. VIII, chap. III.

montré qu'à de certains jours; et Politien l'a chanté en vers grecs et latins : *beau comme le Campanile,* dit avec orgueil le peuple de Florence, fier de ses monumens, comme le peuple des autres villes de l'Italie. Le *Campanile* est orné d'excellentes sculptures : six statues sont de Donatello; celle du frère Barduccio Cherichini, et non d'un apôtre, ainsi qu'on l'a souvent répété, qu'il appelait et que l'on appelle encore *lo zuccone* (le chauve), est parfaite; on dirait, du point de vue éloigné pour lequel elle a été faite, une statue grecque, tant la tête inclinée a d'expression, tant les formes ont de grandiose et les draperies de noblesse. Les auteurs des mémoires sur la vie de Donatello rapportent que, dans le transport de l'exécution de son *zuccone* qu'il regardait comme son chef-d'œuvre, l'artiste, nouveau Pygmalion, disait à cette énorme Galathée : *favella, favella* (parle, parle). Les divers bas-reliefs d'André de Pise sont dignes des plus beaux temps de la sculpture : le *Cavalier fuyant;* la *Barque conduite par deux jeunes rameurs* qui passent un vieillard, sont de ces chefs-d'œuvre primitifs, pleins de naturel et d'expression. On admire encore au *Campanile,* sur la face du côté de la cathédrale, deux bas-reliefs du Giotto, et cinq de Luc de la Robbia.

La première fondation de l'église S.-Jean, autrefois cathédrale et depuis baptistère, est du vi^e siècle; on la doit à la grande et aimable reine Théodelinde [1], lorsque la Toscane était soumise à la domination des Lombards. Alors une multitude de ruines antiques offrait aux constructeurs des pierres toutes taillées, des débris de chapiteaux et de colonnes; ces nombreux fragmens, étrangers les uns aux autres, se rencontrent dans le baptistère, et l'on y reconnaît jusqu'à une pierre portant

[1] *V.* Liv. iv, chap. iii.

une belle inscription romaine en l'honneur d'Aurelius Verus. La tradition du style de l'antiquité, une sorte de réminiscence du bon goût déjà perdu se retrouve dans le plan, dans la simplicité de l'élévation, de l'ordonnance, et même de la couverture du monument.

Les portes et les bronzes de *S.-Jean* sont regardés par M. Cicognara comme les plus beaux ouvrages qu'il y ait au monde. Si le Dante, qui s'emporte si violemment contre ses compatriotes, par lesquels il avait été proscrit, célèbre avec tant d'amour les monumens de sa patrie, qu'aurait-il dit de ce brillant baptistère, lui qui rappelait l'ancien avec une si vive tendresse :

.... nè maggiori
Che quei che son nel mio bel san Giovanni ? [1]

La plus ancienne de ces trois portes, au midi, exécutée de 1330 à 1339, est d'André de Pise, le plus habile élève de Nicolas ; éclipsée depuis par les deux portes voisines, de Ghiberti, qu'elle a peut-être produites, elle parut alors merveilleuse ; la Seigneurie de Florence partit solennellement de son palais pour la visiter, accompagnée des ambassadeurs de Naples et de Sicile, et l'artiste reçut l'insigne honneur de la *cittadinanza*. La porte d'André, qui offre, en vingt compartimens, l'histoire de S. Jean et diverses vertus, est digne encore d'admiration. La *Visitation*, la *Présentation*, sont des compositions simples et de bon goût : les femmes ont une grâce, une décence, une sorte d'embarras timide rempli de charme. Parmi les vertus, l'*Espérance*, figure ailée, les bras tendus, est pleine d'ardeur pour atteindre ce qu'elle désire ; la *Prudence*, au contraire, calme,

---

[1] *Inf.* can. XIX, 17. « Ces trous n'étaient pas moins grands que
« ceux qui servent de fonds sacrés dans mon beau Saint-Jean. »
V. encore *Parad.* xv, 134.

immobile, a double face, celle d'une jeune fille, et celle d'un homme dans sa maturité; d'une main elle tient un serpent, et de l'autre un livre. Le nu, les draperies de ces deux figures sont parfaits.

Michel-Ange prétendait que la porte du milieu, par Ghiberti, mériterait d'être la porte du Paradis [1]. Ghiberti, disait-il encore à un ami pour se justifier de ne s'être pas marié, a laissé de grands biens et de nombreux héritiers; saurait-on aujourd'hui qu'il a vécu, s'il n'eût fait les portes du baptistère? ses biens sont dissipés, ses enfans morts; mais les portes de bronze sont encore debout. Ces célèbres portes, résultat, comme la coupole du dôme, d'un de ces concours européens dont il a été parlé [2], lui furent confiées lorsqu'il n'avait que vingt-trois ans; et, selon Vasari, elles ne lui en coûtèrent pas moins de quarante [3]. Parmi les concurrens, se trouvait Brunellesco, âgé de vingt-quatre ans, qui s'empressa de proclamer son vainqueur; ce jeune et généreux émule sollicita même pour lui seul l'entreprise de l'ouvrage, et il alla jusqu'à refuser d'y prendre part; procédé délicat dont Ghiberti ne se montra point reconnaissant, lorsque

---

[1] Benvenuto Cellini fait dire à peu près le même mot à François Ier, au sujet d'une porte de sa façon (*Vita di B. Cellini*, T. II, p. 165), tant la passion des arts s'alliait à cette époque avec la ferveur chrétienne et l'idée du salut !

[2] *V.* ci-dessus.

[3] L'assertion de Vasari, qui a été contredite, est justifiée et expliquée par un savant mémoire de M. Vincent Follini, bibliothécaire de la Magliabecchiana, sur quelques difficultés de l'histoire du travail des portes du baptistère, lu à l'académie de la Crusca, le 13 janvier 1824. *V.* l'*Anthologie*, vol. XIII, p. 39. Les écrits assez nombreux que Ghiberti a composés sur son art, sur les artistes de son temps, sur les travaux qu'il a exécutés, se trouvent à la bibliothèque confiée aux soins de M. Follini. M. Cicognara a publié, dans son *Histoire de la Sculpture*, la partie la plus importante et la plus curieuse de ces mémoires, qui offrent plus d'intérêt pour l'histoire que pour la théorie de l'art.

impuissant rival il voulut être plus tard associé à la construction de la coupole. Les deux superbes portes de S.-Jean furent décrétées par la Seigneurie et les prieurs de la confrérie des marchands, après la cessation de l'horrible peste de 1400, afin de décorer le temple du protecteur de Florence. Les plus beaux monumens de l'Italie se rattachent presque toujours à des motifs religieux ou patriotiques. La dépense des deux portes fut de 40,000 sequins, qui feraient aujourd'hui plusieurs millions. De pareils travaux et l'érection du dôme et des superbes temples de Ste.-Croix, de Ste.-Marie Nouvelle et du S.-Esprit [1], commandés à la même époque par cet État petit et commerçant, au milieu des guerres, des troubles et des séditions, sont de magnifiques témoignages du goût et du génie des arts chez le peuple florentin, et de la libéralité de son gouvernement; ils prouvent que l'esprit industriel et la forme républicaine n'excluent point toujours la splendeur et la dignité des ouvrages publics.

La porte principale du baptistère offre en dix grands compartimens des traits du vieux Testament; autour sont d'élégantes et petites figures de prophètes, de sibylles, des bustes excellens parmi lesquels la tête chauve au milieu de la corniche est celui de l'auteur, et un autre celui de son maître et beau-père Bertoluccio, habile orfévre florentin qui l'avait aidé. La *Création d'Adam et d'Ève*, sujet du premier de ces compartimens, est une composition noble, gracieuse, poétique : la femme ne sort point d'une côte, mais elle est soulevée par quatre petits anges; Dieu la reçoit, et un groupe d'autres anges en l'air semble la contempler avec amour et respect comme le plus bel ouvrage de la création. *Moïse rece-*

---

[1] *V.* ci-après, chap. xii, xiii et xiv.

vant les Tables de la loi, Josué passant le Jourdain, avec de plus nombreux personnages, parfaitement et très nettement exécutés dans leurs petites proportions, ne sont pas moins, mais sont diversement admirables. La porte latérale représente la *Vie de J.-C.* Le compartiment de la *Résurrection de Lazare* est sublime : ce Lazare, debout, sans tombeau, immobile, enveloppé de son linceul, fantôme chrysalide, dont la distinction des membres paraît à peine indiquée, est une création neuve, hardie : le calme, la dignité du Sauveur, la vivacité de Madeleine, la reconnaissance des parens de Lazare, la contemplation sans étonnement des disciples accoutumés à de pareils miracles, complètent, par leurs contrastes, l'effet de cette merveilleuse composition. Les bronzes de Ghiberti, véritables tableaux auxquels il ne manque que le coloris, sont des modèles de goût, de naturel, de pureté, d'harmonie ; un seul trait suffit à leur gloire : d'après un juge exercé des beaux-arts, Raphaël lui-même n'a point dédaigné de les étudier et de s'en inspirer. [1]

Une bonne et vraie statue de S. Jean, les mains jointes et un genou à terre, par Vincent Danti, est au-dessus de l'ancienne porte du baptistère. Au-dessus de la grande, le *Baptême du Christ* et les statues de Sansavino, condisciple et émule de Michel-Ange, sont d'un goût noble et pur ; l'ange, d'Innocent Spinazzi, imitateur du style antique à une époque de décadence, est un de ses bons ouvrages. Les colonnes de porphyre placées de chaque côté de cette porte, et les chaînes de fer qui y sont attachées, rappellent à la fois l'alliance et les guerres de Florence et de Pise : les colonnes prises sur les Sarrasins par les Pisans furent par eux offertes aux Florentins, pour reconnaître la fidélité avec laquelle, pendant leur expédition, ils avaient gardé leur ville, que les Luc-

[1] *V.* Cicognara. *Stor. del scult.*, lib. IV, cap. IV.

quois menaçaient¹; les chaînes, au contraire, servaient à fermer l'entrée du port de Pise, et furent une conquête barbare des Florentins. Les trois statues de la troisième porte sont des plus belles et des plus classiques de Florence. L'auteur, François Rustici, élève de Léonard de Vinci, abandonna l'Italie, blessé de l'injustice des magistrats qui, par une de ces rigueurs administratives dont il y a trop d'exemples, avaient méconnu et opiniâtrément refusé le prix de son merveilleux travail. ²

L'intérieur du baptistère est très beau. La statue en bois de Madeleine, par Donatello, quoique peut-être un peu trop décharnée, trop anatomique, est admirable de douleur, de componction, de pénitence. Le mausolée du scandaleux et aventureux Balthasar Cossa, pirate, général, poète, et pape sous le nom de Jean XXIII, déposé par le concile de Constance, commandé au même artiste par Côme Ier, l'ami de Cossa, est noble et simple. L'inscription *quondam Papa* est restée, malgré les réclamations du pape Martin V, remplaçant de Cossa, qui la trouvait ambiguë : il aurait voulu qu'il n'y eût été question que de la dignité de cardinal, dans laquelle Cossa était mort; les prieurs lui firent répondre, dit-on, *quod scripsi, scripsi*. Donatello n'a point eu besoin de mettre d'emblèmes religieux à la statue de l'*Espérance*, une des trois vertus théologales du mausolée; la vive

---

¹ Ser Giovanni Fiorentino rapporte que celui auquel on avait pris quelque chose, s'il allait vers ces colonnes, y voyait son voleur et l'objet volé. Les Pisans avaient donné à choisir d'une porte de métal travaillé ou des colonnes. Mécontens de la préférence accordée à celles-ci, ils leur ôtèrent avec du feu et de la fumée, selon ser Giovanni, cette espèce de teint qui faisait leur vertu. *Il Pecorone. Giorn.* XII, *nov.* 2.

² Rustici n'obtint que 400 écus au lieu de 2,000 que méritaient ses statues. Son arbitre était Michel-Ange; Ridolfi, chef des consuls *dell' Uffizio*, n'avait cru devoir prendre pour le sien que Baccio d'Agnolo.

et touchante expression de ses traits suffit pour la reconnaître. La *Foi*, par Michelozzo, n'est point déplacée à côté des deux belles statues de son maître, qui peut-être en fit le modèle et en dirigea l'exécution.

Les statues de papier mâché autour de l'église, sont de l'Ammanato. Un peintre grec, Apollinius, et son élève, André Tafi, qui a fait la grande figure du Christ, ont commencé les mosaïques de la coupole, terminées par Jacques da Turrita, Thadée Gaddi, Alexis Baldovinetti, et l'illustre maître de Michel-Ange, Dominique Ghirlandaio. Le devant d'autel en argent, enrichi d'émail et de lapis-lazzuli, sur lequel sont représentés les traits divers de la vie de S. Jean, ouvrage d'orfévrerie le plus classique que l'on connaisse, est un splendide et curieux monument de la magnificence de la république Florentine; commencé en 1366, il ne fut achevé qu'en 1477; les premiers artistes y travaillèrent: tels furent Michelozzo di Bartolommeo, Maso Finiguerra, Sandro Botticelli, Antoine Salvi, et cet Antoine del Pollaiolo, regardé, pour la hardiesse du dessin et la science anatomique, comme un précurseur de Michel-Ange [1]. Deux petits tableaux en mosaïque d'un travail très délié font partie de cet autel précieux; ils indiquent les principales fêtes de l'année, et sont, au jugement de l'antiquaire Gori, des preuves remarquables de l'antiquité sacrée du baptistère de Florence. A côté de S.-Jean, le *Bigallo*, hospice d'enfans trouvés et d'orphelins, offre sur l'autel de sa chapelle une belle madone très bien conservée, d'Albert Arnoldi, sculpteur florentin du xive siècle, faussement attribuée par Vasari et divers écrivains à

---

[1] Cicognara. *Stor. dell. scult.* lib. IV, cap. XV. Pollaiolo passe pour le premier qui ait étudié sérieusement la structure du corps humain par le secours de l'anatomie, et qui ait fait entrer cette étude dans l'enseignement du dessin.

André de Pise, dont elle est d'ailleurs parfaitement digne pour la grâce et l'expression.

Dans une rue latérale, le long des maisons, on conserve religieusement un banc de pierre, sur lequel le Dante venait s'asseoir : une inscription même indique la place qu'il préférait; c'est là peut-être qu'à l'aspect des factions et de l'anarchie florentine, il méditait et créait son Enfer.

CHAPITRE X.

S.-Laurent. — Chapelles. — Côme l'ancien. — *Vieille sacristie.* — Jean de Médicis. — *Chapelle des tombeaux; — des Médicis. — Piédestal. — S. Giovannino. —* Ammanato. — Laure Battiferri. — Le P. Inghirami. — *Lo Scalzo. —* André del Sarto.

L'ancienne église Saint-Laurent fut reconstruite par Brunellesco en 1425. Si elle offre quelques incorrections, on les attribue soit aux défauts de la fondation première, soit aux erreurs de ceux qui l'ont achevée après la mort de l'artiste. On y admire la belle disposition des lignes de l'architecture. Jusqu'alors on avait employé les colonnes, soit telles qu'on les trouvait toutes faites, soit telles que la localité commandait de les faire, sans égard à la beauté des formes, ou à la justesse des proportions de chaque ordre : ici l'on voit reparaître, pour la première fois, l'ordre corinthien avec toute la régularité de ses proportions et l'élégance de son chapiteau.

Les vingt-quatre chapelles de S.-Laurent sont ornées de tableaux d'habiles artistes florentins; tels sont la

Visitation, de Veracini; le *Sposalizio*, de del Rosso; un *S. Laurent*, de Lapi; un *Christ en croix* avec S. Jérôme, S. François et Madeleine, de Dandini; une *Nativité*, de Rosselli; l'*Adoration des Mages*, de Macchietti; *S. Laurent, S. Ambroise, S. Zanobi*, faits en une nuit par Conti, pour complaire à son protecteur le marquis Côme Riccardi; un *S. Bastien*, de l'Empoli, qui a représenté, sous les traits du martyr, le sénateur florentin Léon Nerli; *S. Arcadius en croix et ses compagnons*, de Sogliani, composition agréable pour les figures et le paysage, au-dessous de laquelle sont de charmantes petites figures du Bacciacca. L'*Enfant Jésus* et les sculptures en marbre de la chapelle du S.-Sacrement, de Desiderio da Settignano, jeune homme de la plus haute espérance, selon Vasari, mort à vingt-huit ans, élève et imitateur heureux de Donatello, sont admirables de goût et de vérité.

Le crucifix de marbre du maître-autel n'est point, ainsi qu'on le dit, le crucifix de Benvenuto Cellini, maintenant à l'Escurial; il est de Baccio da Montelupo. [1]

Au milieu de l'église, un large pavé de porphyre, de serpentine et d'autres marbres, ferme le tombeau de Côme l'ancien; on y lit ces mots : « Ici repose Côme « de Médicis, surnommé *Père de la patrie* par décret « public; il vécut soixante-quinze ans trois mois vingt « jours. » Dans le caveau, une inscription non moins simple indique que le tombeau lui a été consacré par son fils. Une telle modestie sur la tombe de ce grand homme touche vivement, lorsqu'on se rappelle qu'il fut le chef habile, le maître absolu du gouvernement de Florence, et que bientôt il devait donner son nom

---

[1] Cicognara. *Stor. del. scult.* lib. v, cap. III. *V.* ci-dessus, Liv. VI, chap. XVI.

au siècle le plus brillant des lettres et des arts chez les modernes.[1]

La vieille sacristie fut élevée sur un dessin de Brunellesco ; elle semble former à elle seule un petit temple. Les médaillons de la coupole, les évangélistes en stuc, les petites portes en bronze, un lave-mains, un buste de S. Léonard, et surtout l'élégant tombeau de Jean de Médicis, fils d'Averard et de sa femme Piccarda, sont de Donatello. Ce Jean, père de Côme l'ancien, peut être regardé comme l'auteur de la fortune de sa race ; ses immenses richesses acquises par le commerce, l'usage libéral qu'il en fit, lui donnèrent une grande influence politique; et après avoir été ambassadeur à Venise, en Pologne et à Rome, il devint gonfalonier de la république. Il avait fondé cette même basilique de S.-Laurent, qui renferme les chefs-d'œuvre de tant d'illustres artistes. Une belle inscription rappelle sa gloire, ses services, et surtout ses vertus.[2]

[1] Côme de Médicis a été jugé très diversement. Machiavel, MM. de Sismondi et Niccolini surtout (*Éloge d'Alberti*, p. 76, 78, 9) l'ont traité sévèrement; Comines prétend que « son autorité fut douce et « aimable, et telle qu'elle étoit nécessaire à une ville de liberté. » (*Mém.*, liv. VII.) J.-J. Rousseau disait à M. de Saint-Pierre : « J'ai « eu bien envie d'écrire l'histoire de Côme de Médicis. C'était un « simple particulier qui est devenu le souverain de ses concitoyens « en les rendant plus heureux. Il ne s'est élevé et maintenu que par « des bienfaits. » Préambule de l'Arcadie, T. V des *Études de la Nature*, p. 67, 8.

[2]
Si merita in patriam, si gloria, sanguis, et omni
Larga manus, nigra libera morte forent,
Viveret heu patria casta cum conjuge fœlix
Auxilium miseris, portus et aura suis.
Omnia sed quando superantur morte, Johannes
Hoc mausoleo, tuque Picarda jaces.
Ergo senex mœret, juvenis, puer, omnis et œtas.
Orba parente suo patria mæsta gemit.

Les amis de la vérité historique nous sauront peut-être quelque gré de donner ici le discours de Jean de Médicis mourant à ses enfans,

Deux tableaux sont remarquables: une *Nativité*, de Raffaellino del Garbo, et un *S. Laurent*, du Pérugin.

extrait de l'*Histoire* inédite *de Florence*, de Jean Calvacanti, publié, pour la première fois, par M. le chanoine Moreni dans ses illustrations *Della carcere, dell' ingiusto esilio, e del trionfal ritorno di Cosimo, padre della patria* (Florence, 1821); discours admirable de simplicité, de bon sens, d'habileté, excellente direction pour la conduite d'un chef populaire dans un état commerçant, et dont le *Père de la patrie* sut merveilleusement profiter : « *Dilettissimi fi-* « *gliuoli, diceva egli loro, nè io, nè altri, che in questo mondo* « *nasca, non debbe aver dolore del partimento dalle mondane sol-* « *lecitudini per passare a' perpetuali riposi. Io conosco, ch'io m'ap-* « *presso alli ultimi giorni della mia vita, e dove le timide femmi-* « *nucce, e gli uomini vili n'attristiscono, io ne piglio massimo* « *conforto; conciossiacosache per disposizione di natura, e non* « *d'accidenti, i quali per miei inconvenienti sieno commessi, m'ap-* « *presso alla fine del mio corso. Io considero quanto lietamente con* « *palma di vittoria fo l' ultimo passamento dalla mortale all'im-* « *mortal vita. Io vi lascio nelle infinite ricchezze, le quali la mia for-* « *tuna mi ha concedute, e la vostra buona madre col mio affaticare* « *m' ha aiutato a mantenere. Io vi lascio col più magno avviamento,* « *che niuno altro mercatante della provincia di Tuscia. Voi rima-* « *nete con la grazia d'ogni buon cittadino, e colla moltitudine del* « *popolo, che sempre la nostra famiglia hanno eletta per loro tra-* « *montana istella : se voi non istranate da' costumi de' vostri mag-* « *giori, sempre vi sia il popolo larghissimo donatore delle sue di-* « *gnità. E perchè questo altrimenti non avvenga, fate che voi siate* « *a' poveri misericordiosi, e agli abbienti graziosi e benigni, e nelle* « *loro avversità solleciti in aiutargli con tutte le vostre potenze :* « *mai consigliate contro alla volontà del popolo, insino se il popolo* « *elegesse cosa non utile. Non parlate per modo di consiglio, ma* « *sì di mansueto ed amorevole ragionamento. Ancora il Palagio* « *non esercitate in farne bottega, anzi aspettate dal Palagio esser* « *chiamati, e allotta siate ubbidienti, e non insuperbite dall' eccelse* « *boci. Abbiate riguardo che tenghiate in pace il popolo e doviziosa* « *la piazza. Schifate l' andate delle corti, acciocchè la giustizia per* « *voi non impedisca i suoi processi, perocchè chi la giustizia impe-* « *disce, di giustizia perisce. Io vi lascio netti di tutte le macule, pe-* « *rocchè mai da me niuna ne fu commessa ; e così vi lascio eredi di* « *gloria, e non d'infamia. Io mi parto lieto, ma più lieto sarei, se* « *in seta non vi vedessi entrare. Non vi fate segno al popolo, se* « *non il meno che voi potete. Io vi raccomando la Nannina a me* « *Donna, e di voi madre. Fate che alla mia morte non gli mutiate i* « *luoghi de' suoi usati seggi ; e voi figliuole mie, pregate Dio che il*

Le mausolée en porphyre de Jean et de Pierre de Médicis, les deux fils de Côme l'ancien, ouvrage célèbre d'André da Verrocchio, est un admirable monument de la magnificence de Laurent et de son frère Julien; les ornemens en bronze ont été fondus et ciselés avec un art exquis que l'on n'a jamais surpassé.

Le *Martyre de S. Laurent*, près de la porte du cloître, est une belle fresque du Bronzino; quatre statues en marbre sont encore de Donatello; et Bernardin Poccetti a peint un tabernacle à l'extrémité du temple.

Les deux chaires en bronze, du dessin de Donatello, exécutées par son élève Bartoldo, sont des ouvrages incomparables. La *Descente de Croix*, bas-relief de l'une de ces chaires, rappelle pour les poses, les formes et la variété, la force de l'expression, les bas-reliefs antiques.

La nouvelle sacristie, le premier et l'un des bons ouvrages d'architecture de Michel-Ange, qu'il fit à peu près à quarante ans, indique déjà, par l'ordonnance des pilastres du second étage, son indépendance, son originalité dans cet art comme dans tous les autres. La lumière douce et paisible qui tombe de la lanterne sur les statues des tombeaux, prépare et ajoute à l'impression profonde et mélancolique qu'elles produisent. Ces célèbres tombeaux de Julien de Médicis et de Laurent, duc d'Urbin, chefs-d'œuvre les plus extraordinaires du ciseau de Michel-Ange, ont plus honoré l'auteur que les princes qu'ils renferment, princes vulgaires et obscurs, quoique sculptés par ce grand artiste et chantés par l'Arioste [1], qui expliquent et justifient peut-être l'insi-

---

« *mio cammino sia con salute della mia immortale anima. E voi,*
« *figliuoli, tenete la mia benedizione. Fà tu, Cosimo, che Lorenzo*
« *sia benigno e buon fratello, e tu, Lorenzo, onora Cosimo come*
« *maggiore : e finito il suo dire passò di questa vita.* »

[1] *V*. sa belle ode à Philiberte de Savoie, veuve de Julien : **Anima** *eletta, che nel mondo folle.* Julien paraît toutefois avoir mérité

gnifiance, l'incertitude des figures allégoriques dont leurs mausolées sont décorés. Certains juges délicats ne trouvent à ces figures ni le caractère ni la beauté antiques; mais elles s'en passent, comme les personnages de Shakspeare, lorsqu'ils sont vrais et pathétiques. L'expression de Virgile, *vivos ducent de marmore vultus*, est tout-à-fait applicable à cette étonnante sculpture. Effet singulier du talent de Michel-Ange, la figure la moins terminée et la moins animée, la *Nuit*, est la plus vivante! Parmi les vers nombreux, latins et italiens, composés pour ces statues, éternelle manie de tout chanter encore d'usage en Italie, on a cité le quatrain de Strozzi :

> *La notte che tu vedi in sì dolci atti*
> *Dormir, fu da un Angelo scolpita*
> *In questo sasso, e, perchè dorme, ha vita;*
> *Destala, se nol credi, e parleratti.* [1]

La réponse de Michel-Ange est une courageuse opposition au pouvoir qui opprimait Florence :

> *Grato m' è il sonno, e più l' esser di sasso :*
> *Mentre che il danno e la vergogna dura,*
> *Non veder, non sentir m' è gran ventura;*
> *Però non mi destar : deh ! parla basso.* [2]

quelques éloges par la générosité et la sincérité de son caractère, et la protection qu'il accorda aux lettres; il est encore un des interlocuteurs du *Dialogo della lingua italiana*, de Bembo, et du *Cortegiano* du comte Castiglione. Le duc d'Urbin était beaucoup moins digne des vers de l'Arioste :

> *Nella stagion che' l bel tempo rimena,*
> *Di mia man posi un ramuscel di lauro.....*

[1] « Cette Nuit, que tu vois dormant dans un si doux abandon, « fut tirée du marbre par la main d'un ange. Elle vit puisqu'elle « dort : éveille-la, si tu ne le crois point; elle te parlera. » Vasari prétend que l'auteur de ce quatrain est inconnu; on s'accorde toutefois à l'attribuer à Jean-Baptiste Strozzi, poète du XVIe siècle, célèbre par quelques pièces légères, pleines de grâce et de finesse.

[2] « Il m'est doux de dormir, et plus encore d'être de marbre.

Charles-Quint, dans le transport que lui causait la contemplation des figures de ces deux monumens, s'étonnait de ne pas les voir se lever et parler. La tête, le geste de la statue de Laurent, la *Pensée* (*il Pensiero*) de Michel-Ange, sont terribles, menaçans; ils vont bien au tyran précoce, digne père de Catherine de Médicis et de ce bâtard Alexandre qui détruisit la liberté florentine. Quelques personnes font du génie de Michel-Ange une espèce de science, d'art, compris seulement d'un petit nombre d'adeptes. Il me semble qu'il y a là une étrange méprise. L'effet de cette chapelle est subit, complet, irrésistible; et il ne faut pas de si longues études pour en être vivement ému et remué.

A côté du prodige des tombeaux, quelques objets de la nouvelle sacristie sont encore très remarquables. L'autel et les candélabres ont été travaillés par Michel-Ange. Le groupe de la *Vierge et de son fils* est aussi de lui; il y a bien quelque confusion dans les draperies, mais la figure de la Vierge est simple, naturelle, et la vivacité du mouvement de l'Enfant Jésus justifie peut-être l'énergie extraordinaire de ses muscles, de ses formes véritablement herculéennes. De chaque côté de la Madone sont deux statues d'élèves de Michel-Ange, dont même, selon Vasari, il a fait les modèles: *S. Damien* est de Raphaël da Montelupo; *S. Côme* est le chef-d'œuvre du frère Montorsoli, qui avait aidé son illustre maître dans le travail des tombeaux.

La chapelle des Médicis, derrière le chœur de l'église S.-Laurent, fut construite d'après le dessin de don Jean de Médicis, frère du grand-duc Ferdinand Ier. L'architecture de la chapelle des tombeaux de Michel-Ange fait un tort singulier à cette architecture de prince. Le grand-

Ne pas voir, ne pas sentir, est un bonheur dans ces temps de malheur et de honte. Ne m'éveille donc pas; de grâce, parle bas. »

duc Ferdinand eut, dit-on, le projet d'y mettre le S. Sépulcre que l'émir Faccardin Ebneman, venu à Florence en 1613, et qui se disait descendre de Godefroi de Bouillon, lui promettait d'enlever. Les travaux de la chapelle des Médicis, incrustée de jaspe et de granit, qui offre en pierres dures les armoiries de toutes les villes de Toscane; ces travaux se continuent depuis plus de deux siècles. Les fresques de la coupole viennent d'être confiées à M. Benvenuti, célèbre artiste florentin; on regretterait que ses talens ne répondissent point complétement à l'importance de cette coupole, la plus belle, la plus riche qu'il y ait à peindre.

Deux tombeaux de la chapelle des Médicis sont remarquables : le tombeau de Ferdinand Ier éblouissant par la beauté des marbres, mais de la malheureuse architecture du temps; la statue, de Jean Bologne, est une image expressive et vraie de cet excellent prince, ami des lettres et des arts, et qui eut la gloire de placer à Florence la Vénus de Médicis. Le second tombeau, ouvrage de Tacca, élève de Jean Bologne, et qui rappelle sa manière, est celui du digne fils de Ferdinand, Côme II, le protecteur de Galilée, appelé par lui de Padoue, nommé premier mathématicien de l'université de Pise, sans être obligé de professer ou de résider, et créé son mathématicien et son philosophe particulier.

Le tombeau et la statue que Paul Jove s'était, par son testament, décernés à lui-même, se voient dans le cloître de cette église. L'architecture du monument, ouvrage de San Gallo, est d'assez bon goût; la physionomie de la statue, basse, satirique, peu épiscopale, s'accorde assez avec le caractère et les écrits du personnage qu'elle représente. [1]

---

[1] *V.* Liv. IV, chap. VIII.

Dans un coin de la place S.-Laurent est le piédestal orné du célèbre bas-relief de Baccio Bandinelli, et, malgré quelques imperfections, un des meilleurs ouvrages de cette époque : le piédestal devait recevoir la statue de Jean de Médicis, dit pendant sa vie le *Grand-Diable,* et des bandes noires après sa mort, parce que ses soldats, l'élite des troupes italiennes, portèrent son deuil; les divers excès de la licence et de la rapine militaires qu'exprime énergiquement le bas-relief convenaient assez bien au monument d'un tel capitaine.[1]

La belle église et le couvent de *S. Giovannino* sont un monument et une fondation du grand sculpteur et architecte florentin Barthélemi Ammanato, qui donna tous ses biens aux Jésuites, et, livré à d'excessifs scrupules religieux pour les nudités innocentes de quelques unes de ses statues, consacra ses dernières années à la construction de cette église et à des œuvres de piété. Il repose, d'après son vœu, dans la chapelle S.-Barthélemi, ainsi que sa femme Laure, fille naturelle du légiste Battiferri, personne célèbre par la pureté et l'élégance de ses poésies sacrées, sa correspondance avec ses plus illustres contemporains littéraires, tels que Caro, Varchi, Bernardo Tasso, Pierre Vettori, et que son père, qui l'avait reconnue et lui avait assuré toute sa fortune, ne voulut unir qu'à un homme supérieur lui-même par ses talens. La façade de l'église, régulière, est estimée. Parmi les bonnes peintures des chapelles, on distingue, à la chapelle S.-Barthélemi, le *Christ,* les *Apôtres* et la *Cananéenne,* du Bronzino : le S. Barthélemi, appuyé sur un bâton, est le portrait de l'Ammanato, et la vieille, derrière la Cananéenne, Laure Battiferri; à la chapelle S.-François Xavier, le *Saint prêchant aux infidèles,*

---

[1] *V.* Liv. VIII, chap. XVIII.

un des meilleurs ouvrages de Currado, peintre florentin du XVIe siècle.

Le couvent, aujourd'hui des Clercs réguliers des *Scuole pie*, qui possède une bonne bibliothéque, un cabinet de physique et un observatoire, s'honore du P. Inghirami, un des premiers astronomes de l'Europe.

Les célèbres fresques en clair-obscur d'André del Sarto à la *Compagnia dello Scalzo*, exécutées à diverses époques, sont comme l'histoire et l'abrégé de son talent : le *Baptême de J.-C.* montre son premier style; la *Visite de la Vierge à Ste.-Élisabeth*, ses progrès; la *Naissance de S. Jean-Baptiste*, sa perfection. Elles prouvent que ce peintre, surnommé le peintre sans erreurs (*Andrea senza errori*), est en effet plus admirable par le naturel, la pureté et la grâce que par la force, l'originalité, l'imagination. Deux de ces fresques, *S. Jean béni par son père*, le *même rencontré en voyage par l'Enfant Jésus*, du Franciabigio, élève d'André del Sarto, paraissent dignes du maître. Le temps, l'humidité, les restaurateurs et peut-être la malveillance, ont fort altéré ces peintures, dont la destruction semble suspendue depuis que leur conservation est confiée à l'Académie des Beaux-Arts.

CHAPITRE XI.

S.-Marc. — Pic de la Mirandole. — Politien. — Couvent. — Savonarole. — Ancienne bibliothéque de S.-Marc. — *Annonciade*. — Chapelle. — Les Villani. — Tribune. — Cloître.

S.-Marc est remarquable par quelques chefs-d'œuvre de l'art et les plus illustres tombeaux de la renaissance. L'architecture intérieure de l'église est presque entiè-

rement de Jean Bologne, qui a fait aussi une statue de
S. Zanobi, la chapelle de S. Antonin et la statue du
saint dans cette chapelle, dont la coupole et plusieurs
figures sont du Bronzino. Dans l'église, une admirable
Transfiguration, que l'on croirait d'un plus grand maître, est de Paggi, peintre génois, patricien de naissance,
obligé, pour meurtre, de fuir sa patrie, et réfugié près de
vingt années à Florence. La brillante chapelle des Serragli a six tableaux excellens : la *Cène*, le plus remarquable, est de Santi Titi, élève du Bronzino, le meilleur
peintre florentin de son temps : le Christ et le Judas
offrent un superbe contraste de divinité et de crime;
le *Miracle de la manne*, du Passignano; le *Sacrifice
d'Abraham*, d'Empoli; la *Multiplication des pains*,
de Currado; et *S. Paul ressuscitant un enfant*, de Biliberti. Le grand *Crucifix*, peint sur bois à fond d'or,
au-dessus de la porte principale, est de Giotto.

Le tombeau du prince Pic de la Mirandole, mort à
moins de trente-deux ans, et d'une science si prodigieuse, qui, après avoir approfondi toutes les croyances
égyptiennes, hébraïques, chaldéennes, grecques, latines,
arabes, cabalistiques, voulait parcourir le monde, seul,
pieds nus, et prêcher l'évangile, est couvert d'une fastueuse et ridicule inscription, qui vante et exagère sa
vaste renommée [1]. Le poète platonicien, si élégant et si
pur, Jérôme Benivieni, son ami, et chaud partisan de
Savonarole [2], mort à plus de quatre-vingt-neuf ans, désira reposer près du prince de la Mirandole, ainsi que
l'indique sa touchante épitaphe bien différente de l'ins-

---

[1] *Joannes jacet hic Mirandula : cetera norunt
Et Tagus et Ganges ; forsan et antipodes.*

[2] Benivieni avait dégradé son talent jusqu'à composer sur des airs
de danse des cantiques, espèces de rondes spirituelles qui se chantèrent pendant un carnaval sur la place du couvent de Saint-Marc.

cription qu'elle suit¹. Le tombeau de Politien, qui n'avait précédé que de deux mois dans la tombe Pic de la Mirandole, l'aide et le compagnon le plus cher de ses travaux, n'a qu'une mauvaise et fautive épitaphe², indigne d'une telle sépulture. Ce grand lettré, cet ami, ce Virgile des Médicis, avait voulu être enterré à S.-Marc, revêtu de l'habit de l'ordre de S.-Dominique; vœu que remplit un des religieux du couvent, Robert Ubaldini, peut-être confident de la mystérieuse infortune qui fut cause de sa mort. ³

Le couvent de S.-Marc, du dessin de Michellozzo, offre dans ses deux cloîtres de belles lunettes à fresque de Poccetti, de Dandini et du vieux Gherardini: parmi les peintures nombreuses de Fra Bartolommeo, qui était religieux de S.-Marc, un *S. Vincent* a paru digne, par le coloris, du Titien ou du Giorgione. J'ai vu dans ce couvent la cellule de Jérôme Savonarole, dans laquelle ce sombre ennemi des Médicis s'enfermait toutes les fois que Laurent, dont la famille avait fondé le couvent, venait le visiter ou paraissait dans le jardin; elle me fut montrée par un vieux dominicain, fort bon homme, qui sans doute avait peu de rapports avec le tribun religieux de Florence et l'intrépide adversaire des abus de la cour romaine, moine démagogue qui eut un ascendant si prodigieux sur ses concitoyens qu'il fit une année renoncer au carnaval, et qu'à son éloquente voix⁴ d'énormes pyramides de livres, de tableaux et

---

¹ *Hieronymus Benivenius, ne disjunctus post mortem locus ossa teneret, quorum in vita animos conjunxit amor, hac humo supposita ponendum cur.*

² Elle fait mourir Politien en 1499, au lieu de l'année 1494.

³ Il a laissé un mémorial contenant le détail des circonstances qui accompagnèrent les derniers momens de Politien. *V.* la *Vie de Laurent de Médicis*, de Roscoe, chap. x, et l'appendix N° LXXVIII.

⁴ Indépendamment de sa puissance populaire, Savonarole dut

FLORENCE. 93

d'instrumens de musique, ainsi que des cartes et des dés, furent brûlés sur la place du vieux palais¹, et que le plus grand peintre de Florence, épouvanté des séductions de son art, jetait dans ce même bûcher ses voluptueux ouvrages, prenait l'habit de S. Dominique, et n'avait plus de gloire que sous le nom de Fra Bar-

être doué de véritables talens. Dans sa jeunesse, il avait fait des vers italiens pour se distraire de ses études théologiques et de la lecture de saint Thomas. Varchi a conservé (Lib. x) cette stance républicaine adressée au peuple de Florence, qu'il inscrivit en lettres majuscules dans la salle du Grand Conseil, afin de s'opposer à tout traité avec les Médicis bannis; avis menaçant auquel l'historien florentin attribue la condamnation de Charles Cocchi, décapité pour avoir parlé de les rappeler :

> Se questo popolar consiglio, e certo
> Governo, Popol, della tua cittate
> Conservi, che da Dio t'è stato offerto,
> In pace starai sempre e' n libertate ;
> Tien dunque l' occhio della mente aperto,
> Che molte insidie ognor ti fien parate,
> E sappi, che chi vuol far parlamento
> Vuol torti delle mani il reggimento.

Machiavel parle avec beaucoup d'estime de Savonarole. (*Disc. sopra Tit.* Lib. 1, cap. 11) ; Michel-Ange lisait avec plaisir ses ouvrages ; Comines, juge si habile, qui l'avait visité dans son couvent réformé de Saint-Marc, le *répute bon homme.* Le passage d'un sermon du deuxième dimanche de Carême, donné par l'*Observateur florentin* (T. II, p. 108, 9), et qu'interrompirent les larmes et les cris de l'auditoire, et les propres larmes de l'orateur, est fort pathétique ; un passage sur la peste, d'un autre sermon, est vanté par les Italiens comme un chef-d'œuvre plein de poésie. (Maury, *Essai sur l'éloquence de la Chaire,* T. II, p. 142.)

¹ On doit à ces auto-da-fé de livres la rareté et le prix excessif des premières éditions de Dante, Pétrarque et Boccace. On remarquait à celui de l'année 1498, accompagné d'un *Te Deum,* et qui offrait encore plus d'objets précieux que le précédent, de 1496, puisqu'il y avait des bustes antiques, un Pétrarque si orné d'or et de miniatures, qu'il était alors estimé 50 écus. Le *Décameron* in-fol. de Venise (1471), *rarissime,* fut acheté par le marquis de Blandford, en 1812, pour 2260 liv. sterling (52000 fr.). C'est peut-être le livre qui se soit vendu le plus cher ; il est passé depuis dans la bibliothèque de lord Spencer, au prix de 918 liv. sterling 15 schellings.

tolommeo, ou du *frate*. Il faut convenir cependant que la fin de Savonarole ne répondit point à l'audace de sa vie, et que ce fougueux prédicateur ne parut alors qu'un fanatique sans force et sans courage, et qu'un martyr sans foi.

Un souvenir de S. Marc, bien moins redoutable, est celui de l'antiquaire Gori, savant infatigable, et de plus homme du monde, prêtre, poète et musicien, dont le pompeux tombeau de marbre, surmonté de son buste avec inscription, se voit dans le premier cloître.

L'ancienne et célèbre bibliothéque du couvent, composée des livres du Florentin Nicolas Niccoli [1], et mise à la disposition du public par Côme de Médicis, qui doit en être regardé comme le véritable fondateur, avait été classée par Thomas de Sarzane, alors pauvre et savant prêtre, depuis grand pape, sous le nom de *Nicolas V*, et qui jeta les premiers fondemens de la Vaticane. L'écrit qu'il fit paraître à ce sujet servit de modèle pour la classification de plusieurs autres bibliothéques d'Italie. Le couvent de S.-Marc semble ainsi le berceau du catalogue. Les débris de cette même bibliothéque pillée, comme les autres propriétés des Médicis, par le peuple et l'armée, lors de l'entrée de Charles VIII, et même plus tard par un autre ennemi encore plus furibond de cette famille, Savonarole, supérieur de S.-Marc, qui fit présent, dit-on, de nombreux articles aux cardinaux et autres personnages puissans, afin de le défendre des censures et des excommunications du pape, ces précieux débris, trans-

---

[1] Les manuscrits latins, grecs et orientaux rassemblés par Niccoli, dont plusieurs étaient copiés de sa main et enrichis de ses commentaires, se montaient à environ 800, selon Poggio (Oraison funèbre de Niccoli, *Op.*, édit. de Bâle, 1538, p. 270); 400 seulement passèrent au couvent de Saint-Marc. Il paraît difficile, et il serait curieux de découvrir la trace des autres.

portés à Rome et revenus à Florence, ont commencé la bibliothéque Laurentienne, et y sont restés.

Sur la place de l'Annonciade est la statue équestre du grand-duc Ferdinand par Tacca, dont l'homme et le cheval semblent plutôt véritablement fabriqués de bronze qu'être de chair : les sphinx des fontaines paraissent meilleurs et plus vivans, peut-être parce qu'on ne peut leur opposer de modèles. La statue de Ferdinand avait été fondue avec les canons pris sur les Turcs par les chevaliers de S.-Étienne; ce qu'exprime un peu bizarrement l'inscription mise sur le ventre du cheval, et qui porte que *le métal a été enlevé au fier Thrace*.

La première porte du portique qui précède l'église a trois bonnes peintures d'Antoine Pollaiolo, de Paggi et d'Aurèle Lomi. Les lunettes de la cour qui sert de vestibule sont d'habiles artistes florentins ; on y voit l'*Assomption*, de del Rosso : parmi les apôtres contemplant la Vierge, le S. Jacques vêtu en pélerin est le portrait du célèbre poète Berni, encore à la tête du mauvais genre auquel il a donné son nom; la *Visite de Notre-Dame à Ste.-Élisabeth*, du Pontorno ; le *Sposalizio*, de Franciabigio, non terminé : les moines l'ayant découvert trop tôt, à l'occasion d'une fête, l'artiste, honteux et indigné, avait déjà donné quelques coups de marteau afin de le détruire ; arrêté dans ce funeste dessein, il ne voulut jamais reprendre son ouvrage, auquel personne depuis n'a osé toucher ; la *Naissance de la Vierge*, d'André del Sarto : la première des deux femmes qui visitent l'accouchée est le portrait de Lucrèce del Fede, sa femme ; son *Adoration des Mages*, dont la figure tournée vers le spectateur est Sansovino, et l'homme qui s'appuie sur ce dernier, son propre portrait ; une *Nativité*, d'Alexis Baldovinetti, parfaitement naturelle ; la *Prise d'habit de S. Philippe Benizzi*, de Côme Rosselli, que sa mort a laissée inachevée; le même saint *donnant sa chemise à un lépreux nu; des Joueurs de carte frappés de la foudre* pour avoir méprisé ses réprimandes; *S. Philippe délivrant une possédée;* une *Religieuse passant par dévotion la tunique du même saint à des enfans*, d'André del Sarto : le vieillard, vêtu de rouge et appuyé sur un bâton, de la dernière fresque, est le portrait d'André de la Robbia.

L'église, horriblement *modernisée*, n'a plus ses anciens et nombreux *ex-voto*, mannequins couverts de riches habits suspendus en foule à sa voûte, et représentant d'illustres personnages [1]. La célèbre chapelle *della santissima Vergine annunziata*, fondée par Pierre, fils de Côme, est resplendissante d'or, d'argent, de pierreries; la tête du Sauveur, sur l'autel, est d'André del Sarto; une *Annonciation*, fresque de 1252, du Florentin Bartolommeo; très vénérée à Florence, dont les vêtemens seuls ont été retouchés, est remarquable pour le temps. Le plafond de l'église, peint par le Volterrano, est très beau. On distingue aux autres chapelles : *S. Nicolas, la Vierge, et à ses pieds d'autres saints* : le dernier est le plus bel ouvrage d'Empoli; le *B. Piccolomini disant la messe*, de Pierre Dandini, agréable et bien composé; une *Piété*, beau groupe en marbre, qui surmonte le tombeau de Baccio Bandinelli et de sa femme dans sa chapelle : ce groupe avait été commencé par un fils naturel du fougueux artiste, aide habile de son père,

---

[1] D'habiles artistes ne dédaignaient point quelquefois de travailler à ces figures. Parmi celles de l'Annonciade, le duc Alexandre était de Benvenuto Cellini; la corde par laquelle il était attaché se rompit un jour, et cet accident, qui ne paraît pas très rare, rendait alors assez périlleuse la visite de l'Annonciade.

dont les bizarreries et les mauvais traitemens l'obligèrent à partir pour Rome, où il mourut. Bandinelli reprit l'ouvrage ; il voulut même opposer sa *Piété* au groupe de Michel-Ange placé maintenant derrière l'autel du chœur de la cathédrale [1], et il s'y est représenté sous les traits de Nicodème; un *Crucifix*, d'après Jean Bologne, à la chapelle de la Vierge *del Soccorso*, construite aux frais et sur le dessin de cet infatigable artiste, et pour laquelle il fit, à plus de quatre-vingts ans, les deux Génies tenant deux flambeaux éteints, assis sur son tombeau : l'épitaphe apprend qu'il avait en quelque sorte ouvert et consacré ce dernier aux sculpteurs et architectes flamands ses compatriotes [2]; une *Résurrection*, du Bronzino; la *Vierge et quelques Saints*, du Pérugin; la *Naissance de la Vierge*, d'Alexandre Allori, avec une inscription de l'année 1602, dans laquelle il s'excuse d'une manière assez touchante de n'avoir pu mieux faire à cause de son âge; un trait de la *Vie du B. Manetto*, par Christophe son fils, exécuté avec une telle habileté que Pierre de Cortone prétendait que, si tous les tableaux du monde se perdaient, celui-là pourrait faire renaître la peinture et la ramener à sa perfection : le vieillard tourné vers le spectateur est le portrait de son père ; le grandiose mausolée de l'évêque Ange Marzi, ministre habile de Côme Ier, par François San Gallo : la sévère physionomie du prélat a quelque rapport avec

---

[1] *V.* ci-dessus, chap. IX.

[2]   *Joannes Bologna Belga, mediceor.*
  Princ. nobilis alumnus, eques militiæ 1. *Christi,*
  Sculptura et architectura clarus,
  Virtute notus, moribus et pietate
  Insignis, sacellum deo,
  Sep. sibi cunctisque Belgis earumdem
  Artium cultoribus p. an. Dom. MCIC.

la politique et l'autorité inflexible de son maître ; le *S. Philippe Benizzi*, du Volterrano; un beau Crucifix de bois à la chapelle des Villani, dans laquelle reposent ces trois habiles historiens et écrivains excellens : le premier, marchand de Florence, magistrat, homme d'État, et même banqueroutier [1]; le second moins connu ; le troisième, simple littérateur, et surnommé le *solitaire*; une *Assomption*, du Pérugin ou d'Albertinelli ; le *Christ entre les deux larrons*, superbe composition plus grande que nature, remplie de soldats et de cavaliers, le chef-d'œuvre de Jean Stradan, peintre de Bruges établi à Florence, et employé par Vasari ; une copie du *Jugement dernier* de la Sixtine, par Alexandre Allori : le portrait de Michel-Ange est à côté du cadavre qui ressuscite les yeux bandés et enveloppé d'une couverture blanche ; les fresques représentant le *Christ disputant dans le temple et chassant les vendeurs*, d'Alexandre Allori, qui offrent les portraits de Pierre Vettori, de Vincent Borghini, du religieux de S. Augustin Louis, ami de Pétrarque, du Bronzino, et d'autres lettrés et artistes.

La tribune et la coupole de l'Annonciade en forme de rotonde, dont la voûte égale celle du Panthéon, sans fenêtres, ni ouvertures, cette construction d'un effet si extraordinaire, due à la magnificence de Louis Gonzaga, marquis de Mantoue, est, malgré la critique de Vasari, une des merveilles de Florence et des premières d'Alberti. La coupole, peinte par le Volterrano dans sa vieillesse, est estimée pour l'invention, le dessin et le coloris; et le bas-relief du tabernacle fut exécuté récemment par Thorwaldsen.

Le cloître magnifique de l'Annonciade est du dessin

---

[1] *V.* ci-après, chap. xvii.

de Cronaca. Les lunettes sont des premiers maîtres: le *Miracle du noyé ressuscité*, de Poccetti, le Paul Véronèse florentin, passe pour une des belles peintures de Florence; le *pape Alexandre IV approuvant l'ordre des Servites*, de Mathieu Rosselli, est d'un rare mérite; et la célèbre *Madone del sacco*, admirée de Michel-Ange et du Titien, est un chef-d'œuvre de grâce, de naturel et de pureté, d'André del Sarto.

L'église S.-Michel *Visdomini*, bâtie d'après le plan d'Orgagna et depuis refaite, offre une *Vierge avec divers saints*, du Pontormo, heureuse et libre imitation d'André del Sarto son maître, qui, jaloux de ses talens, le contraignit à s'éloigner.

La porte de côté de l'oratoire de Jésus pèlerin ou *de' Pretoni*, est du dessin de Michel-Ange. Dans l'intérieur est le tombeau du célèbre et burlesque prêtre Arlotto, curé de S. Cresci à Maciuoli, près Fiesole, mort à quatre-vingt-sept ans, Rabelais italien sans génie, et dont l'épitaphe peut sembler une des facéties.[1]

L'oratoire de S.-Clément, dépendant de l'ancien monastère, est curieux par ses fresques de Jean Stradan, représentant divers traits de l'histoire du Christ, et par les portraits de Côme Ier, de sa femme et des princes de cette famille peu unie, comme il arrive parfois aux familles de tyrans.

---

[1] *Questa sepoltura il Pievano Arlotto la fece fare per se, e per chi ci vuole entrare. Morì a' xxvii di febbraio del* MCCCCLXXXIV.

CHAPITRE XII.

Place Ste.-Croix. — *Ste.-Croix.* — Tombeaux de Michel-Ange, de Machiavel, de Galilée. — Monument au Dante. — Autres tombeaux.—Alfieri.— Lanzi.—Léonard Arétin.—Chanceliers de la république florentine. — Mausolée de Marsuppini. — Filicaia.— Thadée Gaddi. — Chaire. — Cloîtres. — *S. Ambroise.* — Fausseconversion. — La *Badia.* — *Or San Michele.* — Luxe des arts avec l'esprit industriel et le gouvernement républicain. — Chaires du Dante. — Gonnelli.

La place de Ste.-Croix vit, au milieu du XIIIe siècle, se former l'état populaire de Florence, alors que les plus riches bourgeois, fatigués de l'insolence et des vexations aristocratiques, s'y étant rassemblés, prirent les armes, allèrent déposer le podestat, et, après s'être séparés, selon les quartiers qu'ils habitaient, en vingt compagnies, à chacune desquelles ils donnèrent un chef et un étendard, nommèrent à la place du podestat un nouveau juge avec le titre de capitaine, formèrent son conseil de douze *anziani*, et créèrent au sein d'une émeute la constitution qui, pendant dix années, fut la source de tant d'actions honorables [1] : aujourd'hui cette même place sert de rendez-vous aux masques et aux folies du carnaval.

Ste.-Croix, bâtie vers la fin du XIIIe siècle, par le grand architecte de la république florentine, Arnolfo di Lapo, fut restaurée depuis sur les dessins de Vasari. Cette vaste église, nue, sombre, austère, éclairée par de superbes vitraux gothiques, remplie d'illustres tombeaux, a été appelée à juste titre le Panthéon de Flo-

---

[1] Sismondi. *Hist. des Rép. ital. du moy. âge*, chap. XVIII.

rence; et certes on ne vit jamais si bonne compagnie de morts. En contemplant à si peu de distance les mausolées de Michel-Ange, de Machiavel et de Galilée, l'humanité semble agrandie. Le caractère religieux de l'édifice est presque obscurci par son caractère national et par cet autre culte qu'inspire le génie ; mais les facultés accordées à de tels hommes sont un motif nouveau d'admirer la Providence.

Le mausolée de Michel-Ange, quoique les trois statues qui le décorent soient d'habiles sculpteurs, manque d'unité et de grandiose ; chacun ayant moins songé à l'effet de l'ensemble qu'à l'effet particulier de sa statue. Celle de l'*Architecture*, la meilleure, est de Jean dall' Opera, l'élève de Michel-Ange, et peut faire juger de l'état de l'art à sa mort ; la *Sculpture*, au milieu, de Cioli, paraît plutôt endormie qu'affligée ; la *Peinture*, de Lorenzi, a une sorte de recherche et de coquetterie qui ne convient pas à la gravité d'un tel monument. Le corps de Michel-Ange, mort à Rome, âgé de quatre-vingt-dix ans, devait être, par ordre du pape, enterré à S.-Pierre ; mais Côme de Médicis, jaloux d'une telle conquête, le fit enlever de nuit et transporter à Florence ; il fournit les marbres du mausolée ; de magnifiques funérailles furent décernées au grand artiste ; Varchi prononça l'oraison funèbre, et le génie cette fois fut honoré comme la puissance.

La cendre de Machiavel, déposée à Ste.-Croix, fut près de trois siècles sans recevoir d'honneur et de distinction ; le tombeau actuel ne lui fut élevé qu'en 1787, et, chose singulière, un Anglais, un pair, lord Nassau Clavering, comte Cooper, l'éditeur de ses OEuvres, in-4°, était à la tête de la souscription, composée de Florentins et approuvée par Léopold. L'unique figure de ce tombeau, d'Innocent Spinazzi, qui veut être à la fois la

Politique et l'*Histoire*, est d'un goût médiocre; elle paraît prononcer les mots de l'inscription superbe, mais qui n'est point exagérée : *Tanto nomini nullum par elogium.*

Le mausolée de Galilée, élevé à l'époque de la plus grande corruption du goût, ne se ressent que trop de cette corruption, puisque les principaux sculpteurs du temps y travaillèrent. La figure la moins mauvaise est le buste de Galilée, de Jean-Baptiste Foggini. Galilée, qui vécut jusqu'à près de soixante-dix-huit ans, était né deux jours avant la mort de Michel-Ange. Lorsque je voyais vis-à-vis l'un de l'autre leurs deux tombeaux, il me semblait que dans cette route nouvelle de la philosophie et des sciences, le flambeau du génie n'avait point cessé de luire à Florence, et qu'il passait alors sans interruption entre les mains des Toscans.

A défaut du tombeau du Dante, dont l'absence à Ste.-Croix rappelle le trait célèbre sur les images de Brutus et de Cassius, un colossal cénotaphe vient de lui être élevé. Ce monument n'est aujourd'hui qu'un magnifique témoignage que le Dante n'y est point. La composition est, dit-on, assez baroque; les pleurs tardifs de la *Poésie* sur cette urne sans os semblent ridicules après cinq siècles : les larmes contemporaines de la sculpture sur le tombeau de Michel-Ange, quoique assez mal exprimées [1], étaient naturelles et vraies. Si Florence fut cruelle envers le Dante.... *parvi Florentia mater amoris* [2], il faut convenir qu'elle a depuis long-temps cherché à réparer ses injustices. Dès l'année 1396, elle lui avait décrété un monument public, espérant obtenir ses restes

---

[1] *V.* ci-dessus.
[2] Expressions attribuées au Dante, et gravées sur son tombeau. *V.* Liv. xi, chap. v.

de Ravenne. De nouvelles instances et un nouveau décret, de l'année 1429, se trouvent aux archives *delle riformagioni*. Enfin, en 1519, une autre demande fut adressée à Léon X par les Florentins; parmi les signataires est le nom de Michel-Ange, admirateur passionné du poète avec lequel le génie de ce Dante des arts avait tant de rapports[1], et qui lui a consacré des vers que celui-ci n'aurait point désavoués[2]. Je doute qu'il y ait une apostille comparable à celle de Michel-Ange demandant à bâtir à Florence la sépulture du Dante, et qui est ainsi conçue : *Io Michel-Agnolo scultore il medesimo a vostra santità supplico, offerendomi al Divin Poeta fare la sepultura sua condecente e in loco onorevole in questa città.* L'artiste florentin actuel, M. Étienne Ricci, professeur distingué de sculpture à l'académie des beaux-arts, a obtenu de la fortune cet honneur envié par Michel-Ange; on doit regretter que ses talens n'y aient pas complétement répondu. Ce médiocre monument n'aura pas été sans utilité, puisqu'on lui doit de beaux vers de M. le comte Jacques Leopardi, l'un des premiers poètes actuels de l'Italie, sur l'amour de l'Italie et sur son ancienne gloire.[3]

[1] Cette pièce, encore conservée à l'Archive *diplomatico*, a été donnée, ainsi que le décret de 1429, par l'éditeur de la Vie du Dante, de J. Marius Philelphe, Ms. de la Laurentienne, publié à Florence en 1828, in-8°.

[2]
Dal mondo scese ai ciechi abissi e poi.
Quanto dirne si dee non si può dire.

Sonnets xxi, xxii, du choix des *Poésies de Michel-Ange*, publiées et traduites en français par M. Varcollier. Paris, 1826, in-8°.

[3]
Amor d'Italia, o cari,
Amor di questa misera vi sproni;
Ver cui pietade è morta
In ogni petto omai, per ciò che amari
Giorni dopo il seren dati n'ha il cielo.
Spirti v'aggiunga e vostra opra coroni

A la suite des trois grands tombeaux de Michel-Ange, de Machiavel et de Galilée, il en est d'autres qui sont dignes de leur servir de cortége. Le mausolée d'Alfieri, chef-d'œuvre de Canova, est un peu à l'étroit entre les tombeaux de Machiavel et de Michel-Ange. Son amère et piquante épitaphe, composée par lui et plusieurs fois donnée, ne s'y lit point [1]; on n'y voit que ces simples mots :

> *Victorio Alferio Astensi*
> *Aloisia e principibus Stolbergis*
> *Albaniæ comitissa*
>   *m. p. c. an.* MDCCCX.

C'est au milieu de ces tombeaux, parmi lesquels il repose, qu'Alfieri avait senti pour la première fois s'éveiller en lui l'amour de la gloire ; vers la fin de sa vie, l'âme épuisée d'émotions, de travaux et d'études, il était revenu méditer à Ste.-Croix; un autre poète, ardent, sombre, rêveur, Foscolo l'y avait aperçu; il a peint éloquemment son pâle et austère aspect :

> ...... *E a questi marmi*
> *Venne spesso Vittorio ad ispirarsi.*

> *Misericordia, o figli,*
> *E duolo e sdegno di cotanto affanno*
> *Onde bagna costei le guance e' l velo.*
> . . . .
> *Volgiti indietro e guarda, o patria mia,*
> *Quella schiera infinita d'immortali,*
> *E piangi e di te stessa ti disdegna ;*
> *Che, se non piangi, ogni speranza è stolta :*
> *Volgiti e ti vergogna e ti riscuoti,*
> *E ti punga una volta*
> *Pensier degli avi nostri e de' nipoti.*

Canto II. *Sopra il monumento di Dante che si prepara in Firenze.* Florence, 1831.

[1] Il l'avait fait inscrire, ainsi que l'épitaphe touchante de la comtesse d'Albani, son amie, dans deux petites tablettes de *scagliola* (*V.* Liv. x, chap.III) en forme de dyptique, et qu'il appelait son dernier livre (*Alfieri liber novissimus*), selon le titre mis sur le dos.

*Irato a' patrj Numi, errava muto
Ove Arno è più deserto, i campi e il cielo
Desioso mirando; e poi che nullo
Vivente aspetto gli molcea la cura,
Qui posava l'austero, e avea sul volto
Il pallor della morte e la speranza.* ¹

Près du bénitier, une inscription à peu près effacée indique la sépulture d'un Bonaparte : nom gigantesque à côté de grands noms. ²

Le mausolée du sénateur Philippe Buonarroti, mort en 1733, président de la juridiction des affaires ecclésiastiques, savant antiquaire et botaniste, qui, indépendamment de ses ouvrages imprimés, a laissé environ soixante volumes manuscrits des matériaux d'antiquités grecques et latines dont il s'était servi, auquel une médaille avec cette légende : *Quem nulla œquaverit œtas*, fut décernée de son vivant par un ami, ce tombeau de l'érudit neveu de Michel-Ange est bien moins illustre que celui de son oncle dont il est voisin, et l'orgueilleuse légende de la médaille du président aurait mieux convenu au tombeau de l'artiste.

Le tombeau de Lanzi rappelle des souvenirs de vertu, de science et de goût; je n'ai pu le contempler sans reconnaissance et respect, puisque j'ai dû de l'instruction

---

¹ *Sepolcri.* « Alfieri vint souvent s'inspirer auprès de ces tombeaux. Irrité contre les dieux de sa patrie, il errait en silence sur les bords les plus déserts de l'Arno, et regardait les champs et le ciel avec envie. Aucun aspect vivant ne pouvait adoucir sa peine; là, triste, il s'arrêtait, la pâleur et l'espoir de la mort empreints sur le visage. »

² La famille Bonaparte, si elle ne descend point des Comnènes, ainsi qu'on l'a prétendu, paraît originaire de Toscane. On rapporte qu'un oncle de Napoléon, curé de campagne, habitait encore son village il y a quelques années : ami du repos, il refusa les honneurs que lui avait proposés son puissant neveu, et, comme le vicaire de Jean-Jacques, peut-être il lui avait répondu : « Mon bon ami, je ne « trouve rien de si beau que d'être curé. » *Emile*, Liv. IV.

à son excellente Histoire de la peinture en Italie, avec laquelle je vis en quelque sorte depuis plusieurs années.

Le mausolée du célèbre lettré et historien Léonard Bruni l'Arétin, par Bernard Rossellini, simple, noble, élégant, passe pour un des meilleurs ouvrages du xve siècle. Le bas-relief de la *Vierge*, en haut, de Verrocchio, est aussi très estimé. Cet illustre Arétin, si différent de l'infâme avec lequel Mme de Staël l'a confondu [1], est représenté couché sur son tombeau, couronné de lauriers et tenant sur sa poitrine son Histoire latine de Florence comme monument de son patriotisme. C'est ainsi qu'il fut enseveli par décret de la seigneurie [2]. Bruni l'Arétin avait été deux fois et était mort chancelier de la république; lors du concile de Florence, il avait en cette qualité harangué dans leur langue l'empereur Paléologue et le patriarche grec; s'il eût vécu davantage, il devenait gonfalonier [3]. Quand on voit les

---

[1] Mme de Staël, dans sa page éloquente sur les tombeaux de Sainte-Croix, y met aussi Boccace enterré à Certaldo, berceau de sa famille, et dont il a reçu le surnom de *Certaldese*. *V.* Liv. x, chap. ix.

[2] L'oraison funèbre fut prononcée par Gianozzo Manetti, grand érudit de la renaissance, qui crut devoir y introduire, au sujet de la couronne de Léonard, une longue digression de cinq pages in-4°, d'un très fin caractère, sur les huit espèces de couronnes connues chez les anciens. Ce fut sans doute pour détruire l'effet de ce malencontreux panégyrique que Philelphe, le tendre ami de l'Arétin, publia une autre oraison funèbre, discours noble, pathétique, bien composé, véritable contraste avec celui de Gianozzo, qui avait si prodigieusement ennuyé son docte auditoire.

[3] L'Arétin paraît avoir été aussi un agréable conteur. Afin de dissiper la tristesse qu'avait inspirée dans une société de Florence la lecture de la Nouvelle de Ghismonde, de Boccace, il fit le récit de l'histoire de Stratonice et d'Antiochus, mise avec habileté sur notre scène lyrique, et l'un des chefs-d'œuvre de la musique française. V. *Novelle di vari autori*, T. II, p. 86, *la Novella di messer Lionardo d'Arezzo*.

lettres conduire à de tels honneurs, et la charge de chancelier, la seconde de la république, confiée sans interruption à des savans tels que Léonard Arétin, Coluccio Salutati, Charles Marsuppini, Poggio, Benoît Accolti, Landino, Barthélemi Scala, il est facile de comprendre l'ardeur avec laquelle on dut alors se livrer à l'étude, et il est impossible de ne pas admirer l'État qui savait employer de pareils hommes.

Le tombeau de Nardini, célèbre joueur de violon, l'élève, l'ami de Tartini, est voisin de celui de Machiavel; malgré sa pompeuse inscription et le talent de Nardini, il semble bien frivole au milieu de ces majestueuses sépultures.

Le mausolée du comte Joseph Skotnicki, polonais, ami des arts, mort à trente-trois ans d'une maladie de langueur, un des bons ouvrages de M. Ricci, est touchant; il lui fut élevé par sa jeune épouse : une lyre, des pinceaux faisant allusion aux talens du comte Skotnicki, une belle figure de femme représentant la foi conjugale au pied d'une colonne que surmonte une urne funéraire, forment tout le monument. Le Polonais qu'il renferme, malgré la douce obscurité de sa vie, semble digne d'habiter parmi les morts glorieux de Ste.-Croix, depuis l'immortel exemple qu'a donné sa patrie.

Le tombeau de la comtesse d'Albani, qui lui fut élevé par M. Fabre, est l'ouvrage d'un des premiers architectes français, M. Percier, non moins distingué par ses talens que par sa modestie et sa simplicité; les statues, les ornemens, de MM. Santarelli et Giovanozzi da Settignano, sculpteurs italiens, sont dignes du monument.

Le tombeau d'Ubertino de' Bardi, capitaine des Florentins, par Giottino, un des petits-fils de Giotto, est, malgré quelque sécheresse, un ouvrage de sculpture et de peinture singulièrement neuf, naturel, poétique et varié.

Le tombeau d'Antoine Cocchi est intéressant lorsqu'on se rappelle les travaux divers de ce médecin savant, philosophe, antiquaire, littérateur, ami et correspondant de Boërhaave et de Newton.

Le mausolée de Charles Marsuppini, le chef-d'œuvre de Desiderio da Settignano, est plein de grâce, de goût, de mollesse et d'élégance. Marsuppini, professeur célèbre dans son temps, n'a laissé qu'un petit nombre de vers et d'écrits médiocres : ennemi de Philelphe, il le fit lâchement exiler de Florence, et remplit sa chaire. Quand on songe à la médiocre exécution des tombeaux de Machiavel et de Galilée, on est choqué de cette sorte d'inégalité de tombeaux qui a consacré une des merveilles de l'art à Marsuppini.

Le docteur Lami méritait par ses vastes connaissances le tombeau qu'il a obtenu à Ste.-Croix, grave savant, profond théologien, bibliothécaire laborieux, dont la vie toutefois fut remplie de querelles et d'aventures.

Le mausolée de Pompée Signorini, florentin, sage conseiller de Léopold, qui offre la statue de la *Philosophie* pleurante, est un autre ouvrage estimé de M. Ricci.

Le mausolée du sénateur Filicaia était digne d'être transféré de l'église S.-Pierre à Ste.-Croix; il rappelle de beaux souvenirs de vertu, de génie, de patriotisme, et le plus noble chant qu'ait inspiré l'amour de l'Italie. [1]

Ste.-Croix est encore remarquable par ses divers chefs-d'œuvre de peinture et de sculpture. Au-dessus de la grande porte de la façade, une statue en bronze de *S. Louis*, qui n'est pas le grand roi, mais un archevêque de Toulouse, est de Donatello, mais peu digne de lui.

---

[1] *Italia, Italia, o tu cui feo la sorte*, etc.

Dans l'intérieur, au-dessus de la porte principale, Giotto a peint un *Crucifix* sur une croix de bois. Sa *Vierge couronnée de la main du Christ*, gracieuse et naïve peinture, est un des premiers monumens de la renaissance de l'art. A la chapelle Cavalcanti, une *Annonciation*, pleine de noblesse et de pudeur, un des premiers ouvrages de Donatello, assura sa réputation. L'*Entrée du Christ à Jérusalem*, de Cigoli et Biliberti, son meilleur élève, est regardé comme le plus beau tableau de l'église. Une *Trinité*, du premier, est encore très louée. La chapelle des Médicis, commandée par Côme, père de la patrie, et exécutée par Michellozzo, offre une madone, bas-relief en terre cuite de Luc de la Robbia, et un tableau de Philippe Lippi. A la sacristie, les fresques de Thadée Gaddi, l'élève, le Jules Romain de Giotto, sont superbes; il est impossible vraiment de ne pas être frappé de cette beauté, de cette grandeur primitive de l'art. La surprenante coupole de la chapelle des Niccolini est le chef-d'œuvre du Volterrano, protégé par cette famille; les diverses statues de cette chapelle sont des meilleures de Francavilla. Le *Crucifix* de bois de Donatello, malgré l'estime de quelques connaisseurs, m'a paru roide, ignoble, et mériter la critique de Brunellesco qui lui reprochait d'avoir mis un paysan sur la croix; la physionomie rustique contraste encore avec la fine broderie de l'étoffe du vêtement. La *Cène à Emmaüs*, de Santi Titi, est belle de coloris. Enfin la chaire en marbre, ornée de bronze, par Benoît da Maiano, est superbe: deux des bas-reliefs représentant *S. François qui s'offre de passer à travers du feu en présence du soudan*, et sa *Mort*, sont singulièrement expressifs et pathétiques.

Dans le premier cloître du couvent de Ste.-Croix est la magnifique chapelle des Pazzi, élevée sur le dessin de Brunellesco, et ornée d'ouvrages de Luc de la Robbia.

Le second cloître est aussi de Brunellesco, et le *Cénacle*, du réfectoire, de Giotto.

L'église S.-Joseph a une *Nativité* très belle, de Santi Titi.

S.-Ambroise, une des plus anciennes églises de Florence, et qui existait en 1001, fut refaite en 1716. On y remarque un superbe tabernacle de Mino de Fiesole; le *Miracle du S.-Sacrement*, de Côme Rosselli, le plus connu de ses ouvrages, belle fresque remarquable par le nombre prodigieux des personnages qu'elle représente, et dont plusieurs offrent d'excellens portraits de lettrés célèbres du xve siècle, tels que Politien, Marsile Ficin et Pic de la Mirandole.

La vaste cour de l'église Ste.-Madeleine de' Pazzi, de Julien de S. Gallo, a mérité les éloges de Vasari pour la beauté de ses colonnes ioniques et de leurs chapiteaux imités d'un chapiteau antique de marbre trouvé à Fiesole. A la salle du chapitre du superbe monastère sont plusieurs fresques de *Saints* par le Pérugin.

S. Simon rappelle un exemple remarquable de dissimulation religieuse; c'est celui d'un Juif portugais, François Giorgi, qui, pendant plusieurs années, feignit le christianisme, fut avocat à Florence, éleva à sa famille le tombeau sur lequel son nom se lit encore, et prit la fuite pour retourner au judaïsme. Les tableaux principaux de S. Simon sont : le *Martyre de S. Laurent*, un des meilleurs ouvrages de Jean-Baptiste Vanni, et qui n'a de bon toutefois que le reflet original du feu sur les assistans; le *S. Jérôme*, de Marinari, habile élève de Carlo Dolci; un beau *S. Nicolas*, de François Montelatici, que son humeur querelleuse avait fait surnommer *Cecco bravo* (François le Ferrailleur); le *S. François évanoui*, soutenu par deux anges, de Vignali, élève de Rosselli, et imitateur du Guerchin. Le ciboire du maître-autel, inscrusté de pierres dures, est de Cennini.

L'église S.-Procul a quelques ouvrages remarquables : une *Visitation*, de Ghirlandaio, à laquelle le peintre florentin Ferretti a ajouté si habilement une Gloire d'anges que l'on a peine à distinguer sa manière de celle de Ghirlandaio; une *Vierge, S. Antoine abbé et Ste. Barbe,* du Pontormo; une *Annonciation,* d'Empoli; une *Madone,* de Giotto.

L'église et le couvent célèbres de la Badia offrent quelques uns des premiers chefs-d'œuvre de l'art, ouvrages de Mino de Fiesole, savoir : le tombeau renouvelé du marquis Hugues, un des fondateurs du couvent, prince juste et pieux, appelé un peu trop fastueusement le grand, qui, à l'époque des chasses, visitait, sans être connu, les bergers et les paysans, afin d'interroger l'opinion du temps sur sa manière de gouverner, et dont l'éloge périodique se prononce encore régulièrement chaque année dans chacun des sept monastères qu'il a fondés :

Ciascun che della bella insegna porta
Del gran barone il cui nome e'l cui pregio
La festa di Tommaso riconforta; [1]

le splendide mausolée de Bernard Giugni, envoyé en ambassade avec le grand citoyen de Florence Neri Caponi, et depuis gonfalonier. Une belle *Assomption* est de Vasari; un bas-relief en terre cuite, de Luc de la Robbia. Dans le cloître, le *S. Benoît se jetant tout nu au milieu des épines,* d'une des lunettes, est du Bronzino; un *Crucifix,* bonne fresque du réfectoire, de Sogliani : le petit autel d'une chapelle offre d'autres sculptures exquises de Mino de Fiesole.

[1] Dante. *Parad.*, can. XVI, 127. « Ceux qui portent la belle « bannière du grand Baron, dont le nom et le mérite se célèbrent « le jour de la fête de St. Thomas. »....

La vaste église S.-Firenze n'a guère de remarquable que le beau tableau du *Crucifiement des dix mille Martyrs*, de Stradan, retouché par Buonamici, artiste habile, et homme affreux que ses crimes firent envoyer aux galères, où il devint très bon peintre de marine.

La collégiale d'Or-San-Michele, édifice gothique, isolé, est un des plus nobles, des plus caractéristiques de Florence, et qui réunit des chefs-d'œuvre de ses premiers artistes. Élevée après la cessation de la peste fameuse dépeinte par Boccace, les architectes furent Giotto et son digne élève Thadée Gaddi. Parmi les statues de marbre et de bronze qui décorent ses diverses façades, on admire le *S. Mathieu*, de Ghiberti, qui annonça l'étude et l'heureuse imitation de l'antique, tandis qu'il n'avait paru dans son *S. Jean-Baptiste* de la façade voisine que supérieur à ses contemporains; trois statues de Donatello, le *S. Pierre*, le *S. Marc* admiré par Michel-Ange, qui lui avait dit *Marco, perchè non mi parli?* (Marc, pourquoi ne me parles-tu pas?), le *S. George*, si jeune et si fier, la plus belle des figures d'Or-San-Michele; le *S. Luc*, de Jean Bologne; le *S. Thomas*, de Verrocchio, bien composé, mais dont les draperies ont quelque sécheresse; et le *S. Jean* évangéliste, un des meilleurs ouvrages de Baccio da Montelupo. Dans l'intérieur est le beau groupe de *Ste. Anne, de la Vierge et de l'Enfant-Jésus*, de San Gallo. Le superbe tabernacle qui renferme l'image miraculeuse de la Vierge, peinte au XIIIe siècle par Ugolin de Sienne, est une des merveilles les plus célèbres d'Orgagna, et l'un des monumens de ce luxe des arts auquel l'esprit industriel et le gouvernement républicain de Florence n'étaient point un obstacle. La magnificence des Médicis a beaucoup été célébrée; mais il faut convenir qu'ils n'avaient fait que suivre les usages du gouvernement populaire, que cette magnificence était dans les mœurs, et que ces maîtres habiles durent l'employer comme moyen de domination.

L'ancienne église S.-Étienne rappelle les vieux jours de la splendeur littéraire de Florence. C'est dans cette église que Boccace, souffrant, épuisé, accablé de la mort de son cher Pétrarque, remplit le premier cette chaire fondée par la république florentine pour l'interprétation du Dante. C'est là qu'au milieu du désordre démocratique, il reprochait publiquement et avec hardiesse à ses concitoyens leurs vices, leur avidité mercantile, et qu'il les excitait à la gloire et à la vertu. Les chaires *dantesques*, multipliées depuis par toute l'Italie pendant plus de quatre siècles [1], ont cessé de nos jours par l'influence autrichienne; et le dernier successeur de Boccace fut à Florence, M. le professeur Joseph Sarchiani, académicien de la Crusca, mort, en 1821, à soixante-quinze ans, helléniste savant et latiniste habile, homme de principes austères et de mœurs douces, qui a défendu la vérité du christianisme contre les écrits des philosophes français, et a composé des Mémoires d'économie politique pour le ministre philanthrope Tavanti [2]. Quelques ouvrages de l'église S.-Étienne sont estimés: la *Conversion de S. Paul*, de François Morosini; *S. Philippe* et le *Mariage de Ste. Catherine*, de François Bianchi; le *S. Nicolas*, de Mathieu Rosselli; la *Vierge*, *S. Augustin* et d'autres Saints, de Santi Titi, ou de Cigoli; et les beaux bas-reliefs en bronze du *Martyre de*

---

[1] Boccace avait ouvert son cours le 25 octobre 1373. Philelphe fit aussi depuis le même cours au Dôme. Quand on se rappelle les invectives du Dante contre les vices du clergé et les excès de la cour romaine, on a peine à se figurer comment, malgré l'usage, les églises étaient alors choisies pour cette sorte de réunions.

[2] *Ragionamenti sul commercio, arti e manifatture della Toscana. Memorie economiche, politiche.*

S. Étienne, de Tacca. La statue de *S. Étienne* dans une niche est de Jean Gonnelli, sculpteur toscan du XVIIe siècle, qui devint aveugle à vingt ans, et ne cessa point de cultiver son art; ses bustes mêmes furent cités pour la ressemblance, tant il était parvenu, rapporte Baldinucci, témoin oculaire de ce prodige, à suppléer à la vue par le toucher.[1]

CHAPITRE XIII.

Ste.-Marie-Nouvelle.— Porte. — Cimabué. — Ghirlandaio. — *Crucifix* de Brunellesco. — Tombeaux. —*Chapelle des Espagnols.* — Grand cloître. — Peintures grecques. — *Apothicairerie.* — Le commerce, les lettres et les emplois publics compatibles à Florence. — *Ognissanti.* — *St.-Sépulcre.* — *Trinité.* — Colonne. — *SS. Apôtres.* — Mausolée d'*Altoviti*. — Laurent Lorenzini. — *Ste.-Marie-Majeure.* — Vue basse des Florentins.

C'est à Ste.-Marie-Nouvelle que Boccace a fait rencontrer, après la peste de 1348, les sept jeunes Florentines qui, afin de se distraire, partent pour la campagne, et y racontent ces Nouvelles gaies, touchantes, satiriques, voluptueuses et même quelque chose de plus, qui composent le Décaméron : le nom et l'aspect riant et orné de cette église, que Michel-Ange, dans son admiration, appelait sa femme (*la sua sposa*), semblent avoir aujourd'hui quelque rapport avec le plus agréable et le

---

[1] Gonnelli fit de souvenir le portrait d'une jeune fille qu'il avait aimée avant sa cécité; la ressemblance était parfaite. Le cardinal Pallotta mit ce dystique au-dessous du buste :

Giovan, ch'è cieco, e Lisabetta amò,
La scolpì nell' idea che amor formò.

plus intéressant des recueils de contes. Les premiers architectes de Ste.-Marie-Nouvelle furent les frères convers da Ristoro Campi, Sixte, florentins, et un troisième moine, le frère Jacques Talenti da Nippozzano, grands architectes du XIIIe siècle, élèves d'Arnolfo di Lapo, dont le dernier est désigné dans le Nécrologe de l'église, sous le titre modeste de *Magister lapidum*. La porte, une des plus belles que l'on puisse citer, est d'Alberti, auquel la façade paraît aussi devoir être attribuée [1]. Cette façade offre deux curiosités astronomiques: un cadran de marbre destiné à mesurer la grandeur de l'arc céleste compris entre les tropiques, méridienne la plus ancienne de l'Europe, et l'armille de Ptolémée; on les doit au P. Ignace Danti, dominicain, mathématicien et astronome, cosmographe de Côme Ier.

Ste.-Marie-Nouvelle n'est pas moins intéressante par ses peintures et ses sculptures que par sa noble architecture. Le *S. Laurent*, le chef-d'œuvre de Macchietti, peintre florentin du XVIe siècle, a été beaucoup et justement loué : le soldat près de l'empereur est le portrait de l'artiste. Une *Déposition*, une *Purification*, de Naldini, de la même époque, sont bonnes de dessin, de perspective et de coloris. Le *S. Raymond ressuscitant un enfant*, de Jacques Ligozzi, a de l'effet. Les soldats du *Martyre de Ste.-Catherine*, de Bugiardi, furent dessinés par Michel-Ange, afin de tirer d'affaire l'auteur, peintre lent, irrésolu, homme ridicule par son amour-propre, et dont il avait coutume de se moquer. La célèbre *Madone*, de Cimabué, premier monument

---

[1] M. Quatremère croit que la porte seule est d'Alberti, et le regarde comme étranger à l'architecture demi-gothique de la façade. M. Niccolini, d'après Pozzetti, est de l'avis contraire, et il pense qu'Alberti a dû se conformer au goût primitif de cette façade. *Éloge de Léon-Baptiste Alberti*, pag. 98, 99 et note 35.

de la renaissance de l'art à Florence, rappelle l'enthousiasme prodigieux qu'excita son apparition lorsqu'au bruit des fanfares elle fut portée en triomphe par le peuple, de l'atelier du peintre à Ste.-Marie-Nouvelle [1].

Les fresques des apôtres *Philippe* et *Jean*, de Philippe Lippi, plaisent plus par les accessoires que par les figures, portraits ressemblans et vrais, mais communs. Les fresques immenses du chœur, de Ghirlandaio, expliquent Michel-Ange, son élève, et la chapelle Sixtine : peut-être même Michel-Ange y a-t-il mis la main; on lui attribue les hommes placés à distance et appuyés contre une terrasse, du compartiment de la Vierge; cet étrange élève, au lieu de payer son maître, était payé par lui; et dès l'âge de quatorze ans il recevait jusqu'à dix florins par an pour l'aider dans ses travaux. Les nombreuses figures des fresques offrent presque toutes des portraits de lettrés ou de Florentins distingués; mais celles-là sont relevées, anoblies. Un groupe de quatre personnages, du compartiment de la *Vie de S. Jean-Baptiste*, représente Politien qui lève la main, Marsile Ficin en chanoine, Gentile de' Becchi, l'évêque d'Arezzo, qui se tourne vers ce dernier, et Christophe Landino. Au compartiment de la *Vierge*, la jeune fille suivie de deux femmes est la célèbre Ginevra de' Benci, une des beautés de son temps. Du même côté l'homme en habit bleu avec un manteau rouge, du *Joachim chassé du temple*, est Ghirlandaio.

Le *Crucifix* de bois, de Brunellesco, si souffrant, si

---

[1] Charles d'Anjou, frère de Saint-Louis, allant en Toscane après avoir été couronné par le pape roi de Sicile, vint avec toute sa cour visiter cette Madone dans l'atelier de Cimabué, situé près la porte Saint-Pierre. On croit à Florence que le nom de *Borgo allegri* que porte encore ce quartier est dû au concours joyeux d'hommes et de femmes qu'y attira la visite du roi, et à l'éclat du triomphe de la Madone.

déchirant, fut une belle leçon d'artiste donnée par lui à Donatello, son ami, après son grossier *Crucifix* de Ste.-Croix¹; vaincu à l'aspect de ce chef-d'œuvre que lui présenta son auteur, il ne put s'empêcher de s'écrier avec la candeur du véritable talent : *C'est à toi qu'il est donné de faire des Christs, et à moi des paysans.*

Les vastes fresques de la chapelle Strozzi, représentant l'*Enfer* et le *Paradis*, d'André Orgagna et de son frère Bernard, imitation du Dante, pour lequel André était passionné, annoncent les progrès de l'art; elles ont, la première surtout, la chaleur, le feu, le mouvement et les sublimes bizarreries du poète. L'homme mis en enfer ayant un papier sur son bonnet, est l'huissier de la commune qui avait saisi les meubles de l'artiste. La *Samaritaine* est un bon tableau d'Alexandre Allori. Le grand *Crucifix*, au-dessus de la porte d'entrée, est un des premiers ouvrages de Giotto.

Les tombeaux de Ste.-Marie-Nouvelle sont remarquables sous le rapport de l'art ou des souvenirs. Le beau monument de la bienheureuse Villana delle Botti, dont les deux petits anges sont si gracieux, doit être restitué à Bernard Rossellini². Sacchetti parle assez familièrement de cette bienheureuse Villana, très sainte femme (*mulieris sanctissimœ*), selon l'épitaphe : « C'était ma « voisine, dit-il; c'était une jeune Florentine qui se mettait « comme les autres; et déjà on célèbre sa fête »³. On regarde comme le chef-d'œuvre de Benoît da Maiano, l'élégant, l'inimitable mausolée de Philippe Strozzi l'ancien,

---

¹ *V.* le chapitre précédent.
² Cicognara. *Stor. del. scult.* T. IV, p. 147.
³ *Fu mia vicina e fu giovane fiorentina, pur andava vestita come l'altre, e fannone già festa.* Lettre à Jacomo di Conte, de Pérouse, T. III, p. 339 des *Nouvelles.*

l'ennemi des Médicis, le père du Caton florentin. Au-dessus des tombeaux des cardinaux Nicolas et Thadée Gaddi, exécutés à Rome sur le dessin de Michel-Ange, est un bas-relief de Jean dall' Opera, peut-être l'ouvrage le plus pur de cette époque de décadence. Le tombeau d'Antoine Strozzi, savant jurisconsulte, est de la vieillesse d'André Ferrucci, aidé de deux autres habiles artistes de Fiesole, Silvio et Boscoli, employés aussi par Michel-Ange. Des inscriptions grecque et latine indiquent la sépulture du patriarche grec Joseph, mort subitement à Florence après le concile, zélé pour l'union, et, qui, dit-on, avait laissé son adhésion écrite de sa main. Ghirlandaio semble convenablement enseveli auprès de ses admirables peintures. Plusieurs tombeaux littéraires ne sont pas sans quelque renommée ; tels sont ceux de l'historien correct et profond Giambullari ; de Lippi, l'auteur du *Malmantile*, et de l'infatigable et savant bibliothécaire Magliabecchi, le fondateur de la Magliabecchiana.

Dans le *Chiostro verde*, plusieurs sujets de la vie d'Adam et de Noé sont des fresques bizarres de Paul Uccello, qui a su rendre toutefois avec tant de vérité les arbres et les animaux qu'il pourrait être surnommé le Bassan du premier âge de l'Ecole florentine. L'élégante et vaste chapelle des Espagnols, du frère Jacques Talenti da Nippozzano, offre les belles fresques de Thadée Gaddi et de Simon Memmi, l'ami de Pétrarque qui lui a consacré deux sonnets [1]. Malgré Vasari et l'opinion commune, le portrait de Laure sous les traits de la Volupté, et celui de Pétrarque, de Memmi, ne peuvent être véritables, ainsi que l'a démontré l'habile critique de Lanzi

---

[1] *Quando giunse a Simon l'alto concetto.*
Per mirar Policleto a prova fiso.

et de M. Cicognara[1]. Le prétendu portrait du poète est beaucoup moins épais, beaucoup moins chanoine que ses autres portraits, et son air de satyre ne convient pas du tout à un tel amant. A la voûte, quelques sujets de l'*Histoire de J.-C.*, la *Descente du S. Esprit dans le cénacle*, par Thadée Gaddi, sont les meilleurs ouvrages du xive siècle.

Les cinquante lunettes du grand cloître représentant les actions mémorables de S. Dominique, de S. Pierre martyr, de S. Antonin, de S. Thomas-d'Aquin, sont d'artistes florentins de l'École du Bronzino : les femmes y sont d'une singulière beauté ; la plus remarquable de ces peintures, plusieurs fois retouchées, est peut-être la *Ste. Catherine* délivrant un condamné, de Paggi. Parmi les portraits des plus célèbres dominicains placés dans ce cloître, on remarque celui de Savonarole près de la lunette de la *Naissance de S. Dominique*, par Poccetti.

Les fresques des peintres grecs, maîtres de Cimabué, sont à peu près détruites; la chapelle souterraine dans laquelle elles se trouvent étant un dépôt et un magasin où sont serrées les planches qui servent à faire les gradins pour voir les courses de *Barberi* à la S.-Jean et à la S.-Laurent. Ces peintures peuvent être curieuses pour l'histoire de l'art ; mais on doit convenir qu'elles sont singulièrement roides et froides, et

---

[1] *Stor. pit.* T. II, p. 316, et *Stor. del. scult.* T. III, p. 522. M. Cicognara a également réfuté avec la même solidité l'anachronisme de ceux qui regardaient cette figure comme pouvant être le portrait de la Fiammetta, la maîtresse de Boccace, à cause des flammes qui lui entourent le cou. Boccace n'avait été à Naples et n'y avait vu la Fiammetta qu'à l'âge de vingt-huit ans, en 1341, ainsi que le constate la dédicace de sa *Théséide*, et, depuis neuf ans, Memmi avait terminé cette chapelle.

le mérite de Cimabué est d'avoir pris et créé une manière plus libre et plus naturelle.

La pharmacie des dominicains de Ste.-Marie-Nouvelle a de la célébrité, et paraît bien tenue. Ces farouches inquisiteurs, qui ont fait autrefois fondre des hommes, comme l'a dit M. de Châteaubriand, de Néron, distillent aujourd'hui des simples. L'apothicairerie est ancienne et considérée à Florence. On voit, par quelques uns de ses apothicaires, qu'au meilleur siècle de sa littérature le commerce s'alliait fort bien à la culture des lettres et à l'exercice des premiers emplois : le fameux poète bernesque Lasca, le fondateur de l'académie de la Crusca, avait été apothicaire [1], ainsi que le grand lettré, politique et historien Mathieu Palmieri, qui fut plusieurs fois ambassadeur, et même devint gonfalonier de la république; et le savant philologue, l'académicien puriste, l'excellent poète comique Gelli, était et resta toute sa vie bonnetier [2].

Parmi les peintures d'habiles maîtres florentins de l'église *S. Paolino*, on distingue la *Conversion de S. Paul* et son *Martyre*, belles fresques de Dominique Udine.

L'oratoire de la confrérie des *Bacchettoni* a quelques bonnes peintures : l'*Assomption*, et le *B. S. Hippolyte prêchant de dessus un arbre*, de Jean de S. Giovanni; *S. Jean-Baptiste*, *S. Jean évangéliste* et *S. Philippe de Néri*, avec plusieurs anges, du Volter-

---

[1] Lasca fait allusion à son état dans les vers suivans de ses *Rime* :

Da che son causati tanti mali,
Se non da pesche, fichi, e simil frutte,
Che mi fanno spacciare i serviziali?

L'apothicairerie de Lasca, voisine de S.-Giovannino, existe encore, et porte la même enseigne *del moro*.

[2] *Calzaiuolo*, chaussetier.

rano. Deux bustes au-dessus de la pièce des reliques sont de Donatello.

S.-Martin, antique monument, rappelle les deux plus grands noms du sacerdoce et de l'Empire : Charlemagne, son fondateur, et Hildebrand, qui l'a réparé.

A l'église Ste.-Lucie *sul Prato*, la *Nativité*, de Ghirlandaio, est un des beaux ouvrages de ce grand maître.

L'église *Ognissanti* a de bonnes peintures : la *Vierge entre S. Joachim et Ste. Anne*, de Pierre Dandini ; une fresque de *S. Jérôme*, de Ghirlandaio ; une *Conception*, de Vincent Dandini ; *S. Diègue d'Alcala*, simple et agréable, de Jacques Ligozzi ; le *S. Antoine de Padoue*, de Velio ; le *S. Bonaventure communié par un ange*, *S. Bernardin de Sienne entre deux anges*, de Fabrice Boschi ; *S. André*, de Mathieu Rosselli. Les fresques estimées du premier cloître représentent la *Vie de S. François* : quinze de ces lunettes sont de Ligozzi, deux de Gidoni, père et fils, cinq de Jean de S. Giovanni ; la plus belle de Ligozzi et sa meilleure fresque est la *Conférence de S. François et de S. Dominique*: l'artiste a écrit ironiquement ces mots sur la poitrine d'une des figures : *A confusione degli amici*, c'est-à-dire des envieux, selon l'interprétation, peut-être assez triste mais assez juste, de Lanzi, comme pour reprocher aux religieux d'avoir confié quelques unes de ces lunettes à son rival Jean de S. Giovanni. Les portraits des plus célèbres religieux de l'ordre de S.-François, peints sur les piliers, de François Boschi et de son oncle Fabrice, à l'exception de celui du cardinal Cozza, de Meucci, semblent, en vérité, presque tous vivans.

L'oratoire du Saint-Sépulcre, ancienne chapelle de l'église S.-Pancrace, est un chef-d'œuvre d'Alberti. Ce monument, à la fois hardi, élégant et sévère, renferme une imitation exacte du Saint-Sépulcre, commandée au grand architecte par Jean Ruccellai, riche et pieux négociant florentin, qui avait envoyé exprès prendre la mesure et le modèle du tombeau, « qui seul n'aura « rien à rendre à la fin des siècles. »[1]

L'église de la Trinité, de Nicolas de Pise, est d'une simplicité qui va jusqu'à la nudité, mais dont Michel-Ange ne se lassait point d'admirer le grand parti. La façade est de Buontalenti. Le clocher, construction extraordinaire de 1395, pose sur le mur de l'église. Le *S. Jean-Baptiste prêchant* fut peint à quatre-vingts ans par Currado; une *Annonciation* est du moine camaldule Lorenzo, élève de Thadée Gaddi. Les fresques représentant divers sujets de l'*histoire de S. François* sont de Ghirlandaio. On estime la chaire ingénieuse de Buontalenti; le bas-relief en bronze du *Martyre de S. Laurent*, de Titien Aspetti, et la belle statue en bois de *Ste. Marie-Madeleine*, commencée par Desiderio da Settignano, et finie par Benoît da Maiano.

Sur la place de l'église est une belle colonne de granit, surmontée de la statue colossale en porphyre de la Justice, élevée par Côme Ier, en souvenir de sa victoire sur la liberté florentine à Montemurlo [2]. La colonne fut tirée des Thermes de Caracalla, et donnée à Côme par le pape Pie IV; la statue, de Tadda, ayant paru un peu grêle, fut drapée après coup de cette espèce de manteau de bronze qui lui descend des épaules, et qui donne au monument plus de richesse et d'harmonie.

L'église des Sts. Apôtres, très ancienne, et dont la fondation a été attribuée à Charlemagne, fut digne d'être étudiée par Brunellesco pour l'élégance de ses

[1] Châteaubriand, *Itinéraire*.
[2] *V.* Livre XVIII.

proportions. Une *Conception* a été regardée comme le meilleur ouvrage de Vasari; elle a reçu quelque dommage d'un méchant peintre chargé de donner plus de pudeur à la figure d'Adam. Le tombeau d'Oddo Altoviti, patricien florentin, par Benoît da Rovezzano, est un des plus remarquables monumens de l'art pour l'excellence du dessin, le goût des ornemens et sa parfaite exécution.

La lourde façade de S.-Gaëtan, élevée vers le milieu du xvii° siècle, annonce le déclin général des arts en Italie. Le *saint et S. André d'Avellino adorant la Trinité* est de Mathieu Rosselli, ainsi qu'une *Nativité*, son chef-d'œuvre, dans laquelle le berger qui tient un chien offre le portrait du peintre florentin Alphonse Boschi. Un paysan, surnommé le *Giuggiola* (la jujube), a fourni le portrait du vieux roi de la belle *Adoration des Mages*, d'Octave Vannini. L'*Exaltation de la Croix* passe pour un des meilleurs ouvrages de Biliberti. Le *Martyre de S. Laurent* est de Pierre de Cortone. Un tombeau rappelle de touchantes infortunes; c'est celui de Laurent Lorenzini, élève de Viviani, espèce de Galilée, moins éclatant et plus persécuté, qui, malgré son innocence, fut enfermé neuf ans dans la forteresse de Volterra, où seul, sans secours, il composa un ouvrage remarquable, et resté inédit, sur les sections coniques.

L'église de Sainte-Marie-Majeure a quelques belles peintures: *S. Albert secourant des Juifs qui se noyaient* (comme S. Marc, non moins tolérant, sauvait un Sarrasin du naufrage[1]), de Cigoli; *Saint-François stigmatisé*, de Pierre Dandini; un *Élie*, à la voûte, du Volterrano, dont le raccourci rappelle, pour l'illusion, le

---

[1] *V.* Liv. vi, chap. vii.

célèbre *Saint-Roch* du Tintoret. On voyait autrefois à cette église le tombeau de Brunetto Latini, l'auteur du *Trésor*, le maître du Dante, et les tombeaux de Guido Cavalcanti et d'Armato degli Armati, l'inventeur des lunettes. Cette dernière découverte devait naître à Florence : la vue basse des Florentins est depuis long-temps passée en proverbe. Barthélemi Soccini, de Sienne, faisant observer à Laurent de Médicis, qui avait la vue basse, que l'air de Florence devait nuire aux yeux; et celui de Sienne au cerveau, repartit Laurent. Lors de l'élection de Léon X, dont les yeux étaient aussi très mauvais, les satiriques romains interprétèrent ainsi l'inscription de Saint-Pierre, mccccxl : *multi cœci cardinales creaverunt cœcum decimum Leonem*. Deux des plus grands hommes florentins, Michel-Ange et Galilée, finirent par être aveugles. Ménage paraît revenir à l'opinion de Soccini, lorsqu'il attribue cette vue basse au climat trop vif, surtout pendant l'hiver [1]; elle doit être plus probablement causée par le reflet éblouissant du soleil sur les larges dalles de pierre dont la ville est pavée.

CHAPITRE XIV.

S.-Esprit. — Mystère florentin. — Chœur. — Sacristie. — Mari de Bianca Capello. — Pierre Vettori. — *Carmine*. — Masaccio. — Frère Ambrogino. — *S. Félix*. — Don Basile Nardi. — *Malmaritate*. — Ste. Félicité. — Paterins. — Angelica Paladini. — Sacristie. — M. Barbieri. — André del Castagno.

L'ancienne église du Saint-Esprit fut détruite en 1471, par un accident qui peint l'esprit et les mœurs d'une

---

[1] *Modi di dire italiani*.

époque. A l'arrivée de Galeaz Sforze, duc de Milan, de sa femme et de toute leur cour, trois spectacles publics, véritables *mystères*, avec des machines et des décorations merveilleusement exécutées par Brunellesco, furent représentés devant eux, et ce fut dans cette même église que l'on crut devoir jouer le dernier, la *Descente du Saint-Esprit sur les Apôtres*, dont le feu qui était dans le sujet consuma l'édifice. La multitude, raconte Machiavel, ne manqua point d'attribuer ce funeste événement à la colère du ciel, indigné de l'excessive licence des mœurs florentines[1]. L'église actuelle du Saint-Esprit, de Brunellesco, est, pour sa simple et habile architecture, la première de Florence. Terminée après la mort du grand architecte, elle serait, dit Vasari, le plus beau temple du monde, sans la malédiction de ceux qui gâtent toujours les choses les mieux commencées. Le chœur, le maître-autel, sont d'une rare magnificence. La sacristie, véritable temple, du dessin de Cronaca, n'est pas moins remarquable : une *Madone*, très belle, est de Phililippe Lippi; un *Christ mort*, en bronze, de Jean Bologne. Les diverses chapelles de l'église offrent de bonnes peintures et quelques objets curieux : un *S. Nicolas*, statue en bois, de Sansovino; *Jésus-Christ chassant les marchands du temple*, petit tableau de Stradan, dont la multitude de figures est pleine de vie, d'agitation; le *S. Étienne*, un des chefs d'œuvre de Passignano; une autre belle *Madone*, entourée de figures représentant des personnages de la famille Capponi, de Lippi; une bonne *Madone*

---

[1] Machiavel, parlant de cette corruption encore accrue par celle des courtisans de Sforze, s'emporte avec un zèle tout-à-fait catholique sur ce que, pendant tout le carême, ils ne s'étaient nourris que de viande; infraction aux lois de l'Église, qui ne s'était jamais vue à Florence. *Ist. fior.* Lib. VII.

della Cintola, en bois, de Donatello, qui ne se montre que dans la première semaine de septembre; l'*Adoration des Mages*, d'Aurèle Lomi; plusieurs *Martyrs*, une touchante *Femme adultère*, se couvrant le visage de sa robe, d'Alexandre Allori; les ornemens exquis de la chapelle intérieure du S. Sacrement, ouvrage des meilleurs artistes du xve siècle, qui forment un si frappant contraste avec la balustrade et les enjolivemens extérieurs du siècle suivant. La *Madeleine au jardin*, du Bronzino, à la chapelle Cavalcanti, est le portrait d'une grande dame florentine, aimée de Pierre Bonaventuri, le mari de Bianca Capello : créé maître de la garde-robe et établi à la cour du Grand-Duc amant de sa femme, ce héros de roman devenu infâme, se fit homme à bonnes fortunes, et périt assassiné la nuit, victime de la vengeance des parens de cette dame. Un souvenir plus noble est celui du célèbre orateur, critique, professeur et excellent citoyen de Florence, Pierre Vettori, un des grands hommes de la renaissance, enterré à l'église du Saint-Esprit. On vante beaucoup l'orgue, pour l'éclat et les effets de son harmonie.

C'est au couvent du Saint-Esprit, dont le second cloître est de l'Ammanato, que Boccace laissa sa bibliothèque : le batiment qui dut la recevoir avait été élevé par le célèbre Florentin Nicolas Niccoli, ardent propagateur des lettres dans sa patrie, et ami de Poggio. Le manuscrit du *Décaméron*, légué par Boccace au frère Martin da Signa, et après lui au couvent du Saint-Esprit, a disparu [1]; on croit qu'il a péri dans l'incendie de 1471, ou plutôt dans un de ces incendies volontaires allumés par l'éloquent fanatisme de Savonarole. [2]

---

[1] Le manuscrit de la Laurentienne est, comme on l'a vu, la copie attribuée à Manelli. *V.* ci-dessus, chap. v.

[2] *V.* ci-dessus, chap. xi.

Quelques pieds de mur peints à fresque feront vivre à jamais l'église *del Carmine* dans les fastes de l'art. Cette primitive peinture de trois habiles maîtres, les deux premiers morts jeunes, de Masolino da Panicale, de Masaccio et de Philippe Lippi, est déjà parfaite. Le Néron sur son trône, condamnant S. Pierre et S. Paul, qui se défendent noblement en apôtres et en citoyens romains, est vif, beau, emporté; c'est Bonaparte ou Talma; le préteur silencieux qui écoute l'arrêt rappelle Tacite. Le *Crucifiement de S. Pierre* est excellent de nu, de dessin et de netteté; dans le *Baptême*, la célèbre figure sans habits, qui tremble de froid, cause, en la regardant, une sorte de frisson; la *Délivrance du saint* est resplendissante: l'*Adam* et l'*Ève* furent copiés par Raphaël dans ses *Loges*, et il n'y a rien changé. Cette chapelle du S. Sacrement est comme la source de la grande peinture italienne; c'est là que vinrent étudier et que se formèrent Léonard de Vinci, Michel-Ange [1], André del Sarto, Perugin, Raphaël, et fra Bartolommeo, admirables artistes, qui semblent moins surprenans après un précurseur tel que Masaccio.

Le chœur *del Carmine* offre un classique et harmonieux cénotaphe de Benoît da Rovezzano, consacré au gonfalonier Pierre Soderini : la cendre de cet homme

---

[1] Cellini rapporte avoir appris de Torrigiani que Michel-Ange et lui, allant dès leur enfance (*fanciulletti*) dessiner dans la chapelle *del Carmine*, Michel-Ange avait coutume de se moquer des autres travailleurs, mais que lui Torrigiani, moins endurant, avait appliqué sur son visage le coup de poing dont il garda toute sa vie la cicatrice (*Vita* I, 31, 2.) Annibal Caro a composé ces vers sur les fresques de Masaccio, et l'étude qu'en avait faite Michel-Ange :

> *Pinsi, e la mia pittura al ver fu pari;*
> *L'atteggiai, l'avvivai, le diedi il moto,*
> *Le diedi affetto : insegni il Buonarotto*
> *A tutti gli altri, e da me solo impari.*

d'état ridicule et sans caractère¹, mort à Rome, ne s'y trouve point, et le monument paraît y gagner. La riche chapelle Corsini atteste la décadence du goût, et les anges du bas-relief principal, de Jean-Baptiste Foggini, avec leurs lourdes ailes et leur mine affectée, sont bien loin, malgré l'habileté du travail et la vérité des chairs, des anges si beaux et si nobles des portes du Baptistère et de la châsse de S. Zanobi, par Ghiberti.²

Les deux cloîtres du couvent *del Carmine* ont, le premier, quelques bonnes lunettes d'Ulivelli; le second, un *Sacrifice d'Élie,* des meilleurs ouvrages de Poccetti, pour la grâce et la force du coloris.

Un religieux *del Carmine,* le frère Ambrogino, après avoir déclamé dans le temps contre l'administration française, au sujet de la suppression des couvens, a obtenu, par de faux semblans d'humilité et de prétendus miracles, une certaine réputation de sainteté; il guérit les malades, aide aux accouchemens, et se mêle même de prophétiser. Ce moine, d'environ soixante-cinq ans, qu'aucune vertu, qu'aucune faculté supérieure ne distingue, paraît toutefois posséder une sorte de savoir-faire afin de soutenir ses ridicules impostures. Le crédit du frère Ambrogino est, au reste, baissé depuis quelques années, et il n'a guère aujourd'hui pour dupes que les dernières classes du peuple de Florence, qui l'escortent à travers les rues, ou se prosternent à son passage et lui baisent la main.

L'église Saint-Félix, très ancienne, aujourd'hui paroisse, a une belle fresque de Jean de S. Giovanni, *S. Maxime, évéque de Nola, offrant au saint une grappe de raisin,* et *Jésus-Christ sauvant S. Pierre du naufrage,* de Salvator Rosa. Un ancien abbé de cette

¹ *V.* ci-dessus, chap. III.
² *V.* ci-dessus, chap. IX.

église, don Basile Nardi de Casentino, comparé au *Pierre l'Hermite* de la Jérusalem, fut célèbre par son courage, et regardé comme un des premiers capitaines de son temps; ses exploits lui valurent même, de la part du peuple, à son retour de Casentino, une sorte d'entrée triomphale. Excommunié par le pape, et privé de son abbaye, Laurent de Médicis la lui fit rendre et obtint son absolution. Don Basile, après avoir commandé trente-neuf ans les armées de la république avec la simple solde de 6 livres 13 sous par jour, mourut à Florence en 1542, et fut enterré dans l'abbaye de Saint-Félix. Une partie du monastère de ce belliqueux camaldule sert aujourd'hui de retraite aux femmes mal mariées (*mal maritate*), institution secourable, due à la charité et passée dans les attributions de la police.[1]

L'église Sainte-Félicité, ancienne et refaite vers le commencement du dernier siècle, est une des plus intéressantes de Florence. Sur la place est la statue nouvelle de S. Pierre martyr, mise à peu près, à la même époque, au-dessus de l'ancienne colonne restaurée, et qu'avait surmontée une première statue détruite, monument triomphal élevé au saint en mémoire de la défaite des Paterins, hérétiques du xiiie siècle, espèce de Manichéens, d'Albigeois italiens qui, dans leurs chimériques idées d'abstinence et de perfection, regardaient

---

[1] Il fut d'usage à Florence, jusque vers le commencement du dernier siècle, d'obliger les filles publiques portées sur les registres du magistrat alors dit *dell' onestà*, d'assister au sermon prêché à la cathédrale le jeudi de la cinquième semaine de carême, sermon destiné à peindre l'ignominie de leur état et à les en faire sortir. Mais celles qui s'en trouvaient touchées ne sachant trop que devenir, la confrérie *delle Rimesse convertite*, sous l'invocation de Marie Madeleine, et composée de personnes riches et charitables, fut établie, afin d'offrir à ces malheureuses un asile qui prit, en 1580, le nom trop honnête de Conservatoire *delle mal maritate*. La maison actuelle paraît plus d'accord avec son titre.

comme autant de maux, les viandes, les œufs et le mariage.¹

A l'entrée de l'église, à gauche de la *Loggia*, est le tombeau et le bas-relief grand comme nature de l'illustre banquier, citoyen et magistrat de Florence, Barduccio Cherichini. Un mausolée voisin contraste avec la sépulture de Cherichini; c'est celui qu'a élevé l'archiduchesse Marie Madeleine, grande-duchesse de Toscane, à Angelica Paladini, poète, peintre, cantatrice, improvisatrice et brodeuse célèbre, morte jeune; l'inscription d'André Salvatori se ressent par sa grâce recherchée du goût du siècle²; le sculpteur du mausolée, Bugiardini, semble avoir quelque rapport de talens et de destinée avec la femme dont il a orné la tombe : poète et musicien, il périt jeune aussi, donnant de belles espérances, et il n'a laissé qu'un petit nombre d'ouvrages³. La chapelle de

¹ La victoire de St.-Pierre montre quelle était alors la puissance et l'ascendant ecclésiastique, puisque les Paterins étaient vivement soutenus par le podestat de Florence; leur armée fut battue deux fois hors de la ville à cette même place de Sainte-Félicité et au *Trebbio*, près Sainte-Marie-Nouvelle. Saint Pierre, grand, jeune, robuste, portant un drapeau blanc surmonté d'une croix rouge, animait les combattans de son éloquence. Son étendard, conservé à la sacristie de Sainte-Marie-Nouvelle, est montré au peuple chaque année le 29 avril, jour de sa fête.

² D. O. M.
Arcangela Palladinia Joannis Broomans
Antuerpiensis uxor,
Cecinit hetruscis regibus, nunc canit Deo,
Vere Palladinia, quæ Palladem acu,
Apellem coloribus,
Cantu æquavit musas.
Obiit anno ætatis suæ XXIII, die XVIII,
Octobris MDCXXII.
Sparge rosis lapidem : cælesti innoxia cantu
Thusca jacet siren, Itala musa jacet.

³ Bugiardini fut victime d'une très mauvaise plaisanterie. Il allait quelquefois dîner à la campagne chez le curé de l'Impruneta, où

l'illustre famille Capponi, qui a échappé à la dernière restauration de l'église, offre une *Déposition de croix* du Pontormo, qui a peint aussi la coupole, aidé du Bronzino, son élève; un beau portrait de S. Charles Borromée d'après nature passe pour très ressemblant : les ornemens de marbre et de marqueterie qui l'encadrent, sont du dessin de Vignole; il ne reste des anciens et célèbres vitraux que les armes des Capponi. A la chapelle de Ste.-Félicité, le *Martyre* de cette illustre matrone romaine, de cette mère de Machabées chrétienne et de ses fils, placé en 1824, est de M. Berti, artiste florentin vanté à Florence. Un beau *Crucifix* en bois, à la chapelle de ce nom, est d'André de Fiesole. Trois tableaux du chœur sont le *Crucifiement,* de Laurent Carletti; la *Nativité,* de Gérard *delle notte;* la *Résurrection du Christ,* de Tempesta. Deux inscriptions ont été consacrées dans la chapelle des Guichardins à l'historien par ses descendans, car il avait expressément défendu qu'on lui fît d'oraison funèbre ou d'épitaphe. Une autre inscription rappelle les talens d'un Pierre Guichardin, mort en 1567, qui fut ambassadeur à Rome et en France, près de Henri IV. Une inscription de la chapelle Mannelli prétend que cette ancienne famille florentine vient de Rome, et qu'elle descend de la famille Manilia : la transcription supposée du *Décaméron*[1] et leurs rapports avec Boccace, ont plus illustré les Mannelli que leur antique et fabuleuse origine. Au-dessus de la petite porte de l'église, on remarque un portrait en mosaïque d'Alexandre Barbadori, oncle d'Urbain VIII, travail adroit du Pro-

---

on lui servit en ragoût un chat : averti par les rires des convives du tour qui lui avait été joué, il éprouva en revenant chez lui de si violentes convulsions d'estomac, que dans ses efforts pour vomir il se rompit une veine.

[1] *V.* ci-dessus, chap. v et xiv.

vençal Marcel. Le tableau du Volterrano, à l'autel de l'Assomption, est superbe. A la chapelle S.-Louis, le *S. Roi recevant les pauvres à sa table*, image de la popularité évangélique de cette royauté, est regardé comme un des meilleurs tableaux de Pignone; il mérita les éloges de Luc Giordano, et le chantre burlesque de la *Bucchereide*, Bellini, créa pour son auteur le terme d'*archipittorissimo de' buoni*. A la chapelle S.-Raphaël, l'*Archange rendant la vue au vieux Tobie*, est un des bons ouvrages d'Ignace Hugford, peintre du dernier siècle, né à Florence, d'un père anglais. Une belle fresque de Poccetti, à la chapelle de l'Assomption, représente le *Miracle de Ste.-Marie della Neve*, lorsqu'au milieu de l'été l'on vit tomber de la neige à Rome sur le Mont Esquilin. La sacristie est une habile construction fort estimée qui a été crue et paraît digne d'Alberti.

L'église Ste.-Félicité est la paroisse du grand-duc. Il y avait été prêché en 1827 un carême, dont l'effet était extraordinaire. La prédication, à la fois évangélique et philosophique de M. Barbieri, paraît singulièrement adaptée aux lumières du siècle qu'il est bien loin de redouter, et qu'il regarde au contraire comme devant faire briller la religion d'un éclat nouveau. Cet ecclésiastique, élève préféré de Cesarotti, et bon poète, avait obtenu un véritable triomphe; indépendamment d'un immense auditoire italien peu fait sans doute à ce genre d'idées, les étrangers, les hommes des diverses communions l'avaient suivi et goûté, et il ne fut alors question que des discours de ce Savonarole doux et philanthrope.

L'ancienne église paroissiale de St.-Nicolas offre d'excellentes peintures: un *Sacrifice d'Abraham*, d'Alexandre Allori; la *Vierge* et plusieurs saints, un des beaux ouvrages de Gentile da Fabriano, vieux maître florentin qui eut la gloire de former les Bellini, les créateurs de l'École vénitienne; à la sacristie, la *Vierge et S. Thomas*, fresque de Ghirlandaio.

La porte de Ste.-Lucie *de' Magnoli* est ornée extérieurement de diverses figures qui sont des premières sculptures de Luc de la Robbia. Cette église a d'anciens tableaux, parmi lesquels la *Vierge, plusieurs saints et la sainte,* un des rares ouvrages d'André del Castagno, artiste assassin, complet caractère italien du xve siècle : Castagno avait appris le secret de la peinture à l'huile encore inconnu à Florence, de Dominique de Venise, dont il avait gagné l'affection par ses protestations d'amitié et ses caresses; jaloux de posséder seul un tel secret, il attendit le soir et frappa de sa main Dominique qui, plein de confiance, voulut être conduit chez le traître qu'il croyait son ami, et mourut dans ses bras. L'opinion du temps fut trompée comme la victime du Castagno, et son crime fût resté ignoré, si lui-même à sa dernière heure, et âgé de soixante-quatorze ans, n'en eût fait l'aveu.

CHAPITRE XV.

Palais. — Architecture florentine. — Palais *Riccardi*. — Luc Giordano. — Académie de la Crusca. — *Chapelle.* — Lorenzino Médicis. — Le marquis Capponi. — Palais *Gherardesca*.

L'ARCHITECTURE des palais de Florence paraît singulièrement grande, solide, austère : les masses de rochers dont est remplie la Toscane, et qui servirent aux antiques et colossales constructions étrusques, furent employées aussi par les premiers architectes florentins; les mœurs publiques, les querelles des familles puissantes, les émeutes perpétuelles, contribuèrent encore à l'élévation de ces espèces de forteresses. Le palais Riccardi (autrefois Médicis), ouvrage de Michellozzo, est un de ces édifices les plus imposans. Bâti par Côme l'Ancien, il devint l'asile des Grecs fugitifs de Bysance et d'Athènes, et le berceau des sciences, des lettres et de la civilisation moderne : préoccupé en y pénétrant de la grandeur de tels souvenirs, ce ne fut pas sans mécompte que j'y trouvai établis des bureaux et l'administration du cadastre [1]. Les derniers jours de Côme furent tristes : ce père de la patrie, qui sans doute avait aimé le pouvoir, perdit Jean, le fils dans lequel il espérait davantage; et la faible santé de Pierre ne le rendait pas propre aux affaires. Ce fut alors, peu de temps avant sa mort, qu'il dit en soupirant, lorsqu'on le portait dans les appartemens de son splendide palais : « Cette maison est trop « grande pour une famille si peu nombreuse. »

L'entablement du palais Riccardi, quoique riche, est un peu massif: dans la cour, les huit bas-reliefs en marbre imités de pierres et de camées antiques, sont un travail exquis de Donatello. La galerie est célèbre par le plafond à fresque, le chef-d'œuvre de Luc Giordano, surnommé le *Protée* de la peinture, à cause de son habile imitation des divers maîtres, le plus grand peintre du XVIIe siècle, mais qui n'a point échappé aux défauts de cette époque; ouvrage prodigieux de facilité, d'éclat, d'imagination, allégorie poétique sur les vicissitudes de la vie humaine, mêlée d'histoires mythologiques, telles que l'*Enlèvement de Ganymède*, les *Amours de Neptune et d'Amphitrite*, la *Mort d'Adonis*, le *Triomphe de Bacchus*, etc., et couronnée un peu bizarrement par l'*Apothéose des Médicis*.[2]

---

[1] Le palais Riccardi, qui fut encore habité par les descendans de Côme, et où logèrent Léon X, Charles VIII et Charles-Quint, a été vendu au gouvernement en 1814.

[2] On doit aux encouragemens de M. le marquis Riccardi Ver-

C'est dans la galerie du palais Riccardi que se tiennent annuellement les séances de l'Académie de la Crusca, la plus ancienne de ce genre, tribunal grammatical qui a censuré le Tasse, comme l'Académie Française Corneille, l'objet comme celle-ci d'éternelles plaisanteries, et cependant toujours et justement honorée, qui a terminé et perfectionne constamment son utile dictionnaire, véritable modèle de tous les dictionnaires, et qui compte encore aujourd'hui plusieurs hommes de mérite et diversement célèbres, tels que MM. Zannoni, secrétaire, Niccolini, Bencini, Furia, Follini, Boni, académiciens, et Giordani, Parenti, Gargallo, académiciens correspondans. C'est à tort que cette Académie a été accusée fréquemment de vouloir imposer ses arrêts comme règles du langage, et de régenter l'Italie ; elle n'a point cette prétention, et elle se borne simplement à conserver la pureté de l'idiome toscan.

La chapelle du palais Riccardi offre trois ouvrages curieux de Benozzo Gozzoli, une *Gloire*, une *Nativité* et une *Épiphanie* : jamais peut-être l'or n'a été autant prodigué dans les vêtemens de personnages peints à fresque ; les figures, les costumes, les harnais des chevaux sont d'une telle vérité, qu'on croit, en les contemplant, avoir comme une apparition du xve siècle.

Sur l'emplacement des anciennes écuries était la maison de Lorenzino Médicis, située rue *del Traditore*, dans laquelle il attira et assassina la nuit son cousin Alexandre, le premier duc de Florence, qui croyait aller à un rendez-vous donné par la femme qu'il aimait. L'ac-

---

naccia, digne descendant du marquis François Riccardi, protecteur de Luc Giordano, et qui lui fit exécuter ce plafond, la publication de la *Galleria Riccardiana*, gravée par Lasinio fils, d'après les dessins de V. Gozzini, sous la direction du Cav. Benvenuti. Florence, 1822, grand in-fol.

tion de ce conspirateur bizarre, composant des *canzoni*, des sonnets et des pièces antiques, vêtu à la grecque, vil confident du libertinage de son ennemi, qui fut contraint de prendre aussitôt la fuite, et dont la maison fut pillée et démolie par le peuple, cette action hardie fut sans résultat : comme à Rome, après la mort de César (le duc Alexandre n'avait que ses vices), « il n'y « eut plus de tyran, et il n'y eut pas de liberté [1].» Les causes qui l'avaient détruite à Florence subsistaient toujours, et Strozzi était dans une de ces illusions des exilés politiques, lorsque embrassant Lorenzino à son arrivée à Venise, il s'écriait : « Voilà notre Brutus et le libérateur « de notre patrie! »

Le vaste palais Capponi, de l'architecture de Fontana, offre dans le salon divers traits de l'histoire des trois Capponi, florentins si dévoués à l'honneur, à la force et à l'indépendance de leur patrie. M. le marquis Capponi actuel, un des hommes les plus éclairés de l'Italie, et l'un des plus nobles caractères de notre temps, peut contempler hardiment les actions de ses ancêtres; il est digne de les imiter, et il ne lui a manqué que leur fortune.

Le palais Gherardesca, qui appartint au célèbre gonfalonier et historien de Florence Barthélemi Scala, rappelle le nom d'une des plus anciennes maisons de l'Europe. Ugolin, dont un bas-relief de la cour représente l'épouvantable histoire, en était. Une statue en pied au milieu des jardins contraste avec le bas-relief; elle a été consacrée à son père par M. le comte de la Gherardesca, lui-même excellent père de famille, philanthrope et agronome distingué, et l'on y lit cette simple inscription : *al conte Cam. Gherardesca il figlio rico-*

---

[1] *Grand. et décad. des Romains*, chap. xii.

noscente : on voit, par ce monument touchant et domestique, que la destinée de la génération actuelle des Ugolins est plus heureuse et plus douce que celle des captifs de la tour de la faim. Quoique, depuis le sublime tableau du Dante, l'imagination ne soit guère faite qu'aux fils d'Ugolin, il eut une fille, guelfe comme son père, et à laquelle une dame gibeline adressa la repartie spirituelle rapportée par Sacchetti.[1]

CHAPITRE XVI.

Maison Lenzoni. — Salons littéraires d'Italie.

La maison de Mme Charlotte Lenzoni Medici, bien digne de ce dernier nom et du voisinage de Sainte-Croix, offre une statue de *Psyché* de M. Tenerani, sculpteur romain, ouvrage des plus gracieux et des plus poétiques de la sculpture moderne de l'Italie, très agréablement décrit par M. Giordani. L'aimable propriétaire a l'un de ces salons italiens qui réunissent chaque soir les hommes de lettres de la ville, et qui deviennent de véritables académies, sans morgue, sans gêne et sans pédantisme. Il y a, dans ces anciennes et vraies sociétés italiennes, des lectures subites, où les listes n'ont point été données d'avance, et où il est permis d'être sincère. Les jeux, les chansons, les histo-

---

[1] La fille d'Ugolin, se promenant au mois de mars vers le château de Poppi avec la fille de Bonconte da Montefeltro, un des anciens chefs Gibelins qui avaient été défaits près de là, dit en lui montrant la campagne : « Voyez comme les blés sont beaux ! je pa-« rierais que la terre profite encore de cette déroute. » « Cela peut « être, répondit la dame gibeline ; mais avant que ces blés soient « mûrs, nous pourrions tous mourir de faim. » *Nov.* CLXXIX.

riettes, tous ces divertissemens de l'esprit peints par le Castiglione, dans son *Cortegiano*, et par le Bargagli, dans ses *Vegghie sanesi*, se perpétuent dans ces sociétés, où l'on s'amuse et où l'on rit de si bon cœur. Et cependant ces femmes si naturelles et si gaies sont à la portée des entretiens les plus sérieux sur la littérature ancienne et moderne, sur les beaux arts et les intérêts actuels de la civilisation, entretiens qui surgissent quelquefois au milieu de ces jeux, et sont traités d'une manière supérieure. Le haut savoir, les talens littéraires des Italiennes du XVIe siècle[1] se retrouvent encore chez les Italiennes de nos jours. Malgré mes innombrables et involontaires omissions, j'ai déjà été assez heureux pour rappeler les noms de quelques-unes, et j'espère désormais avoir moins de torts à leur égard. Florence en a produit ou en possède plusieurs des plus distinguées. Mme Carniani-Malvezzi, mariée à Bologne, bon poëte et très habile latiniste, a traduit avec une rare perfection quelques uns des ouvrages philosophiques et politiques de Cicéron, et sa traduction de la *République* est même supérieure à celle du prince Odescalchi ; dans un genre différent, sa traduction en vers de la *Boucle de cheveux enlevée*, de Pope, est estimée pour l'élégance et l'harmonie; cette dame travaille encore à un poëme épique sur l'expulsion de Florence du duc d'Athènes, dont les trois chants qui ont paru font vivement désirer le reste, tant on y admire la richesse et le feu des descriptions, la haute philosophie et l'érudition historique. Mlle Albina Betti est une jeune Florentine d'une grande espérance ; ses poésies lyriques rappellent la facilité et l'éclat de Métastase. Quelques lectures ont fait connaître une jeune Bolonaise d'illustre naissance, fixée à Flo-

---

[1] *V.* Liv. v, chap. XXIX.

rence, Mlle Zambeccari, auteur de pièces charmantes, inédites, en vers et en prose, d'un roman et de quelques comédies. Mme Fantastici-Sulgher-Marchesini, improvisatrice de Florence, justement célèbre, a traduit avec succès quelques pièces de Bion et d'Anacréon. Indépendamment des femmes italiennes illustrées par leurs écrits, il en est une multitude d'autres, simples amateurs des lettres, qui goûtent et apprécient parfaitement les bons ouvrages, savent les langues anciennes et modernes, ont même suivi quelques cours de sciences, et qui portent toute cette instruction sans aucune trace de prétention, de vanité ou de ridicule; enfin, elles possèdent ce mérite paisible mais solide dont parle Labruyère, « qu'elles ne peuvent couvrir de toute leur modestie. »

CHAPITRE XVII.

Palais *Martelli;* — *Pandolfini;* — *Borghese.* — Bals. — Société. — Palais *Altoviti;* — *Peruzzi;* — *Ruccellai* (*strada della scala*). — Académie platonicienne. — Palais *Ruccellai* (*della vigna*); — *Corsini;* — *Vecchietti;* — *Strozzi.* — Cronaca. — Gondi.

Le palais Martelli offre la statue de *David* si noble, si gracieuse, si vivante, un des plus admirables ouvrages du ciseau italien, et le chef-d'œuvre de Donatello.

Le palais Pandolfini fut élevé sur les dessins de Raphaël pour l'évêque de Troia, Gianozzo Pandolfini, son ami, prélat vertueux, dit un historien du temps, et détesté des autres prélats de Florence, la plupart remplis de vices [1]. Il est impossible de citer une architecture plus sage, plus élégante et plus noble : l'entablement qui

---

[1] *Diario,* d'Ant. de S. Gallo, cité par l'*Observ. flor.*, T. II, p. 102.

couronne avec grâce le palais est mis au rang des modèles vraiment classiques.

Le palais du prince Borghèse, autrefois Salviati, a été refait, peint, décoré, meublé avec la plus grande magnificence dans l'espace de six mois, sorte d'improvisation de palais qui a nui singulièrement au goût et à la perfection des ouvrages d'art. Les bals du palais du prince Borghèse, lorsque l'on ouvrait sa galerie et ses trente-un salons, étaient peut-être les plus beaux de l'Europe. Chaque semaine, de jolis bals se donnaient dans les appartemens ordinaires. Cette brillante hospitalité envers les nombreux étrangers attirés à Florence, et l'on y a compté jusqu'à dix mille Anglais, était exercée par le prince et sa famille avec une politesse pleine de noblesse et de charme ; il est impossible d'oublier l'agrément infini que savait y répandre Mme la princesse A*********, française, digne héritière du nom de l'auteur des *Maximes* et de l'ami des La Fayette et des Sévigné. L'aspect de ces bals était véritablement plutôt anglais qu'italien, tant les danseuses anglaises y dominaient : la société de Florence, jadis le centre du sigisbéisme éteint ou qui a pris la forme commune des liaisons ordinaires, semble aujourd'hui inférieure à la société étrangère.

Le palais Altoviti, dit des *Visacci*, qui appartint au fameux Renaud des Albizzi, fut orné au dehors par le sénateur Baccio Valori, bibliothécaire de la Laurentienne, de vingt figures d'illustres Florentins; moyen patriotique et populaire d'entretenir le culte des aïeux, si sacré à Athènes et à Rome, qui contribua tant à leur gloire, et qui, différent de la vanité de la naissance, est trop négligé des modernes.

Le palais Peruzzi, aujourd'hui Cellesi, d'architecture toscane, est simple et majestueux : on remarque l'arcade et la *Loggia*, maintenant murée. Les Peruzzi, qui ont donné tant de célèbres et excellens citoyens à Florence, sont un des grands noms de l'histoire commerciale de l'Europe. La compagnie des Bardi et des Peruzzi fut créancière, en 1339, du roi d'Angleterre, que n'enrichissaient point ses victoires de Créci et de Poitiers, pour la somme d'un million 365 florins d'or (15 millions 288,000 francs); et leur faillite produisit un violent et long contre-coup sur les affaires de leur ville[1] : les *opérations* des banquiers actuels avec les couronnes paraissent moins désastreuses.

Le palais Strozzi Ridolfi, autrefois Ruccellai (*strada della scala*), fut bâti par l'illustre écrivain et citoyen de Florence, Bernard Ruccellai, sur le dessin d'Alberti : sa double *Loggia* est le premier monument où l'on vit reparaître dans toute sa pureté le système classique de l'architecture grecque. Ce lieu rappelle les beaux jours de Florence, et l'une des grandes époques de la philosophie et des lettres : c'est dans ce palais, sous ses portiques et dans ses célèbres jardins (*orti oricellarii*), alors ornés de précieux débris de l'antiquité récemment découverts, que fut recueillie et que s'assemblait l'Académie platonicienne, fondée par Côme de Médicis, si favorable aux progrès de la pensée; insurgée la première contre l'empire despotique d'Aristote, et qui semble avoir donné le signal de l'affranchissement de l'esprit humain; c'est là que Machiavel lisait à la jeunesse florentine avide de

---

[1] L'Ammirato, cité par l'*Observ. flor.* (T. V, p. 157), s'exprime ainsi sur cette catastrophe, Liv. ix de son Histoire : *Onde per il danno di molti altri mercanti, che come piccoli rivi entravano in questo gran mare, il male divenne tosto pubblico, e in particolare la città di Firenze, e i suoi cittadini ne sentirono allora, e molto più appresso gran nocumento.* La maison Buonacorsi, entraînée dans la banqueroute des Bardi, avait pour associé le célèbre écrivain et historien Jean Villani, qui fut déclaré insolvable et condamné à la prison.

l'entendre ses immortels discours sur Tite-Live, et que ce prodigieux génie, à la fois Molière et Montesquieu, lui faisait jouer sa *Mandragore*, dont Perugin, Franciabigio et Ghirlandaio avaient peint les décorations [1]; c'est là que fut représentée la *Rosemonde*, la seconde tragédie moderne [2], dont l'auteur était un Ruccellai; c'est là que Fabrice Colonne enseignait aux Italiens l'art de la guerre qu'ils ont trop oublié ou mal pratiqué [3]; c'est là que fut tramée la conspiration contre le pouvoir absolu des Médicis, alors que la liberté de Florence, comme l'ancienne liberté de Rome, hors des mœurs, n'était plus que le songe d'esprits élevés, ardens, chimériques.

Le palais Martellini offre plusieurs objets remarquables : une patère de Donatello; le tableau de l'*Avancement des sciences et des arts*, le meilleur de Meucci, bon peintre à fresque du dernier siècle.

Le palais Ruccellai (*della vigna*), d'Alberti, appartient encore à la famille dont il porte le nom : la façade est admirée. L'origine de cette famille des Ruccellai, si célèbre dans l'histoire de Florence [4] et des lettres, paraît singulière : leur nom vient, dit-on, de la manière de teindre la laine ou la soie en violet (*a oricello*), procédé qu'ils auraient rapporté, vers 1300, du Levant, où déjà ils faisaient le commerce.

L'ancien palais des comtes Acciaioli, qui furent les derniers ducs d'Athènes, et depuis rivaux des Médicis,

---

[1] L'effet de la pièce fut si extraordinaire, que le bruit en vint jusqu'à Rome, et que Léon X, curieux d'assister à ces représentations, invita les acteurs florentins à s'y rendre : telle était aussi la beauté des décorations, rapporte Jove, qu'il se chargea des frais du transport.

[2] *V.* Liv. v, chap. xxxiv.

[3] *V.* Machiavel. *Art de la Guerre*, Liv. 1er.

[4] Treize Ruccellai furent élus gonfaloniers; leur nom se retrouve jusqu'à quatre-vingt-cinq fois sur la liste des prieurs de la république, de 1302 à 1531, époque de l'abolition du priorat.

était, en 1828, une bonne auberge tenue par une Française, Mme Hembert, qui n'a point, il est vrai, le luxe du palais de Schneiderff, mais que Montaigne préférerait certainement à son auberge de l'*Agnolo* : il n'y éprouverait point les incommodités de ce temps-là, et il ne serait point réduit, afin d'y échapper, à faire dresser son lit sur la table d'hôte.[1]

Le vaste palais Corsini est habité par le prince et son frère le Cav. Neri-Corsini, hommes éclairés : le premier, ancien sénateur; le second, conseiller d'état de l'Empire, aujourd'hui ministre de l'intérieur de Toscane, et qui peut appliquer les principes d'administration puisés à cette excellente école. La galerie, la première des galeries particulières de Florence, et dont le fils aîné du prince, jeune homme très aimable, voulut bien me faire les honneurs, a quelques tableaux curieux : deux des plus anciens portraits du Dante et de Pétrarque ; le carton du Jules II, de Raphaël, peut-être supérieur pour l'expression au portrait de la tribune : la *Poésie*, figure très vantée, de Carlo Dolci, quoique belle, ne m'a point paru assez inspirée [2] ; la force, la passion, manquent à ce peintre gracieux, ingénu, timide, qui, par embarras, prit la fuite le jour de ses noces.

Le palais Vecchietti, du dessin de Jean Bologne, est un monument de sa reconnaissance envers Bernard Vecchietti, son hôte, son protecteur et son ami; il a fait aussi le petit satyre en bronze placé *al canto de' diavoli*, qui servait à recevoir les enseignes dans les anciens jeux populaires des *Potenze*.

---

[1] La dépense de l'*Agnolo* était alors (1581) de 7 réaux (environ 32 sous) pour un homme et un cheval, et de 4 réaux pour un homme seul.

[2] Une copie sur porcelaine, très bien exécutée, est due à M. Constantin, et se voit à la salle de Flore du palais Pitti.

Le palais Strozzi est regardé comme le chef-d'œuvre de cette prodigieuse et imposante architecture florentine, dont la force et la grandeur n'ont été ni surpassées ni même égalées. L'entablement de Cronaca [1], qui a terminé le palais commencé par Benoît da Maiano, est le plus beau qu'ait produit l'architecture des palais modernes, et il a immortalisé son auteur. Vasari s'est plu à vanter la perfection apportée par l'architecte dans l'appareil et la liaison des blocs dont il forma ce vaste couronnement, imité d'une ruine antique qu'on voit à Rome, et dont il agrandit les proportions, ainsi que les soins avec lesquels fut conduite toute la construction du palais. Ces soins furent tels, dit-il, que ce grand ensemble paraît non un assemblage de pierres, mais comme taillé dans un seul bloc. Près de trois siècles se sont écoulés depuis Vasari, et l'œil ne saurait encore y découvrir aujourd'hui une seule pierre dont la moindre désunion puisse démentir cet éloge. Ce palais, élevé par Philippe Strozzi l'Ancien, semble encore aussi neuf que le premier jour; après trois siècles et demi, le nom du noble fondateur n'y est point effacé, et à moins de causes étrangères de destruction, il remplira long-temps sa noble ambition de laisser de soi un souvenir durable. Les grands anneaux de fer destinés à soutenir des lanternes (privilège accordé seulement aux familles illustres de Florence), sont l'ouvrage d'un habile serrurier dont le nom, Nicolas Grosso Caparra, a paru digne de passer à la postérité.

---

[1] En français la *chronique*. Cronaca, dont le véritable nom était peut-être celui du célèbre sculpteur Pollaiolo, son parent, dut le surnom plaisant sous lequel il est resté connu à l'habitude qu'il avait contractée de faire d'éternels récits de son voyage et de son séjour à Rome. Combien de Cronaca ne sommes-nous pas aujourd'hui, qui certes devons être moins intéressans que ce grand artiste!

Le palais Orlandini *del Beccuto*, un des plus magnifiques aujourd'hui de Florence, appartint autrefois à la famille Chiarucci, laquelle y reçut l'aventureux Balthasar Cossa [1]; il fut rebâti vers la fin du xvie siècle, après avoir passé dans la famille Gondi dont les armes s'y voient encore. Notre fameux Gondi, le coadjuteur, quoique né en Brie, avait véritablement conservé le génie factieux et turbulent de Florence, et il semble même, par son caractère, ses talens et les mœurs de la première partie de sa vie, avoir assez de rapport avec Cossa, mort, comme lui, cardinal.

La tour *de' Ramaglianti* est devenue un véritable musée par les soins et le goût de M. Sorbi, orfévre, qui l'habite et en fait les dimanches fort obligeamment les honneurs : indépendamment des gemmes, médailles, bronzes, statues, bas-reliefs, qu'il y a rassemblés, une *Assomption*, bas-relief, doit être regardée comme un des chefs-d'œuvre de Luc de la Robbia.

CHAPITRE XVIII.

Palais *Pitti*. — *Cour*. — *Vénus* de Canova. — Galerie. — Bibliothèque. — Manuscrits de Galilée. — *Boboli*. — *Fleuves*, de Jean Bologne. — Casin Leblanc.

Le palais Pitti, commencé par Brunellesco, fut terminé pour devenir la résidence de Côme Ier. Si on le compare au hardi et vieux palais républicain de la Seigneurie, bâti sur un espace étroit et prescrit par le peuple [2], ce monument semble exprimer assez bien le con-

---

[1] *V*. ci-dessus, chap. ix.
[2] *V*. ci-dessus, chap. iii.

traste politique des deux époques, et l'architecture de sa longue façade est triste, fière, pesante, uniforme comme la puissance absolue. L'aspect redoutable du palais Pitti ne convient plus au reste depuis près d'un siècle aux princes qui ont gouverné la Toscane avec tant de raison, de douceur et de lumières, et qui faisaient de cette heureuse contrée l'oasis politique de l'Italie.

La célèbre cour d'Ammanato, riche, grandiose, l'un des meilleurs morceaux de l'architecture moderne, est le chef-d'œuvre de son genre, et la cour de notre palais du Luxembourg n'en paraît qu'une lourde et monotone imitation. La grotte dont la voûte supporte une fontaine jaillissante, décorée avec goût, est une des parties les plus pittoresques et les mieux imaginées de ce bel ensemble.

La grande salle du rez-de-chaussée est curieuse par les fresques de Jean de S. Giovanni, peintre rapide, fantasque, dont cet ouvrage est le plus important. A la voûte sont plusieurs allégories sur le mariage de Ferdinand II avec la princesse d'Urbin, Victoire de la Rovère, et sur les murs, divers traits de la vie de Laurent de Médicis, comme protecteur des lettres; quelques détails sont bizarres : une SATYRESSE élève en l'air des couronnes en signe de victoire; Mahomet, l'épée à la main, est sur le point d'exterminer les Vertus; au-dessous de lui une harpie tient à la main l'Alcoran; des philosophes et des poètes fuyant, et dont plusieurs tombent à terre, se refugient auprès de Médicis; Homère arrivant à tâtons jusqu'à la porte de Florence, est rendu très naturellement; à cette porte sont aussi Sapho fustigée par une Furie, et derrière, le Dante en robe rouge, précipité de l'escalier qui conduit au Parnasse; dans le groupe des philosophes, Empédocles, assis, déplore la perte de ses ouvrages. Les murs de cette salle furent terminés après la mort de Jean de S. Giovanni, par Cecco Bravo, le Vannino et Furino. Le premier a représenté Laurent de Médicis en costume de gonfalonier de la république, accueillant Apollon et les Muses que lui présentent la Renommée et la Vertu; le second l'a placé dans son casin de S.-Marc au milieu des jeunes artistes et de Michel-Ange qui lui montre sa tête du satyre; et le troisième, dans sa villa de Careggi, entouré des membres de l'Académie platonicienne, parmi lesquels on reconnaît Marsile Ficin, Pic de la Mirandole et Politien. On admire la grâce et la vérité des quatre bas-reliefs imitant le marbre qui soutiennent la voûte; ils furent inventés et exécutés par Jean de S. Giovanni. Dans une salle voisine sont encore quatorze petites fresques du même sur tuile.

La *Vénus* de Canova, malgré sa renommée, les honneurs qu'elle reçut, l'enthousiasme qu'elle excita lorsqu'elle vint à Florence remplacer la Vénus de Médicis absente [1], le surnom d'*Italica* qui lui fut décerné par la voix publique, les répétitions et les copies nombreuses qui en ont été faites [2], la beauté du marbre et le mérite

---

[1] Canova, avec une modestie tout-à-fait délicate, ne permit point que sa statue fût placée à la tribune sur l'ancien piédestal de la Vénus grecque, mais à côté, par respect pour l'illustre exilée.

[2] Il existe trois répétitions de la Vénus, possédées par le roi de Bavière, le marquis de Landsdown, et M. Thomas Hope. L'auteur du texte piquant de l'*OEuvre* française *de Canova* rapporte sur l'exécution de cette statue l'anecdote suivante : « Au moment d'exé-
« cuter cette Vénus, qu'il termina vers 1810, Canova fut assez heu-
« reux pour rencontrer, parmi les princesses de ce temps-là, un
« modèle dont la complaisance fut extrême pour tous les détails de
« la pose et la nudité des contours. Une femme d'une modestie un
« peu bourgeoise s'étonna de ce dévouement, et dit un jour, en
« présence du gracieux modèle : Est-il vrai que vous ayez posé
« ainsi devant l'artiste, et sans aucun vêtement? — Oh! ma chère,
« reprit la princesse, il ne faisait pas froid, je vous assure; on avait
« allumé un très grand feu dans l'atelier de Canova. »

de l'exécution, m'a semblé vulgaire d'expression et de maintien; plus forte que la statue antique, elle est moins idéale et moins divine; elle n'a point surtout sa voluptueuse pudeur : on dirait tout bonnement une grisette qui s'essuie; peut-être aussi que les rideaux, que le demi-jour du cabinet où elle est placée, que les glaces qui la répètent à l'infini contribuent encore à lui donner cet air d'une figure de boudoir qui parle plus aux sens qu'à l'âme, et ajoutent à sa tournure terrestre et moderne.

La galerie Pitti est une des premières de l'Europe. Les plus grands maîtres ont contribué à ce choix merveilleux par leurs divers chefs-d'œuvre; tels sont : de Salvator Rosa : plusieurs *Marines;* sa fameuse *Conjuration de Catilina,* beaucoup trop vantée et qui n'a rien de romain ni d'antique; son paysage célèbre dit des *Philosophes;* du Garofolo : le *S. Jérôme;* du Titien : sa *Maîtresse,* dite la belle du Titien, semblable à la Vénus de la tribune; le *portrait du cardinal Hippolyte de Médicis,* en costume hongrois; du *Pape Sixte IV;* de *Charles-Quint;* de Pierre de Cortone : une partie du plafond de la salle d'Apollon, son ouvrage le plus estimé, terminé par son élève Cyrus Ferri; de Paul Véronèse : sa *Femme;* le superbe portrait de *Daniel Barbaro;* de Christophe Allori : le *Miracle de S. Julien,* son meilleur tableau; la *Judith,* si calme, si froide, étrange tableau de sentiment, dont l'héroïne est le portrait de sa maîtresse, la servante, celui de la mère de celle-ci, et la tête coupée d'Holopherne, son propre portrait; de Cigoli : le fameux *S. François,* en méditation; sa *Déposition de croix,* d'un style plus élevé et plus noble qu'il ne lui appartient; le *Sacrifice d'Isaac,* un de ses bons ouvrages; l'*Ecce homo,* son chef-d'œuvre; d'André del Sarto : une *Déposition de croix;* la *Dispute sur la*

Trinité, toutes deux très belles; une *Annonciation*, dans laquelle la Vierge se montre plutôt prude et gendarmée que sainte et touchée; plusieurs *Assomptions*; de Raphaël : les portraits de *Madeleine Doni* et de son mari *Ange;* la *Madone della Seggiola*, dont les gravures de Morghen et de Garavaglia ne peuvent rendre l'harmonie, la délicatesse : le *portrait de Léon X* entre les cardinaux Jules de Médicis et de Rossi, malgré l'admiration de plus de trois siècles, m'a toujours semblé offrir un étrange contraste avec la réputation d'élégance du peintre et du pontife; ce père des lettres, sans la pourpre romaine, aurait l'air d'un curé ivrogne, et son insignifiant cousin, le cardinal, depuis son successeur, y paraît moins commun que lui : un autre *portrait de Jules II*, peut-être de Jules Romain [1]; la *Madone du baldaquin*; *Thomas-Phèdre Inghirami*, secrétaire du collége des cardinaux, appelé le Cicéron de son temps, qui, bien qu'habillé de pourpre, ne fut point cardinal; la sublime *Vision d'Ézéchiel*; le *portrait du cardinal Bibiena*; la *Madone* du grand-duc; de Rembrandt : son précieux *Portrait*; de Carle Maratte : un bon *S. Philippe de Neri*; de Vandyck : l'excellent *portrait du cardinal Gui Bentivoglio*; de Rubens : l'allégorie des *Ravages de la guerre*, si pleine de vie et de vérité; ses *Quatre philosophes*, offrant son portrait et celui de son frère Philippe, de Grotius et de Juste-Lipse, près duquel il n'a pas omis de placer les deux premières passions de ce savant, les tulipes et son chien Saphir; de Carlo Dolci : le *S. Pierre en larmes*; *S. André*; de Luc Giordano : une *Conception;* du Borgognone : une *Grande bataille*, de ses meilleures productions; de Michel-Ange : les terribles *Parques*, vieilles si sérieuses, si pensives et si âpres;

---

[1] *V.* ci-dessus, chap. IV.

de Léonard de Vinci : le portrait de femme dit la *Religieuse*, doux, tendre, mélancolique; de Fra Bartolommeo : le gigantesque et beau *St. Marc*, qu'il fit pour réfuter les critiques qui lui reprochaient des formes trop grêles; la *Vierge sur un trône avec divers saints*, un de ses beaux tableaux; du Dominiquin : une *Ste. Marie Madeleine*; de Sébastien del Piombo : le *Martyre de Ste. Agathe*; du Rosso : la *Vierge avec divers saints*, d'un effet, d'un dessin, d'un coloris si habile et si hardi; du Bronzino : un portrait du héros de la tragédie d'Alfieri *Don Garzia*, enfant; d'Alexandre Tiarini : *Adam et Ève pleurant le meurtre d'Abel*, composition digne de ce peintre pathétique.

La bibliothèque du palais Pitti, ancienne bibliothèque du grand-duc Ferdinand III, amateur curieux, passionné de livres rares, est aujourd'hui de soixante-dix mille volumes [1]. Les collections Rewiczky et Poggiali en ont fait le fond. Elle s'accroît constamment des meilleurs et des plus beaux ouvrages italiens, anglais, français ou allemands. On distingue : la collection des *Variorum* dans les trois formats, la plus grande partie double, format ordinaire et grand papier; la collection *ad usum Delphini* complète; la collection des *Elzevirs* qui est peut-être la plus riche que l'on connaisse; le recueil des auteurs cités par l'Académie de la Crusca, le plus complet qui existe. Les ouvrages d'art, les livres d'histoire naturelle avec figures coloriées; les voyages, la plupart grand papier, sont superbes; la collection des cartes géographiques est peut-être la plus belle qui ait été formée. Un recueil d'anciens mystères italiens est précieux. Les

---

[1] Cette bibliothèque ne doit pas être confondue avec la bibliothèque *Mediceo-Palatina*, autrefois au palais Pitti, et qui fut répartie par Léopold entre les diverses bibliothèques publiques de Florence.

exemplaires sur vélin ou sur papier bleu sont en assez grand nombre. Une collection considérable de livres italiens du xve siècle, en offre plusieurs des plus rares, et peut-être quelques-unes d'uniques, n'étant point indiquées par les bibliographes.

Les manuscrits, tous italiens, sont au nombre d'environ quinze cents. Plusieurs sont intéressans. Un petit livret en parchemin de cent une pages, de la main du Tasse, et d'une grosse écriture, contient le premier jet de diverses poésies lyriques; il est rempli de changemens et de ratures; quelques sonnets sont refaits deux fois, et un même l'a été quatre [1]. Le recueil des lettres de ce poète infortuné, qui avait appartenu à Serassi, et qui est une copie de sa main [2], en offre une écrite de Mantoue à J.-B. Licino, qui donne de nouveaux détails sur sa détresse. On y voit que la docte Tarquinia Molza, dont nous avons parlé, distraite sans doute par l'étude ou les dissertations sentimentales [3], et moins exacte que Mme de Tencin, avait oublié de lui envoyer les hauts de chausses qu'elle lui avait promis, et qu'il n'avait pas de quoi changer; qu'une paire en soie de ces hauts de chausses donnée par le duc, ainsi qu'un pourpoint, quoique neufs et brodés, ne pouvaient pas aller quinze jours, et qu'il ne savait comment faire, n'ayant point d'argent. [4]

[1] Ce volume, qui faisait partie de la bibliothéque du marquis de Lieto, fut acheté à Naples, vers 1815, par M. Molini, libraire de Florence, et envoyé par lui à Paris; il parut à la salle Silvestre, où il fut vendu 4,000 fr. pour le compte du grand-duc de Toscane.

[2] Publié en 1821 par M. Bernardoni, alors possesseur du recueil, qui l'a cédé au grand-duc.

[3] *V*. Liv. vii, chap. xiv.

[4] *Delle calze promessemi dalla signora Tarquinia avrei gran bisogno, perchè non posso mutarmi; ed un pajo di ormisino, donatemi dal serenissimo signor Principe col giuppone, benchè siano nuove e tutte adornate, io credo che si straccieranno in quindici giorni, e non avendo denari, non so come mi fare.*

Les manuscrits de Machiavel sont renfermés dans six boîtes ayant la forme de volumes in-folio, qui, indépendamment des diverses pièces de sa main, contiennent les lettres originales et les instructions dont il fut chargé par la république, ainsi qu'un grand nombre de lettres à lui adressées par des personnages importans. La correspondance de Machiavel, comme celle de tous les hommes qui ont eu de l'ascendant sur leur siècle, fut très étendue, et tout n'a pas été publié : plusieurs de ses lettres existent dans la belle collection d'autographes formée par M. Salvi de Rome, bibliographe très instruit [1] ; il en fut vendu, vers la fin de 1826, trois volumes à lord Guilford, lorsque je me trouvais à Florence : ces lettres ont fait partie des livres et manuscrits laissés par cet homme généreux à l'université de Corfou, fondée par lui en 1823 ; recueil précieux transporté à Londres après sa mort, et vendu à l'enchère par ses héritiers au mois de décembre 1830. [2]

Les manuscrits de Galilée, sa correspondance, les ouvrages publiés contre lui et annotés de sa main, les manuscrits de Viviani, son élève, de Torricelli et des académiciens *del Cimento*, mis dans un ordre parfait, et formant plus de trois cents volumes, sont le recueil manuscrit le plus remarquable de la bibliothéque Pitti. Parmi les manuscrits de Galilée se trouvent ses Considérations sur le Tasse : Galilée était un ariostiste très ardent ; on assure qu'il savait tout entier son poète par cœur ; il le préférait à tous les poètes anciens et mo-

---

[1] Le recueil de M. Salvi, supérieurement classé, est un des plus précieux de ce genre. La publication doit en être vivement souhaitée et encouragée par tous les amis de l'histoire et de la littérature italiennes.

[2] Les trois volumes de Lettres de Machiavel furent payés 72 livres sterling ; et dix-huit volumes de manuscrits aussi autographes de Pierre Vettori, 180.

dernes, et il a écrit dans sa vieillesse qu'il avait relu cinquante fois la fuite d'Angélique[1]; il est donc un antitassiste fort injuste. Ces considérations, écrites à vingt-six ans, lorsqu'il était professeur de mathématiques à Pise, n'ajoutent point à sa gloire; sa critique est dure, insolente, ses quolibets sont de la plaisanterie de collége, et il va même jusqu'à reprocher au Tasse de ne savoir pas peindre. Galilée, écrivain correct, a trop considéré le Tasse sous le rapport du style et du langage; comme Despréaux, il s'est trop indigné contre sa tendance au faux et au clinquant, caractère des *Seicentisti*, qui suivirent de si près le Tasse, et exagérèrent ses défauts.

Le grave Boboli, jardin du palais Pitti, dessiné par Tribolo et Buontalenti, avec son majestueux amphithéâtre, ses statues, ses fontaines, paraît plutôt une création de l'art que de la nature. Le mouvement du terrain serait favorable au genre irrégulier, et l'on tenta de l'y introduire sous la domination française; mais les arbres abandonnés à eux-mêmes se mêlèrent, s'entrelacèrent tellement qu'ils se nuisirent, et tombèrent dans une vraie anarchie. En 1814, l'ancien régime de Boboli fut rétabli, et la démocratie du jardin anglais finit par céder à l'aristocratie du quinconce, des hautes charmilles et des allées droites. Vers la fin du règne de Côme Ier, ces jardins, d'un air si pompeux et si triste, avaient été témoins des voluptés nocturnes de sa fille chérie Isabelle, de François son fils, l'amant de Bianca Capello, de leurs courtisans et de leurs demoiselles: leur aspect présent semble contraster avec de tels souvenirs. Boboli reprit depuis une sorte d'innocence, par les essais de culture qu'y firent les grands-ducs de Toscane: François Ier le planta de mûriers, afin de les

---

[1] Lettre à François Rinuccini.

propager et de les distribuer aux habitans; et Ferdinand II y sema le premier des pommes de terre. Les giroflées de Boboli passent pour les plus belles de l'Europe.

La plus grande partie des nombreuses statues de Boboli ne se ressent que trop de l'époque de décadence où elles furent exécutées; mais il y a quelques bons ouvrages, tels sont : à la grotte bizarre construite par Buontalenti, et dont la façade est de Vasari, un *Apollon* et une *Cérès*, de Baccio Bandinelli : la dernière figure commencée comme une *Ève*, et qui devait être placée au maître-autel de la cathédrale; quatre grandes statues de prisonniers ébauchées par Michel-Ange, et destinées au tombeau de Jules II; au milieu de l'étang dit la fontaine de Neptune, le *Triomphe du Dieu*, en bronze, d'Astoldo Lorenzi da Settignano; dans le haut de la grande allée, une figure, de Jean Bologne, terminée par Tacca et Salvini, autre métamorphose de statue, qui devait représenter d'abord Jeanne d'Autriche, femme du grand-duc François Ier, et qui devint l'*Abondance* pour les noces de Ferdinand II, son successeur; dans le jardin des ananas, une *Clémence* presque nue, de Baccio Bandinelli, qui ne doit pas être confondue avec cette dame en habit de cour, décorée de l'ordre de la Toison-d'Or, et tenant d'une main des flèches, et de l'autre des fleurs, espèce d'allégorie dont le sens est perdu, et ne paraît guère regrettable; près des murailles de la ville, un grand buste peut-être de *Jupiter*, un des premiers ouvrages de Jean Bologne; un groupe d'*Adam et d'Ève* après leur faute, fort admiré, de Michel-Ange Nacerino; et surtout à la belle fontaine de l'*Isoletto*, le groupe colossal des *trois fleuves*, chef-d'œuvre à la fois grandiose et élégant de Jean Bologne.

Les hauteurs du jardin Boboli sont citées pour la vue qu'elles offrent de Florence. J'avoue que je préfère infiniment à cette vue celle du casin d'un de nos compatriotes, M. Leblanc, homme plein de mérite et de modestie : c'est de là véritablement qu'il faut contempler Florence et ses agréables environs. L'aspect de cette cité, quoique peu étendu, est singulièrement grand, historique, poétique : quels édifices valent son dôme, son vieux palais, Ste.-Croix ! Cette dernière église, avec sa forme et ses murs austères, paraît véritablement au milieu de tant de nobles fabriques comme le mausolée du génie. Le bruit de la ville n'est point là l'ignoble cri des rues, mais une sorte de bourdonnement comme celui des abeilles, qui invite à la rêverie. J'ai plus d'une fois salué Florence de cette riante colline, et j'aimais à y répéter avec le chantre de ses grands hommes et de sa gloire :

Qui Michel Angiol nacque ? e qui il sublime
Dolce testor degli amorosi detti ?
Qui il gran poeta, che in si forti rime
Scolpì d' inferno i pianti maladetti ?

Qui il celeste inventor, ch' ebbe dall' ime
Valli nostre i pianeti a noi soggetti ?
E qui il sovrano pensator, ch' esprime
Si ben del Prence i dolorosi effetti ?

Qui nacquer, quando non venia proscritto
Il dir, leggere, udir, scriver, pensare ;
Cose, ch' or tutte appongonsi a delitto. [1]

---

[1] Alfieri. *Son.* XL. « N'est-ce point ici que naquit Michel-Ange ? « et l'auteur à la fois sublime et tendre des chants amoureux ? et le « grand poète qui en vers si puissans grava les pleurs maudits de l'en- « fer ? et le céleste inventeur qui du fond de notre terre nous rendit « les astres sujets ? et le penseur souverain qui sut exprimer si bien « les méchans effets du prince ? C'est ici qu'ils naquirent ; alors il y « avait liberté de parler, de lire, d'entendre, d'écrire, de penser ; « choses qui toutes maintenant sont devenues des crimes. »

CHAPITRE XIX.

Maisons de Cellini ; — de Zuccari ; — de Michel-Ange ; — de Jean Bologne ; — d'Alfieri ; — de Viviani ; — de Galilée ; — de Machiavel.

Peu de villes offrent autant que Florence d'illustres maisons modernes. La maison dans laquelle Cellini naquit et mérita son prénom de Benvenuto [1], était dans la rue *Chiara nel popolo di S. Lorenzo*. Celle qu'il habita et qu'il avait reçue de Côme Ier, dans laquelle eut lieu la mémorable fonte du *Persée* [2], était rue *del Rosaio* : des inscriptions sur plaque de marbre constatent et perpétuent ces divers souvenirs.

La maison de Frédéric Zuccari était rue *del Mandorlo* : l'architecture en bossage, imaginée par lui, atteste encore la bizarrerie de son goût.

Dans la rue *Ghibellina*, nom qui rappelle les guerres, les discordes et les proscriptions de Florence, dans cette

---

[1] Le père et la mère de Cellini s'attendaient à une fille qu'ils avaient déjà baptisée du nom de *Santa-Reparata*, parce que sa mère, après dix-huit ans de mariage, ayant avorté de deux fils, eut ensuite une fille, et s'était imaginé pendant sa grossesse qu'elle devait en avoir une seconde. Le père de Cellini, Jean, paraît avoir été brave et romanesque comme son fils ; il avait épousé celle qu'il aimait ; et comme le père de Lisabetta et le sien, en vrais bourgeois florentins, chicanaient sur la dot, Jean, qui s'était caché pour les entendre, survint et s'écria : *Ah mio padre, quella fanciulla è desiderata e amata, e non i suoi danari : tristo a coloro, che si vogliono rifare in sulla dote della lor moglie ; e siccome voi vi siete che io sia così saccente, non potrò io dunque dare le spese alla moglie, e soddisfarla ne' suoi bisogni con qualche somma di danari, non manco che il voler vostro ? Ora io vi fo intendere, che la donna ha da esser mia, e la dote voglio che sia vostra. Vita di B. Cellini*, T. Ier, p. 7.

[2] *V.* ci-dessus, chap. III.

ville aujourd'hui si paisible [1], est la maison de Michel-Ange, la première de ces célèbres demeures, et qu'habite encore aujourd'hui un Buonarotti, magistrat distingué [2]. Cette maison est devenue un noble monument élevé à la gloire de Michel-Ange. Dans la galerie commandée par son neveu [3] et exécutée sur les dessins de Pierre de Cortone, une suite de tableaux représente divers traits de son histoire. Pendant les trois-quarts de siècle que cet homme prodigieux, qui menait de front le *Jugement dernier*, le *Moïse* et la *Coupole de St.-Pierre*, tint le sceptre des arts, sept papes le comblèrent de biens et d'honneurs; il fut sollicité par François Ier, Charles-Quint, Alphonse d'Este, la république de Venise; Solyman même voulut lui faire jeter un pont qui unît l'Europe à l'Asie, et il est lui-même et à lui seul comme une autre puissance. On voit dans cette maison son atelier, ses pinceaux, ses couleurs et ses premiers ouvrages de peinture et de sculpture. Michel-Ange peignait de la main gauche, comme Holbein, et il sculptait de la droite [4]. Lorsqu'on se rap-

[1] Ce nom vient de la porte *Ghibellina* que fit élever le nouveau podestat Guido Novello, lorsqu'après la bataille de Montaperti, perdue par les Florentins contre les Siennois, la domination gibeline s'établit à Florence.

[2] M. le Cav. Côme Buonarotti, président *del magistrato supremo* de Florence.

[3] L'auteur de la *Fiera*, pièce en vingt-cinq actes, et qui fut jouée en cinq journées; la galerie lui coûta 12,000 écus, et il donnait le logement à l'artiste.

[4] La nécessité avait contraint Michel-Ange à prendre ce parti; le maniement des marbres avait tellement affaibli sa main droite, qu'il fut obligé de colorier de la gauche. Quant à la question de savoir dans lequel des deux arts il excella davantage, elle semble assez incertaine : M. Cicognara (*Stor. dell. scult.* T. V, p. 162) et d'autres écrivains le regardent comme plus grand peintre ; M. Quatremère paraît d'un avis contraire. (*Journal des Savans*, avril 1817.) A défaut de science, on ne peut parler que de ses impressions, et j'avoue

pelle encore le dôme de S.-Pierre et ses poésies si passionnées, si religieuses, si énergiques, si *dantesques* comme son talent, et dont le précieux manuscrit autographe est aussi conservé dans sa maison, il paraît véritablement *l'uom di quattr' alme* [1]. Le premier marbre sculpté par Michel-Ange, et qui n'est point le combat d'Hercule contre les centaures, comme le dit Vasari, puisqu'il n'y a qu'une partie de cheval inachevée, mais une composition de fantaisie et de jeune homme, offre déjà quelques détails admirables : telles sont la figure qui en tire une autre par les cheveux, et celle, au fond en face, qui applique un coup de massue. Nous avons vu dans le chœur du dôme de Florence le dernier ouvrage du grand artiste; il me semble qu'il serait mis plus convenablement à côté de celui-ci; on aimerait à les contempler, à les rapprocher dans cette maison, autre temple dont Michel-Ange est véritablement le dieu.

La maison Quaratesi était la demeure de Jean Bologne, le plus illustre élève de Michel-Ange; il l'avait reçue du grand-duc François Ier, l'amant de Bianca Capello, prince médiocre et bas, dont le buste est au-dessus de la porte.

Près de l'ancien palais Gianfigliazzi, occupé par M. le comte de Saint-Leu, et vis-à-vis le casin de la noblesse, est la petite maison plus illustre d'Alfieri; il l'habita de 1793 à 1803, époque de sa mort. L'air, la vue, la commodité de cette maison lui avaient rendu, raconte-t-il dans ses vivans Mémoires, une grande partie de ses facultés intellectuelles et créatrices, à l'exception de

---

que la chapelle des tombeaux m'en a causé une bien plus vive que le *Jugement dernier*, fort altéré, il est vrai, par le temps.

[1] Pindemonte, *l'Homme aux quatre âmes*.

ses facultés dramatiques (*tramelogedie*)¹ que ses dix-sept chefs-d'œuvre avaient sans doute épuisées.

Près de Ste.-Marie-Nouvelle, dans la rue *dell' Amore*, dont l'origine du gracieux surnom n'est pas très sûre ², est la maison de Vincent Viviani, le dernier, le fidèle élève de Galilée, maison qu'il rebâtit avec la pension que lui avait faite Louis XIV, et sur laquelle il mit, avec le buste de son maître et son éloge, dans les places ménagées exprès, l'heureuse inscription *ædes a Deo datæ*, monument ingénieux de sa reconnaissance envers un grand homme et un grand roi.

La maison même de Galilée à Florence, n'était pas éloignée de celle que refit depuis son tendre disciple; elle était sur la *Costa* près la forteresse de Belvédère.

La maison habitée par Machiavel était rue *de' Guicciardini*, ainsi que l'indique l'inscription; c'est là qu'il mourut, pauvre, disgracié de son parti, le 22 juin 1527, à l'âge de cinquante-huit ans, tué par un médicament qu'il s'était administré lui-même et qu'il croyait efficace contre ses maux d'estomac.

CHAPITRE XX.

Académie des Beaux-Arts. — Du grand nombre d'artistes. — Raph. Morghen. — Niccolini. — Pierres dures.

L'Académie des Beaux-Arts de Florence est un des plus splendides établissemens du même genre en Italie : peut-être même a-t-il l'inconvénient d'exciter cet excès

---

¹ *V.* sur ce mot ses *Mémoires*.

² Le sénateur florentin Nelli, mort à la fin du dernier siècle, prétendait avoir des preuves certaines que l'action de la *Mandragore* s'était passée dans cette rue, et qu'elle en avait tiré son nom.

de culture qui engendre la médiocrité [1]. Alors l'inspiration est plus rare, et l'art semble se rapprocher du métier; aussi, à toutes les époques, et particulièrement à Rome sous les derniers empereurs, le grand nombre d'artistes fut un signe de décadence. La multitude des poètes, l'immensité des armées, le grand nombre des politiques, n'ont pas été plus favorables au génie de la poésie, de la guerre ou du gouvernement.

Sous le vestibule sont quatre bas-reliefs en terre vernissée de Luc de la Robbia. Une *Fuite en Égypte*, fresque de Jean de S. Giovanni, autrefois à la chapelle *della Crocetta*, est une des meilleures du temps; elle fut louée par le maître de l'artiste, Mathieu Rosselli, malgré l'ingratitude de son élève, qui l'avait abandonné et avait exécuté cet ouvrage à son insu. Dans la salle des statues sont un grand nombre de dessins, parmi lesquels plusieurs de fra Bartolommeo, de Michel-Ange, de Raphaël, d'André del Sarto. Les tableaux sont rangés par époque de manière à suivre l'histoire de la peinture. On remarque une *Résurrection du Christ*, de Raphaël del Garbo, une fresque en clair-obscur d'André del Sarto.

Les bustes et les bas-reliefs de la cour sont encore de Luc de la Robbia, de ses frères et de ses neveux; et l'on y voit sous le portique les modèles des deux groupes de la *Sabine* et de la *Vertu terrassant le Vice*, par Jean Bologne. L'Académie des Beaux-Arts s'honore de deux noms diversement célèbres en Europe : R. Morghen, professeur de gravure en taille douce, et M. Niccolini, professeur d'histoire et de *mythologie*, et secrétaire de l'Académie. L'âge avancé du premier le retient souvent chez lui, où les élèves vont le consulter. Le talent, le

---

[1] Le nombre des élèves de cette académie s'est élevé jusqu'à plus de trois cents; cinquante seulement se destinaient à la peinture.

caractère honorable et surtout les opinions indépendantes de M. Niccolini ont excité la plus vive sympathie chez les Italiens; une médaille d'or lui fut décernée par ses concitoyens en 1827, après sa tragédie de *Foscarini* : la réponse de M. Niccolini au secrétaire de la commission fut parfaitement noble et modeste [1]. La tragédie de *Nabucko* a commencé la réputation de cet écrivain, qui est bien loin toutefois du style et de la verve de Monti; le héros Nabucko était Napoléon, et toute la pièce offrait une allusion hardie à l'empereur François, au pape et aux événemens contemporains. Les tragédies de M. Niccolini, plus goûtées à Florence que dans le reste de l'Italie, paraissent tenir le milieu entre l'ancienne et la nouvelle école poétique, et il est sagement revenu au neuf et au vrai par l'imitation des Grecs. Les éloges et discours de M. Niccolini lus, soit à l'Académie des Beaux-Arts, soit à l'Académie de la Crusca, intéressans quoique tendus et déclamatoires, respirent les mêmes sentimens de liberté que ses pièces : un des meilleurs, l'éloge de Léon-Baptiste Alberti, est une vraie philippique contre le pouvoir absolu des Médicis, une protestation véhémente contre l'éternelle dépendance de l'Italie, toujours ouverte aux barbares et la proie du vainqueur. Cet éloge fut prononcé l'année 1819 en présence de feu le grand-duc Ferdinand, et il est un nouvel exemple de l'ancienne débonnaireté des princes de cette famille.

La manufacture de pierres dures, célèbre et brillante industrie florentine, à laquelle on doit les belles tables du palais Pitti, la grande table octogone de la Galerie, les ouvrages de la chapelle des Médicis, est toujours soutenue par le grand-duc pour lequel seul elle travaille, et elle paraît toujours digne de sa réputation.

[1] *V.* l'*Anthologie*, n° cxx, p. 44.

CHAPITRE XXI.

Théâtres de la *Pergola*; — *Cocomero*; — *Goldoni*; — *Alfieri*.

Les divers chanteurs et cantatrices que j'ai successivement rencontrés à Florence m'ont toujours paru assez médiocres, à l'exception de Mme Pisaroni et de Crivelli, qui, à soixante ans, offrait encore le phénomène d'un chanteur excellent. On jouait en 1826, à la Pergola, grande salle en brique, et sourde, l'opéra *Il nemico generoso*, qui fut entremêlé, selon l'usage italien [1], du ballet de l'*Orfana della selva*. Les danseurs et danseuses, détestables, afin probablement d'être mieux compris, se croyaient obligés de faire des gestes symétriques : tous ces bras partant en même temps et de la même manière semblaient comme tirés par une même ficelle, et donnaient l'idée de grosses marionnettes. Peut-être y avait-il chez ces danseurs et danseuses, qui ne s'en doutaient guère, une vague tradition du chœur antique, qui ne faisait qu'un seul personnage dont les sentimens étaient exprimés par des gestes et des paroles uniformes. En 1828, le tenor Reina, qui n'est pas sans mérite, et la signora Grisi, ne m'ont point paru justifier complétement les transports qu'ils excitaient. A la représentation extraordinaire au bénéfice de cette dernière, on joua le premier acte de la *Sémiramis* : l'accent florentin des chœurs faisait de l'allemand de cet italien, et le proverbe italien, *chanter comme un chœur*, ne fut jamais plus véridique.

Le théâtre du *Cocomero* n'est point aussi magnifi-

---

[1] *V*. Liv. III, chap. XVII.

quement monté que l'opéra de la Pergola. J'ai entendu assez bien chanter en 1826 la *Zelmira*. Les figurans étaient de simples soldats que l'on avait affublés de jaquettes et de casques antiques, mais qui avaient conservé par-dessous leurs grosses guêtres noires allemandes :

.... *Turpiter atrum*
Desinat in piscem mulier formosa superne.

Le lendemain, une jeune et jolie Française, Mme d'Arbois, artiste pleine de talent, donna au même théâtre un concert, dans lequel se fit entendre Mme Bonini, cantatrice qui jouit en Italie d'une célébrité qu'elle doit sans doute ordinairement justifier.

Le théâtre Goldoni, espèce de théâtre des Variétés, a été bâti sur les ruines de la maison de l'illustre Annalena, et du couvent qu'elle y avait fondé après l'assassinat de son époux par le gonfalonier de Florence, et la mort de son fils [1], couvent qui fut vendu par l'administration française; le genre du spectale contraste singulièrement avec les souvenirs héroïques de cette femme infortunée.

Les comédiens français de M. Dimidoff, seigneur russe, opulent et bienfaisant, établi à Florence pendant plusieurs années, et qui entretenait cette troupe, jouaient des vaudevilles. Ces comédiens étaient assez mauvais : nos flonflons semblent d'ailleurs horriblement rauques et criards à côté des purs et mélodieux accens de la langue italienne, lorsqu'ils ne se trouvent point dans la bouche des chœurs de la Pergola.

L'ouverture du théâtre Alfieri, ancien théâtre Ste.-Marie, qui eut lieu le 25 novembre 1828, était un bal masqué; point de gaîté, de petits cris, de petites gri-

---

[1] *V.* Machiavel, *Istor. fior.* Lib. vi.

maces, des toilettes négligées, tel était à peu près le spectacle qu'il offrait, et ce bal masqué italien, auquel tout Florence s'était porté, n'était qu'une parodie médiocre du bal masqué de l'Opéra de Paris.

CHAPITRE XXII.

Hôpital de *Sta.-Maria-Nuova*. — Confrérie de la Miséricorde. — Améric Vespuce. — Musée de physique et d'histoire naturelle. — Télescope de Galilée.

L'HÔPITAL de Ste.-Marie-Nouvelle, le plus ancien des grands hôpitaux de l'Italie, et l'un des plus beaux de l'Europe, fut créé en 1287 par Folco Portinari, généreux citoyen de Florence, le père de la céleste Béatrice du Dante, qu'une fille aussi poétique a rendu plus célèbre que sa pieuse et utile fondation. L'architecture actuelle de la façade est de Buontalenti et de Parigi, son élève. L'école médicale florentine, illustrée par Redi et par le zélé propagateur de sa réforme, le docteur Cocchi, paraît toujours digne de tels maîtres par la sagesse et la simplicité de ses doctrines.[1]

La Confrérie de la Miséricorde, fondée vers le milieu du XIIIe siècle, lors des pestes qui ravagèrent Florence, est une de ces institutions particulières au catholicisme, et qu'il peut seul imaginer et prescrire. Les membres qui la composent, parmi lesquels se trouvent les plus grands seigneurs, qui ne peuvent être que simples frères, et sont exclus des grades et dignités de la confrérie, se

---

[1] *V.* les *Notizie istoriche della medicina e della chirurgia in Toscana e particolarmente della scuola chirurgica fiorentina di Enrico Nespoli chirurgo soprannumerario dell' I. e R. arcispedale di Santa-Maria-Nuova*, in-8°. Florence, 1831.

vouent à secourir les blessés et à les transporter à l'hôpital, où ils continuent de les soigner. Quelquefois vous voyez s'échapper des cercles les plus brillans un de ces confrères, averti de quelque accident par la cloche du Dôme. A ce rappel de la charité, il court revêtir son uniforme religieux, espèce de robe noire, avec capuchon, costume monastique qui dissimule l'inégalité des rangs, et auquel un chapelet est suspendu. Cet homme du monde, né au milieu des jouissances de la vie, saisit de lui-même un des bouts du brancard ; il chemine lentement à travers les rues de la ville chargé de son frère souffrant, et il passe, sans regret, sans surprise, du salon à l'hôpital. La Confrérie de la Miséricorde est divisée par quartiers, et chaque mois un des membres se charge de la quête. Des confréries pareilles existent dans les villes de la Toscane ; mais le chef-lieu est établi à Florence.

Le petit hôpital de S.-Jean-de-Dieu, loué par Howard, comprend l'ancien palais Vespucci, séjour de l'heureux navigateur qui donna son nom florentin au Nouveau-Monde. L'inscription mise par les religieux de S.-Jean, il y a plus d'un siècle, sur la porte du monastère, est le seul monument consacré aujourd'hui dans Florence à cet homme fameux [1], dont la renommée surpasse de beaucoup la gloire.

Le Muséum de Physique et d'Histoire naturelle est curieux. Plusieurs pièces renferment les diverses parties du corps humain, en cire coloriée, d'une manière qui paraît peu fidèle ; la vue de tous ces muscles, viscères, entrailles,

---

[1] *Amerigo Vespuccio patricio Florentino ob repertam Americam, sui et patriæ nominis illustratori, amplificatori orbis terrarum, in hac olim Vespuccia domo a tanto domino habitata, patres sancti Joannis de Deo cultores gratæ memoriæ caussa p. c. an. sal. CDCCXIX.*

artères, de tout ce matériel, de toute cette réalité de notre être, a quelque chose d'affreux. Je préfère infiniment la charmante collection de coquilles, une des plus complètes qui existent. Le télescope exécuté sous la direction de Galilée, et dont il faisait usage, la grande lentille avec laquelle l'Académie *del Cimento* brûla la première le diamant, sont conservés à ce Muséum. Ce premier essai de télescope, ainsi qu'une lunette de Galilée possédée par M. le prince A*********, sont fort inférieurs aux télescopes et aux lunettes actuels.

L'observatoire, au-dessus du Muséum, s'honorait encore récemment de notre compatriote Pons, le grand explorateur de comètes [1]; ces établissemens viennent de s'attacher deux hommes distingués de Modène, le célèbre astronome Amici, successeur de Pons, et l'habile physicien Nobili.

CHAPITRE XXIII.

Maison de travail. — *Stinche*. — Prisons.

La mendicité est défendue à Florence; le privilége n'en a été conservé qu'aux aveugles. Malgré la sagesse de son réglement, la maison de travail ne paraît pas très florissante. Le dépôt de mendicité sous l'administration française avait encore moins réussi. Les établissemens de ce genre trouvent en Italie des obstacles que les habitudes nationales, le défaut d'application du peuple, sa négligence, sa malpropreté, n'entraînent point ailleurs. La maison de Florence peut contenir environ huit cents individus; il y en avait six cent dix en 1828,

[1] Mort au mois d'octobre 1831.

FLORENCE. 167

parmi lesquels un tiers d'infirmes et de vieillards. La nourriture est bonne et abondante; le pain excellent. Les ouvrages y sont assez bien exécutés, surtout les tapis imitant les tapis anglais; mais ils coûtent plus qu'ils ne rapportent; il en a été de même de la fabrication des draps, que l'on a été obligé d'abandonner, car ils ne pouvaient se soutenir à côté des draps de France.

Les *Stinche*, prison pour dettes qui remonte au temps de la république, étaient regardées par Varchi comme un des édifices les plus remarquables de la ville. Les lois de Florence, comme celles des peuples libres et marchands, étaient sévères contre les débiteurs; c'est ainsi que ces dettes s'accroissaient proportionnellement avec le temps, moyen sûr de rendre à la fin les débiteurs insolvables. Un des prisonniers célèbres des *Stinche* fut le poète Dino di Tura, poète burlesque et satirique du xive siècle, qui paraît les avoir fréquentées; il accuse ainsi l'avidité du magistrat chargé de leur surveillance:

> *De' poveri prigion viene in sua mano*
> *La carità, e ne tien nuova foggia;*
> *Noi che stiamo in prigion ce n' avvegghiamo.* [1]

Au-dessus de l'unique et très petite porte des *Stinche* qu'environnent de toute part de hautes murailles, est l'inscription charitable *Oportet misereri*, que le peuple de Florence a traduite par la *Porta delle miserie*.

Les prisons publiques sont au *Bargello*, sévère et vieux palais de l'architecture d'Arnolfo di Lapo, en face du neuf et brillant palais Borghèse[2], contraste ordinaire de villes qui rapproche les fêtes, le malheur ou

---

[1] « Il touche l'aumône destinée aux pauvres prisonniers, et s'en « fait de beaux habits; nous nous en apercevons, nous qui restons « en prison. »

[2] *V.* ci-dessus, chap. xvii.

le crime. C'est dans la cour du *Bargello* que le sage Léopold fit brûler les anciens et nombreux instrumens de la torture florentine, parmi lesquels se trouvait peut-être le chevalet qui avait interrogé Machiavel et auquel il n'avait pas répondu.[1]

CHAPITRE XXIV.

Porte à *S. Gallo*.— Pont *alle Grazie*. — Épitaphe de cheval.— Porte S. Nicolas. — Pont vieux. — Orfévrerie florentine. — Corridor. —Groupe d'*Hercule* et du *Centaure*. — Ponts de la Trinité ; — *Carraja*. — Porte *al Prato*. — *Calcio*.—Artistes-ingénieurs.

La porte à S. Gallo fut construite en mémoire de l'avénement de la maison de Lorraine au trône de Toscane, à la mort du dernier et vulgaire descendant des Médicis, en 1739, et lorsque la Lorraine fut réunie à la France. Quoique copié de l'arc de Constantin, cet arc de triomphe lorrain, ouvrage de M. Giadod, architecte de Nancy, avec des inscriptions du savant Valentin Jameray Duval, n'a pas la grandeur et le caractère des arcs de triomphe romains; mais, comme ceux-ci et la plupart des autres monumens semblables en Europe, il n'a point été élevé par le malheur des hommes, et au lieu d'une domination oppressive et superbe, il rappelle le gouvernement de princes paternels et bienfaisans.

La porte *alla Croce*, réparée il y a quelques années, a, du côté de la ville, une fresque remarquable de Ghirlandaio.

[1] Paul Boscoli et Augustin Capponi, les chefs de cette conspiration contre les Médicis, furent exécutés avant l'arrivée de leur grâce envoyée de Rome par Léon X.

Le pont *Rubaconte* ou *alle Grazie*, du dessin de Lapo, doit ce dernier nom à la chapelle de la Vierge, refaite à plusieurs reprises : dans les petites maisons bâties sur ce pont naquirent deux hommes diversement célèbres, le bienheureux Thomas de' Bellacci, religieux de S.-François, et l'élégant et pâle Menzini, poète du XVIIe siècle :

> *Or chi tra tre mattoni in Rubaconte*
> *Nacque, e pur vorrà farsi a noi simile.* [1]

Sur la place *de' Giudici* est une inscription singulièrement pathétique, composée par le savant patricien de Venise, Charles Cappello, ambassadeur à Florence, qu'il a consacrée à son cheval tué lors du siége de 1529, et enterré là avec tous ses harnais, qui étaient en velours, monument de la reconnaissance de son maître pour les services de ce bucéphale vénitien, qui ne semblait guère devoir appartenir à une telle ville. [2]

La porte Saint-Nicolas, faite en 1325, ornée d'une fresque de Bernard Gaddi, est la seule de Florence qui ait conservé sa première hauteur et sa vieille majesté. Le patriotisme du moyen âge avait alors décoré les autres portes de la ville des statues des illustres Toscans, et la statue de Pétrarque se voyait à la porte Saint-Nicolas, qui conduit à Arezzo, sa patrie.

---

[1] « Tel qui naquit entre trois briques sur le Rubaconte ne voudrait-il pas se faire semblable à nous ? » Menzini. *Sat.* VII. De nouvelles lettres du Menzini, écrites de Rome de 1688 à 1690, et adressées à François Redi, ont paru dans le recueil intitulé : *Lettere di Lorenzo il magnifico al som. pont. Innocenzio VIII e più altre di personaggi illustri toscani.* Florence, 1830, in-8°.

[2]
Ossa equi Caroli Capelli
Legati veneti
Non ingratus herus, sonipes memorande, sepulchrum
Hoc tibi pro meritis, hæc monumenta, dedit
Obsessa urbe
MDXXXIII, id. Martii.

Le pont vieux fut construit par Thadée Gadi, en 1345. Il paraît que, dès le temps des Romains, il existait un pont au même endroit. Les anciennes boutiques du pont vieux, d'après un décret des capitaines du quartier, de l'année 1594, furent réservées aux orfévres, qui les occupent encore. Mais cette orfévrerie actuelle de Florence, comme les autres orfévreries, ne ressemble pas du tout à l'orfévrerie florentine des xve et xvie siècles, alors qu'elle se liait par le nombre, la grandeur et le genre de ses productions à tous les arts du dessin; qu'elle était comme l'apprentissage et l'école de la sculpture, que, de ses ateliers et de ses boutiques, sortaient des hommes tels que Brunellesco, Donatello, Ghiberti, et qu'elle était exercée par un Cellini. C'est au-dessus du pont vieux que passe ce laid et long corridor de près d'un demi mille, qui traverse Florence et communique du palais Pitti à la galerie; il fut exécuté pour Côme Ier, par Vasari, qui se vante un peu trop dans sa Vie d'avoir terminé ce triste ouvrage en moins de cinq mois.

A la descente du pont, au-dessus d'une fontaine qui lui sert de base, est le beau groupe d'*Hercule* et du *Centaure*, de Jean Bologne, découvert en 1600, qui clôt admirablement la liste des beaux ouvrages de sculpture du xve siècle, chef-d'œuvre jeté au milieu d'un étroit carrefour, parmi les seaux des porteurs d'eau, et respecté par le peuple.

Le pont élégant et hardi de la Trinité, qui n'a que trois arches, est de l'Ammanato; il offre le premier modèle de ce genre d'arches à voûte surbaissée, espèce de courbe qu'on peut réprouver quand elle est employée sans nécessité, mais dont Ammanato imagina de faire ici une application d'autant plus heureuse qu'elle était suggérée par le besoin, afin de prévenir l'effet de l'impétuosité et de la crue subite de l'Arno, dont le débordement de 1557 avait emporté l'ancien pont.

Le pont *alla Carraja*, qui paraît avoir tiré son nom du passage fréquent des chars, fut aussi réparé par Ammanato, après ce même débordement, dont les ravages se répandirent jusque dans la ville.

La porte *al Prato* doit son nom au pré dans lequel s'exerçaient jadis les jeunes Florentins à divers jeux, et surtout au *Calcio*, aussi, dit-on, renouvelé des Grecs; noble jeu de ballon auquel n'étaient admis que les soldats, les gentilshommes, les seigneurs et les princes. C'est à la porte *al Prato* que Benvenuto Cellini, chargé de la fortifier lors de la guerre contre Sienne, eut cette rixe singulière avec le capitaine lombard qui la gardait et auquel il ne pouvait faire comprendre son système de fortification. Les fortifications des autres portes étaient confiées à d'autres artistes. Michel-Ange avait été nommé directeur-général des fortifications de Florence quand elle était assiégée en 1529 par les armées impériales et pontificales [1]. Près de cette même porte *al Prato* est la forteresse *da Basso*, bâtie par Clément VII pour contenir les Florentins, monument du savoir de san Gallo: d'autres grands artistes de cette époque, doués la plupart de talens si divers, étaient encore ingénieurs, et ils se distinguèrent par le même genre de travaux.

[1] *V.* Liv. x, chap. vi.

FIN DU LIVRE NEUVIÈME.

LIVRE DIXIÈME.

ENVIRONS. — PISE. — LIVOURNE.

CHAPITRE PREMIER.

Avenue du *Poggio imperiale*. — *Arcetri*. — Tour ; — maison de Galilée. — *Montici*. — Guichardin.

L'avenue du *Poggio imperiale*, formée d'ifs, de pins, de cyprès, de vieux chênes, est une espèce de monument naturel, imposant, et même un peu triste, qui contraste avec l'agrément et la variété de la promenade ordinaire des Cascines [1]. Ce palais fut autrefois la villa Baroncelli. On rapporte qu'un membre de cette ancienne famille, Thomas Baroncelli, fort dévoué à Côme Ier, étant allé de sa villa à la rencontre de son maître lorsqu'il revenait de Rome, fut si ravi de le revoir avec le titre de grand-duc que lui avait accordé le pape Pie V, qu'il en mourut de joie; enthousiasme de l'esprit de servitude, qui doit sembler aujourd'hui bien étrange! Le Poggio passa depuis dans la famille Salviati, et fut impitoyablement confisqué par Côme avec les autres biens des insurgés et des bannis ; il le donna à sa fille, la légère et infortunée Isabelle, victime probablement de la jalousie trop fondée de son mari. Parmi les solennités communes au Poggio, comme aux autres palais, on remarque que les grandes-duchesses, tutrices du jeune Ferdinand II, firent jouer au passage du prince Stanislas, frère du roi de Pologne, en 1625, une tragédie de *Ste.-Ursule*, qui n'est point parvenue jusqu'à

[1] *V*. le chap. suivant.

nous., mais qui ne peut guère avoir été qu'une espèce de *mystère* dont la représentation doit sembler bizarre, après que l'Italie possédait déjà, depuis plus d'un siècle, la *Sophonisbe* et la *Rosmonde*. Cette pièce de *Ste.-Ursule* fut suivie d'un bal, auquel prirent part plus de cent dames, et d'un superbe *balletto di cavalli*, exécuté la nuit dans le pré voisin transformé en amphithéâtre et illuminé. Sur ce même pré avait eu lieu, le 12 mars 1530, pendant le siége de Florence, le duel fameux entre Louis Martelli, le provocateur, et Jean Bandini, qui semblèrent combattre pour leur patrie, tandis qu'ils n'étaient que des rivaux d'amour [1], duel qui peint si parfaitement les mœurs et l'esprit de la chevalerie, et raconté avec de si minutieux détails par Varchi, véritable historien de l'école descrtipive ou pittoresque. C'est sur le même pré du *Poggio imperiale* que Redi fait conduire Ariane par Bacchus, qui, le verre à la main, lui chante l'éloge des vins de Toscane et des gens de lettres, amis de l'auteur, dans le beau et célèbre, mais un peu redondant dithyrambe, comme tous les dithyrambes, du *Bacco in Toscana*. [2]

[1] La femme qu'ils aimaient était, à ce qu'on a su depuis, Mariette Ricci, mariée à Nicolas Benintendi; le rival préféré était Martelli. Ses amis prièrent Mariette de venir le visiter après les graves blessures qu'il avait reçues, et elle en obtint la permission de son mari, qui ne se doutait de rien. Cette entrevue, au lieu de soulager Martelli, comme on l'espérait, lui causa une telle émotion, qu'elle paraît avoir accéléré sa mort.

[2]
Dell' Indico oriente
Domator glorioso il dio del vino
Fermato avea l' allegro suo soggiorno
Ai colli etruschi intorno :
E colà dove Imperial palagio
L' augusta fronte in ver le nubi inalza ,
In verdeggiante prato
Colla vaga Arianna un dì sedea ,
E bevendo e cantando ,
Al bell' idolo suo così dicea , etc.

Au palais, une belle fresque de Mathieu Rosselli, représentant les illustres actions des Médicis, a été sciée habilement d'une voûte démolie et conservée dans une autre pièce. La nouvelle chapelle de la Vierge, par M. Joseph Caciali, offre à la voûte une vaste fresque de *l'Assomption*, de M. François Nenci, le plus habile élève de l'Académie des Beaux-Arts, son plus important ouvrage, et très vanté à Florence.

Au-dessus du Poggio est la jolie colline d'Arcetri, chantée par les poètes pour son délicieux vin blanc [1], et immortalisée par le séjour, la prison [2] et la mort de Galilée. Sur la route est la tour dite *de Galilée*, maison de paysan, observatoire rustique, d'où la vue de Florence et des environs est très belle. La petite maison habitée dix années par ce grand homme, existe encore; elle m'a paru agréable et assez digne du surnom de *giojello* (le joyau), qu'elle a autrefois porté. On y voit sa chambre tapissée d'une espèce de cuir commun, et garnie de siéges modestes, ainsi qu'une petite terrasse sur laquelle il passait des heures entières : c'est là peut-être qu'il perdit la vue à soixante-quatorze ans, alors que, malgré la vieillesse et l'infortune, il continuait, avec un courage infatigable, ses tables des satellites de Jupiter :

Vien quegli occhi a mirar che il ciel spiarno

[1] *La verdea soavissima d' Arcetri.*
  Redi, *Bacco in Toscana.*

[2] Galilée a daté toutes ses lettres écrites d'Arcetri aussitôt après son retour de Rome et sa condamnation, de sa *carcere di Arcetri;* fait qui prouve, ainsi que les difficultés qui lui furent opposées pour faire son testament, que, malgré les visites nombreuses et distinguées qu'il recevait, il était resté toute sa vie sous la surveillance de l'inquisition. Il avait loué cette maison quinze écus par an d'Esaü Martellini, son élève. *V.* la *Vita e commercio letterario di Galileo Galilei* de J. B. Clément de' Nelli (Lausanne, 1793, 2 vol. in-4º), ouvrage curieux, qui rectifie plusieurs inexactitudes de Targioni Tozzetti, sur le séjour de Galilée à Arcetri.

LIVRE X, CHAP. I.

Tutto quanto, e lui visto, ebber disdegno
Veder oltre la terra, e s' oscurarno. [1]

Galilée, ami des champs, qui ne pouvait lire que là dans le livre de la nature, et regardait les villes comme les prisons de l'esprit humain [2], avait occupé cette maison depuis la fin de décembre 1633 jusqu'à son dernier jour, le mercredi 8 janvier 1642, l'année même de la naissance de Newton : nous l'avons vu venir au monde deux jours avant la mort de Michel-Ange [3]; on dirait que le génie devait immédiatement le précéder et le suivre.

Non loin de la maison de Galilée, sur une autre agréable colline, dite *Bellosguardo* (Bellevue), à Montici, est l'ancienne villa du comte Bardi, de l'architecture de Michelozzo, qui fut la demeure de Guichardin; il y finit aussi ses jours après avoir été mêlé aux événemens dont il a raconté l'histoire : on y conserve religieusement la table sur laquelle cette histoire a été écrite avec une telle ardeur, dit-on, qu'il passait des journées entières sans manger ni dormir. Quoique plongé dans la retraite, Guichardin paraît avoir été empoisonné [4] : nouveau et fatal exemple qui semble rapprocher la destinée des his-

---

[1] Monti. « Les yeux de celui qui avait observé et découvert les « profondeurs du ciel, dédaignèrent aussitôt de regarder la terre, « et ils s'obscurcirent ». Galilée avait aussi composé à Arcetri, *Il Trattato della meccanica*, augmenté et corrigé, qui parut en 1634, et les *Discorsi e dimostrazioni intorno a due nuove scienze attenenti alla meccanica, e i movimenti locali con un'appendice del centro di gravità di alcuni solidi*, qu'il confia manuscrit, en 1636, au comte de Noailles, lorsque ce dernier revenait de son ambassade de Rome, et remis par lui aux Elzevirs, qui les imprimèrent en 1638, in-4°.

[2] Viviani. *Vita del Galileo*, p. 68.

[3] *V*. Liv. IX, chap. XII.

[4] *V*. l'autorité du sage et véridique historien florentin, Bernard Segni, cité par M. Rosini, p. 67 de son *Saggio sulle azioni e sulle opere di F. Guicciardini*, en tête de la belle édition de Pise. 1822-1824, 8 vol. in-4° fig.

toriens de ces temps-là de celle de leurs personnages [1]. Malgré la fatigue causée par ses immenses périodes, l'auteur de l'*Histoire d'Italie*, comme tous les historiens et les politiques acteurs dans leurs ouvrages, a bien expliqué et jugé les actions dont il parle. La conduite de Guichardin fut constamment honorable et pure : quoique partisan du gouvernement républicain, il se déclara seul dans le conseil, après l'assassinat du duc Alexandre, pour la forme monarchique qu'il fit adopter, lorsqu'il vit qu'elle seule pouvait garantir son pays des révolutions et de la guerre civile.

CHAPITRE II.

Cascines. — Villa *del Boccaccio*. — Alessandra Scala. — *Badia*. — *Tipografia Fiesolana*. — M. Inghirami. — Villa *Mozzi*; — *Ricasoli*. — Fiesole. — Mino. — Capucins.

La charmante promenade des *Cascine* (laiteries) sur les bords de l'Arno, avec ses pins, ses chênes verts, ses gazons, ses faisans, son palais champêtre, est bien supérieure à la plupart de ces rendez-vous ordinaires des vanités des grandes villes. L'heure de cette promenade citadine varie selon les saisons : les équipages, les chasseurs sont nombreux; mais ce faste italien, espèce de décorum imposé par l'usage, ne ressemble point au luxe propre, solide, éclatant de Londres ou de Paris.

Sur la route de Fiesole, le long du torrent Mugnone, on aperçoit la villa Palmieri *de' tre visi*, appelée encore la *villa del Boccaccio*, où se réfugia, pendant la peste de Florence, la société de femmes et de jeunes gens qui

[1] *V*. Liv. v, chap. xxxi.

raconte le Décaméron. Cette villa refaite, renouvelée, n'est aujourd'hui qu'une simple et grande maison anglaise, mais qui doit être infiniment plus commode que le *bellissimo e ricco palagio* de Boccace.

La villa Guadagni était la demeure de Barthélemi Scala, l'illustre gonfalonier et historien de la république, le père de la célèbre Alessandra, élève de Jean Lascaris et de Démétrius Chalcondyle, femme belle, érudite et poète, la Corinne de Florence, qui sut victorieusement répondre par d'autres épigrammes grecques aux épigrammes grecques de Politien, rival d'amour du jeune et infortuné poète byzantin Marullo Tarcagnota, qu'elle lui avait préféré.

La *Badia*, superbe fondation de Côme l'Ancien, de l'architecture de Brunellesco, est aujourd'hui la *Poligrafia Fiesolana*. Le directeur est M. Inghirami, frère du P. Inghirami, homme d'une haute naissance, devenu antiquaire et imprimeur de ses propres ouvrages. Ce philosophe, plein de science, de modestie, de résignation, me reçut au milieu des festons d'épreuves suspendues et séchant sur des cordes, et il ne m'a point paru dégénérer de la noblesse de sa race. M. Inghirami forme lui-même ses jeunes ouvriers, et dessine et colore les planches de ses diverses publications [1]. A l'ancien réfectoire, une fresque de Jean de S. Giovanni, composition à la fois grave et grotesque, représente le Seigneur servi dans le désert par des Anges; on y remarque quelques ANGESSES: le démon que les anges s'efforcent d'écarter est la figure d'un moine de la Badia, qui avait donné du mauvais vin à l'artiste pen-

---

[1] Les principaux ouvrages sortis de la *tipografia Fiesolana*, sont : *Monumenti etruschi o di etrusco nome, disegnati, incisi, illustrati, e pubblicati dal cavaliere Francesco Inghirami*, 1821-1827, 6 vol. in-4°; *Galleria omerica*, 1827-1831, 2 vol. in-8°. fig.

dant son travail. Une belle chaire de Desiderio da Settignano offre des ornemens du travail le plus exquis.

L'hôtellerie *delle tre Puzzelle* était la demeure du docteur Lami, et il s'y livra au plus grand nombre de ses vastes travaux. Vis-à-vis est une fontaine de Baccio Bandinelli, dont la villa était voisine.

La belle villa Mozzi fut élevée par Jean de Médicis, fils de Côme l'Ancien, sur le dessin de Michelozzo. Laurent le Magnifique y rassemblait les lettrés de son temps; c'est là que Politien s'était retiré après les tracasseries et les obstacles qui lui avaient été suscités par l'intervention maternelle, comme il arrive quelquefois, dans l'éducation des enfans de son protecteur; débarrassé de ses assujettissantes fonctions, il a délicieusement chanté son nouveau loisir et sa nouvelle indépendance dans une pièce qui rappelle le sujet et la poésie des Géorgiques [1]. C'est dans cette même maison que devait éclater la conjuration des Pazzi au milieu de la fête que Laurent donnait au cardinal Riario, neveu du pape Sixte IV, leur complice, mais qu'ils différèrent afin de

---

[1]   *Hanc, o cœlicolœ magni, concedite vitam ;*
Sic mihi delicias, sic blandimenta laborum,
Sic faciles date semper opes; hac improba sunto
Vota tenus ; nunquam certe, nunquam illa precabor,
Splendeat ut rutilo frons invidiosa galero,
Tergeminaque gravis surgat mihi mitra corona.
Talia Fœsuleo lentus meditabar in antro
Rure suburbano Medicum, qua mons sacer urbem
Mœoniam, longique volumina despicit Arni ;
Qua bonus hospitium felix, placidamque quietem
Indulget Laurens, Laurens haud ultima Phœbi
Gloria, jactatis Laurens fida anchora musis :
Qui si certa magis permiserit otia nobis ,
Afflabor majore Deo, nec jam ardua tantum
Silva meas voces, montanaque saxa loquentur,
Sed tu (si qua fides) tu nostrum forsitan olim ,
O mea blanda altrix, non aspernabere carmen ,
Quamvis magnorum genitrix Florentia vatum ,
Doctaque me triplici recinet facundia lingua.
           SYLVA , *Rusticus*.

ne point laisser échapper le frère de Laurent, Julien, qu'une indisposition avait empêché d'y assister.

Le couvent de S.-Jérôme est aujourd'hui la villa Ricasoli; plusieurs bas-reliefs d'André Ferrucci de Fiesole, autrefois à l'autel de l'église, sont très remarquables; le lion qui s'arrête en présence du saint, tandis que les autres frères fuient épouvantés, le Miracle de la mule agenouillée devant le S.-Sacrement, sont sculptés avec infiniment d'expression et d'élégance; les deux anges volant de chaque côté de la croix pourraient être crus, pour l'habileté et la hardiesse de la pose et des raccourcis, du dessin de Michel-Ange.

Fiesole, le berceau de Florence [1], n'a guère aujourd'hui d'intéressant que ses pierres étrusques, ses souvenirs littéraires, sa vue et les sculptures de sa cathédrale; rebâtie sur les débris de l'ancienne et puissante Fiesole, son aspect est moderne, sans caractère, et sa grande place, son séminaire restauré, ses églises refaites, ne la font plus paraître qu'une simple et petite ville italienne. Le *Ninfale Fiesolano*, de Boccace, que j'avais emporté et que j'ai essayé de lire, m'a prodigieusement ennuyé : peut-être que les allusions de société sur les dames qui habitaient Fiesole et que l'on ne saurait saisir aujourd'hui, devaient le rendre dans le temps plus agréable. Ce poème insignifiant a toutefois quelque intérêt sous le rapport des sciences naturelles, puisque le premier, dit-on, il a parlé des fossiles.

La Cathédrale, fondée par l'évêque Jacques Bavaro en 1028, est dédiée à S. Pierre et à S. Romulus, étrange

---

[1] Le Dante banni fait éloquemment allusion à cette origine de ses durs concitoyens, lorsqu'il dit :

> *Di quell' ingrato popolo maligno,*
> *Che discese da Fiesole ab antiquo,*
> *E tien ancor del monte, e del macigno.*
>
> *Inf.*, can. xv, 65.

rapprochement du nom des deux divers fondateurs de Rome! Une vieille image est du temps de Giotto; un *S. Donato, évêque de Fiesole,* le *Martyre de S. Thomas,* sont de beaux tableaux du Volterrano. Le petit autel, le tombeau, la chapelle de l'évêque de Fiesole, Léonard Salutati, sculptés par Mino de Fiesole, sont au premier rang des chefs-d'œuvre de l'art : les figures de l'autel sont pleines de grâce, de douceur, d'abandon; le buste de l'évêque est admirable de vie et de vérité.

L'église S.-Alexandre, bâtie dans le vi^e siècle, a été réparée dernièrement. Sans les quinze belles colonnes ioniques de marbre cipolin, on aurait peine à reconnaître la plus ancienne basilique de la Toscane, à travers l'éclat nouveau de sa maçonnerie et de son badigeonnage.

Le couvent des capucins qui domine Fiesole a le jardin, la vue, le pittoresque des autres couvens de capucins, et de plus quelques bonnes fresques de Nicodème Ferrucci, élève préféré et aide habile du Passignano.

CHAPITRE III.

Poggio di Cajano. — Salon. — Peintures. — Marguerite d'Orléans. — Alliances malheureuses des Médicis.

La villa, le domaine de Cajano, chantés par Politien en véritable poète descriptif de la fin du dernier siècle [1],

---

[1] Il y avait composé le poëme intitulé *Ambra* (*Sylva*), consacré à la louange d'Homère, et qui se termine par la description de Poggio Cajano :

> *Macte opibus, macte ingenio, mea gloria Laurens,*
> *Gloria musarum, Laurens! montesque propinquos*
> *Perfodis, et longo suspensos excipis arcu;*
> *Prægelidas ducturus aquas, quà prata supinum*

et par Laurent de Médicis [1], est un des premiers monumens de la magnificence de celui-ci qui fit reconstruire le château par Julien de San Gallo. La voûte de la grande salle est regardée par Vasari comme la plus vaste qui ait encore été exécutée chez les modernes. Léon X l'avait décorée de superbes et ingénieuses peintures des premiers maîtres florentins. Les sujets sont antiques, mais font tous allusion à l'histoire des Médicis : le retour de Cicéron de l'exil, par Franciabigio, rappelle la rentrée triomphante de Côme à Florence; les présens et les animaux rares envoyés d'Égypte à César, d'André del Sarto et la plus belle de ces peintures, les présens du soudan à Laurent; le repas offert à Scipion par le roi des Nu-

Lata videt Podium, riguis uberrima lymphis;
Aggere tuta novo piscosisque undique septa
Limitibus, per quæ multo servante molosso
Plena Tarentinis succrescunt ubera vaccis;
Atque aliud nigris missum (quis credat ?) ab Indis
Ruminat ignotas armentum discolor herbas.
At vituli tepidis clausi fœnilibus intus
Expectant tota sugendas nocte parentes.
Interea magnis lac densum bullit ahenis,
Brachiaque exertus senior, tunicataque pubes
Comprimit, et longa siccandum ponit in umbra.
Utque piæ pascuntur oves, ita vastus obeso
Corpore, sus calaber caveá stat clausus olenti,
Atque aliam ex alia poscit grunnitibus escam.
Celtiber ecce sibi latebrosa cuniculus antra
Perforat; innumerus net serica vellera bombyx;
At vaga floriferos errant dispersa per hortos,
Multiforumque replent operosa examina suber;
Et genus omne avium captivis instrepit alis.
Dumque Antenorei volucris cristata Timavi
Parturit, et custos Capitoli gramina tondet,
Multa lacu se mersat anas, subitaque volantes
Nube diem fuscant Veneris tutela columbæ.

[1] *V.* sa jolie pièce aussi appelée *Ambra*, du nom de la petite île que le débordement de l'Ombrone, rivière de Cajano, avait emportée. La publication en est due à Roscoe, qui l'a insérée, d'après un manuscrit de la Laurentienne, dans l'appendice de sa *Vie de Laurent de Médicis*.

mides Syphax, du Pontormo, l'accueil fait à Laurent par le roi de Naples; enfin on reconnaît dans le Titus Flaminius réfutant au milieu de l'assemblée des Achéens l'ambassadeur des Étoliens et du roi Antiochus et rompant la ligue, du même Pontormo, Laurent qui arrête dans la diète de Crémone les projets des Vénitiens.

Le Poggio de Cajano fut témoin de la fin tragique et mystérieuse de Bianca Capello et de son amant. Cette même villa servit de refuge à la gracieuse, spirituelle et fantasque princesse Marguerite d'Orléans, lorsqu'elle résolut de fuir à jamais son triste époux, le grand-duc Côme III. Après avoir quitté le Cajano pour le monastère de Mont-Martre et la cour de Louis XIV [1], Marguerite mourut à Paris dans un âge avancé, nouvel exemple des alliances malheureuses et mal assorties entre la famille des Médicis et la maison de France; mais les tribulations et peut-être les infortunes conjugales de Côme ne compensent point le mal fait à notre pays par les deux reines italiennes.

CHAPITRE IV.

Careggi. — Fête de Platon. — Mort de Laurent le Magnifique. — *S. Etienne-tra-l'arcora.* — *Quiete.* — Éléonore de Montalvo. — *Petraia.* — Scipion Ammirato. — *Castello.* — Villa *Bartolini.* — *Topaia.* — Benoît Varchi.

CAREGGI, à trois milles de Florence, quoique depuis cinquante ans maison de campagne de particulier [2],

---

[1] Mme de Sévigné semble insinuer qu'elle avait eu l'intention de le captiver : « Je suis persuadée, écrit-elle à sa fille, qu'elle aimerait fort cette *maison*, qui n'est point à louer. » Let. du 3 juillet 1675.

[2] Elle appartient aujourd'hui à M. Vincent Orsi, florentin.

existe encore dans son ancien état; bâti par Côme l'Ancien, l'architecture, de Michelozzo, est d'une rare beauté. Cette villa, l'une des plus renommées par ses souvenirs, devint, sous Laurent de Médicis, un de ces sanctuaires où la poésie et la philosophie antiques trouvaient de si fervens adorateurs; l'image de Platon fut inaugurée dans ses jardins, dessinés comme les bosquets d'Académe, et chaque année, le 7 novembre, on y célébrait ainsi qu'à Florence, par un somptueux banquet, l'anniversaire de sa naissance, comme douze siècles auparavant il se pratiquait dans Athènes [1]. Careggi fut témoin des jeux, de la familiarité littéraire de Laurent et de ses amis, Pic de la Mirandole, Politien et Marsile Ficin. Ce dernier même y finit ses jours. Laurent, le premier peut-être, fit cultiver dans les jardins de Careggi une collection de plantes autres que celles qui sont le plus usuelles [2]. Ce lieu tout plein des Médicis, fut le séjour de l'enfance de Léon X et le tombeau de deux des plus illustres personnages de cette famille, du Père de la patrie et de Laurent le Magnifique. C'est là que ce dernier, atteint à quarante-trois ans d'un mal violent et inconnu [3], pressait de ses mains mourantes celles de Politien qui détournait ses

---

[1] Selon deux relations de Marsile Ficin (*Epist.*, lib II, *ad Jacob. Bracciol.*), Bandini présida le banquet de Florence, Laurent de Médicis celui de Careggi. L'exactitude de cette date du 7 novembre comme anniversaire de la naissance et de la mort de Platon, a été contestée avec quelque fondement par le père Odoard Corsini.

[2] Le catalogue étendu en est donné dans une élégie d'Alexandre Bracci, adressée à Bernard Bembo, et publiée par Roscoe dans l'appendice à la *Vie de Laurent de Médicis*, d'après un manuscrit de la Laurentienne. Plusieurs de ces plantes d'Asie et d'Afrique ne sont point reconnues par les botanistes actuels.

[3] On a rapporté comme un exemple singulier de fatalité, que son médecin, le célèbre Pierre Leoni, de Spolette, qui s'occupait aussi d'astrologie, au désespoir de la mort de Laurent, s'était précipité ou avait été jeté par Pierre de Médicis, furieux, dans un puits de Careggi, fin conforme à l'horoscope qu'il s'était tirée à lui-même.

yeux inondés de larmes, et s'échappait pour s'abandonner seul et librement à sa douleur; Laurent le rappelait et lui montrait quelque regret de n'avoir point été visité une seule fois pendant sa maladie par Pic de la Mirandole; et lorsque celui-ci fut arrivé, s'entretenant avec eux de livres et de philosophie, il disait gaîment que la mort aurait bien dû lui laisser encore quelques jours afin de compléter la bibliothèque qu'il leur destinait. Mais une scène bien différente allait succéder à ces touchans adieux; le fougueux Savonarole, l'implacable ennemi de l'usurpation des Médicis, venait en même temps lui prêcher la foi catholique et la république; Laurent protestait de son attachement à la foi, obtenait par ses prières la bénédiction du farouche dominicain, mais il ne disait rien de la république.[1]

L'antique église S.-Étienne *in Pane* a pris encore le nom de *tra l'arcora* de quelques arcades, restes d'un grand aqueduc romain, dont elle est voisine.

Le couvent *della Quiete* est digne de son nom par sa situation tranquille et solitaire. La fondatrice fut, en 1650, la célèbre Éléonore Ramirez de Montalvo, d'origine espagnole, femme illustre par sa charité et ses talens poétiques: ses petites *canzoni* spirituelles, ses vies des saints en *octava rima* et ses diverses compositions faciles, naturelles, sont encore citées par les Italiens pour l'élégance et la pureté du style. Les dames de ce couvent qui dirigent un conservatoire de jeunes filles, ne font point

---

[1] Cette prédication républicaine de Savonarole, rapportée par l'auteur enthousiaste de sa Vie, Jean-François Pic, prince de la Mirandole, neveu du célèbre Pic, est contredite par Roscoe (ch. x de la *Vie de Laurent de Médicis*); mais elle est affirmée de nouveau par un écrivain italien récent, Pompilio Pozzetti, qui a composé deux dissertations sur l'ouvrage de Roscoe, dont il a d'ailleurs fait à tort un docteur. *V.* les observations de L. Bossi, traducteur italien de la *Vie et du Pontificat de Léon X*, T. XII, p. 203.

de vœux; mais il n'y a point d'exemple qu'une seule ait quitté l'ordre. Quoique le conservatoire *della Quiete* fût dans l'origine destiné à des demoiselles de condition, les ouvrages de main et les soins du ménage sont fort expressément prescrits dans le réglement de la fondatrice. Je n'ai point remarqué dans ce couvent l'excès de frivolité et cette recherche de talens agréables qui se trouvent dans certains couvens à la mode où l'on se croit obligé de détruire ainsi les préventions du monde contre une éducation trop sévère. Malgré le bon naturel et la politesse des deux religieuses qui voulurent bien me faire les honneurs de la maison, il m'a semblé qu'elles n'étaient pas sans quelque mécontentement et quelque envie de la protection accordée par les grandes duchesses et le gouvernement au nouveau et brillant Institut de l'Annonciade de Florence.

Le palais de la *Petraia*, acquis par Ferdinand Ier, et embelli par Buontalenti, offre dans sa cour intérieure de belles peintures du Volterrano, représentant les actions des grands-ducs de Toscane, et une belle *Ste. Famille*, d'André del Sarto. La célèbre fontaine, du Tribolo, était regardée par Vasari comme la plus belle des fontaines, par le goût des figures et la richesse des ornemens. C'est à la *Petraia* que l'illustre lettré Scipion Ammirato, après une vie errante et romanesque, écrivait sous les yeux de Côme Ier et de Ferdinand son fils, l'histoire de Florence, la première de ses productions diverses, et qui lui valut de l'Académie de la Crusca le surnom du *Nouveau Tite-Live*.

Le palais de Castello, autrefois aux Médicis, avant même leur élévation à la souveraineté, fut considérablement augmenté sous Côme Ier, par le Tribolo, auquel on doit une autre grande et belle fontaine, dont l'*Hercule étouffant Antée* est de l'Ammanato.

La villa Bartolini a de nombreuses et belles fresques de Jean de S. Giovanni.

La Topaia, villa bâtie par Côme I*er*, fut le séjour de Benoît Varchi, historien, orateur, poète comique, lyrique, satirique; et il y composa son indépendante histoire sous le toit de ce maître absolu et qui en paraissait charmé.

CHAPITRE V.

Vallombreuse. — Fête. — Aspect. — S.-Gualbert. — Hugford. — *Scagliola*. — *Paradisino*. — Route. — Culture. — Paysan du *Val d'Arno*.

Je me trouvais à Vallombreuse le jour de l'Assomption ; il y avait grand dîner au couvent, auquel assistaient les curés et plusieurs moines franciscains du voisinage. Ce jour-là, par un ancien et touchant usage, les religieux avaient doté de pauvres filles. Au-dehors, c'était, à la danse près, la foire des Loges ou de S.-Cloud ; des improvisateurs chantaient alternativement des couplets qui excitaient de véritables transports. Quoique cette fête populaire, au sein de la solitude ; que ce contraste de bois et de rochers peuplés, couverts de monde, ne fût pas sans douceur et sans charme, il me semble que l'aspect sévère de Vallombreuse m'a presque échappé. Je ne crois pas d'ailleurs que ; malgré la joie qui éclatait alors en ces lieux, ils puissent jamais paraître horribles. Vallombreuse a bien quelque rapport avec notre grande Chartreuse; mais c'est une Chartreuse de l'Apennin, moins âpre que celle des Alpes, avec le ciel d'Italie et la vue de la mer; les superbes et sombres sapins qui environnent l'abbaye sont, depuis des siècles, plantés en quinconce; ils offrent ainsi une magnificence plutôt régulière et symétrique que sauvage : les eaux ont été habilement dirigées, et le *Vicano* est moins là un torrent qu'une belle cascade. Vallombreuse a été merveilleusement chanté par les trois plus grands poètes qui l'ont visité : l'Arioste [1], Milton [2], et Lamartine [3]. Benvenuto Cellini raconte qu'il avait fait un pélerinage à Vallombreuse, afin de remercier Dieu de la manière dont il avait exécuté certaines figures. Il partit de Florence, conduit par son ouvrier César, et chantant des hymnes et des oraisons : étrange pèlerin qui paraît s'être plus occupé pendant son voyage de mines d'or et d'argent, et de fortifications, que de dévotion. [4]

Quoique le religieux qui me reçut fût un peu absorbé par la réception du couvent, il se montra comme au temps de Roger et de Bradamante, lorsque le couvent n'existait pas, *cortese a chiunque vi venia*. Je lui demandai la vie de S. Jean Gualbert, le fondateur de l'ordre de Vallombreuse, livre rare et orné de jolies gravures. Il me laissa quelques heures seul enfermé dans le couvent, car tout le monde était à l'office ou à table,

[1]
. . . . *Vallombrosa ;*
(*Così fu nominata una badia*
Ricca e bella, nè men religiosa,
E cortese a chiunque vi venia.)
Orl. CAN. XXII, 36.

[2]
Thick as autumnal leaves that strow the brooks
In Vallombrosa, where the' Etrurian shades,
High over-arch'd, imbower.
Parad. lost Bo. I, 303.

[3] *L'Abbaye de Vallombreuse*, Harmonie XI.

[4] L'oncle de César, médecin, chirurgien et même un peu alchimiste (*pizzicava alquanto d' alchimista*), vieillard de soixante-dix ans, très aimable, lui fit voir à Bagno, son pays, une mine d'or et d'argent ; il lui indiqua aussi près des Camaldules un passage qui permettait au duc d'Urbin de surprendre le château de Poppi. *Vita di Benv. Cellini*, T. II, 345, 6.

et je pus le parcourir à mon aise, lisant mon in-4° de la *Vie* du saint, histoire intéressante et même assez romanesque. Indépendamment de ses vertus et de son caractère, il faut convenir que ce moine du xi⁰ siècle, qui appartenait à une famille noble et riche de Florence, s'entendait assez bien en beautés naturelles, lorsque, pèlerin, il fixait sa retraite dans un pareil site, près de ces majestueuses forêts, de ces rochers pittoresques, et de ces murmurantes et claires fontaines.

L'ensemble des bâtimens, reconstruits en 1637, et dominé par le *Campanile* de l'église et une sorte de beffroi, n'est pas sans grandeur. On y conserve les premiers essais des mosaïques en *scagliola*, travail renouvelé et porté à sa perfection, dans le dernier siècle, par un moine de Vallombreuse, le célèbre P. Henri Hugford, artiste anachorète, et frère du peintre [1]. Au-dessus du couvent est l'ermitage, appelé *il Paradisino*, ou *le Celle*, situé à la pointe d'un rocher escarpé, d'où l'œil découvre l'Arno, les plaines fécondes au milieu desquelles il serpente, Florence et la mer. Hugford était recteur des *Celle*; il y avait établi une bibliothéque, une petite galerie, et il y travaillait, sans distraction, à ses charmantes mosaïques de *scagliola*, véritables ouvrages de patience. Le beau pavé de la chapelle fut exécuté par le P. dom Bruno Tozzi, savant botaniste, prédécesseur d'Hugford. Si le couvent de Vallombreuse a été privé de ses anciennes peintures, le *Paradisino*, cet ermitage, ce nid, est, sous ce point, encore singu-

---

[1] Le P. Hugford paraît avoir été formé à ce travail par un religieux de la Badia de S. Reparata di Marradi; il eut pour élèves un autre religieux de son ordre, le P. Belloni, mort avant lui, et Lambert Gori, qui eut pour successeur Pierre Stoppioni. Une école de *scagliola* existe aujourd'hui à l'Académie des beaux-arts de Florence; elle exécute avec cette espèce de stuc de jolis et inaltérables tableaux représentant des fleurs, des animaux, des paysages, des édifices.

lièrement remarquable. A l'autel, les quatre grandes figures de *S. Jean Baptiste*, de *S. Michel*, de *S. Gualbert*, l'illustre fondateur de Vallombreuse, et de *S. Bernard*, cardinal, moine de cet ordre, sont des meilleurs ouvrages d'André del Sarto ; il a fait aussi au-dessous d'une *Vierge* très belle, attribuée à Giotto, deux enfans gracieux, et dans les compartimens du même autel cinq petits tableaux représentant l'*Annonciation*, et des sujets pris de l'histoire des quatre saints.

Quoique je ne sois point monté jusqu'aux Camaldules, d'où l'on doit apercevoir, dit-on, la Méditerranée et l'Adriatique [1], j'ai parcouru les environs de Vallombreuse. Je m'y étais rendu à pied de Pelago par un chemin inaccessible même aux mulets, et qui m'offrit des aspects nouveaux et variés de l'Apennin. A mon retour, je descendis par la route ordinaire, au milieu des bois de sapins et de châtaigniers. Je traversai les terres, et vis quelques établissemens d'agriculture dépendans du monastère. Ces religieux certes ne sont point *rétrogrades* ; nous les avons vus dotant des filles ; leurs champs sont admirablement cultivés ; ils ont les premiers introduit la pomme de terre en Toscane. Ce *précieux tubercule*, comme disent nos sociétés d'agriculture, vient parfaitement à Vallombreuse, et les pommes de terre de ce couvent jouissent encore aujourd'hui d'une certaine réputation.

Le guide que j'avais pris était un de ces paysans du *val d'Arno*, ayant une fille charmante, brune, vêtue de soie, véritable type de la beauté italienne [2], logé

---

[1] *Apennin scopre il mar sciavo e il Tosco.*
  ARIOSTE.

[2] L'Arioste, dans son délicieux portrait d'Alcine, l'a faite, il est vrai, blonde ; mais il lui a donné des yeux noirs :

Sotto duo negri e sottilissimi archi
Son duo negri occhi . . . .
  Orl. CAN. VII. St. XII. *V.* Liv. XIII, chap. XIV.

dans une jolie maison où celle-ci avait sa chambre à part, possédant cette douceur, cette élégance de mœurs rustiques qui semblent renouvelées des bergers d'Arcadie, parlant ce pur, ce primitif toscan, cette langue du Dante et de Boccace, qu'allait au milieu de ces champs étudier Alfiéri, et dont mon oreille barbare n'était pas juge. Et cependant c'est à l'ombre d'un couvent, sous un pouvoir dit absolu, que fleurit cette étonnante civilisation, prodige qui doit faire envie aux pays les plus libres et les plus civilisés.

CHAPITRE VI.

Bastion de Michel-Ange. — Église *S.-Sauveur.* — *S.-Miniato al Monte.* — Tombeau du cardinal de Portugal.

Près du chemin escarpé qui conduit à la colline de S. Miniato, sont les restes des fortifications élevées par Michel-Ange [1]. Ce grand artiste, qui était accouru s'enfermer dans les murs de Florence, afin de repousser l'étranger, refusa de bâtir plus tard la citadelle que voulut construire le duc Alexandre, pour opprimer ses concitoyens. Michel-Ange avait soutenu un siége d'une année. On cite comme remarquables les moyens employés par lui, afin de préserver des boulets ennemis le clocher de S. Miniato, qu'il enveloppa de matelas de laine. [2]

L'église de S.-Sauveur, voisine, de l'architecture de

---

[1] *V.* Liv. ix, chap. xxiv.
[2] La résolution de Michel-Ange est d'autant plus digne d'estime que, d'après Varchi, cité par M. de Sismondi, T. XVI, p. 19 de l'*Hist. des Rép. ital.*, son imagination paraît l'avoir rendu accessible à certaines terreurs. Aux premiers revers des Florentins, il avait fui jusqu'à Venise. Le remords et la honte le ramenèrent bientôt à son

Cronaca, était fort admirée de Michel-Ange qui l'avait surnommée *la bella villanella* (la belle villageoise), à cause de son caractère pur, simple, rustique.

La majestueuse basilique de *S.-Miniato al Monte* fut élevée en 1013 par l'évêque de Florence, Hildébrand, aidé de l'empereur S. Henri et de sa femme Cunégonde. Les deux rangs de colonnes qui divisent ses trois nefs sont tirées des ruines d'édifices antiques. A la chapelle de S.-Jacques, le mausolée du cardinal de Portugal, le chef-d'œuvre d'Antoine Rossellini, artiste florentin fort loué par Michel-Ange, réunit la grâce à la noblesse. La petite coupole de la même chapelle offre des bas-reliefs exquis de Luc de la Robbia, regardés par Vasari comme ce qu'il a fait de mieux. L'enceinte, dite *la Confessione*, qui contient les cendres de S. Miniat et d'autres martyrs, est d'une élégante architecture. A la sacristie, plusieurs fresques représentant des sujets de la *Vie de S. Benoît* sont l'ouvrage le mieux conservé de Spinello, élève de Thadée Gaddi, peintre fantasque, qui mourut de terreur, à l'apparition en songe d'un Lucifer, d'une Chute d'anges qu'il avait exécutée pour une église d'Arezzo, sa patrie.

CHAPITRE VII.

Chartreuse. — Des chartreuses. — Acciaioli. — Dom Fortunato. — Le prêtre italien.

La Chartreuse de Florence est un de ces vastes monumens que fondaient dans le moyen âge les plus poste et à la direction des fortifications. A la prise de la ville il fut de nouveau frappé d'effroi, et il se tint long-temps caché; mais lorsque Clément VII l'eut fait assurer qu'il n'avait rien à craindre, il entreprit par reconnaissance les monumens de la chapelle des tombeaux.

illustres personnages. Chaque grande ville avait ordinairement la sienne. Ces éternels et religieux asiles, ouverts aux chagrins ou au repentir, étaient convenablement placés près des nombreuses réunions d'hommes; ils ont encore un attrait singulier pour l'imagination qui aime ce contraste entre l'agitation, le bruit du monde et le calme silencieux de la retraite. Le fondateur de la Chartreuse St.-Laurent, espèce de citadelle sur une hauteur, de l'architecture d'Orgagna, fut le Florentin Nicolas Acciajoli [1], ministre du roi Robert, aimé de sa nièce, la princesse de Tarente, et grand-sénéchal des royaumes de Sicile et de Jérusalem, dont Boccace repoussa fièrement la faveur et les dédains [2], comme le Dante s'était lassé de l'hospitalité du palais de Can-Grande [3]. Ces premiers et grands hommes de lettres, à l'exception de Pétrarque [4], paraissent avoir eu plus de dignité que la plupart de leurs successeurs de la renaissance ou des siècles suivans. Les tombeaux du superbe Acciajoli et de sa famille, dans la chapelle souterraine, sont regardés comme les plus curieux monumens de la Chartreuse. Orgagna a exécuté le gothique et noble mausolée du sénéchal [5]; ses louangeuses inscriptions diffèrent tout-à-fait du satirique portrait

---

[1] Il tirait son nom du commerce d'acier (*acciajuolo*) que faisait sa famille.

[2] Acciajoli l'avait invité à se rendre à la cour, afin de lui faire écrire son histoire; indigné de la manière peu honorable dont il fut accueilli, il s'en alla et disparut. C'est alors que le bruit se répandit qu'il s'était retiré à la chartreuse de Naples, ainsi qu'on le voit par un sonnet de Sacchetti. *Vie de Boccace* par Tiraboschi, p. xliii, en tête de l'édition des Classiques de Milan.

[3] *V*. Liv. v, chap. xvi.

[4] *V*. Liv. vii, chap. viii.

[5] L'*Observateur florentin* citant divers exemples de cadavres qui s'étaient conservés sans se corrompre, rapporte que celui de Nicolas Acciajoli avait été retrouvé intact vers la fin du dernier siècle.

d'Acciajoli tracé par Boccace, qu'il avait envoyé manger à l'office [1]. Les trois pierres sépulcrales de son fils Laurent, de son père et de sa sœur, Lapa Acciajoli, femme de Manent Buondelmonti, couvertes de leurs figures et de bas-reliefs attribués à Orgagna, malgré l'incorrection du siècle, offrent une expression ingénue, vraie, touchante; les draperies sont dignes des meilleurs temps de la sculpture. La pierre sépulcrale du cardinal Ange Acciajoli est un ouvrage exquis de Donatello et de Julien de San Gallo. Les fresques de Poccetti, représentant divers sujets de la Vie de S. Bruno, passent pour son chef-d'œuvre.

La Chartreuse de Florence est aujourd'hui habitée par six religieux qui, au milieu des splendeurs de leur monument, paraissent assez misérables, les terres dépendant du couvent ayant été vendues. Je fus reçu par le frère hôtelier, unique lien qui rattache encore ces solitaires au monde, et leur chargé d'affaires ici-bas. Ce religieux, dom Fortunato, qui jouit à Florence d'une certaine célébrité, m'a laissé les plus agréables souvenirs. Dom Fortunato, homme d'esprit et savant, parle anglais et français, et sait même l'hébreu; il possède une bibliothéque choisie dans laquelle étaient les *Elegants Extracts* et autres livres anglais, présens de dames anglaises, ravies sans doute de son amabilité. Je passai quelque temps avec lui dans un cabinet charmant, garni de fleurs, au bout de sa terrasse, et indépendant du joli appartement de quatre pièces avec jardin que l'on est convenu, dans les Chartreuses d'Italie, d'appeler une cellule. Nous causâmes de sa vie passée dont je savais le fond: dom Fortunato a été successivement avocat, auditeur, professeur de belles lettres, chevalier servant

[1] *Prose di Dante e Bocc.*, p. 289, citées par M. Baldelli, dans sa Vie de Boccace, p. 168, 9.

d'une veuve et chartreux. *J'ai été bien malheureux*, me disait-il; *je suis un petit Comminges;* et comme je m'étonnais qu'il n'eût point cherché à épouser sa veuve, il me donnait ingénument pour raison qu'*il n'avait pas de goût pour le matrimoine.* Dom Fortunato a été quelque temps général de la Chartreuse de Pise; on peut croire qu'avec ses goûts de société, il a préféré aux honneurs du généralat de ce couvent écarté, la condition de simple chartreux à la porte de Florence, près de la grande route de Rome, et à même de recevoir la visite des dames et des voyageurs de distinction :

Le désert est-il fait pour des talens si beaux ?

Dom Fortunato m'a offert le modèle complet du prêtre italien si méconnu, si calomnié : naïf, indiscret, inconséquent, et toutefois bon prêtre et croyant sincère; grimacier naturellement, sans le savoir, sans hypocrisie, et parfaitement en rapport avec les mœurs, l'esprit et le caractère de sa nation.

CHAPITRE VIII.

S.-Casciano. — Villa de Machiavel.

S.-CASCIANO est un gros bourg environ à sept milles de Florence, sur la route de Sienne, au-dessus d'une colline agréable et bien cultivée. Mais il n'y a point à l'auberge actuelle et médiocre de la *Campana* de Machiavel parlant aux passans, leur demandant des nouvelles de leur pays, jouant, criant, disputant avec l'hôte, le meûnier et le boucher de l'endroit, après avoir été le matin à la chasse aux gluaux, à sa coupe de

bois, et calmant, ainsi qu'il l'avoue lui-même, par cette ignoble vie, assez conforme d'ailleurs aux mœurs italiennes, l'effervescence de son cerveau [1]. La villa voisine de Machiavel, appelée *la Strada a Sta. Maria in Percussina*, passa par héritage à la maison Rangoni, de Modène; elle était à louer ces dernières années pour dix sequins par mois; elle appartient aujourd'hui à la famille Mazzei de Florence. C'est dans cette obscure retraite que Machiavel composa presque tous ses ouvrages et son fameux *Livre du Prince*, après avoir quitté le soir, sur le seuil de son cabinet, ses habits de paysan couverts de poussière et de boue, et s'être revêtu de son costume ou d'habits de cour. « Alors, dit-il
« éloquemment, je pénètre dans le sanctuaire antique
« des grands hommes de l'antiquité : reçu par eux
« avec bonté et bienveillance, je me repais de cette
« nourriture qui seule est faite pour moi, et pour la-
« quelle je suis né. » Le Livre du Prince, ainsi qu'il en convient, était alors spécialement destiné à l'usage d'un souverain nouveau. Il nous semble toutefois qu'on est un peu trop généralement convenu de regarder les maximes de ce traité comme celles du siècle où il a paru, puisque notre De Thou, qui écrivait dans ce même siècle, et qui avait visité et habité l'Italie, en professe de complétement opposées. Les écrits, le patriotisme italien, la gravité politique de Machiavel, paraissent avoir tellement préoccupé ses divers biographes, qu'ils ont fermé les yeux sur son caractère véritablement peu digne d'estime : pendant les dernières années de sa vie,

---

[1] *Venir la muffa*, expression italienne pour rendre la colère produite par l'insolence de quelqu'un; elle est prise ici dans un sens opposé. *V.* la lettre curieuse de Machiavel, du 10 décembre 1513, adressée à François Vettori, et publiée pour la première fois en 1810, à Milan.

une partie de ses ouvrages, à commencer par le *Prince*, n'est qu'une suite de pétitions serviles adressées aux Médicis ses ennemis, qui l'avaient destitué, banni, torturé; à près de cinquante ans, marié, père de cinq enfans, et sans cette sorte d'indépendance et d'isolement social qui rendent presque indifférens, aux yeux du monde de pareils écarts, on le voit encore à S.-Casciano, inconstant, libertin [1], frivole et dissipateur [2]. Le double aspect sous lequel Machiavel s'est peint à S.-Casciano semble assez présenter l'image des deux hommes qui existent en lui : de l'homme moral et de l'homme littéraire; de sa vie faible, souillée, vulgaire, et de son noble et vigoureux génie.

CHAPITRE IX.

Certaldo. — Maison; tombeau de Boccace.

CERTALDO, à trente-cinq milles de Florence, est un joli village sur une charmante colline, avec un ruisseau

---

[1] Ce goût des plaisirs tardifs paraît se rencontrer chez d'autres anciens et illustres Florentins : Boccace a cité Guido Cavalcanti, Cino da Pistoja, le Dante (*Giorn.* IV); dans la vie de ce dernier, il avoue même avec ingénuité : *Tra cotanta virtù, tra cotanta scienza, quanta dimostrato è di sopra, essere stata in questo mirifico poeta, trovò amplissimo luogo la lussuria; e non solamente ne' giovanni anni ma ne' maturi; il quale vizio, comechè naturale e comune e quasi necessario sia, nel vero non che commendare ma scusare non si può degnamente : ma chi sarà tra' mortali giusto giudice a condennarlo? Non io.*

[2] Un critique d'une raison ferme et sévère, M. Avenel, a parfaitement expliqué ce défaut d'élévation du caractère de Machiavel. Les trois articles supérieurs qu'il a insérés dans la *Revue encyclopédique* (*V.* les T. XLI et XLII), au sujet de la traduction des Œuvres complètes, par Périès, forment un résumé excellent de l'histoire de sa

au pied de cette colline; il est devenu immortel par l'origine, le séjour et la mort de Boccace qui en a pris le nom (*il Certaldese*). Il n'y était point né, comme on l'a cru; c'est à Paris, et fruit d'un tendre lien, que vit le jour ce créateur de la prose italienne, ce premier, ce plus élégant des conteurs [1]. Il y a deux Certaldo : l'ancien, qui ne remonte pas toutefois au temps de Boccace, brûlé en partie par l'armée napolitaine après la défaite des Florentins à Campo du Poggio, en 1479 [2];

vie et de ses écrits, et le montrent peint par lui-même. Malgré les regrets causés par ce triste désaccord entre l'âme et les talens, le jugement porté par M. Avenel, différent de l'opinion de l'auteur d'un article aussi très remarquable de la *Revue d'Edimbourg*, sur *Machiavel et son siècle*, nous paraît infiniment plus neuf et plus juste.

[1] Le père de Boccace, marchand florentin (*mercator solertissimus*), selon Dominique Arétin, malgré le soin de son négoce, avait été épris d'une jeune Parisienne; jamais Boccace n'a parlé de sa mère qu'il paraît n'avoir point connue; peut-être mourut-elle à sa naissance ou dans son enfance, et avant que son père ait eu le temps de l'épouser ? Quoique ramené à Florence dès ses premières années, Boccace revint à Paris avec un marchand florentin, chez lequel son père l'avait placé, et il y passa plusieurs années, cultivant les lettres autant qu'il lui était possible. Il a plusieurs fois parlé des études qui se faisaient alors dans cette ville : *Rinieri, nobile uomo della nostra città, avendo lungamente studiato à Parigi, non per vender poi la sua scienza a minuto, come molti fanno, ma per sapere la ragion delle cose, e la cagion d'esse, il che ottimamente sta in gentile uomo* (*Giorn*. VIII, *nov*. VII). L'écolier ridicule et trompé par sa maîtresse, de cette Nouvelle, y avait étudié : *Hai veduto*, dit celle-ci à sa servante, en se moquant de lui, *dove costui è venuto a perdere il senno, che egli ci ha da Parigi recato*. Ce Thomas Diafoirus du XIIIe siècle commence ainsi sa déclaration : *Madonna, egli è il vero, che tra l'altre cose, che io apparai a Parigi, si fu nigromanzia*.

[2] Plusieurs maisons de l'ancien Certaldo subsistent encore; tels sont principalement le palais *Pretorio*, curieux pour ses armoiries en terre della Robbia, indiquant les familles qui ont fourni des vicaires, fonctions supprimées par Léopold, et assez analogues à celles d'intendant ou de préfet; l'église dans laquelle fut enterré Boccace, et où se voit son monument (*V*. ci-après), et une partie de celle qui avait été témoin de l'intrépide et burlesque prédication du frère Cipolla (*Giorn*. VI, *nov*. X).

il est sur la hauteur; à l'exception de quelques maisons de campagne, il paraît pauvre; le Certaldo d'en bas est un village nouveau qui n'a pas trente ans; il est bien bâti et traversé par plusieurs routes qui communiquent avec les villes principales des environs; les habitans, marchands de bois ou charbonniers comme du temps de Boccace, sont encore véritablement comme ceux qu'il a peints si plaisamment, *agiati* (à leur aise); et le goût des nouvelles, l'habitude de les raconter est restée populaire dans le pays[1]. Je ne sais si le souvenir de l'inimitable imitateur du *Certaldese* ne m'a point trop préoccupé; mais il m'a semblé qu'au soleil près, il y avait quelque rapport entre la colline du village toscan et l'agréable situation de Château-Thierry.[2]

La maison de Boccace en brique, avec une petite tour, monument de ce village, n'est point aujourd'hui livrée, comme la demeure de son ami Pétrarque à Arquà[3], à des paysans, rustiques charlatans qui en trafiquent. Une femme distinguée de Florence, Mme Charlotte Lenzoni Medici, que nous avons déjà nommée, et qui mériterait d'être admise dans le livre *Des Femmes illustres*[4], l'a fait réparer en 1823; elle a reconstruit

---

[1] *V.* l'inscription italienne citée à la fin de ce chapitre.

[2] « La Fontaine, et d'autres conteurs après lui, remarque judicieu-
« sement Ginguené, n'ont pris à Boccace que des sujets d'un seul
« genre, et en cela ils ont d'abord marqué une prédilection dont
« une morale austère est en droit de les blâmer; mais de plus, ils se
« sont privés du plus grand charme de l'ouvrage de Boccace, je veux
« dire de cette riche et inépuisable variété. » *Hist. lit. d'Ital.*, III,
104, 5. Les nouvelles pathétiques de Boccace pourraient offrir les plus touchantes imitations : quel ne serait point l'intérêt d'histoires, telles que celles de *Ghismonde* et *Guiscard* (*Giorn.* IV, 1), de l'*Andriuola* et de *Gabriotto* (*Id.* VI), de *Griselidis*, la dernière et la plus intéressante des Nouvelles du Décaméron?

[3] *V.* Liv. VII, chap. VIII.

[4] *De claris mulieribus*, dédié par Boccace à Andrée Acciajoli, comtesse d'Altavilla.

l'escalier, décoré la chambre de Boccace de son portrait, grande fresque de M. Benvenuti, et elle y a formé une bibliothéque boccacienne. Les petites fenêtres sont du temps. Les meubles sont les plus anciens que l'on ait pu retrouver à Certaldo, ou faits à l'imitation de ceux qu'on voit dans les tableaux de cette époque. La lampe paraît véritablement ce qu'il y a de plus authentique, puisqu'elle fut retrouvée dans la maison, et que la dureté de l'huile prouve son ancienneté. On montre, d'après une vieille tradition, le puits, le bain et la terrasse de Boccace. La pierre qui, pendant plus de quatre siècles, couvrit son tombeau, a été religieusement recueillie par Mme Lenzoni en 1826, et placée dans cette maison avec une inscription de M. Giordani. Boccace avait fait deux séjours principaux à Certaldo. Le premier, de l'année 1363 à 1365, lorsqu'il fuyait avec horreur les révolutions et le gouvernement injuste de Florence [1]. Il y menait cette vie douce, champêtre, philosophique, qu'il a si bien peinte [2]; il y composa ses

---

[1] Dans sa lettre sur l'exil à Pino de' Rossi, riche florentin qui ne pouvait en supporter les rigueurs, Boccace, après avoir cité les exemples de Scipion l'Africain et de Scipion Nasica qui s'exilèrent volontairement, pour échapper à l'envie de leurs concitoyens, ajoute: *E se' l mio picciolo nome e depresso meritasse d' esser tra gli eccellenti uomini detti di sopra, e tra molt' altri, che fecero il simigliante, nomato, io direi, per quello medesimo avere Firenze lasciata e dimorare a Certaldo; aggiugnendovi, che dove la mia povertà lo patisse, tanto lontano me n'andrei, che come la loro iniquità non veggio, così udirla non potessi giammai.*

[2] *Io, secondo il mio proponimento, il quale vi ragionai, sono tornato a Certaldo, e quì ho cominciato con troppa men difficoltà, ch' io non istimava di potere, a confortar la mia vita; e comincianmi già li grossi panni a piacere e le contadine vivande: e il non veder l' ambizioni, e le spiacevolezze e li fastidj de' nostri cittadini, mi è di tanta consolazione nell' animo, che se io potessi far senza udirne alcuna cosa, credo che' l mio riposo crescerebbe assai. In iscambio de' solleciti avvolgimenti e continui de' cittadini veggio campi, colli, arbori di verdi fronde e di fiori varj rivestiti, cose*

œuvres latines, qui pendant deux siècles l'ont mis à la tête des mythologues et des érudits, et qui, à son insu, le feront bien moins vivre que ses contes. Son dernier séjour fut, en 1372, à son retour de Naples, lorsqu'il était déjà si affaibli par la maladie dont il mourut, et par la douleur que lui avait causée la perte de Pétrarque, qu'il lui fallait, comme il s'en est plaint lui-même, trois jours pour achever une lettre. Boccace ne survécut qu'un peu plus d'une année à son maître, à son bienfaiteur; et, malgré ses vœux, il n'eut point la force d'aller visiter sa tombe.

Le tombeau de Boccace existait jadis au milieu de l'église Saint-Jacques, dite encore la *Canonica*[1]; contre le mur voisin était l'épitaphe qu'il s'était faite, et le supplément ajouté par Coluccio Salutati[2]. Le podestat de

semplicemente dalla natura prodotte, dove ne' cittadini sono tutti atti fittizj : odo cantare usignuoli e gli altri uccelli non con minor diletto, che fusse già la noja d'udire tutto dì gl' inganni e le dislealtà de' cittadini nostri. Co' miei libricciuoli quante volte voglia me ne viene senza alcuno impaccio posso liberamente ragionare. E acciocch' io in poche parole conchiuda la qualità della mente mia, vi dico che io mi crederei qui mortale, come io sono, gustare e sentir della eterna felicità, se Dio m' avesse dato fratello, o nol mi avesse dato. Let. à Pino de' Rossi.

[1] On appelait ainsi les paroisses qui, dans le xiie et le xiiie siècle, étaient concédées par les évêques aux chapitres des cathédrales, afin qu'ils en touchassent les revenus, et les fissent desservir par des chanoines vivant en commun dans le cloître contigu à l'église.

[2] Le dernier vers de l'épitaphe de Boccace,

Patria Certaldum, studium fuit alma Poesis,

a seul mérité d'être cité; les vers de Salutati, donnés inexactement dans la plupart des éditions, offrent une analyse exacte des ouvrages latins de Boccace :

Hæc Johannes Bocchaccius de se ipso.
Colucius Pyerius hæc subvinxit.
Inclyte cur vates humili sermone locutus
De te pertransis. Tu pascua carmine claro
In sublime vehis. Tu montum nomina Tuq.
Sylvas et fontes fluvios ac stagna lacusq.

Certaldo, Lactance Tedaldi, lui érigea en 1503, sur la façade intérieure de l'église, un plus magnifique monument, que la construction d'un orchestre a fait transférer récemment dans une autre partie de la *Canonica*. Boccace est représenté en buste et tenant sur sa poitrine, à deux mains, un in-folio sur lequel est écrit *Décaméron*. Malgré le costume du temps et l'espèce de capuchon et de robe dont il est enveloppé, les traits du visage sont naturels, expressifs, et même assez gracieux; ils paraissent s'accorder avec le portrait qu'a tracé de Boccace Philippe Villani, son successeur à la chaire pour l'explication du Dante, et qui pouvait l'avoir connu [1]. Le tombeau éprouva les plus tristes catastrophes. Pendant plus de quatre siècles il avait été l'honneur de Certaldo et attiré de nombreux voyageurs à la *Canonica*, lorsqu'en 1783 il en fut retiré par une fausse interprétation de la sage loi de Léopold contre les sépultures dans les églises. La pierre qui le couvrait fut brisée et jetée comme inutile dans le cloître voisin.[2] On rapporte que le crâne et les os de Boccace furent alors exhumés, ainsi qu'un tuyau de cuivre ou de plomb contenant di-

Cum maribus multo digesta labore relinquis.
Illustresq. viros infaustis causibus actos
In nostrum tempus a primo colligis Adam.
Tu celebras claras alto dictamine matres.
Tu divos omnes ignota ab origine ducens
Per ter qua refers divina volumina nullis
Cessurus veterum. Te vulgo mille labores
Percelebrem faciunt. Ætas te nulla silebit.

[1] *Fu il poeta di statura alquanto grassa, ma grande, faccia tonda ma col naso sopra le nari un poco depresso : labbri alquanto grossi, nientedimeno belli e ben lineati : mento forato che nel suo ridere mostrava bellezza : giocondo et allegro aspetto in tutto il suo sermone : in tutto piacevole e umano, e del ragionare assai si dilettava.* Villani, *Vite d' uomini illustri fiorentini con annot. del C* Giammaria Mazzuchelli. Venezia, 1747, in-4°.

[2] *V.* ci-dessus.

vers parchemins du même siècle. Ces précieux débris, maintenant disparus, furent long-temps conservés par le recteur de l'église, lequel, dix ans après, passa curé dans le val d'Arno supérieur. La tradition rapporte qu'ils étaient encore jusqu'à cette époque l'objet de la curiosité des étrangers qui venaient les examiner chez le recteur [1]. Il est difficile de s'expliquer la coupable négligence qui a laissé perdre les restes de Boccace, avec la popularité dont a constamment joui à Certaldo [2] cet éloquent, cet admirable écrivain, ce peintre si vrai, si gracieux, si touchant, si profond et si gai, véritable type du génie toscan.

[1] Un acte du 31 octobre 1825, et certifié par huit habitans de Certaldo et par la vieille servante du curé, constate ces faits. *V.* les *Annotazioni* II et III du petit ouvrage parfaitement net et instructif ayant pour titre : *Del sepolcro di Mess. Giovanni Boccaccio e di varie sue memorie, esame storico di Giuseppe de' Povéda.* Colle, 1827.

[2] Au commencement de la montée est cette stance ancienne et singulière, rétablie, sans que le caractère de l'inscription ait été changé :

Vjator, ferma il piè, rivolgi il passo
A salir l' erto monte, ove in castello
Tu troverai che sotto un duro sasso
Il Boccaccio gentil riposa in quello.
E se brami d' aver stupore e spasso,
Va a vedi al fonte Filien meschinello.
Se ne domandi poi a donne pronte,
Cento novelle ti sian mostre, o conte.
AN. MDXXV.

Une petite hauteur qui lui avait appartenu est encore appelée *il Poggio del Boccaccio*. *Vita di G. Boccacci,* par M. Baldelli, Florence, 1806, p. L.

CHAPITRE X.

Pise. — Route. — Solitude. — Climat. — Dôme. — Buschetto. — Autel S.-Blaise. — Tombeaux de Ricci ; — de l'empereur Henri VII. — Chaires. — *Ste.-Agnès* d'André del Sarto. — Baptistère. — Célérité des travaux. — Chaire de Nicolas de Pise. — Tour penchée. — Vue. — Jean de Pise.

De Florence à Pise l'aspect du pays, mêlé, couvert de tours et de créneaux en ruines, rappelle un théâtre de guerres et de discordes civiles. Telle est la différence des époques de civilisation et de barbarie, les querelles d'Athènes et de Sparte, de Rome et de Carthage sont immortelles; l'agitation violente des républiques du moyen-âge, malgré d'utiles et d'érudits travaux, reste à peu près obscure. Le souvenir de ces temps de haine et de meurtre contraste véritablement avec la douceur, l'industrie, l'aisance et l'heureuse condition des habitans de ces mêmes campagnes.

Quoique Pise ne soit guère aujourd'hui qu'un tombeau ; que des 120,000 âmes qu'elle comptait à l'époque de ses consuls, il ne lui en reste qu'environ 20,000 ; que telle est la solitude de ses rues, qu'il y a même de l'écho dans quelques-unes, et que de deux étrangers que j'y ai connus, celui qui avait parié qu'ils ne rencontreraient personne en faisant à cheval le tour de ses murs, ait gagné, ses quatre grands monumens et son université la mettent encore au rang des villes capitales de l'Italie. Son climat, lorsqu'il n'est pas horriblement pluvieux, ainsi que j'en ai fait l'épreuve avec Alfieri[1],

---

[1] *Mezzo dormendo ancor domando : Piove?*
Tutta la intera notte egli è piovuto.

est cité pour sa douce température d'hiver. Pise alors reprend un peu de vie; le grand-duc y réside quelques mois, et elle est habitée par des femmes, des voyageurs faibles, délicats, souffrans, qui s'en sont quelquefois fort bien trouvés.

Les quatre principaux monumens de Pise réunis sur une même place à l'extrémité de la ville, riches, ornés, grandioses, sont d'un aspect extraordinaire; on dirait quelque quartier désert d'une grande cité de l'Orient.

Le Dôme, du commencement du XIe siècle, regardé comme le précurseur de la renaissance du goût, rappelle la grande bataille gagnée par le consul des Pisans, Orlandi, lorsqu'il força, triomphant, le port de Palerme, et vengea les affronts que sa patrie avait reçus des Sarrasins. Cette église, dédiée à la Vierge, est encore le plus national des monumens et l'un des plus magnifiques trophées qu'ait élevés la victoire. Le grand architecte Buschetto, doué aussi d'un génie créateur pour la mécanique [1], était Italien et non Grec, ainsi qu'on l'a prétendu par une fausse interprétation de l'inscription en partie effacée [2]; un autre Italien, Rainaldo, son collaborateur et successeur, a fait l'originale et grandiose façade : on voit ainsi quelle est l'ancienneté, la splendeur et presque la

---

Sia maladetta Pisa! ognor ripiove;
Anzi, a dir meglio, e' non è mai spiovuto, etc.
         Son. CXXXIV.

[1] Une inscription en vers et du temps, conservée dans l'église, constate que dix jeunes filles élevaient, par le moyen des machines qu'il avait inventées, des fardeaux que mille bœufs auraient à peine remués, et qu'avec peine un radeau aurait transportés par mer :

Quod vix mille boum possent juga juncta movere
Et quod vix potuit per mare ferre ratis,
Busketi nisu, quod erat mirabile visu,
Dena puellarum turba levabat onus.

[2] Cicognara. *Stor. del. Scult.* II, 91 suiv.

perpétuité de l'art en Italie. Les sculptures à festons des deux colonnes de la grande porte sont un travail exquis. Les trois portes de bronze passent pour des meilleurs et des plus curieux ouvrages du commencement du xii° siècle. Les deux plus petits de ces derniers présentent dans trois compartimens divers *Mystères du Rédempteur*, dus à Jean Bologne, Francavilla, Tacca, Mocchi, Jean dall' Opera, que Cochin, copié par Lalande, n'a pas manqué de croire, en les critiquant, du même temps, quoiqu'ils en soient séparés par quatre siècles. Sur le faîte du temple, au levant, derrière la coupole, la première qui ait été imaginée, est un hippogriffe de bronze, que l'on croit grec, mais qui n'est pas de la bonne époque; étrange ornement, emblème fabuleux, singulièrement placé au-dessus d'une église, et qui ne va pas mal au caractère général de l'édifice, décoré de débris transportés de la Grèce par les vaisseaux pisans, mais en bien moins grand nombre qu'on ne l'a dit, et d'antiquités de Rome dont Pise était une colonie. A l'intérieur cent petites fenêtres avec des vitraux coloriés répandent ce jour religieux qui convient aux vieilles basiliques. Les principaux ouvrages de sculpture sont : le petit autel St.-Blaise, extrêmement élégant, de Stagi, mais dont la statue paraît du Tribolo, son aide et son ami; le tombeau de l'archevêque de Pise, Pierre Ricci, au-dessus de la porte de la sacristie; trois statues en bronze de Jean Bologne, au chœur; le tombeau, du xiv° siècle, de l'empereur Henri VII, l'ami des Pisans, l'ennemi des Florentins, si magnifiquement loué par le Dante[1]; les bas-reliefs de l'ancienne chaire, perdus, placés trop haut et maladroitement adaptés comme balustrade à la galerie, au-dessus de la porte qui fait communiquer en-

[1] *V*. Liv. vi, chap. v.

tre elles les galeries latérales, ouvrages précieux de Jean de Pise, fils du grand Nicolas[1], imitateur fidèle de son père, qu'il n'a pu surpasser comme sculpteur; la chaire nouvelle, dont une des colonnes est de morceaux de porphyre rouge assemblés, et l'autre de brocatelle orientale; elles faisaient, ainsi que les cinq statues de Jean de Pise, partie de l'ancienne chaire. Les peintures nombreuses semblent assez remarquables; plusieurs sont d'André del Sarto : une *Madone* avec un ange, *S. Jean Baptiste*, et en bas *S.-François*, *S.-Barthélémi* et *S.-Jérôme*, est un de ses derniers et meilleurs ouvrages; ses jeunes figures de Ste.-Marguerite et de Ste.-Catherine passent pour les plus jolies femmes qu'il ait faites; la Vierge est d'une physionomie pleine de calme et de douceur; sa célèbre *Ste.-Agnès* a été crue de Raphaël par Mengs. Cet admirable tableau me rappela le trait habile de Massillon sur la sainte, qui prouve cet art particulier aux écrivains du siècle de Louis XIV, de jeter dans le style et dans les plus graves discours des idées presque comiques, sans manquer de noblesse[2]. Une charmante *Madone* au milieu des saints; *Abel gardant ses troupeaux*, dont le paysage suffirait à la réputation d'un artiste; le *Sacrifice de Noé*, sont d'excellens ouvrages d'Antoine Sogliani, peintre florentin naturel et élégant du xvi° siècle. Le *Sacrifice d'Abraham*, de Razzi, dit assez peu honnêtement le cav. Sodome, ouvrage de la vieillesse de l'auteur, montre l'intelligence du nu et de l'expression dans les têtes. Le *Vêtement de S. Renier*, de Luti, le dernier peintre de l'école floren-

[1] *V.* Liv. vii, chap. xxii.
[2] « On voit l'impudence devenue un bon air; l'indécence poussée « à un point, qu'elle inspire même du dégoût à ceux à qui elle s'ef- « force de plaire; et le nom de la pudeur consacré à celui de la « Vierge illustre que nous honorons, devenu un nom de mépris et « de risée. » *Panégyrique de Ste. Agnès.*

tine, est le plus estimé des grands tableaux de cette église. La *Consécration de la basilique ;* le *Christ disputant contre les docteurs*, de Sorri, rappellent la perspective, le grandiose de Paul Véronèse. *Dieu parlant à Moïse du buisson ardent*, de Mathieu Rosselli, est une des belles peintures de la tribune. *Moïse élevant le serpent d'airain*, d'Horace Riminaldi, est de l'expression la plus vive et la plus vraie ; sa coupole, autant que l'éloignement permet d'en juger, semble une noble et vigoureuse composition. Les *Anges* de l'autel de ce nom, par Ventura Salimbeni, sont pleins de grâce : l'ange Raphaël est tout-à-fait divin ; tandis que le Père éternel ne le paraît guère. Le *St.-Torpé*, Pisan, armé et portant la bannière de la ville, de Salvator Rosa, a sa hardiesse.

Le baptistère de Pise, d'un style élégant, majestueux, original, bâti en 1152, sous le consulat de Cocco Griffi, est un autre monument caractéristique de l'histoire de l'architecture : l'auteur, selon l'inscription, est Dioti Salvi ; de Pise, peut-être originaire de Sienne. Ce baptistère, comme celui de Florence [1], est aussi une espèce de musée de fragmens et d'ornemens dus au ciseau antique, et offrant des emblèmes de divinités païennes. Une célérité qui tient du prodige fut apportée, dès l'origine, à sa construction. Les chroniques du temps, confirmées par toutes les autorités postérieures, s'accordent à certifier que les huit colonnes et les quatre pilastres de l'intérieur furent élevés, et reçurent les arcades qui les réunissent dans l'espace de quinze jours (du 1er au 15 octobre 1156). L'argent vint à manquer lorsque la seconde et même la première zone extérieure étaient à peine terminées. Mais le zèle religieux et patriotique

---

[1] Liv. IX, chap. IX.

des Pisans ne fut point arrêté par un tel obstacle, et une contribution volontaire mit bientôt à même de terminer le noble édifice. La porte principale et l'architrave sont ornées de bas-reliefs et de sculptures représentant le *Martyre de S. Jean* et divers mystères de la *Vie du Christ* : la finesse de l'exécution annonce déjà l'aurore des beaux jours de l'école de Pise, qui fut, à cette époque, la première de l'Italie. La chaire est un des chefs-d'œuvre les plus renommés de Nicolas de Pise; elle atteste les pas immenses que ce grand homme fit faire à l'art : telle était l'importance qu'y attachaient les anciens Pisans que le samedi saint, jour d'affluence à la basilique, le podestat devait envoyer un de ses agens avec des gardes pour veiller à la sûreté de cette chaire si précieuse.

Le *Campanile* ou la célèbre tour penchée de Pise, bâtie en 1174, une des six premières tours de l'Italie, est remarquable par sa légèreté, la beauté des marbres, sa forme singulière et le travail de son escalier. Les architectes furent Guillaume d'Inspruck et Bonanno de Pise, regardés avec Buono, le constructeur du clocher de Saint-Marc [1], comme les premiers architectes de leur siècle. Quant au prodige si débattu de son inclinaison, l'opinion la plus probable est que le sol aura cédé d'un côté sous le poids de cette tour, lorsqu'elle était déjà élevée à la moitié de sa hauteur, et que les architectes, après avoir examiné la nature du terrain, certains que la couche sur laquelle reposait leur édifice ne pouvait plus désormais s'affaisser, en continuèrent la construction sur le même plan. La vue est merveilleuse par les contrastes que présente l'aspect divers des riches campagnes voisines, des bains, des aqueducs, de la mer, de Livourne

---

[1] *V.* Liv. vi, chap. iii.

et de son port. L'inclinaison de la tour de Pise servit à Galilée, lorsqu'il était professeur de mathématiques à l'université, pour trouver la mesure du temps et calculer la chute des corps graves. Il y avait fait en présence de nombreux spectateurs ses premières expériences qui excitèrent un si vif enthousiasme; cent fois chargé de ses instrumens, il avait monté ce même escalier où me conduisait, tout essoufflé, un petit sacristain boiteux comme sa tour [1]. Déjà à dix-huit ou vingt ans, le mouvement réglé et périodique d'une lampe suspendue à la voûte de la cathédrale, lui avait révélé la mesure du temps par le moyen du pendule. Ces vieux monumens si curieux, si importans sous le rapport de l'art, rappellent encore les plus grandes découvertes de la science; ils font ainsi un double honneur à l'Italie.

CHAPITRE XI.

Campo-Santo. — Jean de Pise. — Peintures. — Benozzo Gozzoli. Sculptures. — Monument de Béatrice. — Tombeaux d'Algarotti; — de Pignotti; — de Vacca.

Le *Campo-Santo*, musée funèbre de tous les siècles et de toutes les nations, mais dans lequel les rangs sont si peu pressés et la mort tient si peu de place, est un monument admirable du savoir et du génie de Jean de

---

[1] La nouvelle théorie de Galilée sur la chute des corps graves ne fut point, comme on l'a dit, la cause de sa disgrâce et de son départ de Pise: dom Jean de Médicis, frère du grand-duc Ferdinand Ier, qui se piquait d'architecture civile et militaire (*V.* Liv. ix, chap. x), ayant imaginé une machine pour vider la darsène du port de Livourne, le gouvernement chargea Galilée de l'examiner; il démontra, ainsi que l'expérience l'a depuis confirmé, qu'elle était insuffisante et inutile; ce que le prince ne put jamais lui pardonner.

Pise, supérieur comme architecte à son père Nicolas [1]. Ce cimetière du XIIIe siècle consacré aux grands hommes de la république de Pise, cet édifice si religieux, si solennel, si honorable au peuple qui l'a commandé, peut encore être regardé comme le vrai modèle des sépultures nationales. Les premiers artistes furent appelés successivement à le décorer, et il est devenu un monument historique de la peinture des XIVe et XVe siècles. Le plus ancien de ces peintres primitifs, Buffalmacco, s'était peu écarté de la barbarie des maîtres byzantins : le groupe des femmes de son *Crucifiement*, qui secourent la Vierge évanouie, est bien composé; mais les têtes, celle de la Vierge surtout, manquent singulièrement de noblesse. Le grand Orgagna [2] brille au Campo-Santo : son *Triomphe de la Mort*, malgré le défaut de perspective, est plein de variété, d'imagination, de poésie; cette superbe et bizarre peinture est quelquefois satirique : une religieuse serrant dans sa main une bourse, montre que le vœu de pauvreté était alors parfois assez mal observé. Des misérables invoquent la mort dans des vers qu'Orgagna a inscrits au-dessous d'eux [3], et elle frappe des riches, des heureux, des amans qui se reposent à l'ombre d'un bosquet d'orangers au son des instrumens. Plusieurs figures sont des portraits : le personnage qui a un faucon sur le poing, représente le célèbre Castruccio, tyran de Lucques [4]; un autre à longue barbe, et qui tient un arc, l'empereur Louis de Bavière. Quelques religieux, accablés d'années et que la mort a

---

[1] *V.* le chap. précédent.
[2] *V.* Liv. IX, chap. III.
[3]
  Da che prosperitade ci ha lasciati;
  O morte, medecina d' ogni pena,
  Deh! vieni a darne ormai l' ultima cena.

[4] *V.* Liv. XVIII.

respectés, sont excellens d'expression et de vérité. La figure de la Mort, quoique bien exécutée, ne paraît point assez terrible lorsqu'on se rappelle la peinture du Dante, de Michel-Ange et de Milton. Le *Jugement dernier*, avec de très belles parties, est regardé comme inférieur au Triomphe de la mort : la Vierge, la noble figure du Christ furent peut-être imitées par Michel-Ange; l'extase, la joie surnaturelle des bienheureux semblent mieux rendues que les divers supplices des réprouvés. Salomon, sortant de son tombeau, ne sait trop de quel côté il doit se placer. Un ange tire par les cheveux et envoie parmi les damnés un religieux qui s'était glissé parmi les élus, tandis qu'un autre ange conduit parmi ces derniers et retire du groupe des damnés un jeune et joyeux mondain. Orgagna n'a fait que le dessin de l'*Enfer*, faiblement colorié par son frère Bernard. Cet ouvrage n'est point une répétition de l'Enfer du Dante, comme on l'a répété; il n'y a d'imité que la gigantesque figure de

L' Imperador del doloroso regno....
....
Da ogni bocca dirompea co' denti
Un peccatore a guisa di maciulla,
Sì che tre ne facea così dolenti.[1]

L'*Histoire et la Vie des pères du désert*, scène simple, paisible, contraste avec l'Enfer. Cet ouvrage, de Laurati, de Sienne, imitateur de Giotto, passe pour le plus neuf, le plus riche d'idées du Campo-Santo. Le groupe des quatre moines travaillant est parfait de naturel, ainsi que la figure du moine pêchant; une femme déguisée sous les habits d'un de ces anachorètes, est très gracieuse. Au-dessus de la principale porte d'entrée,

---

[1] *Inf. Can.* XXXIV, 28-55. « Le maître du douloureux empire, dans « chacune de ses bouches, broyait avec ses dents un pêcheur, et faisait ainsi à la fois trois patiens. »

on admire la noble et légère *Assomption*, bien conservée, de Simon Memmi, qui paraît avoir échappé à la fatale restauration des peintures du Campo-Santo. Trois des compartimens relatifs à la vie de S. Renier, patron de Pise, sont du même artiste. Il ne reste d'intact du *S. Renier dans le monde* (*al secolo*) que les trois figures de la femme qui tient à la main un enfant, de celle qui tire le saint par son vêtement, et la figure du Rédempteur qui lui apparaît. Le vaisseau sur lequel S. Renier est embarqué lorsqu'il se rend à Jérusalem où il prit l'habit d'ermite, semble assez curieux pour l'histoire de la navigation. Le compartiment le mieux conservé représente les *Miracles du Saint*, ouvrage savant pour le temps, et sur lequel Vasari, qui en parle de mémoire, a entassé une multitude d'erreurs, ainsi que sur la plupart de ces peintures. Il s'est beaucoup moins mépris lorsqu'il a regardé comme les meilleures des anciennes fresques du Campo-Santo, les trois compartimens d'Antoine le Vénitien qui, malheureusement, sont aussi les plus endommagées. Le plus estimé est le *Retour de S. Renier;* les quatre marins qui conduisent la barque déjà proche du rivage, offrent les attitudes les plus naturelles et les plus diverses; la figure moderne d'un pêcheur est exécrable. Le groupe qui environne le *Saint mourant* est noble, varié, expressif. La tempête, du compartiment des *Miracles du Saint après sa mort*, est vive, énergique. Quoique les peintures les plus faibles du Campo-Santo fussent les six compartimens dont trois ont péri, exécutés en 1400 par Spinello d'Arezzo, et relatifs à la *Vie de S. Éphèse et de S. Politus*, ils ne manquent, malgré leur sécheresse et leur dureté, ni d'invention, ni de facilité, ni de chaleur, et ils passent pour son meilleur ouvrage. On ne saurait trop déplorer la perte des quatre compartimens de Giotto faits à l'époque la plus brillante de son talent, qui contribuèrent tellement à sa renommée qu'il fut appelé à Rome par le pape, et dont les deux qui restent peuvent faire présumer la beauté, le grandiose et la noble simplicité. Le démon, des *Infortunes de Job*, est *dantesque*; le premier ange paraît digne de Raphaël. L'antique fléau des consolateurs est merveilleusement représenté dans les *Amis de Job*, composition admirable de naturel et, si l'on peut le dire, de calme, de résignation. La *Création*, la *Mort d'Abel*, le *Déluge*, de Buffalmacco, attestent à la fois l'enfance de l'art et la médiocrité de l'artiste. Benozzo Gozzoli, élève du frère Angélique, imitateur de Masaccio, le plus récent des maîtres qui ont travaillé au Campo-Santo, peut être regardé comme le Raphaël de ces temps primitifs. Ce grand et fécond peintre ne mit, dit-on, que deux ans à terminer les vingt-trois sujets qui lui furent confiés et dont trois sont perdus, ouvrage « effroyable, dit Vasari, et capable d'épouvan- « ter une légion de peintres[1] ». L'*Ivresse de Noé*, ou la *Vergognosa*, est agréable, naturelle : la gracieuse figure de la *Vergognosa* d'où le tableau a pris son nom, tout en ayant l'air de se couvrir le visage avec sa main, afin de ne point voir la nudité de Noé, regarde entre ses doigts; elle a donné lieu au proverbe *come la Vergognosa di Campo-Santo*. Le *Noé* de la *Malédiction de Cham* est d'une vive expression : le paysage pris des environs de Florence est charmant. La *Tour de Babel* est le mieux conservé des compartimens de Gozzoli; le coloris a toute sa force : parmi les mages et les ministres qui accompagnent Nembrodt sont plusieurs portraits; on reconnaît Côme l'Ancien, son fils Pierre, ses neveux Laurent-le-Magnifique et Julien; Politien est peut-être

---

[1] *Terribilissima, e da metter paura a una legione di pittori*.

le prêtre qui a le bonnet sur la tête. Cette fresque est curieuse aussi comme histoire des révolutions de la mode; on peut y remarquer le passage de la gravité de l'ancien costume florentin aux habits courts et serrés des chevaliers *fashionables* du xve siècle. *Abraham et les adorateurs de Bélus* est d'un bel effet, quelques draperies rappellent la manière de Masaccio. L'*Abraham et Loth en Égypte* a quelque confusion; l'Abraham à cheval est très noble; le paysage, les animaux, comme tous ceux de Gozzoli, sont vrais. Les guerriers, les morts, les blessés de l'*Abraham victorieux* sont variés, et les traits du visage de Loth emmené captif, de l'expression la plus touchante. Le *Départ d'Agar*, d'un beau dessin, a de la dignité. Le groupe de Loth et de ses filles, de l'*Incendie de Sodome*, marche; sa femme changée en statue paraît imitée de l'antique. Le *Sacrifice d'Abraham* est plein de sentiment. Les *Noces d'Isaac et de Rebecca* sont légères, grandioses. A travers les débris de la *Naissance de Jacob et d'Ésaü*, on découvre encore que ce compartiment était un des meilleurs; l'architecture, magnifique, est en partie de l'invention du peintre ou représente divers édifices de Florence. Les danseurs des *Noces de Jacob et de Rachel* sont élégans, gracieux; les draperies, parfaites. Les belles figures de Jacob et de Rachel de la *Rencontre de Jacob et d'Ésaü*, semblent presque de Raphaël. La douleur de *Jacob reconnaissant les habits ensanglantés de son fils* est attendrissante. La malencontreuse restauration du peintre Rondinosi n'a pu détruire le grandiose des figures, et la mollesse des draperies des divers sujets de l'*Histoire de Moïse* : les mages sont superbes; le Miracle de la verge changée en serpent est extraordinaire d'expression, de vérité, de terreur. L'Aaron, du *Passage de la Mer rouge*, paraît supérieur au Moïse : les femmes qui se reposent avec leurs enfans dans leurs bras ou suspendus à leur sein, sont admirables de charme et de douceur. La *Chute de Jéricho*, la *Mort de Goliath* sont des compositions vives, énergiques. Quelques peintures de Rondinosi s'étendent jusqu'à la porte de la grande chapelle : elles ne méritent pas seulement qu'on les regarde, et l'ingénieux interprète du Campo-Santo leur fait encore un peu trop d'honneur lorsqu'il leur applique le terrible *guarda e passa* du Dante.[1]

Jean de Pise et Gozzoli, ces grands artistes, ces héros du Campo-Santo, y furent enterrés par la reconnaissance des Pisans : on ne pouvait leur décerner un plus noble et plus digne mausolée.

Parmi les divers ouvrages de sculpture déposés au Campo-Santo, on distingue : un buste de *Brutus* antique, d'un beau travail; le vase grec de marbre de Paros sur lequel est le *Bacchus barbu*, copié par Nicolas de Pise dans sa chaire de S. Jean, et surtout l'admirable sarcophage dit de *Phèdre et d'Hippolyte*, qui fit sculpteur cet homme immortel, qu'il ne cessa de méditer et d'imiter, et que l'on peut ainsi regarder comme la première étincelle de la renaissance du goût. La célèbre Mathilde, l'amie de Grégoire VII, avait voulu qu'il devînt le mausolée de sa mère, la comtesse Béatrice, morte en 1076, preuve remarquable et nouvelle que le scrupule chrétien, qui avait poursuivi tant de monumens païens, était alors apaisé. Le chantre barbare de Mathilde, le moine contemporain Donnizzon, l'a blâmée de cette préférence accordée à Pise, qu'il regarde comme souillée par la multitude de païens, de Turcs, d'Africains, de Libyens et de Chaldéens qui s'y rendait[2] : ses méchans vers ne

---

[1] Rosini. *Descrizione delle pitture del Campo-Santo.* Pise, 1816. p. 186.

[2] *Hæc urbs paganis, Turchis, Libicis quoque Parthis*
Sordida : Chaldei sua lustrant littora tetri :
Sordibus a cunctis sum munda Canossa, etc.

prouvent que l'ancienne prospérité commerciale de Pise ; il serait aujourd'hui désarmé par sa solitude et sa tristesse. Contre l'usage des épitaphes, le dystique gravé sur le tombeau de Béatrice n'est guère à sa louange; elle y est même assez grossièrement, et à tort, traitée de pécheresse (*peccatrix*). Le monument d'Algarotti, du dessin de son ami Maure Tesi et de Bianconi, lui fut érigé par Frédéric, ainsi que l'indique l'inscription connue. Ce prince traitait son chambellan mieux que lui en fait de tombeau; car on sait que par une dernière moquerie de la nature humaine, il voulut être enterré près de ses chiens et de leurs statues. Un des Italiens qui a le plus honoré sa patrie par la variété de ses talens, Pignotti, poète, physicien, naturaliste, littérateur, antiquaire, repose au Campo-Santo; son mausolée, par M. Ricci, est d'une belle simplicité. Le Campo-Santo a reçu en 1830 un nouveau et noble ornement; c'est le tombeau de l'illustre chirurgien André Vacca, élevé par souscription, et ouvrage de Torwaldsen.

La terre qui couvre le Campo-Santo fut enlevée à Jérusalem des lieux saints, et transportée à Pise en 1228 sur cinquante galères de la république. Indépendamment du prix que la religion donnait à ce sol sacré, il avait une vertu physique qui dut y ajouter une sorte de merveilleux; c'était la propriété de consumer les corps en vingt-quatre heures. Aujourd'hui, il faut, dit-on, le double de temps; les sels dont cette terre était imprégnée se sont en partie perdus, évaporés, comme l'enthousiasme et la foi qui alors pénétraient les âmes.

CHAPITRE XII.

Églises. — *S.-Étienne.* — Drapeaux. — Orgue. — *S.-Nicolas.* — Clocher. — *S.-Michel.* — *S.-Paul.* — *Ste.-Marie della Spina.* — Ninus de Pise.

Diverses églises de Pise, sans avoir l'importance et la splendeur du Dôme et de S.-Jean, sont encore remarquables. La magnifique église S.-Étienne, ou des Chevaliers de cet ordre, rappelle leurs hauts faits : de vieux drapeaux pris sur les musulmans, sont suspendus à sa voûte ; ils attestent plus éloquemment que les tableaux et les inscriptions latines de cette même voûte, la valeur des chevaliers [1]. Le maître-autel est d'une richesse rare, mais il appartient à l'époque de la décadence. Aux autels sont : le *Martyre du saint*, de Vasari, dont le coloris est sec et froid, mais la composition habile ; un *Christ porté au sépulcre par ses Disciples et les Maries*, de Gambara, touchant, vigoureux ; une belle *Nativité*, du Bronzino ; la *Madone entre S. Joseph et S. Étienne à genoux*, agréable, et des meilleurs ouvrages d'Aurèle Lomi. Le grand orgue de S.-Étienne est un des premiers de l'Italie.

La façade de l'église Ste.-Catherine fut peut-être de Nicolas de Pise et du frère dominicain Guillaume, son digne élève. Une *Madone*, belle et mal conservée, est un des derniers ouvrages de Fra Bartholommeo ; le grand

---

[1] Ces tableaux sont la *Prise de Bonne* ; la *Prise de Nicopolis*, de Jacques Ligozzi ; une *Victoire navale* de 1602 ; le *Mariage de Marie de Médicis avec Henri IV*, un peu singulièrement placé parmi ces divers succès sur les infidèles, d'Empoli ; une autre *Victoire navale* de 1571, de Cigoli ; *Côme Ier prenant l'habit de chevalier*, de Christophe Allori.

S. Thomas, de Traini, un des meilleurs élèves d'André Orgagna, malgré quelque froideur et quelque exagération dans les attitudes, ne manque ni d'expression ni d'imagination : le saint est bizarrement placé entre Platon et Aristote; le premier, qui lui montre son *Timée*; le second, son *Éthique*. La *Ste. Catherine recevant les stigmates*, de François Vanni, est touchante. Les deux statues de l'*Annonciation*, de Ninus de Pise, sont un monument de l'art pisan au xiv° siècle; l'ange est fort au-dessus de la Vierge.

S.-Fredian serait peut-être, après le Dôme, la plus riche église de Pise en peintures, si celles-ci eussent été mieux conservées. L'*Adoration des Mages*, de la vieillesse d'Aurèle Lomi, célèbre peintre de Pise, du xvi° siècle, passe pour ce qu'il a fait de mieux; l'artiste paraît lui-même avoir été de cette opinion, ainsi qu'on le voit par la pieuse inscription qu'il a mise au-dessous de la Vierge [1]. La *Ste. Brigitte à genoux devant la croix*, est de Tiarini; une *Madone*; l'*Invention de la Croix*; l'*Empereur Héraclius portant la croix au Calvaire*, sont de gracieux et nobles ouvrages de Ventura Salimbeni.

L'église St.-Nicolas, la plus remarquable de Pise par la variété et la richesse de ses marbres, est, sous ce rapport, d'un véritable intérêt pour le minéralogiste. La voûte fort belle, date de sa restauration en 1572. Quelques peintures sont estimées; tels sont : le *S. Charles Borromée*; une *Annonciation*, de Biliberti; *S. Faconde*, de Pierre Dandini; la *Vierge à la ceinture*, d'Aurèle Lomi; la *Ste. Catherine*, un des bons ouvrages d'Étienne Marucelli. Le clocher de S.-Nicolas, oublié par tous les

---

[1] *Et quid retribuam tibi, o bone Jesu, pro omnibus quæ retribuisti mihi? Non aurum, non thus, nec mirram, sed cor meum, et de thesauro cordis mei hoc opus manuum mearum.*

voyageurs, est une construction neuve, élégante, hardie, de Nicolas de Pise, qui fait époque dans l'histoire des progrès de l'architecture, et qu'ont imitée d'autres grands artistes.

La façade de St.-Michel *in borgo* réunit les premiers noms des arts du xiiie siècle, puisqu'il paraît que Nicolas de Pise, le frère Guillaume et son illustre condisciple Jean de Pise, y ont travaillé. Un monument a été consacré dans l'église au P. dom Guido Grandi, camaldule, ancien abbé de S.-Michel, célèbre géomètre, théologien, biographe, antiquaire, et même poète, regardé de son temps par Newton comme l'un des plus grands mathématiciens du continent.

La voûte et les peintures des frères Melani, à l'église S.-Mathieu, ont quelque réputation, et Cochin regarde la première « comme une FORT BELLE MACHINE DE COMPOSITION. » Le meilleur tableau est le *Christ faisant signe à S. Mathieu*, de Jean-François Romanelli. Le *Martyre du Saint* passe pour un des ouvrages estimés de Sébastien Conca.

Au maître-autel de l'église S.-Sylvestre, un *Christ en croix*, de Rutilius Manetti, peintre siennois du xvie siècle, est expressif et d'un beau coloris.

La meilleure peinture de S. Torpè et l'une des bonnes peintures de Pise, est l'élégante et gracieuse *Madone, avec Ste. Anne et le Saint*, de François Vanni; le *S. Charles Borromée*, d'Étienne Marucelli; la *Conversion de S. Gualbert*, du Passignano ou de Biliberti, est aussi remarquable.

A Ste.-Anne, une *Communion de S. Jérôme*, naturelle, d'un bon effet, paraît d'Octave Vannini. Le beau tableau dans l'ornement au-dessus de la porte de côté, est de Ghirlandaio.

L'église S.-Sixte est de l'école d'architecture de Pise,

fondée par Buschetto[1]. Le *S. Jean-Baptiste, prêchant dans le désert,* offre les rares qualités de son auteur, Rutilius Manetti.

Une grandiose et gracieuse *Madone, entourée de divers Saints,* au maître-autel de Saint-Thomas, paraît des Vanni de Sienne, ou du Paggi.

Le maître-autel de Ste.-Cécile a le *Martyre de la Sainte,* pittoresque, un des meilleurs ouvrages de Salimbeni. Le premier peintre pisan, Horace Riminaldi, habile artiste du xvie siècle, est enterré dans l'église.

L'église S.-Pierre *in Vincoli* est une des plus anciennes de Pise; sa dernière restauration remonte à 1100. Une architrave antique, au-dessus de la grande porte, paraît de la bonne époque de l'art.

A l'église S.-Renier, une aquarelle du *Saint,* d'Horace Riminaldi, est remarquable par l'effet du clair-obscur; le *S. Torpè,* belle figure, est un des meilleurs ouvrages d'Aurèle Lomi.

L'église S.-Martin offre un *S. Benoît au milieu des épines,* auquel le démon apparaît sous la forme humaine, peinture pleine de vie, du jeune Palma; une noble et expressive *Madone* et d'autres Saints, de Passignano; *Ste.-Bona,* couronnée de roses au moment de sa prise d'habits, d'Horace Riminaldi; une *Madeleine pénitente* et un *Christ en croix,* ouvrages agréables et vigoureux attribués à Jacques Ligozzi, véronais, imitateur habile de Paul Véronèse.

L'église du S.-Sépulcre, ancienne église des Templiers, de l'architecture de Dioti Salvi, l'auteur du Baptistère, a une superbe *Déposition de croix,* de Santi-Titi.

La grande église Ste.-Marie *del Carmine* a quelques bonnes peintures: une *Annonciation,* de Boscoli, de

---

[1] *V.* ci-dessus, chap. x.

1593; un *Crucifiement*, avec la Vierge et quelques Saints, de Macchietti; le *St.-André Corsini*, auquel la Vierge apparaît, de Curradi; l'*Ascension du Christ*, d'Alexandre Allori, le meilleur tableau de l'église. La figure du Rédempteur paraît peu agréable; mais son pied, qui se détache de la terre, est d'une habile exécution. Le peintre a inscrit dans la gueule d'un petit chien de son tableau ces mots : *Si latrabis latrabo*, avis bizarre et impertinent donné à ses critiques. A la sacristie, une *Vierge*, sur un trône, entre S. Jean et S. Pierre, ouvrage grandiose, caractéristique, a été crue de Masaccio ou de Philippe Lippi. Le tombeau de l'illustre sculpteur padouan Titien Aspetti, neveu du grand Titien, mort à Pise, est dans le cloître de Ste.-Marie *del Carmine*; le buste est de Félix Palma, son élève.

Une belle *Trinité*, avec la *Vierge*, dans une gloire, et trois Archanges, de Mathieu Rosselli, est à l'église S.-Antoine.

S.-Paul paraît avoir été jadis la cathédrale de Pise. On remarque la variété et l'ancienneté des détails de l'architecture de la façade. Près de la porte de côté, un antique sarcophage est devenu le tombeau de Jean Burgondio, juge et jurisconsulte pisan, théologien, médecin et traducteur de plusieurs ouvrages des Pères grecs, docte personnage du xiie siècle, qui montre quel était alors l'état des connaissances à Pise. Les fresques des vieux maîtres qui décoraient ce magnifique temple ont à peu près péri. La *Vierge*, sur un trône, avec divers saints, est un ouvrage curieux de Turino di Vanni, artiste pisan du xive siècle. Un *Martyre de Ste.-Agathe* est vigoureux, expressif. A la sacristie, quelques *Saints*, débris des peintures de Lippo et de Simon Memmi, leur font encore honneur après plus de cinq siècles.

Ste.-Marie *della Spina*, riche, légère et jolie petite église, sur le bord de l'Arno, est extrêmement pittoresque. Cette miniature gothique passe pour le premier chef-d'œuvre de ce genre que possède l'Italie. Plusieurs de ses ouvrages de sculpture ont de la célébrité ; tels sont les nombreuses et petites statues de l'architrave de la porte murée, qui sont en partie de la jeunesse d'André de Pise et de Jean. Un des deux saints tournés vers l'Orient, hommage de la piété filiale de ce dernier, représente son glorieux père Nicolas ; à l'intérieur, les deux grandes *Madones* de Ninus de Pise, l'une allaitant, l'autre en pied, si nobles, si naturelles ; ses statues de *S. Jean* et de *S. Pierre* : la dernière est le portrait d'André son père. Une *Vierge*, au milieu d'un grand nombre de saints, est la meilleure peinture ; les contours en sont doux, les formes belles : l'auteur est le chevalier Sodome.

A Ste.-Christine, la *Sainte*, à genoux devant le Rédempteur ; la *Vierge*, la *Sainte* et *S. Joseph*, sont deux bons tableaux des peintres florentins le Passignano et Corradi.

CHAPITRE XIII.

Université. — Professeurs. — Bibliothéque. — Jardin botanique.

L'Université de Pise, fondée probablement vers le milieu du xive siècle, fut recréée par Côme Ier. Au lieu des cinq Facultés que l'administration française y avait établies, on est revenu, moins heureusement, à la division confuse en trois colléges, savoir : le collége théologique, le collége du droit, le collége de médecine. Les chaires du premier sont l'histoire ecclésiastique, l'Écriture sainte, la théologie dogmatique, la théologie morale, la philologie et les lettres orientales; les chaires du second, l'éloquence latine, les institutions au droit canon, l'interprétation des saints canons, l'institution du droit civil, les Pandectes, l'institution du droit criminel, la logique et la métaphysique, les langues grecque et latine; les chaires du troisième collége, divisé en deux sections, et dont les chaires sont, pour la première, appelée de *médecine* et de *chirurgie*, les institutions pathologiques médicales, l'anatomie, la physiologie et la médecine légale, la médecine-pratique, la clinique médicale, la clinique chirurgicale en opérant sur les cadavres (*per necrotomiam*), les institutions chirurgicales et d'accouchemens; pour la seconde section de physique mathématique, l'algèbre universelle, l'astronomie, la géométrie, l'arithmétique et la trigonométrie, la physique théorique, la physique expérimentale, la chimie et la matière médicale, la botanique, l'histoire naturelle, la mécanique et l'hydraulique. Les professeurs de Pise ont sur le programme des cours le titre d'*eccellentissimo*, ainsi que les autres simples docteurs en Italie: quelques uns le méritent et sont dignes de l'ancienne célébrité de cette école; tels sont MM. Hippolyte Rosellini, habile élève de notre Champollion, professeur d'archéologie égyptienne; Rosini, d'éloquence italienne; del Rosso, des Pandectes; Carmignani, du droit criminel; Bagnoli, de littérature grecque et latine; Libri, de physique théorique; Cajetan Savi, de botanique; Étienne Savi, d'histoire naturelle. Plusieurs professeurs distingués enseignent à Florence, tels que MM. Targioni-Tozzetti, pour la botanique; Gazzeri et Taddei, pour la chimie; Uccelli, pour l'anatomie et clinique chirurgicale; Pons, pour l'astronomie[1]; M. Ciampi,

---

[1] *V.* Liv. x, chap. xxii.

M. Sestini, antiquaire royal, et M. Nesti, garde du Musée de Physique et d'Histoire naturelle de Florence, ont le titre de professeurs honoraires de l'Université. Le nombre des écoliers ne s'élève guère au-dessus de quatre cents.

La bibliothéque est de plus de trente mille volumes; elle a reçu les manuscrits de l'illustre mathématicien camaldule Guido Grandi[1], recueillis par son confrère Ambrogio Soldani, formant quarante-quatre volumes, déposés précédemment au couvent de S.-Michel, ainsi que la bibliothéque de ce couvent, autrefois mise à la disposition du public par Grandi. La plus grande partie des livres du célèbre biographe Ange Fabroni, historien et ancien provéditeur de l'Université, est aussi passée à cette bibliothéque.

D'après les prétentions de Pise, la fondation de son Jardin botanique remonterait à 1544; il serait ainsi le premier connu et antérieur d'une année au jardin de Padoue[2]. On y compte au-delà de trois mille espèces.

CHAPITRE XIV.

Palais ducal. — D. Garzia. — Palais *Lanfranchi*. — Lord Byron. — Palais *Lanfreducci*. — *Alla giornata*. — Tour *de la Faim*. — Pont de marbre. — Jeu. — Chinzica.

Le palais du grand-duc n'a ni grandeur ni magnificence. Un souvenir crédule du D. Garzia d'Alfieri, ouvrage pathétique, quoique exagéré, me le fit visiter; il avait été le théâtre de la mort tragique et mystérieuse de ce

---

[1] *V*. le chap. précédent.
[2] *V*. Liv. vii, chap. ii.

fils de Côme Ier, et de son jeune frère Jean, métamorphosé un peu singulièrement par le poète en Diego ; mais cette demeure paisible et vertueuse ne ressemblait guère au palais du tyran de Florence, et certes l'on n'aurait pu y répéter avec le héros républicain du Sophocle italien :

. . . . *già tutto*
Qui intorno intorno morte mi risuona. [1]

Lord Byron occupait avec son espèce de ménagerie le premier étage du palais Lanfranchi [2], dont l'architecture est attribuée à Michel-Ange. Il y avait presque renouvelé l'aventure de Charles XII à Bender [3], lorsqu'il y fut assiégé par les dragons du brigadier qui l'avait insulté ainsi que ses amis, et qu'une main restée inconnue avait grièvement blessé. Les ennemis de Byron l'ont fort injustement accusé de cet accident à la suite duquel il fut obligé de quitter Pise. Il semble lui-même avoir fait allusion dans le deuxième chant de *Lara* à cette catastrophe, lorsqu'il défend pathétiquement le héros soupçonné d'un meurtre secret.

A la façade du palais Lanfreducci on lit ces mots : *alla giornata* (au jour le jour), au-dessous desquels pend une chaîne de captif, dont l'explication n'est pas moins un mystère que l'inscription. Cette inscription, cette chaîne au-devant d'un beau palais de marbre, m'ont toujours inspiré une singulière mélancolie. On sent qu'il y a dans un tel rapprochement quelque chose de roma-

---

[1] *Don Garzia*, at. IV, sc. III. « Déjà, ici, tout autour de moi la mort résonne. »

[2] *V.* le commencement des *Conversations du capitaine Medwin*, sur le singe, les chiens, les chats, les paonnes et les poules qu'il traînait à sa suite.

[3] Les mêmes, p. 256, t. XVII de la traduction in-12 des *OEuvres*.

nesque, de poétique, et qui peut-être est le secret de quelque touchante histoire.

La tradition de la catastrophe d'Ugolin et de ses fils existe encore à Pise. C'est véritablement une fatalité pour cette ville que de se trouver maudite dans un des plus sublimes et des plus célèbres morceaux de la poésie italienne. Les vers du Dante et l'horreur du supplice d'Ugolin ont presque rendu intéressant ce tyran abominable. La tour de la Faim était située sur la place aujourd'hui dite *des Chevaliers*; ses restes font partie du palais de l'horloge, composé de deux antiques tours réunies par une arcade : la partie voisine du palais Conventuale était la terrible tour.

Depuis l'année 1808, le pont de marbre ne voit plus célébrer l'antique jeu *del Ponte*, d'origine grecque, dit-on, qui remonte à la Pise des jeux olympiques, et qu'Alfieri a peint poétiquement.[1]

J'ai recherché dans le quartier, à gauche de l'Arno, la statue que je croyais élevée à l'illustre Chinzica, à cette femme intrépide, qui sauva, par son courage, les murs et la cité de Pise, privée de ses guerriers absens, et repoussa les corsaires sarrasins descendus au milieu de la nuit. L'Italie du moyen âge a vu cent Clélies plus héroïques que celle de Rome, mais qui n'ont point eu de Tite-Live. La statue dite de *Chinzica* semble être d'un siècle fort antérieur à celui où elle a vécu. Les Pisans du XIe siècle, comme les Romains du temps de Constantin, étaient probablement réduits à n'élever leurs monumens qu'avec les dépouilles d'autres monumens plus anciens. Cette petite statue mutilée est à demi-incrustée contre un mur, près de la boutique d'un perruquier, dont elle pourrait paraître l'enseigne.

---

[1] *Compiè oggi l'anno ch'io dell'Arno in riva.* Son. CLXIV.

Un monument public aurait dû être érigé à Chinzica, au milieu du quartier incendié par les Sarrasins, que l'on a rebâti, et qui, je crois, porte son nom. On regrette que ce nom glorieux ait été donné par Boccace au vieillard de Pise, bien moins énergique que Chinzica [1], dont l'infirmité et le calendrier bizarre sont aussi le sujet d'un conte de La Fontaine.

CHAPITRE XV.

Chartreuse.

La chartreuse de Pise, située au pied d'une montagne, au milieu des bois, avec la vue de la mer, dans la vallée de Calci, dite *la Gracieuse*, d'où elle a pris le nom de chartreuse *della valle graziosa*, semble une douce retraite. Fondée en 1367, et consacrée à la Vierge et aux SS. Éphèse et Politus, l'église et le monastère ont été refaits à grands frais en 1770. Les colifichets de l'architecture de cette époque, mauvais partout, choquent bien davantage dans la solitude austère d'une chartreuse et à côté des beautés simples de la nature. Le *S. Bruno*, du maître-autel, offrant à la Vierge le dessin de la chartreuse, est un tableau fort élégant du Volterrano. Cette chartreuse, rétablie en 1814, comptait en 1828 quinze chartreux, qui recevaient chacun 500 fr. du gouvernement. Malgré l'exiguité de telles ressources, la maison conserve encore quelques traces de son ancien train. Il y a une pharmacie, de vastes celliers, un pressoir pour faire l'huile, une forge, des ateliers comme dans les abbayes du moyen âge, ainsi que la chapelle et l'appartement extérieur des dames

---

[1] *Giorn.* II, *Nov.* X.

qui ne peuvent être reçues dans le cloître. Parmi les nombreux manuscrits, on distingue un diplôme de la comtesse Mathilde, de 1112, provenant du monastère de l'île de la Gorgone, d'où les religieux expulsés par les fréquentes descentes des Sarrasins, vinrent se réfugier à la chartreuse de Pise, et un autre diplôme de Conrad II.

CHAPITRE XVI.

Ferme de *San Rossore*. — Chameaux. — Bêtes épiques de l'Italie.

Un voyageur plein de sens, d'exactitude et d'impartialité [1], a le premier indiqué et fait connaître la ferme de S. Rossore, fondée par les Médicis. Une belle avenue de parc, de la longueur de trois milles, y conduit; de chaque côté elle est bordée d'un canal, qui fertilise par ses irrigations les prés voisins : deux statues de marbre sont à l'entrée de l'avenue; deux autres, de Diane et d'Endymion, placées à l'entrée de la ferme, annoncent que ce lieu est consacré à la chasse. La *bandita reale*, ainsi que s'appelle aussi cet immense établissement, tire son revenu de ses bois, et son luxe de ses prairies. On y nourrit plus de 2000 vaches; on y élève plus de 1500 chevaux. Ces animaux errent çà et là au milieu de vastes pâturages, tantôt seuls, tantôt en troupes et libres, comme au temps de la création. Mais la principale curiosité du domaine de San Rossore est le troupeau de chameaux dont les ancêtres furent amenés sur cette plage à l'époque des croisades (les

[1] M. Frédéric Lullin de Châteauvieux. *Lett. ecrites d'Italie*, en 1812 et 13, *à M. Charles Pictet*. Genève, 1820, in-8°.

plus grandes maisons de l'Europe ne remontent pas plus haut) par un grand prieur de Pise de l'ordre de S.-Jean. Une vingtaine de chameaux sont employés aux travaux de la ferme, et logent à l'étable : plus de soixante habitent vagabonds au milieu des forêts de pins, et le long des sables qui bordent la mer. Dans la grande chaleur du jour on voit ces derniers venir jouir du soleil, tantôt debout, tantôt couchés sur le sable, et se levant gravement à l'aspect de l'homme qui passe. Ces sables, cette mer, ces chameaux, la pureté et l'éclat du ciel, la solitude, le silence, donnent à ce tableau quelque chose d'oriental, de nouveau, de poétique, qui plaît à l'imagination, et la transporte au désert. Nous trouverons près de Monte-Circello les porcs de l'Odyssée, descendans des compagnons d'Ulysse [1] : ici, sont les chameaux de la Jérusalem; l'Italie seule a de ces bêtes épiques. Je n'ai point visité les îles voisines du mont Gargano, sur le rivage de la Pouille; mais il est fort probable que les compagnons de Diomède, changés en oiseaux [2], n'ont point manqué de postérité. Les nobles chameaux de Pise n'ont pas toujours un sort digne de leur origine; ils sont vendus moyennant la somme modique de six ou sept louis aux charlatans de l'Europe, qui les promènent de ville en ville, ou bien ils peuplent de leurs carcasses les divers musées d'histoire naturelle. Quelques personnes pensent que les chameaux pourraient utilement être introduits dans les pays de montagnes; leur lait est agréable, leur tonte de quelque produit, et leur poil sert à fabriquer des tapis. L'éducation corrigerait aisément leurs habitudes sauvages ; car on a remarqué que les chevaux semblaient peu à leur aise avec les chameaux de la ferme de San Rossore.

[1] *V.* Liv. XIII, chap. XV.
[2] *Æn.* XI, 270.

CHAPITRE XVII.

Bains. — Vanité de Montaigne.

Les célèbres bains de Pise, dits de *St.-Julien*, moins fréquentés, depuis quelques années, que ceux de Lucques plus agréablement situés, étaient des thermes antiques, ainsi que le constatent quelques fragmens de colonnes et d'inscriptions. Dans le moyen âge, leur réputation se soutint; ils furent restaurés par la comtesse Mathilde, et le bain dit *della Regina* paraît tirer son nom de cette reine des îles Baléares, prisonnière des Pisans, qui, à cette époque de leur gloire, avaient conquis ses états, et découvert les Canaries [1]. Le splendide bâtiment actuel est de la moitié du dernier siècle. Plusieurs savans, parmi lesquels l'illustre médecin de Florence Cocchi, ont analysé la vertu de ces eaux. Montaigne était venu les prendre lorsque, le 7 septembre 1581, il reçut la nouvelle de sa nomination à la place de maire de Bordeaux, fonction dans laquelle il dut médiocrement réussir, puisqu'il en a si peu parlé. Je n'ai point recherché ses armes qu'il avait fait blasonner, dorer, encadrer et clouer dans la chambre qu'il occupait, « sous cette condition qu'elles « devaient être censées données à la chambre, non au « capitaine Paulino, quoiqu'il fût maître du logis, et « attachées à cette chambre, quelque chose qui pût ar- « river dans la suite », car j'ai peu de goût pour les monumens de la vanité des philosophes.

[1] La reine des Baléares embrassa le christianisme, ainsi que son fils, qui devint chanoine de la cathédrale et fut un prêtre fort édifiant; il fut même, par la suite, nommé gouverneur de Majorque, son île natale. Cette conquête des îles Baléares est le sujet d'un poëme contemporain de Pierre Vernense, regardé comme un peu moins barbare que les autres productions latines de cette époque.

CHAPITRE XVIII.

Livourne. — Lazaret. — Synagogue. — Juifs. — *Esclaves* de Tacca. — Magasin des huiles. — Manufacture de corail. — Magasin Micali. — Cimetière anglais. — *Ardenza.* — Montenero.

Je n'ai passé que deux jours à Livourne, et il me semblait que, dans cette ville nouvelle, *la plus indocte de l'Italie* [1], dans ce comptoir vaste et bruyant de nations diverses, je me trouvais comme jeté hors de l'Italie, et que je ne me sentais plus sur cette terre poétique. Livourne s'accroît considérablement par l'abandon fait aux particuliers du terrain des fortifications, et d'autres emplacemens des environs. Elle doit, dit-on, égaler Florence en étendue; mais il y aura toujours bien loin de sa prospérité matérielle, de sa civilisation anglaise ou américaine aux nobles souvenirs de la patrie du Dante, de Machiavel, de Michel-Ange et de Galilée. Des mendians, des forçats les fers aux pieds, remplissent les rues. Les services que ces derniers peuvent rendre en balayant ne me paraissent pas devoir compenser l'impression funeste que doit produire sur le peuple cette vue habituelle du crime vivant, agissant, marchant. On devrait n'employer les forçats qu'aux travaux du port, ou bien faire en sorte que leur nettoyage des rues fût terminé le matin. Livourne, ennuyeuse, insignifiante lorsqu'on n'y fait point d'affaires, demande fort peu de temps au voyageur, et les premiers et presque seuls monumens de cette triste ville sont le Lazaret et la Synagogue. Le Lazaret est dans son genre vraiment superbe : il est impossible de n'être pas frappé de l'intelligence de tant de précau-

---

[1] Réponse d'Akerblad à Courier, du 16 novembre 1808.

tions prises contre la peste. La Synagogue est grande, magnifique; les Juifs y sont pêle-mêle, le chapeau sur la tête, comme à la bourse. Cette manière familière d'adorer Dieu paraît encore plus étrange lorsqu'on la compare au culte solennel et presque théâtral des églises d'Italie. Un gros rabbin portant un long éventail vert, comme celui des vieilles marquises de comédie, éventail dont il faisait un fréquent et bruyant usage, entonna le premier un verset qui fut comme le signal de cette espèce de plain-chant à peu près aussi harmonieux que le nôtre. Le quartier des Juifs est le plus beau; l'enseignement mutuel a été introduit dans leurs écoles de pauvres, que l'on cite comme bien dirigées, et propres à détruire les anciennes habitudes d'oisiveté et d'abjection de cette classe.

Au port, les quatre Esclaves enchaînés au pied de la statue de Ferdinand Ier, de Tacca, sont un des meilleurs ouvrages de sculpture de la fin du XVIe siècle. On construisait dans le port, en 1826, deux beaux bâtimens pour le pacha d'Égypte qui les payait en marchandises; ils portaient le drapeau toscan qu'ils devaient changer en Égypte contre l'étendard africain.

Le magasin des huiles fondé, en 1705, par Côme III; la manufacture de corail, propriété particulière, sont, dans des genres différens, d'utiles et splendides établissemens. Le magasin Micali est un des plus complets et des plus riches bazars qui se puisse imaginer : on y trouve à des prix modérés de charmans objets sous le rapport de l'art ou de l'industrie.

Le cimetière anglais de Livourne, malgré l'excessif éclat de ses marbres, qui lui donne un peu l'air d'un grand atelier de marbrier, est singulièrement touchant. Il est difficile de ne pas être ému à l'aspect de tous ces tombeaux d'étrangers, de voyageurs morts loin de leur patrie. Il règne dans la plupart des inscriptions une précision, une simplicité de douleur qui attendrit. Quelques uns de ces voyageurs, pleins de jeunesse, d'espérance, amis des lettres et des arts, allaient demander des jouissances, des souvenirs à la terre qui les a dévorés. La plus célèbre de ces tombes n'est pas toutefois fort mélancolique ; c'est celle de l'historien et romancier satirique Smollett, mort à cinquante et un ans, consul d'Angleterre à Livourne.

Indépendamment du Dôme et de quatorze églises, il existe à Livourne des temples, des cimetières de presque tous les cultes : le rapprochement de tant de religions diverses explique cette sorte d'incertitude, d'incrédulité, résultat ordinaire des voyages, que, sous Louis XIV même, Labruyère peignait si naturellement.[1]

La promenade de l'*Ardenza* offre le soir la réunion du beau monde de Livourne; elle est comme une espèce de Corso marchand. Quoique les poètes, depuis Homère et Virgile, regardent le bord de la mer comme le lieu le plus propre à la rêverie, la plage aride de l'*Ardenza* ne peut produire le même effet; elle semble plutôt une distraction assez agréable par la diversité et le mélange des costumes orientaux et européens.

De charmantes maisons de campagne couvrent le Montenero à quelques milles de Livourne : l'église de la Madone, objet de la vénération populaire, est remarquable par sa vue et par la variété et la richesse de ses marbres.

---

[1] « Quelques-uns achèvent de se corrompre par de longs voyages......; ils voient de jour à autre un nouveau culte, diverses mœurs, diverses cérémonies ; ils ressemblent à ceux qui entrent dans les magasins, indéterminés sur le choix des étoffes qu'ils veulent acheter : le grand nombre de celles qu'on leur montre les rend plus indifférens ; elles ont chacune leur agrément et leur bienséance : ils ne se fixent point, ils sortent sans emplette. » Ch. XVI.

FIN DU LIVRE DIXIÈME.

LIVRE ONZIÈME.

ROMAGNE. — ABRUZZES.

CHAPITRE PREMIER.

Aspect. — Romagnoles. — Imola. — Faenza. — Françoise Bentivoglio. — Manufacture. — Capucins. — M. Strocchi.

La voie Émilienne que l'on suit jusqu'à Rimini est un reste utile de la grandeur romaine. L'aspect du pays paraît singulièrement florissant, puisqu'il offre, rapprochées à quelques lieues de distance et sur la route directe de Rimini, une suite de villes grandes, peuplées, bien bâties, ayant chacune son palais, son dôme, sa grande place et ses souvenirs historiques. L'ardeur pour les idées nouvelles, produite par l'exagération contraire et l'inégalité résultant des priviléges et de la domination ecclésiastiques, était extrême dans la jeunesse de ces villes, la plus instruite de l'Italie, ainsi que celle des autres villes de l'Italie centrale, et les événemens de 1831 et de 1832 ne m'ont point surpris. Ces opinions avaient pénétré jusque dans le peuple et le clergé. Le caractère emporté des habitans ajoutait à leur violence, quoiqu'elle n'eût point encore éclaté; car le Romagnole est capable d'excès dans le bien comme dans le mal, et il peut devenir, selon l'impulsion qu'il reçoit, héros ou brigand.

Imola, bâtie sur les ruines du *Forum Cornelii*, conserve à sa cathédrale le corps de S. Pierre Chrysologue, archevêque de Ravenne, célèbre orateur sacré du ve siècle, dont le surnom indique quels prodigieux effets furent attribués à son éloquence. Aux *Scalzi*, les *Quatre saints couronnés* sont un des beaux ouvrages de Jacques Ligozzi.

Le théâtre qui ne sert point est une construction fort bizarre, quoique vantée. Les pilastres et les grosses caryatides de l'avant-scène nuiraient considérablement au développement et à l'effet du spectacle.

La bibliothéque d'Imola compte environ quatre mille volumes et quatre manuscrits. La Bible hébraïque, parchemin, in-4°, du XIIIe siècle, est regardée comme précieuse d'après le jugement écrit et imposant de l'abbé Mezzofanti; un manuscrit arabe de 1612, in-8°, traitant de religion et de législation, fut pris sur les Turcs, par le comte Blaise Sassatelli d'Imola, général au service du duc de Ferrare.

Faenza, selon ses historiens et ses poètes, tire son nom de Phaëton [1]. L'ancienne fécondité de ses champs, vantée par Varron et Columelle, ne paraît point épuisée; la culture est très belle. La maison commune était l'ancien palais de Galeotto Manfredi, seigneur de Faenza, tué de la main de sa femme, Françoise Bentivoglio, italienne jalouse et outragée, qui le voyant résister avec avantage aux quatre assassins qu'elle avait cachés sous son lit, s'élança elle-même de son lit et saisit une épée dont elle le frappa, crime qui renouvelle et surpasse à la fin du XVe siècle les tragiques attentats que la fable raconte de Clytemnestre, et l'histoire du moyen âge de

---

[1] Tonduzzi. *Ist. di Faenza*, p. 1. c, 66.

>........ Ecco l' eccelsa
>Città che prese nome da colui
>Che si mal careggiò la via del sole,
>E cadde in Val di Po.....
>   Carlo Pepoli. L'*Eremo*, Cau. II.

Rosmonde¹. On voit encore la fenêtre de la chambre témoin de ce meurtre: les traces même du sang n'ont disparu, dit-on, que depuis quelques années, sous le badigeonnage italien.

La Cathédrale a une excellente *Ste. Famille,* d'Innocent d'Imola. Le Gymnase communal, ancien couvent des Servites, offre plusieurs peintures remarquables de Jacomone, artiste de Faenza, imitateur et propagateur dans la Romagne du goût de Raphaël.

La fontaine de la place a de bons ouvrages de Giacometti, célèbre sculpteur et fondeur du xviᵉ siècle.

La manufacture de faïence, très ancienne, ne se recommande guère que par la solidité de ses produits, qui conservent encore les vieilles et mauvaises formes du siècle dernier, rejetées depuis long-temps par l'habile directeur de notre manufacture de Sèvres. L'imitation assez exacte de vases étrusques m'a semblé ce qu'il y avait de mieux.

Le couvent des capucins, près de Faenza, a recouvré son beau tableau du Guide, la *Vierge et S. Jean*, destiné dans le temps à Paris, resté à Milan, et qui mérite bien que l'on se détourne un peu pour aller le contempler.

Faenza possède un poète et helléniste célèbre en Italie, M. le chevalier Dionigi Strocchi, auteur de vers italiens et latins très estimés pour la verve et la pureté du langage, et traducteur des Hymnes de Callimaque.

---

¹ Laurent de Médicis s'intéressa, par la suite, au sort de Françoise, prisonnière des habitants de Faenza, et il obtint sa délivrance ; il consentit même, à la prière de son père Bentivoglio, à intercéder auprès du pape pour qu'elle fût relevée des censures ecclésiastiques. Le motif que Bentivoglio fit valoir auprès de Laurent, pour l'engager à cette démarche, peut sembler étrange : IL AVAIT LE PROJET DE LA POURVOIR D'UN AUTRE ÉPOUX. Roscoe. *Vie de Laurent de Médicis*, chap. VIII.

Élève de Visconti, ami de Monti, membre de l'ancien Institut italien, ce vieillard vénérable ne se recommande pas moins par sa gloire littéraire que par ses qualités privées et ses vertus publiques. Il promet à l'Italie un traducteur des Géorgiques non moins habile que celui de France, et ce travail fera probablement plus d'honneur à M. Strocchi que la traduction des poésies du roi de Bavière, dont ce prince l'a chargé.

CHAPITRE II.

Ravenne. — Cathédrale. — *S.-Vital.* — Mosaïques. — Bas-reliefs. — Tombeaux d'Isaac ; — de Placidie. — *S.-Jean-Évangéliste.* — *S.-Apollinaire.* — Palais de Théodoric. — *Classe.* — Collége. — *S.-François.* — Le P. Alfieri. — *Braccio-forte.*

La partie de la voie Émilienne qui conduit à Ravenne et à Rimini, fut autrefois parcourue par la foule des Romains qui allait s'embarquer pour la Grèce. Aujourd'hui la poste vous laisse à Faenza, et les voiturins ont remplacé sur la route les chars du peuple-roi. Ce coin de l'Italie n'est pas assez visité. Il me paraît une de ses parties les plus intéressantes et les plus curieuses. Le voyageur qui postillonne de l'*Albergo reale* de Milan à l'hôtel de Schneiderff de Florence, pour courir de là chez Cerni à Rome et à l'hôtel de la Victoire de Naples, n'a point vu la partie intime et réelle de ce pays, son aspect désolé, ses tristes et beaux rivages, et il n'a pu connaître cette hospitalité italienne si pleine d'obligeance et de bonhomie.

Ravenne, autrefois défendue par la mer, asile d'empereurs effrayés des barbares, est encore plus déchue que Venise, asile de peuples fuyant devant Attila. Cette capitale de l'empire d'Occident, cette résidence des rois goths et des exarques grecs, n'était que simple sous-préfecture de notre royaume d'Italie; elle n'avait pu s'élever aux honneurs du chef-lieu qui était à l'obscure Forlì. Aujourd'hui, elle a un légat, un vice-légat, et compte environ 16,000 habitans.

La cathédrale de Ravenne, antérieure au IVe siècle, était une des églises qui conservait le plus de traces des anciennes basiliques; refaite en 1749, et perpétuellement badigeonnée, elle a complétement perdu son air vénérable. A la sacristie, la chaire pastorale de S. Maximien, ouvrage précieux du VIe siècle, qui montre les premiers pas de l'art en Italie au sortir de la barbarie, a même été lavée ou grattée avec une telle ardeur, qu'un morceau détaché dans ce nettoyage a seul conservé sa première et belle couleur d'un jaune doré, bien différent de la blancheur terne et grise du reste. Le baptistère, autrefois une des chapelles de la cathédrale, en est aujourd'hui séparé par une rue. Derrière le chœur, deux grandes plaques de marbre grec couvertes d'animaux symboliques, ouvrages du VIe siècle, faisaient partie de l'ancienne chaire. Dans le vestibule de la sacristie, un calendrier pascal sur marbre, des premiers temps du christianisme, est un curieux monument des connaissances astronomiques de cette époque. On remarque quelques tableaux : le *Miracle de la Manne*, un des meilleurs du Guide; sa lunette, au-dessus de l'autel de la même chapelle du S. Sacrement, d'une merveilleuse légèreté; *S. Orso, consacrant la cathédrale de Ravenne*, de M. Camuccini, qui prouve que sa couleur n'est pas toujours au-dessous de son savant dessin. Quelques débris de l'ancienne porte ont été appliqués derrière la nouvelle; ils sont en bois de sarment, très solides, et ils confirment ce qu'ont avancé Pline et les anciens, que la vigne pouvait devenir un arbre très gros et très fort.

La basilique octogone de S.-Vital, magnifique et hardi monument de l'architecture des Goths, monument capital pour l'histoire de l'art, offre le style byzantin dans toute sa pureté, dans tout son éclat oriental. Bâtie sous Justinien, à l'imitation de Ste.-Sophie, Charlemagne la fit copier pour l'église d'Aix-la-Chapelle. A la voûte du chœur une vaste et belle mosaïque représente, d'un côté Justinien avec ses courtisans et ses guerriers, de l'autre l'impératrice Théodora avec ses dames. Telle est sa parfaite conservation que les figures, comme toutes celles de ce genre qui existent à Ravenne, sont véritablement vivantes : on pourrait, dans ce chœur, se croire à la cour de Constantinople : les traits de Théodora, de cette comédienne, passée d'un trône de théâtre sur le trône du monde, ont encore un certain air lascif qui rappelle ses longues prostitutions. Lorsque je contemplais les traces de Constantinople qui existent à Ravenne, il me semblait que cette ville curieuse était aujourd'hui plus Constantinople que Constantinople elle-même, dont la barbarie et le fanatisme ottoman ont dû bien davantage changer l'aspect. Citoyen de Bysance, je croyais voir accourir ses lettrés, ses légistes, ses théologiens, ses moines, ses argumentateurs, nation décrépite, et la splendeur de l'édifice ne me dissimulait point la faiblesse de l'empire. Quelques ornemens de la fin du dernier siècle sont de fort mauvais goût, et les grosses guirlandes de roses, peintes et comme suspendues à la colossale coupole, paraissent singulièrement ridicules. Deux antiques bas-reliefs de marbre de Paros, dits le *Trône de Neptune*, comparés aux ouvrages de Phidias et de Praxitèle, furent pudiquement mutilés en secret par un prêtre de la paroisse trop scrupuleux, qui faillit alors, sous l'administration française, porter la peine de son singulier délit. Un autre précieux bas-relief, l'*Apothéose d'Auguste*, est à l'entrée de la sacristie. A la chapelle du S.-Sacrement voisine, le ciboire doré de l'autel du milieu passe pour être du dessin de Michel-Ange.

La belle tombe d'Isaac Arménien, huitième exarque de Ravenne, mort en 641, qui lui fut élevée par sa femme, a une inscription grecque d'une extrême tendresse, puisque son veuvage y est comparé à celui de la tourterelle.

Le mausolée souterrain de Galla Placidia semble un monument des catastrophes effroyables du bas-empire; cette fille de Théodose, sœur d'Honorius, mère de Valentinien III, née à Constantinople, morte à Rome, fut esclave deux fois, reine, impératrice, épouse d'abord d'un roi goth, beau-frère d'Alaric, épris de sa captive, et ensuite d'un général de son frère qu'elle sut également asservir; femme habile, mais sans générosité, sans grandeur, qui hâta la chute de l'empire, et dont l'ambition et les vices ont obscurci et comme souillé l'infortune. Cette tombe, autrefois couverte d'argent ou d'or artistement travaillé, n'est aujourd'hui que de simple marbre blanc, uni; elle paraît encore dominer dans le caveau; à sa droite est le tombeau de l'empereur Honorius II, à sa gauche celui de Constance, le général romain, second mari de Placidie.

L'ancienne église S.-Jean-Baptiste, consacrée par S. Pierre Chrysologue, à laquelle était attaché le confesseur de Placidie, S. Barbazian, prêtre d'Antioche, a deux tableaux estimés: le premier, la *Vierge, deux Anges, S. Sébastien et Albert le Carmélite*, très vanté par Vasari, de Rondinelli, peintre de Ravenne du xv⁰ siècle; le second, *S. Victor*, le chef-d'œuvre de Pasquali de Forlì.

L'église S.-Théodore ou du S.-Esprit, gothique, fut élevée au vi⁰ siècle par Théodoric, et réservée aux évêques ariens : une antique chaire de marbre, avec des sculptures de cette époque, fut peut-être à leur usage.

S.-Michel *in Affricisco* offre un des exemples trop communs de l'indigne profanation des monumens de l'art. Cette église du vi⁰ siècle, supprimée en 1805, sert maintenant de marché aux poissons, et dans la tribune, où l'on admire encore une belle mosaïque, est le dépôt des baquets, des poids et des balances.

A S.-Dominique les *Quinze mystères du Rosaire* sont un ouvrage gracieux de Luc Longhi, peintre de Ravenne, du xvi⁰ siècle, qui a fait aussi une belle *Invention de la Croix*. La riche et moderne chapelle du Crucifix conserve une curieuse antiquité chrétienne; c'est un Crucifix de bois couvert artistement de toile fine imitant la peau humaine : une inscription mise au bas rapporte que ce Christ sua du sang lors de la bataille de Ravenne, tant était grande la terreur des armes françaises succédant aux campagnes fictives et concertées des *condottieri* [1].

La fondation de l'illustre basilique de S.-Jean évangéliste, dite *della Sagra*, est due à Placidie, à la suite d'un vœu fait par elle au milieu d'une tempête, lorsqu'elle revenait de Constantinople à Ravenne avec ses enfans. La tradition rapporte que Placidie, qui avait inutilement recherché quelque relique du saint afin d'en enrichir sa basilique, priant une nuit dans celle-ci et à ce sujet, S. Jean lui apparut en habits pontificaux et encensant l'autel et l'église; ravie d'un tel prodige, la

---

[1] *V.* Liv. vii, chap. v.

princesse s'était jetée aux pieds du saint qu'elle avait embrassés, et qui disparut aussitôt lui laissant miséricordieusement une de ses sandales. Un bas-relief de marbre représente cette vision; il paraît du xii° siècle ou du siècle suivant, comme les autres sculptures du temple. La *Confession* conserve l'ancien autel formé de marbre grec, de serpentine et de porphyre. A la chapelle S.-Barthélemi, on voit dans le mur les fragmens d'une mosaïque découverte dans le dernier siècle, qui offre l'ouragan et le vœu de Placidie. La voûte de la seconde chapelle est peinte par Giotto.

Après le Dante, Théodoric est le plus grand des nombreux souvenirs de Ravenne. Sans parler ici de son superbe mausolée [1], un portique sur la place, soutenu par huit grosses colonnes de granit brun portant son chiffre, est le seul reste des portiques qui conduisaient à la fameuse basilique d'Hercule, restaurée par lui; une espèce de mur élevé, dans lequel sont incrustées huit petites colonnes de marbre, et une belle cuve de porphyre, sont l'unique débris de son palais, de celui de ses successeurs et des exarques. Le principal destructeur de ce palais fut Charlemagne, qui, avec la permission du pape Adrien Ier, transporta en France ses plus riches ornemens : étrange accord du sacerdoce et de l'empire contre un monument! Près du palais de Théodoric est l'église S.-Apollinaire, érigée par lui au commencement du vi° siècle, et toute resplendissante de sa magnificence et de son histoire, malgré l'irrégularité et la corruption de l'architecture. Les vingt-quatre colonnes de marbre grec qui divisent l'église en trois nefs furent transportées de Constantinople. Une superbe mosaïque offre la vue de Ravenne à cette époque, et vingt-cinq figures entières de saints tenant chacun une couronne à

---

[1] *V.* ci-après, chap. vi.

la main qu'ils semblent présenter au Sauveur; de l'autre côté, les vingt-deux saintes, ayant aussi chacune à la main une couronne, sont gracieuses, et leur toilette paraîtrait encore aujourd'hui fort élégante. Au milieu de la nef, on voit l'antique chaire de marbre grec ornée d'ouvrages gothiques.

La majestueuse et riche église de Ste.-Marie *in porto*, bâtie en 1553, a sur un de ses autels le *Martyre de S. Marc*, chef-d'œuvre du jeune Palma. On y vénère une image de la *Vierge* en marbre vêtue à l'orientale, et priant les mains en l'air selon l'ancien usage. A la sacristie, un vase antique de porphyre est d'une belle forme et bien travaillé.

A l'église Ste.-Agathe, ornée de riches colonnes dont deux à gauche tachetées imitent la couleur de la peau de serpent, la *Sainte et d'autres Saintes* est un des bons tableaux de Longhi.

La splendide église de S. Romuald, ou *Classe* élevée en 1630, est devenue la chapelle du collège de Ravenne, un des meilleurs d'Italie, et qui compte quatre-vingt-dix élèves et deux cents externes. Cette chapelle de collège où brillent le porphyre, le marbre africain, le cipollin, le vert antique, l'albâtre, le lapis-lazzuli, a quelques peintures : la *Vision de S. Romuald*, bonne fresque de J.-B. Barbiani; le *Saint*, du Guerchin; *S. Barthélemi et S. Sévère*, de Marc-Antoine Franceschini; le *S. Benoît*, de Cignani; à la sacristie, la célèbre *Résurrection de Lazare*, de François da Cottignola. Au réfectoire, une grande fresque des *Noces de Cana* est de Luc Longhi et de son fils François : le voile mis à la femme placée près du Sauveur, et qui la couvre modestement, fut ajouté par Barbara Longhi, fille de Luc, d'après le scrupule et les instances, dit-on, de S. Charles Borromée, alors légat de Ravenne.

L'ancienne église S.-François, bâtie vers le milieu du ve siècle, est intéressante. A la chapelle du Crucifix, deux colonnes de marbre grec veiné sont décorées de chapiteaux superbes de Pierre Lombardo, qui a fait aussi les arabesques exquises de la frise et des pilastres. La famille des Polenta, immortalisée par l'hospitalité qu'elle accorda au Dante, et par l'infortune de Françoise de Rimini, fille de Guido da Polenta, avait sa sépulture dans cette église; une grande pierre sculptée représente revêtu d'habits de franciscain, un de ces seigneurs de Ravenne, Ostasio, mort en 1396. Sur une autre pierre, on voit le P. Henri Alfieri d'Asti, général de l'ordre des franciscains, mort à quatre-vingt-douze ans, en 1405; on retrouve déjà sous le froc de ce moine du xive siècle, la physionomie haute et sévère de son arrière-neveu le tragique.

Le monument dit *Braccio-forte*, représentant un guerrier mort, serait une belle sculpture de Campo Santo : Canova l'estimait; l'auteur en est inconnu.

CHAPITRE III.

Bibliothéque. — Manuscrit d'Aristophane. — Médaille de Cicéron. — Papyrus. — Académie des Beaux-Arts. — Palais du chevalier R******.

La bibliothéque de Ravenne, fondée, en 1714, par l'abbé D. Pierre Canneti de Crémone, considérablement augmentée, en 1804, des bibliothéques de couvens supprimés, compte plus de quarante mille volumes; elle a sept cents manuscrits et un nombre égal d'éditions du xve siècle, parmi lesquelles plusieurs des plus rares [1].

[1] Les *Décrétales de Boniface VIII*, de Mayence (1465); le *Pline*

Le célèbre manuscrit d'Aristophane, du xe siècle, unique, complet, servit à M. Bekker, pour donner l'édition d'Invernizi [1] : on a regretté qu'il n'ait point publié le scoliaste grec resté inédit et indispensable pour l'intelligence du comique athénien. Le manuscrit de Ravenne rappelle un exemple de ce patriotisme municipal et littéraire qui anime les Italiens, à défaut de l'esprit public des États libres qu'ils ne peuvent connaître : Eugène Beauharnais, vice-roi, voulut acheter ce manuscrit; la ville s'y refusa et cacha le volume; le cardinal Gonsalvi donna l'ordre depuis de le vendre au roi de Danemarck, il éprouva la même résistance; il fallut envoyer deux employés de la Bibliothéque de Copenhague pour en prendre copie. Un manuscrit du Dante est, dit-on, de son temps, et sa version ne paraît point encore avoir été consultée. On remarque, au médailler, la médaille de Cicéron qui, d'après le jugement de Visconti et d'autres savans antiquaires, fut frappée par la ville de Magnésie, près du mont Sipyle, dans la Lydie, en souvenir des bienfaits de Cicéron, lorsque son fils jouissait de la faveur d'Auguste, qui l'avait élevé aux premières dignités de l'État, et lui avait confié l'administration de l'Asie. La médaille d'argent du pape Benoît III est curieuse, puisqu'elle sert à réfuter la fable de la prétendue papesse Jeanne.

Le musée lapidaire offre une collection précieuse d'inscriptions païennes et chrétiennes, provenant la plupart du pavé de la vieille basilique. Les papyrus de Ravenne avaient de la célébrité : un seul du xiie siècle, d'une grandeur vraiment extraordinaire, est très bien conservé, et se voit à la bibliothéque peu nombreuse de

de Venise (1469); la *Bible* de Venise (1476) avec de jolies miniatures; le *Dante* de Milan (1478).

[1] Leipsick, 1794, in-8°. 2 vol.

l'archevêché; c'est un bref du pape Pascal II, qui confirme les droits et priviléges des archevêques de Ravenne.

Le patriotisme municipal, que nous avons déjà loué chez les Italiens, créa, en 1827, à Ravenne, un établissement dont le but est à la fois agréable et utile; c'est l'Académie élémentaire des Beaux-Arts destinée principalement à perfectionner les divers arts et métiers, et à répandre le goût et le sentiment du beau. Les élèves, de la province, reçoivent, pour prix annuels, trois médailles d'argent et un nombre égal de médailles d'or pour les prix qui se distribuent tous les trois ans. Le Musée, à sa naissance, s'est trouvé composé de plus de quatre cents tableaux offerts par les principaux habitans, des meilleurs maîtres, et parmi lesquels il en est de Léonard, du Corrège, du Dominiquin, du Guerchin, de Louis Carrache, du Guide, de l'Albane, du Tintoret, de Rubens, du Poussin, etc. : des plâtres de quelques chefs-d'œuvre antiques ou de beaux ouvrages modernes ont même été envoyés de Florence et de Rome par de généreux donateurs qui apprécient les intentions bienfaisantes d'une telle fondation, la sagesse de ses réglemens et sa bonne direction.

J'ai visité le palais de M. le chevalier J**** R******, décoré récemment avec goût et magnificence; un beau plafond d'Agricola représente la *Mort de Camille,* reine des Volsques; la tête noble, calme, souffrante, et à laquelle l'artiste n'a point avec raison donné l'INDIGNATA *sub umbras* du poète, offre les traits de Mme Murat dont M. le chevalier R****** a épousé la fille; allusion ingénieuse et touchante à une catastrophe domestique.

CHAPITRE IV.

Tombeau du Dante. — Le Dante.

Le tombeau du Dante est, pour l'imagination, le premier des monumens de Ravenne, et l'un des plus illustres tombeaux du monde. Mais la coupole mesquine et de mauvais goût dans laquelle il fut placé vers la fin du dernier siècle, paraît bien peu digne d'une telle sépulture. La pierre qui couvre les os du Tasse dans un coin de l'église de Ste.-Onuphre, et l'inscription *Ossa Tassi,* mise par les moines, sont préférables à ce vain colifichet. La dépouille du poète semble, comme lui-même, avoir eu ses catastrophes. Environ deux années après sa mort, Guido da Polenta, qui lui avait offert généreusement un asile et décerné de pompeuses funérailles[1], ayant été chassé de Ravenne, le cadavre du Dante faillit à être déterré de l'église des Frères Mineurs de S.-François, et sa cendre jetée au vent, car les Florentins poursuivirent jusqu'à sa mémoire, et le pape l'avait excommunié. Cent soixante ans s'écoulèrent jusqu'à ce que le sénateur Bernard Bembo, podestat de Ravenne pour la république de Venise, et père du cardinal, lui fît élever un mausolée d'après le dessin de l'habile architecte et sculpteur Pierre Lombardo, mausolée réparé en 1692 par le cardinal légat Corsi de Florence, et rebâti dans l'état actuel en 1780, aux frais d'un de ses successeurs, le cardinal Valenti Gonzaga de Mantoue. A la voûte de la coupole sont les quatre médaillons de Virgile, de Brunetto Latini, le maître du

---

[1] Villani rapporte qu'il fut enseveli *a grande onore in abito di poeta.*

Dante, dont il avait si bien appris *come l'uom s'eterna*[1], et de ses protecteurs Can grande et Guido. L'aspect de ce marbre funéraire du Dante, devant lequel s'était prosterné Alfieri[2], cause une foule d'émotions impossibles à décrire. L'infortune de ce grand homme, condamné, privé de ses biens, banni de Florence, n'attendrit pas moins que son sublime génie ne confond. Les vers d'Homère sont d'un poète malheureux d'un âge primitif; le poëme du Dante est un poëme de proscrit, d'une époque de factions et de fanatisme; l'exil a fait ses vers, et son enfer florentin est l'enfer des partis, des révolutions et de la guerre civile. Aussi le Dante, oublié, méconnu pendant près de deux siècles, a-t-il été de nouveau et vivement senti depuis que notre temps a vu les mêmes orages[3]. Aujourd'hui son livre est, pour les Italiens, comme un symbole de liberté; ils s'y réfugient avec amour, et leur admiration leur semble du patriotisme. Il m'est quelquefois arrivé d'en lire plusieurs chants avec les jeunes gens instruits auxquels j'étais adressé, et je me rappelle encore les transports qu'excitaient en eux tous ces magnifiques passages sur la gloire, la grandeur ou l'esclavage de l'Italie : ce commentaire ardent, enthousiaste, me ravissait, et il ne ressemblait point aux commentaires

---

[1] « Comment l'homme se rend éternel », paroles du Dante à Brunetto Latini, lorsqu'il le rencontre en enfer, où ses goûts infâmes, et peut-être aussi ses opinions politiques l'avaient porté à le mettre. *Inf.* can. xv. 85.

[2] *Prostrato innanzi a' tuoi funerei marmi.*
Voyez son beau sonnet *O gran padre Alighier*, etc.

[3] D'après le relevé curieux de M. Gamba (*Serie de' testi di lingua italiana*, n° 309), on remarque qu'il avait paru dix-neuf éditions de la *Divina Commedia*, de 1472 à 1500; quarante, de 1500 à 1600; cinq seulement dans le xviie siècle; trente-sept, de 1700 à 1800; et plus de cinquante pendant les vingt-cinq premières années du xixe siècle. Le Dante, de la jolie édition portative des poètes italiens, publiée à Paris par M. Buttura, a été le premier épuisé.

écrits que j'avais essayé de parcourir. Le Dante n'a guère raconté d'événemens ou d'aventures ; il a pris pour acteurs les passions, les idées qui agitaient son siècle, et la création entière est devenue le théâtre de ce poëme :

Al quale ha posto mano e cielo e terra. [1]

Comme Bossuet, le Dante a sa langue à part, que personne n'a parlée ni avant ni après lui ; et, comme notre grand orateur, il sait rendre merveilleusement les choses les plus vulgaires [2]. Peut-être que leur goût de monarchie [3] et d'indépendance de la cour romaine,

---

[1] *Parad.* Can. xxv, 2. « Auquel le ciel et la terre ont mis la main. »

[2] Un des beaux vers du Dante est celui qui montre un tailleur enfilant son aiguille,

Come vecchio sartor fa nella cruna.
Inf. Can. xv, 21.

Quelques détails familiers se rapprochent de certains traits des *Sermons*, des *Élévations à Dieu* et des *Méditations sur l'Évangile*, de Bossuet ; tels sont :

Nè da lingua che chiami mamma e babbo.
Inf. Can. xxxii, 9.

Matto è chi spera che nostra ragione
Possa trascorrer la' nfinita via
Che tiene una sustanzia in tre persone.
State contenti, umana gente, al quia,
Che se potuto aveste veder tutto
Mestier non era partorir Maria.
Purg. Can. iii, 34.

Cui buon volere e giusto amor cavalca.
Can. xviii, 96.

Le vers si triste du Purgatoire sur la misère et l'aveuglement du monde est tout-à-fait bossuétique :

. . . . *Frate,*
Lo mondo è cieco, e tu vien ben da lui.
Can. xvi, 66.

[3] On connaît l'épitaphe du Dante mise sur son tombeau, qui paraît composée par lui : *Jura monarchiæ*, etc., et son traité *De monarchiâ*, dans lequel il prétend démontrer l'excellence de ce gouvernement, par l'exemple de la famille qui a son chef naturel, système reproduit de nos jours par un publiciste quelque temps célèbre.

leur immense foi, leur christianisme si intrépide, la netteté de leur théologie[1], établissent entre eux d'autres analogies. Le voyage d'Italie est nécessaire à la parfaite connaissance du Dante; il faut, pour le comprendre, avoir contemplé, soit les beautés de la nature qu'il a décrites, soit les ouvrages de l'art qu'il a inspirés; les vieilles peintures de Giotto, d'Orgagna, de Luc Signorelli, le grandiose de Michel-Ange, en sont l'explication la plus éloquente et la plus vraie. Après l'avoir ainsi étudié, on serait tenté de s'écrier, comme le jeune Marc-Aurèle de je ne sais quelle harangue qui certes devait être bien loin de ses vers : *O omnia*[2] ! Ce poète du xiiie siècle a tout senti et tout exprimé. Qu'on ne vante plus si hautement nos progrès, notre perfectibilité : l'art humain, tout ce qui s'apprend, a pu se perfectionner, mais l'intelligence ne s'est point étendue.

CHAPITRE V.

Environs. — Murs. — Mausolée de Théodoric. — *Crocetta.* — Alberoni. — *S.-Apollinaire in Classe.* — Abaissement prétendu de l'Adriatique. — *Pineta.* — Colonne des Français. — Bataille. — Côte jusqu'à Rimini.

Les environs de Ravenne, avec leurs ruines, leurs souvenirs, leur aspect désolé, les vastes marais dont ils

---

[1] Les vers suivans du Purgatoire sont une définition précise du libre arbitre :

> *Lo cielo i vostri movimenti inizia,*
> *Non dico tutti ; ma posto ch' io' l dica ,*
> *Lume v' è dato a bene ed a malizia.*
> Can. xvi, 73.

Le Dante a fait jaillir une multitude de beaux vers de questions purement théologiques et dogmatiques.

[2] Lett. de Fronton à Marc-Aurèle, Liv. ii, 6.

sont couverts, semblent une autre campagne de Rome inondée. Le tour des murs de ces grandes et historiques cités est une de mes promenades favorites : les murs de Rome sont au nombre de ses plus intéressans monumens; à Ravenne, on voit encore les brèches faites par les Barbares, que n'arrêtent point les remparts lorsqu'ils ne sont point défendus par le patriotisme et le courage des habitans. Ces murs impuissans me représentaient la fin et le renouvellement des empires.

Le tombeau de Théodoric, bâti par lui, et d'où ce grand prince, conquérant, législateur, et ami des arts et des sciences, fut rejeté comme arien, est devenu Ste.-Marie-de-la-Rotonde. Le solide monument de ce premier des rois goths en Italie est une imitation assez adroite des mausolées d'Auguste et d'Adrien, tout-à-fait dans le goût romain; il prouve l'ascendant qu'obtiennent toujours les vaincus lorsqu'ils sont plus civilisés que leurs vainqueurs. Le placement de l'énorme coupole, d'une seule pièce, montre une habileté dans la mécanique extraordinaire à cette époque.

A un quart de mille de Ravenne, une simple croix grecque, au-dessus d'une petite colonne cannelée, indique la place où fut autrefois la superbe basilique de S.-Laurent *in Cesarea,* fondée en 396, par Lauritius, premier camérier de l'empereur Honorius, détruite en 1553, et dont les trente colonnes de marbre précieux, à l'exception de deux placées à l'église de Ste.-Marie *in Porto,* furent transportées à Rome. Les empires ne semblent pas loin de leur chute quand les camériers des princes peuvent élever d'aussi magnifiques temples.

Une inscription du *Ponte nuovo* indique qu'il fut construit lorsque Alberoni était légat de la Romagne; une porte de la ville a reçu aussi le nom de ce cardinal, jouet bien mesquin de l'intrigue et de la fortune à côté des grandes catastrophes de Ravenne.

S.-Apollinaire *in Classe*, vaste et superbe basilique du vi° siècle, de style romain, rappelle, pour le goût, le caractère et la richesse, S.-Paul avant sa destruction. Mais si le feu a détruit cette dernière basilique, l'eau semble devoir ruiner S.-Apollinaire : située au milieu des marais, les fondations en sont quelquefois inondées, et il me fut impossible de pénétrer sous le grand-autel, afin de visiter l'ancien tombeau du saint, parce que l'eau de la pluie y avait pénétré. Autour de l'église sont de larges tombeaux de marbre d'archevêques de Ravenne. A la tribune, à côté du portrait de S. Apollinaire, le premier de ces archevêques, est la suite non interrompue de ses successeurs. L'église de Ravenne, qui se vante d'être la fille aînée de l'Église de Rome, connaît comme elle les noms de ses pasteurs depuis l'établissement du christianisme. Au milieu de la nef, entre deux tombeaux, le nom et le titre de l'empereur Othon III, inscrits sur le mur, rappellent une des pénitences ferventes de ce prince ; afin d'apaiser les remords qu'il dut éprouver du meurtre de son ennemi Crescentius, et de la prostitution de sa veuve aux soldats allemands, crimes que celle-ci sut venger en l'empoisonnant, après l'avoir séduit comme femme ou médecin, et peut-être comme tous les deux. L'ancienne ville de Classe, détruite en 728 par le roi des Lombards Luitprand, tenait, comme l'indique son nom (*classis*, flotte), à la mer, qui en est aujourd'hui distante de quatre milles, tant le sol, malgré l'erreur commune sur l'abaissement prétendu de l'Adriatique, s'élève et se consolide sur ses bords par les attérissemens considérables que forment le Pô et les rivières qui se jettent dans cette mer.

La sombre forêt de pins (*Pineta*) qui enveloppe Ravenne du côté de la mer est comme un voile funèbre jeté par la nature sur les débris de la cité déchue. Cette célèbre forêt, une des merveilles de l'Italie, a elle-même ses annales. Ce n'est pas la forêt nouvelle de l'Amérique, sans histoire et sans nom, mais c'est une illustre forêt: les ancêtres de ses pins servaient à construire les flottes d'Auguste; vaisseaux de Venise, ils transportaient en Asie les croisés d'Europe; mais leur triste postérité vendue, adjugée aux commissaires de marine des États voisins, devient aujourd'hui le brick autrichien qui protége les Turcs, ou le petit navire pontifical qu'insultent et que pillent les barbaresques[1]. La Pineta est encore intéressante par ses souvenirs poétiques : le Dante l'a citée[2]; cet oiseleur intrépide avait dû probablement y chasser[3]; Boccace y mit la scène de sa Nouvelle extraordinaire de Nastagio degli Onesti, récit d'un tragique événement qui amena la singulière conversion amoureuse des dames de Ravenne[4]; et Byron,

---

[1] J'ai cru devoir conserver ces lignes telles que je les écrivis dans la Pineta, au mois de septembre 1827, quoique la France ait depuis relevé la Grèce et abattu Alger.

[2] *Purgat.* Can. XXVIII, 20.

[3]. Le Dante a pris de fréquentes et admirables comparaisons de la chasse à l'oiseau :

> *Quasi falcone ch' esce di cappello,*
> *Muove la testa, e con l' ale s' applaude,*
> *Voglia mostrando e facendosi bello.*
> Parad. Can. XIX, 34; VIII, 103, et XVIII, 45.

Il semble toutefois en blâmer l'excès, et s'accuser de cette faiblesse dans ce vers du Purgatoire :

> *. . . . . Come far suole*
> *Chi dietro all' uccellin sua vita perde.* Can. XXIII, 3.

[4] *Giorn.* V, nov. VIII. *E non fu questa paura cagione solamente di questo bene, anzi sì tutte le Ravignane donne paurose ne divennero, che sempre poi troppo più arrendevoli a' piaceri degli uomini furono che prima state non erano.* Cette nouvelle mise en vers par M. Strocchi, est une des plus charmantes pièces de la poésie italienne contemporaine.

qui a chanté faiblement la Pineta¹, y composa, à la prière de son amie, la *Prophétie du Dante*².

La tradition populaire raconte que le Dante allait souvent méditer dans un endroit solitaire qui conserve encore le beau nom de *Vicolo de' poeti*. Les propriétaires avaient montré l'intention, il y a quelques années, de clore cette espèce de ruelle; mais les habitans littéraires de Ravenne réclamèrent, et elle est restée publique.

A deux milles de Ravenne, sur la rive du fleuve Ronco, est un petit pilastre de marbre blanc, appelé la *colonne des Français*, en mémoire de la bataille gagnée par les troupes de Louis XII sur l'armée de Jules II et du roi d'Espagne, et dans laquelle fut tué, à vingt-quatre ans, Gaston de Foix. Le monument d'une si terrible journée, dans laquelle périrent vingt mille hommes, qui faisait écrire à Bayard sur le champ de bataille même : « Si le roi a gaigné la bataille, les pau- « vres gentilshommes l'ont bien perdue », ce monument n'a rien de militaire et de funèbre; il est orné d'élégantes arabesques offrant des vases, des fruits, des festons, des dauphins, et chargé de huit inscriptions trop longues qui se répètent, et dont l'une est un jeu de mots assez ridicule³. La harangue que Guichardin fait adresser par Gaston à ses soldats sur les bords du Ronco, est une des plus vantées de ces pièces, diffuses imitations des harangues des historiens de l'antiquité. De grands noms littéraires assistaient à la bataille : Léon X y fut pris; Castiglione, l'Arioste, s'y trouvaient;

¹ *Don Juan*, ch. III, cv, cvi.
² *Mém.* T. IV, chap. 1ᵉʳ.
³ La colonne fut élevée en 1557 par le président de la Romagne, Pierre Donat Cesi ; voici l'inscription :

Hac. Petra. Petrus. Donat. Donatus. Iberos.
Gallosqu: Hic. Cæsos. Cæsius. Hæc. memorans.

le chantre de Roland, qui a rappelé l'affreux carnage dont il fut témoin [1], dut y recevoir de vives inspirations pour peindre les combats avec tant de feu.

Le désir de passer le Rubicon, que je croyais, d'après Addison, le Pisatello, me fit, en 1827, suivre la côte jusqu'à Rimini. J'avoue que près de la mer j'eus quelque peine à le reconnaître; il me semblait, par l'aspect des lieux, que le lit des diverses rivières que je rencontrais avait dû changer; car elles ne sont que des espèces de torrens répandus dans la plaine. J'ai depuis retrouvé le véritable Rubicon [2]; mais alors, si je ne l'avais pas parfaitement reconnu, j'étais bien sûr, arrivé à Rimini, de l'avoir passé d'une manière ou d'autre, et ma conscience de voyageur était en repos.

---

[1]
Nuoteranno i destrier fino alla pancia
Nel sangue uman per tutta la campagna;
Ch' a seppellire il popol verrà manco
Tedesco, Ispano, Greco, Italo e Franco. Orl. Can. III, St. LV.
Quella vittoria fu più di conforto
Che d' allegrezza, perchè troppo pesa
Contra la gioia nostra il veder morto
Il capitan di Francia e dell' impresa;
. . . .
Ma nè goder possiam, nè farne festa,
Sentendo i gran rammarichi e l' angosce
Ch' in vesta bruna, e lacrimosa guancia
Le vedovelle fan per tutta Francia. Can. XIV. St. VI, VII.

L'Arioste a plusieurs fois, dans son poème, attribué le gain de la bataille à l'habileté et à la bravoure du duc de Ferrare. On a prétendu que sur l'observation faite à Alphonse, qu'une partie de l'armée française n'était pas moins exposée à son artillerie que l'armée des alliés, il avait dit à ses canonniers, dans la chaleur du combat : « Tirez tou-« jours, et ne craignez point de vous tromper, car tous ceux-là sont « nos ennemis ».

[2] *V.* le chap. suiv.

CHAPITRE VI.

Forli. — Catherine Sforze. — Cathédrale. — *S.-Jérôme.* — Césène. — Malatestiana. — *Savignano.* — Sénatus-consulte. — Rubicon.

Forli est une ville grande, neuve, badigeonnée ; afin d'échapper à cet aspect commun, je gagnai ses vieux remparts en ruine. On m'avait indiqué que c'était sur ces mêmes murailles, entre la porte de Césène et celle de Ravenne, que la duchesse Catherine Sforze, fille naturelle de Jean Galéaz Marie, réfugiée dans la citadelle après le meurtre de son époux, et assiégée par les révoltés qui la menaçaient de tuer son fils resté comme otage entre leurs mains, parut, et que là, noblement impudique et moins mère que femme de parti, elle leur avait dit et montré qu'elle pouvait faire d'autres enfans. Catherine fut depuis prisonnière de César Borgia, après avoir intrépidement résisté à son armée que le roi de Naples et le duc de Milan n'avaient point osé attendre. Machiavel célèbre sa *gloire* et sa *magnanime résolution*, quoiqu'elle n'eût point été couronnée de succès ; et cependant il avait conseillé, comme secrétaire de la république florentine, l'alliance avec le vil Borgia ; tant les opinions individuelles sont trop souvent peu d'accord avec les résolutions politiques !

Le palais *del comune* de Forlì offre un buste élégant par Desiderio da Settignano.

La porte grandiose de la cathédrale est ornée de sculptures et de bas-reliefs d'un bon style de l'année 1465. Charles Cignani mit vingt années à exécuter la coupole de la *Vierge du feu*, peut-être le plus important ouvrage de peinture du xviiie siècle, et il fallut commencer à défaire l'échafaud pour l'obliger d'en finir.

A la chapelle dite *de' Ferri* de S.-Mercurial, ornée d'exquises sculptures de 1536, est un superbe tableau d'Innocent d'Imola.

On remarque à S.-Philippe de Neri une *Annonciation* et un *Christ* du Guerchin.

L'église S.-Jérôme offre une *Conception*, un des chefs-d'œuvre du Guide, et le gracieux mausolée de Barbara Ordelaffi, jeune femme dont les traits sont charmans, et qui, malgré l'inscription mise par son mari, pourrait bien être morte du poison qu'il lui aurait donné : une chapelle peinte à fresque est attribuée à Mantegna.

A l'apothicairerie Morandi, les arabesques sur le mur extérieur et la demi-figure offrant des drogues, sont d'excellentes fresques du Melozzo, artiste de Forlì du xve siècle, le premier maître de la peinture des plafonds, et qui en donna des leçons au Corrège.

Césène a de jolis environs, mais point de monumens. La principale curiosité est la bibliothéque Malatestiana, fondée en 1452 par le seigneur Malatesta Novello, et dont les manuscrits enchaînés rappellent l'aspect de la Laurentienne. Malatesta Novello, qui avait fait exécuter un grand nombre de ces beaux manuscrits, chargea les franciscains de leur conservation moyennant un legs annuel de 200 ducats d'or. Paul Manuce s'était enfermé plusieurs mois dans la Malatestiana, afin d'y recueillir des matériaux et des secours pour ses éditions : elle est aujourd'hui bibliothéque de la ville et publique; on peut même, avec la permission du gonfalonier, emporter chez soi les volumes, à l'exception des manuscrits et des premières éditions : exemple rare en Italie de ce genre de prêt. Les *Étymologies* de S. Isidore, évêque de Séville, espèce d'encyclopédie du viie siècle, le plus ancien et le plus précieux manuscrit, est regardé comme du viiie ou du ixe siècle.

Au palais de la commune, une *Vierge* et plusieurs saints est un chef-d'œuvre de Francia. L'église des Capucins, remplie, parfumée de fleurs, offrait un beau tableau du Guerchin, bien conservé et montré par eux avec politesse.

Le Campo Santo est remarquable; plusieurs des inscriptions sont en langue vulgaire, employée maintenant avec prédilection par quelques lettrés italiens [1]. On y lit aussi des citations des poètes : au-dessous du buste d'une jeune fille est le vers de Pétrarque :

Cosa bella e mortal passa e non dura.

Sur un coteau hors de la ville est le couvent de la Madone *del Monte*, attribué au Bramante, célèbre autrefois par ses antiquités, dans lequel Pie VII, né à Césène, ainsi que son illustre et infortuné prédécesseur, avait été bénédictin.

Près de Savignano est inscrit sur une colonne le sénatus-consulte par lequel on dévoue aux dieux infernaux, et l'on déclare sacrilége et parricide quiconque avec une légion, avec une armée ou avec une cohorte, passerait le Rubicon ; pièce apocryphe dont il est surprenant que Montesquieu admette l'authenticité. Il paraît démontré que le petit fleuve qui passe à Savignano, sous un pont romain du temps des consuls, ouvrage fort remarquable en travertin, est le véritable Rubicon ; il se réunit plus bas au Pisatello, au-dessous de l'écluse de Savignano, à l'endroit dit *le due bocche*, et il tombe

---

[1] *V.* Liv. viii, chap. xxvii.

avec lui dans la mer. Le lit de cette rivière offre encore les cailloux rouges qui ont fait appeler le Rubicon par Lucain : *puniceus Rubicon* [1], et le pavé du pont est d'une pierre de la même couleur; l'aspect des lieux rappelle le *perque imas serpit valles*, et cette fois j'ai tout-à-fait senti le fleuve franchi par César, et cru entendre le *jacta sit alea* [2]. La Gaule cisalpine avait fini par s'étendre au-delà de Ravenne. Un aussi vaste commandement confié à César était une suite du respect pour la coutume, qui voulait qu'un seul homme eût ce commandement, tandis que, depuis son accroissement, il eût été prudent de le diviser. Ainsi le respect scrupuleux du sénat pour les vieux usages et l'ancien régime de la république amena sa chute et le triomphe de César. Ce citoyen, ce simple général de Rome gouvernait alors le même territoire que Bonaparte, empereur des Français et roi d'Italie.

CHAPITRE VII.

Rimini. — Pont. — Arc d'Auguste. — *S.-François.* — Alberti. — Malatesti. — Chapelle. — Forteresse. — Françoise de Rimini. — Bibliothéque. — Cagliostro.

On entre à Rimini en passant sur un superbe pont de marbre construit sous Auguste et Tibère, et qui, après plus de dix-huit siècles, est encore le plus beau monument de la ville. On remarque sur ce pont le *lituus* ou sceptre augural, un des attributs du pouvoir des empereurs, tous grands pontifes, comme l'avait été

---

[1] *Pharsal.* Lib. 1, 215.
[2] *V.* la fin du chap. précédent.

César ; les papes ont hérité de cette double puissance ; le pontificat et la souveraineté semblent inséparables à Rome, et l'on dirait qu'il faut à la ville éternelle un pouvoir qui remonte aux cieux. A la porte orientale, l'arc d'Auguste, autre magnifique témoignage de la grandeur romaine, consacre la reconnaissance des habitans pour la réparation des plus célèbres chemins de l'Italie [1].

L'église S.-François est le chef-d'œuvre de Léon-Baptiste Alberti, le restaurateur, le législateur de l'architecture moderne; poète, peintre, sculpteur, géomètre, érudit, légiste, bon écrivain, musicien, un des hommes que la nature avait le plus merveilleusement doués. Alberti rencontra un prince digne d'employer son génie : Sigismond-Pandolphe Malatesta, seigneur de Rimini, guerrier aventureux du xve siècle, et toutefois ami des poètes, des philosophes et des savans, avec lesquels il se plaisait à disserter, voulut qu'après leur mort la réunion de leurs tombeaux et de ceux de ses capitaines devînt un noble ornement du temple qu'il voulait fonder; idée grande et généreuse dont l'Italie la première doit s'honorer. L'effet de ces divers sarcophages dans le goût antique, placés à l'extérieur de l'église, sous des arcades séparées par une couronne, est d'une admirable simplicité. L'intérieur, resté gothique, est plein des souvenirs des Malatesta, de cette race de héros et de bâtards, où l'héritage passait presque toujours à des fils illégitimes.

---

[1] Il a paru en 1825, à Rimini, un ouvrage excellent et complet sur l'arc d'Auguste, intitulé : *Illustrazione dell' arco d'Augusto con otto tavole in rame*: l'auteur est M. Maurice Brighenti, ingénieur-architecte de la légation de Forli ; et les artistes sont deux jeunes habitans de Rimini, MM. Philippe Morolli et Louis Carlini ; l'ouvrage est enrichi d'une savante dissertation de M. Borghesi, sur les médailles latines qui représentent le monument, et sur la manière de rétablir l'inscription.

Pandolphe y fit élever aussi plusieurs mausolées; un consacré à l'un de ses frères, mort en odeur de sainteté, avec ce titre : *olim principi, nunc protectori;* un autre pour les femmes illustres de sa famille : *Malatestorum domûs heroïdum sepulchrum;* enfin un pour Isotte, celle de ses femmes qu'il avait le plus aimée, princesse gracieuse, intrépide, lettrée, et un pour lui-même. Les ouvrages en bronze de la chapelle du S.-Sacrement ont été attribués à Ghiberti [1]; trois bas-reliefs ont été crus grecs par l'abbé Barthélemy; la vieille *Sibylle*, le sarcophage des Malatesta, à la chapelle *dell' Acqua*, sont superbes. Les armes des Malatesta sont une rose et un éléphant; la multiplication de ces emblèmes et des chiffres unis de Sigismond et d'Isotte donne à l'église S.-François quelque chose d'oriental et de singulièrement poétique.

Sur la place du marché est un piédestal qui, selon l'inscription à peu près illisible, et la tradition populaire fort peu probable, servit à César pour haranguer ses troupes après le passage du Rubicon. A quelques pas de là, un autel est élevé à la place de la colonne d'où, selon l'inscription, S. Antoine avait prêché. Étrange rapprochement entre le grand capitaine de Rome et le nom de son maître de cavalerie ! Près du canal est une autre petite chapelle encore dédiée à S. Antoine, d'où l'on prétend que, ne pouvant se faire écouter des habitans de Rimini, il harangua de ce rocher les poissons.

La forteresse, belle construction militaire de Malatesta, et qui porte son nom, domine la ville; on y dé-

---

[1] M. Cicognara (*Stor. del. scult.* IV, 448) a combattu cette opinion de Vasari et du chanoine Louis Nardi de Rimini, qui paraît en démontrer de nouveau l'exactitude dans une note de son ouvrage, *Dei compiti e dell' antico compito savignanese.* Pesaro, 1827, in-4°, p. 152.

couvre la mer : la rose et l'éléphant que l'on y voit encore ne vont plus à ce château devenu prison.

J'ai recherché les traces de la demeure de Francesca d'Arimino; il paraît qu'elle était située sur l'emplacement du palais Ruffo; quelques uns mettent la scène touchante de Françoise et de son amant à Pesaro, et je fus réduit cette fois à une émotion conditionnelle.

La bibliothéque de Rimini, fondée, en 1617, par un legs du jurisconsulte Alexandre Gambalunga, a trente mille volumes; les manuscrits, à l'exception d'un papyrus commenté par Marini et de quelques manuscrits classiques, ne concernent guère que l'histoire de la ville : les soixante-trois volumes d'*Allegationes*, laissés par le savant antiquaire et cardinal Garampi, et qui s'étendent de 1736 à 1773, au lieu de donner des détails sur ses diverses missions dans les cours de l'Europe, ne sont qu'une collection de pièces théologiques ou judiciaires sans utilité et sans intérêt.

A quelques milles de Rimini est le château de S. Leo, où fut enfermé et mourut Cagliostro. Nous avons vu Laws achever ses jours à Venise : l'Italie est non seulement l'asile des grandeurs tombées, mais encore le refuge des aventuriers. De nos jours, certains charlatans, qui avaient mystifié l'Europe, ont fini par échouer à Rome : la finesse italienne est moins crédule et moins dupe que la civilisation et les lumières de Londres et de Paris.

CHAPITRE VIII.

République de S.-Marin. — Constitution. — Population. — Revenus. — Armée. — S.-Marin. — Église. — Onofri. — M. Borghesi. — Citoyens de S.-Marin. — Vue.

Une route escarpée, sauvage, mais large et bien entretenue, conduit aujourd'hui de Rimini à S.-Marin, capitale de cette petite et célèbre république. La constitution non écrite de S.-Marin, la plus ancienne de l'Europe, dure depuis quatorze siècles ; et parmi les deux capitaines, l'un de la ville, l'autre de la campagne, chargés du pouvoir exécutif et éligibles tous les six mois, il ne s'est encore rencontré aucun de ces chefs ambitieux, usurpateurs ordinaires, inévitables de la liberté. Le conseil général, composé de soixante membres pris indistinctement parmi les nobles [1] et les plébéiens, et élus directement dans l'assemblée générale du peuple (*arringo*), forme le corps législatif, et un conseil des douze, espèce de chambre haute dont les deux tiers sont renouvelés chaque année, sert d'intermédiaire entre le corps législatif et les deux capitaines. On voit ainsi que cette constitution, quoique démocratique, a sagement rejeté le principe de la chambre unique. Un magistrat nommé

---

[1] Addison et ceux qui l'ont suivi se trompent, lorsqu'ils prétendent que le Conseil général se trouve composé moitié de nobles et moitié de plébéiens : cela n'a jamais pu arriver, attendu le petit nombre des familles patriciennes, dont un seul individu par famille peut être conseiller. Au lieu donc de former la moitié du Conseil, les nobles n'en sont jamais que la moindre partie. Le reproche d'aristocratie fait par Addison au gouvernement de S.-Marin, n'est pas plus fondé. *V.* chap. IX des *Memorie storiche della repubblica di san Marino raccolte dal cav. Melchiore Delfico*. Milan, 1804, in-4°.

pour trois ans par le conseil général, et choisi hors du territoire de la république, est chargé de rendre la justice. Un médecin et un chirurgien, également étrangers, sont appelés pour le même laps de temps. L'étendue de la république de S. Marin est de dix-sept milles carrés; la population, de quatre mille habitans, dont six cents pour la capitale; les revenus de l'État s'élèvent à environ 30,000 livres; l'armée est de quarante hommes. Trois forts composent toutes les places fortes : au plus élevé des trois, quatre petits canons fondus en 1824, *ex sententiâ senatûs,* selon l'inscription, étaient à peu près du calibre de la petite artillerie des bateaux à vapeur, et semblaient en proportion avec la grandeur de la république.

Le fondateur, le législateur de cet État, fut un maçon ermite venu de Dalmatie, ouvrier de Rimini, et retiré sur le mont Titan, afin de se soustraire à la persécution de l'empereur Dioclétien. Sur la porte de l'église principale est l'ancienne inscription assez remarquable :

> *Divo Marino Patrono*
> *Et libertatis auctori*
> D. C. S. P.

Le lit de S.-Marin qu'il se creusa dans le rocher, selon la tradition, et qui n'est qu'un *loculus* de catacombe [1], se montre encore derrière sa statue placée sur l'autel. On bâtissait une église nouvelle en 1827; mais ce temple en pierre de taille, avec portique, paraissait trop splendide et trop cher pour un si petit État, et il n'était point terminé en 1830. Depuis plusieurs siècles, la liberté de S.-Marin a obtenu le titre précieux de liberté *perpétuelle* qu'elle semble devoir justifier. Le voisinage des Malatesta, superbes seigneurs de Rimini, put être jadis me-

---

[1] Cavité destinée à recevoir le corps.

naçant pour elle; Alberoni, légat de Romagne, intrigua dans le siècle dernier pour la détruire; et, de nos jours, elle fut généreusement défendue par un des meilleurs citoyens de cette république, Antoine Onofri, qui mérita de son vivant le surnom de *père de la patrie*, que j'ai vu inscrit sur son tombeau.

Je visitai à S.-Marin M. Barthélemi Borghesi, regardé comme le premier savant de l'Italie depuis Visconti, fils lui-même d'un homme fort instruit, que je trouvai établi au plus haut de cette âpre montagne, avec son superbe médailler d'environ quarante mille médailles, l'un des plus riches pour les médailles consulaires et impériales. M. Borghesi, qui pourrait être l'ornement des plus célèbres capitales, préfère la solitude de cet État rustique dont il s'est fait recevoir citoyen : digne émule de Sigonius, il travaillait à son important ouvrage, si impatiemment attendu, sur les fastes consulaires. Le titre de citoyen de la république S.-Marin semble d'ailleurs une véritable dignité, puisqu'il a été porté par des hommes tels qu'Onofri, Melchior Delfico, l'excellent historien de S.-Marin [1], l'auteur ingénieux, paradoxal des *Pensées sur l'histoire* [2], et M. Borghesi : Canova, décoré des cordons des rois et des empereurs, le sollicita et fut flatté de l'obtenir.

On doit regretter que l'antique et vénérable liberté de S.-Marin ne lui ait apporté aucun des fruits utiles de la liberté nouvelle. Les mendians y sont assez nombreux; sa prison, où le plus souvent, à la vérité, il n'y

---

[1] *V.* les *Memorie storiche della repubblica di San Marino*, déjà cités. Une inscription indique encore la maison de S.-Marin dans laquelle ces mémoires historiques ont été composés, afin de témoigner à la république la reconnaissance de l'auteur pour l'hospitalité qu'elle lui avait accordée pendant les troubles de sa patrie.

[2] *Pensieri sull' istoria e sull' incertezza ed inutilità della medesima.* Forli, 1806, in-8°.

à personne, est fort mal tenue; je ne parlerai pas de ses quatre couvens de capucins et de franciscains contre lesquels je ne puis partager toutes les préventions du siècle; mais on n'y trouve ni imprimerie, ni académie: le volume in-folio des *Statuts de la très illustre république de S.-Marin* et ses réglemens d'agriculture forment à peu près toute sa bibliothéque; et cette république de quatorze siècles est moins avancée, moins civilisée, que tel village des États-Unis, de quatorze mois, avec son bureau de poste, ses nouveautés littéraires, son journal franc de port et ses revues anglaises et américaines.

Ce petit État n'est point toutefois sans une sorte de prospérité : les habitans possèdent quelques champs dans la plaine. Le vin de S.-Marin est assez bon; le bourg de Serravalle, au-dessous de la montagne, s'étend considérablement depuis plusieurs années, et paraît fort marchand. S.-Marin a une salle de spectacle. Le collége Belluzzi, qui jouit de quelque réputation, compte environ quarante élèves; mais ils sont la plupart étrangers et de la province de Montefeltro. Un de ses professeurs, M. l'abbé César Montalti, passait pour un auteur estimé de vers italiens et latins.

A la salle du conseil est une belle *Ste. Famille*, attribuée à Jules Romain, et le buste en marbre de l'illustre Onofri. S.-Marin ne pourra encourir le reproche ordinaire d'ingratitude fait aux républiques, car sa reconnaissance éclate à chaque pas pour l'homme qui lui a consacré sa vie.

On peut observer plusieurs causes de décadence de la république S.-Marin. Les principales sont : la suprématie exercée par quatre ou cinq familles auxquelles d'autres tentent vainement de résister; l'émigration d'anciennes familles et la vente de nombreuses parties du territoire à des étrangers qui ne résident point. Croirait-on aussi que le jeu de la roulette est établi à S.-Marin sur la place du marché, et qu'il paie là son immoral impôt au gouvernement comme dans un grand État?

Au pied de la montagne, le Borgo, qui a cinq cents âmes, sert de résidence aux principaux habitans. On y remarque une curiosité naturelle singulière ; c'est un souterrain percé de fentes dans la montagne, desquelles il s'échappe en été un courant d'air perpétuel, très frais, et même dangereux lorsqu'on s'y expose sans précautions.

La vue de S.-Marin est des plus étendues, des plus extraordinaires, et mériterait seule le voyage : d'un côté, on découvre le golfe formé par l'Adriatique près de Rimini, les flots resplendissans et unis de cette mer, et par-delà, quand le ciel est sans vapeurs, les côtes escarpées de la Dalmatie ; du côté opposé, on plonge sur toute la chaîne de l'Apennin, dont les cimes variées, confuses, inégales, présentent d'autres espèces de flots, et sont comme un océan de montagnes.

CHAPITRE IX.

Cattolica. — Pesaro. — Princes de la Rovère. — Belvedère S.-Benoît. — Bibliothéque Olivieri. — L'*Imperiale.*

La Cattolica, aujourd'hui beau village, tire son nom de la retraite des évêques orthodoxes qui s'y établirent lors du concile de Rimini, au IVe siècle, et se séparèrent des évêques ariens. La situation fort belle et abritée serait favorable à la formation d'un port que l'administration française avait le projet d'y créer.

Pesaro m'a laissé d'agréables souvenirs; mon obligeant

PESARO. 269

cicerone fut l'ancien et digne gonfalonier le comte Cassi, traducteur des premiers livres de la Pharsale [1], loués par Monti, qui promet à l'Italie un habile successeur d'Annibal Caro, et dont le salon, orné des bustes de Perticari et de Rossini, né à Pesaro, est une jolie salle de spectacle. Cette petite ville de Pesaro, toujours distinguée par les talens qu'elle a produits, s'honore ainsi, comme on voit, de noms justement et diversement célèbres, auxquels on doit ajouter ceux du comte Paoli, un des premiers chimistes de l'Italie; du marquis Petrucci, savant naturaliste; du marquis Antaldi, qui prépare un commentaire de Catulle, et du comte Mammiani de la Rovère, auteur de poésies agréables.

Le grand salon du palais des anciens ducs d'Urbin, occupé par le légat, annonce encore la magnificence presque royale des princes de la Rovère. Vis-à-vis, un vaste bâtiment, occupé par des boutiques, était la maison des pages. Cette cour des ducs de la Rovère devint, au XVIe siècle, un de ces foyers littéraires et poétiques qui brillaient en Italie. Castiglione l'avait proposée pour modèle, et il y mit la scène de son *Corteggiano* [2]. L'Arioste l'avait célébrée comme l'asile des Muses; [3]

---

[1] Le produit de cette traduction complète de Lucain doit être généreusement consacré par le comte Cassi, à élever un monument sur le nouveau belvédère S.-Benoît, à la mémoire de son ami et cousin le comte Jules Perticari, l'auteur estimé des *Scrittori del trecento*, de la *Difesa di Dante*, etc., mort en 1822, à l'âge de quarante-trois ans.

[2] D'après l'élégance que Castiglione a supposée aux dames et aux seigneurs de la cour d'Urbin, on doit trouver fort naturelle l'indignation qu'ils éprouvent contre la singulière manière de faire sa déclaration selon Ovide, qui veut qu'on l'écrive sur la table avec du vin dans lequel l'amant a trempé son doigt après avoir feint l'ivresse.

. . . . *Io era degli antichi amici*
Del Papa, innanzi che virtude o sorte

le Tasse, peu de temps après les premières représentations de son *Aminta* à Ferrare, l'avait lue à Pesaro, lorsqu'il y fut attiré par la princesse d'Urbin Lucrèce d'Este, pour laquelle il fit son beau sonnet :

Negli anni acerbi tuoi purpurea rosa,

l'éloge le plus délicat de la beauté des femmes de trente-neuf ans, âge de Lucrèce; et j'ai vu au milieu du potager de M. le comte Odoard Machirelli, homme spirituel et instruit, le célèbre Casin, devenu maison de jardinier, qu'avaient habité Bernardo Tasso et son fils, dans lequel le premier composa son *Amadis*, que mettait au net Torquato enfant, beau et long poëme, qui serait plus connu sans la *Jérusalem* [1]. Le faste et les plaisirs de ces petites cours, fort agréables sans doute aux dames, aux poètes, aux musiciens, aux artistes et aux beaux esprits du temps, paraît avoir toutefois été moins du goût des gouvernés, et l'on voit qu'à la mort de Guidobaldo, un des trois ducs de la Rovère, Castiglione, avait été envoyé en mission, afin de prévenir un soulèvement auquel on s'attendait.

Si les tableaux de plusieurs grands maîtres, autrefois à Pesaro, ne s'y trouvent plus, cette ville paraît avoir obtenu en compensation quelques avantages matériels dus à l'administration libérale de M. le comte Cassi, et à l'esprit municipal italien; telle est principalement sa

> *Lo sublimasse al sommo degli uffici :*
> *E prima che gli aprissero le porte*
> *I Fiorentini, quando il suo Giuliano*
> *Si riparò ne la feltresca corte ;*
> *Ove col formator del Cortigiano,*
> *Col Bembo e gli altri sacri al divo Apollo*
> *Facea l' esilio suo men duro e strano.*
> Sat. III.

[1] *V.* Liv. VIII, chap. XIX.

jolie promenade du Belvédère S.-Benoît, qui réunit le jardin botanique et le musée lapidaire.

La cathédrale ancienne n'a rien de remarquable. A l'église du S.-Sacrement, une *Cène* est le chef-d'œuvre de Nicolas de Pesaro, avant qu'il n'eût gâté sa manière.

La bibliothéque, le musée et le médailler du savant antiquaire Olivieri ont été légués par lui à sa ville natale. Il semble avoir craint toutefois l'extrême accroissement de la bibliothéque, composée de quinze mille volumes; car il a défendu de dépasser la somme de 40 écus qu'il y a destinée annuellement.

Cette bibliothéque est surtout remarquable par quelques précieux manuscrits; tels sont : des variantes sur les *Stanze* de Politien; les corrections et variantes écrites de la main du Tasse, sur un exemplaire de ses *Rime*; ses notes sur le *Convivio* du Dante; plusieurs de ses lettres inédites; quelques poésies de Séraphin dell'Acquila, improvisateur fameux du xve siècle, maintenant oublié; l'histoire en partie inédite des jurisconsultes, de Thomas Diplovatazio, savant jurisconsulte grec mort, en 1541, gonfalonier de Pesaro; quelques écrits inédits de son contemporain et ami, le célèbre Pandolphe Collenuccio, de Pesaro, littérateur, historien, poète dramatique, étranglé dans sa prison par ordre de Jean Sforze, comme agent de César Borgia.

J'ai visité à deux milles de Pesaro, sur le penchant du mont S.-Bartolo [1], l'*Imperiale*, ancienne villa des ducs d'Urbin, devenue aujourd'hui grande métairie ap-

---

[1] Autrefois *Accio*; il tirait son nom du poëte L. Accius, le premier des tragiques latins, ami de Cicéron, né à Pesaro, mort très vieux, et que l'on croyait enterré sur cette montagne. Quintilien a fait un grand éloge d'Accius et de la tragédie latine; la *faiblesse*, citée par Boileau, ainsi que l'a remarqué un de ses derniers commentateurs, s'applique au contraire à la comédie : *In comædia maxime claudicamus*.

partenant au cardinal Albani. La dégradation de cette brillante villa, jadis décorée des peintures des Dossi et de Raffaellino, que le père du Tasse indiquait comme un des plus beaux séjours qu'un prince pût choisir en Italie [1], a commencé dans le siècle dernier, lorsqu'elle servit de maison de retraite aux jésuites portugais chassés par le marquis de Pombal. L'escalier de marbre, le riche parquet, l'élégance des colonnes et des cheminées, la galerie, les armes de la Rovère, attestent encore son ancienne magnificence. De la terrasse l'œil plonge sur le délicieux vallon au milieu duquel serpente la Foglia, et découvre la mer. Un jardin réservé aux princes est maintenant inculte : on y lit cette inscription grossière, peu digne de la cour galante et polie des ducs d'Urbin, espèce de consigne rimée qui ne mérite point d'être traduite, et surtout en français :

A donne, ad oche, a capre
Questo giardin non s' apre.

L'*Imperiale* fut bâtie par la duchesse Victoire Gonzaga, femme de François-Marie Second, qui lui ménagea cette surprise pendant qu'il était à l'armée : quelques hendécasyllabes latins, tracés en lettres de marbre sur les murs d'une cour hexagone, célèbrent son glorieux retour ; les vers sont de Bembo, un des lettrés les plus en crédit à la cour d'Urbin, ainsi qu'on le voit par un beau sonnet du Tasse. [2]

Tel est l'avantage de la civilisation et d'une administration libérale. Une route partant de Livourne était

---

[1] *V.* la lettre de Bernardo Tasso à Vincent Laureo, écrite de Pesaro le 10 février 1557.

[2]
In questi colli, in queste istesse rive,
Ove già vinto il Duce Mauro giacque,
Quel gran Cigno cantò, ch' in Adria nacque,
E ch' or tra noi mortali eterno vive. etc. Rime, part. II, 38.

continuée, dans les états de l'Église, d'Urbin à Pesaro par le grand-duc de Toscane, auquel le pape payait l'intérêt de l'argent, afin d'établir une communication entre la Méditerranée et l'Adriatique. Et cependant la Toscane n'a pas le quart de la population de ces derniers états; son terroir est bien moins fertile, et elle n'a point sa belle situation entre deux mers.

CHAPITRE X.

Fano. — Arc d'Auguste. — *S.-Paternien.* — Théâtre. — Métaure. — *Senigallia.* — Massacre. — Vue.

Fano, l'ancien *Fanum Fortunæ*, n'est aujourd'hui qu'une petite ville déserte. Une statue moderne de la Fortune, sous l'image d'une jeune fille nue, debout, avec un trop grand voile pour sa taille, est au milieu d'une fontaine. L'arc de triomphe d'Auguste a été savamment illustré par M. l'ingénieur Mancini et M. Borghesi, dans sa lettre à celui-ci. L'effet des petites colonnes dont il a depuis été surmonté dans un but d'utilité est assez bizarre. La cathédrale de S.-Paternien a un très beau *Sposalizio*, du Guerchin. L'église S.-Pierre est fort jolie; deux tableaux sont remarquables : un *David*, du Guide; un *Miracle du Saint*, de son habile et vaniteux émule Simon Canterini de Pesaro. Le célèbre théâtre, construit par l'architecte Torelli de Fano, est peut-être le plus ancien des grands théâtres modernes.

A quelques milles dans la montagne, on a trouvé des os d'éléphans, débris probablement de révolutions du globe, et qu'on donne dans le pays comme des restes de l'armée d'Asdrubal, défait et tué près du Métaure, dans une de ces batailles qui décident du sort des empires, victoire remportée par le consul Claudius Néron, qu'Horace célébrait pathétiquement comme un des premiers exploits de cette illustre famille [1], mais qui prouve la grandeur du plan de campagne d'Annibal, qui prenait ainsi Rome à revers, tandis qu'il marchait contre elle de l'extrémité de l'Italie. Ce fleuve Métaure reçut une touchante *canzone* du Tasse, lorsque errant, infortuné, ce grand poète vint chercher un asile dans le duché d'Urbin. [2]

Senigallia, dont le nom indique encore aujourd'hui le passage de nos ancêtres sénonais, n'a de remarquable que sa foire et une vue de mer très belle. Cette ville rappelle la plus célèbre des perfidies de César Borgia, le massacre des chefs ses alliés, qui lui avaient livré la ville, et l'avaient aidé à remporter la victoire. Machiavel, ambassadeur de la république florentine auprès de Borgia, a presque été accusé, par Roscoe et Ginguené, d'être complice de ce meurtre; mais il a été judicieusement défendu par M. Sismondi [3], et surtout par l'auteur des trois excellens articles sur Machiavel, déjà cités [4]. Si la relation de Machiavel est froide, c'est qu'un diplomate italien, c'est qu'un Florentin du xve siècle n'était pas tenu, dans une dépêche, à la vertueuse indignation d'un moraliste; et *s'il ne s'est pas enfui épouvanté*, comme le voudrait Ginguené, c'est qu'un ambassadeur, d'ordinaire, ne part point pour ces choses-là.

---

[1] *Quid debeas, ó Roma, Neronibus,*
Testis Metaurum flumen.....

[2] *O del grand' Apennino*
Figlio picciolo.   *Rime eroiche*, xxxiv.

[3] *Hist. des rép. ital.* xiii, 183, 4.
[4] *V.* Liv. x, chap. viii.

CHAPITRE XI.

Ancône. — Arc de Trajan. — Cathédrale. — Bourse. — Bon marché du spectacle en Italie. — Giovanni.

Ancône, d'un bel aspect au-dehors, est laide au-dedans. Le Bagne et le Ghetto, institutions assez analogues dans l'État romain, ajoutent encore à ce dégoût qu'inspire la ville. L'arc de triomphe de Trajan, resplendissant, et entièrement de marbre blanc, le plus beau qu'il y ait au monde, forme, avec tout le reste, un vrai contraste. Ce seul monument suffirait pour faire juger de la grandeur romaine. Ancône possédait un vaste théâtre ou amphithéâtre, dont il existe d'importans débris cachés sous les constructions modernes de la ville.

Un ancien temple de Vénus, sur une hauteur, est devenu la Cathédrale, dédiée à S.-Cyriaque; elle n'a véritablement de remarquable que la vue, de belles colonnes antiques et un superbe sarcophage antique. S.-Dominique est une grande église, refaite il y a quarante ans, et qui venait d'être blanchie. J'ai regretté de n'y point trouver le tombeau de l'illustre Florentin Renaud des Albizzi, l'éloquent rival de Côme de Médicis, réfugié à Ancône les seize dernières années de sa vie, après avoir long-temps imploré l'étranger, fait ensuite un pélerinage au S.-Sépulcre, et qui n'avait pour épitaphe à S.-Dominique que son nom et l'année de sa mort (1452).

La Bourse a un caractère qui n'est guère ordinaire aux Bourses : sa façade est gothique, et à la voûte sont les superbes fresques de Tibaldi, *Hercule domptant les monstres*, habile et prudente imitation du grandiose terrible de Michel-Ange.

Le théâtre est singulièrement à bon marché en Italie. J'ai été au spectacle à Ancône, pour sept sous, dans une salle charmante, et avec deux toiles fort bien peintes, représentant l'une l'arc de Trajan, et l'autre la façade du théâtre ; les décorations étaient aussi très fraîches : il est vrai que les acteurs et la pièce, imitation de quelque mélodrame, ne valaient guère plus que le prix des places.

Je m'arrangeai avec un voiturin d'Ancône pour me rendre à Naples par les Abruzzes, route nouvelle plus courte que celle de Rome, praticable avant le débordement des torrens, et sur laquelle on doit désirer que la poste s'établisse. Il m'est impossible de ne pas dire quelques mots de mon nouveau compagnon de voyage, Giovanni, homme d'une activité et d'une intelligence vraiment merveilleuses. Giovanni possédait même quelques connaissances, et il avait, je crois, ainsi qu'un de ses frères, étudié la médecine dans sa jeunesse. Ce frère, autre personnage singulier, était un brave qui avait fait les guerres de l'Empire, et était décoré de la croix de la Couronne de Fer. Revenu à Ancône en 1814, il y ouvrit une salle d'armes, un tir au pistolet, nobles exercices qui lui suscitèrent diverses tracasseries de l'autorité ecclésiastique, quoique le nouveau professeur protestât que s'il avait servi l'*autre*, il n'en était pas moins pour cela *fedele pontificio*. Une dernière avanie décida ce brave (*ma un poco bizzarro*), comme l'avouait son frère, à quitter sa ville natale. On avait exigé qu'il coupât sa moustache : « Vous êtes maître de cela, dit l'ancien soldat de la grande armée au légat en montrant du doigt son cou, mais pas de cela, ajouta-t-il vivement en remontant ce doigt sur sa moustache; » réponse et gestes éloquens que la langue et la physionomie italiennes devaient rendre encore plus énergiques. Depuis, le frère de Giovanni, quoique, après toutes ses campagnes, il eût probablement un peu oublié ses études médicales, s'était établi apothicaire au Caire, d'où il avait envoyé à Giovanni une belle pipe, à bout d'ambre, qui amena dans nos longues causeries de la route le récit de l'anecdote militaire et caractéristique que j'ai cru devoir rapporter.

CHAPITRE XII.

Lorette. — Statue de Sixte-Quint. — Portes. — *Sta.-Casa*. — Statue de la Madone. — Palais. — Pots. — Trésor. — Le Tasse à Lorette.

Lorette et son église qu'ont à l'envi décorées, enrichies la dévotion, la politique ou la vanité, offrent un étrange contraste : un peuple de mendians, à demi nu, et des autels chargés d'or et de diamans; une grande rue commerçante, garnie de boutiques, et dont l'étalage se compose uniquement de chapelets, d'*agnus*, de croix et de rosaires. Sur la place, la belle statue en bronze de Sixte-Quint est de Calcagni, sculpteur de Recanati du xvie siècle. La détestable façade de l'église élevée par ce pontife, en 1587, annonce la prochaine décadence du goût. Les trois superbes portes en bronze, divisées par compartimens, qui représentent des sujets de l'Ancien-Testament, sont des fils de Jérôme Lombardo de Ferrare, un des premiers sculpteurs du xvie siècle, de Bernardini et de Tiburce Verzelli : au-dessus la statue de la Vierge en bronze, des fils de Lombardo, est une habile imitation de la statue de bois grossière et vénérée qui se conserve dans le sanctuaire. Les diverses chapelles sont ornées de mosaïques d'après les tableaux des grands maîtres. La coupole, grandiose, est le chef-d'œuvre du Pomarancio. Mais la merveille de ce temple est le revêtement de marbre qui enveloppe la *Santa-Casa*, ouvrage des beaux temps de la sculpture, et auquel furent employés successivement André Contucci da Sansavino, son élève Jérôme Lombardo, Bandinelli, Guillaume della Porta, Raphaël da Montelupo, le Tribolo, Jean Bologne et San Gallo. Le Jérémie, des prophètes, de Lombardo qui triomphe véritablement à Lorette, égale les lamentations aux douleurs. Une figure de paysan, qui arrête en sifflant son cheval chargé, du bas-relief d'un des voyages de la *Santa-Casa* par le Tribolo, est parfaite : le même artiste a exécuté dans un *Sposalizio* cette autre figure excellente d'un homme qui rompt de colère une branche desséchée. Je n'ai point partagé l'indignation philosophique de quelques voyageurs à la vue de ce pavé de marbre usé par les genoux des pèlerins : la prière, quelle que soit son expression et sa forme, me touche et m'attire, et le sillon qu'elle a tracé autour de la *Sta.-Casa* m'inspira un profond respect. Parmi les lampes nombreuses qui brûlent chaque jour devant la Madone, il en est une donnée en 1824 par la comtesse Félicité Plater de Wilna, nom qui se trouve mêlé aux glorieux efforts de l'indépendance polonaise, et qui prouve que l'héroïsme et la dévotion peuvent très bien s'allier. Jules II, à son passage par Lorette, consacra un boulet dont il fut préservé au siége de la Mirandole par l'intercession de la Vierge : depuis il envoya de Rome une grosse croix d'argent doré avec l'inscription : *In hoc signo vinces*, qui, de la part du belliqueux pontife, pourrait s'entendre autant du boulet que de la croix. C'était une femme, une Trivulce, Françoise, bâtarde du maréchal, qui défendait intrépidement la Mirandole qu'assiégeait au cœur de l'hiver ce vieillard presque septuagénaire, capitaine et soldat, impatient vainqueur, qui montait sur la brèche par une échelle et l'épée à la main. Les deux factionnaires, mis dans l'intérieur de l'église à la porte de la *Sta.-Casa*, afin de faire déposer les cannes, les parapluies et les paquets, ont un air moderne et de police qui ne va point à un tel lieu; et cette maison voyageuse, transportée par les anges au milieu des airs, semble assez singulièrement confiée à la garde de deux soldats de la ligne. La statue de la Madone, indépendamment de ses voyages miraculeux, fut emmenée prisonnière à Paris en 1797; elle fut mise au cabinet des médailles de notre grande bibliothèque au-dessus d'une momie; et cependant, au sein même de ce sanctuaire savant et profane, on remarqua plus d'une fois que de pauvres femmes lui faisaient toucher à la dérobée du linge et des vêtemens. Bonaparte la rendit au pape en 1801; mais le commissaire pontifical, par une étrange exception, ne voulut point qu'elle fût portée sur un procès-verbal, afin de ne point paraître déroger à la manière aérienne et mystique de voyager dont cette statue avait l'habitude.

Le majestueux palais du gouverneur est du dessin de Bramante. Une autre *Femme adultère*, du Titien, coquette, et qui diffère de la femme faible et repentante de Brescia[1], prouve sa variété et sa fécondité. La *Nativité de la Vierge*, d'Annibal Carrache, est d'un beau coloris; l'abondance des couleurs y est telle, ainsi que dans les ouvrages de ces maîtres, qu'on sent la saillie des mains et des pieds en les touchant : une danse d'an-

---

[1] *V.* Liv. v, chap. x.

ges en haut du tableau semble tout-à-fait aérienne. Les pots célèbres de l'apothicairerie, au nombre de trois cents, commandés par le duc d'Urbin Guidobaldo, prince ami des arts, et représentant des sujets de l'Ancien et du Nouveau-Testament, de l'Histoire romaine, les Métamorphoses d'Ovide, etc., ne sont point de Raphaël, comme on le dit communément; ils sont d'un Raphaël Ciarla, habile copiste sur faïence des ouvrages des grands maîtres. Christine, à son passage, en fut si ravie, qu'elle offrit de les échanger contre un nombre égal de vases d'argent.

Le plafond de la grande salle du trésor, représentant divers sujets de l'histoire de la Vierge, ouvrage vanté du Pomarancio, n'est point irréprochable sous le rapport de la perspective. Les dons, les *ex-voto* qui composent ce trésor sont riches, divers, bizarres. Des vases, des ornemens d'église furent offerts par les princes et princesses des anciennes et nouvelles dynasties. Une grosse perle naturelle sur laquelle le chanoine, garde du trésor, prétend découvrir et faire apercevoir la Vierge assise au milieu des nuages avec son fils entre les bras, a, dit-on, été envoyée par un pêcheur d'Asie. J'ai regretté de ne point trouver la plume de Juste Lipse, qu'il avait consacrée à Notre-Dame de Lorette; cette plume qui avait écrit à Montaigne, et lui avait adressé le surnom du *Thalès français*, appréciation remarquable, peut-être unique du philosophe français, de la part d'un savant du xvie siècle, et d'un écrivain devenu catholique et dévot. Le grand Condé avait offert une copie en argent du château de Vincennes, où Mazarin l'avait fait enfermer[1]; et il ne prévoyait point qu'un autre Italien glorieux, puissant, maître aussi de la France, devait y détruire un jour son dernier reje-

[1] Mabillon. *Iter italicum*, p. 42.

ton. L'habit, la veste et la culotte couleur de chair, laissés par le roi de Saxe au mois de juillet 1828, ressemblaient plutôt à un costume de théâtre qu'à un hommage pieux. Le dépôt de ces habits brodés n'est qu'une tradition grotesque de l'usage antique de suspendre ses vêtemens après le naufrage. Le Tasse, au milieu de ses malheurs, était venu acquitter son vœu à Lorette; cet illustre pélerin n'a pu rien donner, car il manquait d'argent pour continuer sa route; mais l'admirable *canzone*, qu'il y composa en l'honneur de la Madone, *Ecco fra le tempeste, e i fieri venti*, la plus belle hymne sans doute qu'elle ait jamais inspirée, est bien au-dessus de tous ces présens des grands, des riches et des puissans du monde.

CHAPITRE XIII.

Fermo. — Oliverotto. — ABRUZZES. — Brigands. — Habitans. — *Pescara.* — *Popoli.* — *Sulmone.* — Ovide. — *Castel di Sangro.* — *Isernia.* — Aquéduc. — *Venafre.* — Lumière de Naples.

On montre encore à Fermo les restes de la demeure de son tyran Oliverotto, un des tyrans modèles proposés par Machiavel dans le chapitre du Prince, *De ceux qui parviennent à la souveraineté par des scélératesses.* Oliverotto, habile capitaine, s'était déclaré prince de Fermo après avoir égorgé, à la suite d'un festin, l'oncle qui l'avait élevé et les principaux citoyens de la ville; il ne régna qu'une année, et périt dans le guet-apens de Senigallia, digne victime de son émule, plus adroit, César Borgia.

L'entrée du royaume de Naples par le village de Giulia-Nova, le long de l'Adriatique, n'a point l'aspect enchanté du rivage de Terracine et de Gaëte. La grève est aride et coupée de torrens; il y a bien quelques bouquets de pins, mais ils sont peu élevés, et ils ne semblent qu'une faible imitation de la superbe Pineta de Ravenne. Les vignes posent sur de petits échalas comme en Bourgogne, arrangement moins élégant et moins poétique que l'*ulmisque adjungere vites*, quoique le vin en soit meilleur.

Les gîtes de cette route sont affreux, et ne permettent guère de détails. Comme dans les auberges du temps de Montaigne, les fenêtres sont « toutes ouvertes, « sauf un grand contrevent de bois qui vous chasse le « jour si vous en voulez chasser le soleil ou le vent. » La route est assez bonne et bien gardée. Les habitans des villages que l'on traverse, s'ils ont été contraints de changer d'habitudes, ont toujours leurs mêmes physionomies de brigands. Quelques-uns voudraient bien rabattre sur la filouterie, ainsi qu'on peut s'en apercevoir aux regards scrutateurs qu'ils lancent sur les malles et les paquets, à leur empressement à les défaire aux divers logis; mais, accoutumés jadis aux attaques à main armée, aux expéditions nocturnes et à faire le vol en grand, le vol domestique leur est moins familier; ils manquent des premiers principes de l'art, et ils sont facilement déconcertés par la surveillance, surtout par celle d'un homme tel que Giovanni. Le brigandage italien, vie errante, aventureuse et guerrière, a été appelé de la chevalerie manquée; résultat d'un mauvais ordre social, produit par le besoin, excité le plus souvent par le faste et la vanité des étrangers, il n'est point déshonoré dans l'opinion du peuple; il est un moyen de plaire à la jeune fille, qui aime assez que son époux futur ait passé quelque temps parmi les brigands de la montagne; enfin il conserve chez les hommes qui s'y livrent certaines qualités naturelles et une sorte de dignité. Si l'on écrivait l'histoire des brigands en Italie, indépendamment des actions d'éclat, on y trouverait des traits singuliers de générosité; et l'on n'a point oublié les procédés de deux de ces héros, Pacchione et Sciarra, envers l'Arioste et le Tasse, qu'ils surent mieux honorer que les princes leurs contemporains, flattés par ces grands poètes.

A la vue de l'affreuse misère de l'habitant des Abruzzes, tel que j'ai pu l'observer pendant plusieurs jours, de ce peuple de bergers et de laboureurs, vivant d'une espèce de *polenta* faite de mauvais grain, de ces femmes robustes, de tailles si sveltes et de si beaux regards, charriant du bois et des cailloux sur leurs têtes, je ne comprenais pas trop que tout cela fût pour leur bien, comme on l'a prétendu; ces pauvres gens doivent être à la fin blasés sur un tel bonheur; et il semble que l'on pourrait essayer un peu à leur égard de ce mal appelé instruction, aisance et perfectionnement social.

La forteresse de Pescara, à l'embouchure de la rivière de ce nom, sur le bord de l'Adriatique, est d'un bel aspect; il y avait trois cents hommes de garnison. C'est dans la rivière de Pescara, l'ancien Aternum, que se noya le célèbre condottiere du xv° siècle, Sforze da Cotignola, capitaine du scandaleux Cossa, dit Jean XXIII [1], afin de sauver son page qui y était tombé. La ville, fort laide, a un peu plus de deux mille habitans. On vante son vulnéraire, composé avec les simples qui viennent sur la montagne voisine de la Maiella. Un coucher du soleil, au mois d'octobre, dans les montagnes des Abruzzes, récemment couvertes d'une

[1] *V.* Liv. ix, chap. ix.

neige éblouissante, était très beau; les cimes légères de ces montagnes se détachaient admirablement sur le ciel enflammé.

Popoli, sale, humide, entre deux hautes montagnes, traversée par une rivière, semble, pour la misère et une certaine bonhomie d'hôtellerie, une ville savoyarde. Sur la cime de la montagne était le manoir d'un duc de Popoli, compagnon de Charles d'Anjou : le château, dans sa dégradation, garde encore son air de conquête. Les souvenirs de l'antiquité préoccupent en Italie des ruines du moyen-âge, qui n'y paraît pas non plus sans grandeur; son étude, si cultivée de nos jours en France, en Angleterre et en Allemagne, offrirait aussi un vif intérêt dans ce pays.

Sulmone, patrie d'Ovide, rappelle des souvenirs bien différens. Située au fond d'un bassin de montagnes pelées et déjà couvertes de neige au milieu d'octobre, on pourrait croire que le lieu de la naissance du poète devait le préparer aux tristes lieux de son exil. Mais il n'en fut pas ainsi, et dans ses regrets amers il trouvait Sulmone bien éloignée de la terre de Scythie :

Me miserum, scythico quam procul illa solo est. [1]

Ovide possédait des terres fertiles et de riches domaines dans le pays des Péligniens :

Gens mea Peligni, regioque domestica Sulmo. [2]

Le plus gracieux, le plus mondain, le plus spirituel des poètes de l'antiquité avait été homme des champs et montagnard. Ce premier genre de vie, fréquent chez ces poètes, et si différent de la manière de faire son chemin des gens de lettres modernes, a dû contribuer à la supériorité, au naturel et à la vérité de sentiment

---

[1] *Fast.* Lib. IV.
[2] *Pont.* Lib. IV, ep. XV.

des premiers. La mémoire d'Ovide ne fut pas moins secourable à Sulmone que celle de Catulle et de Virgile à Sermione et à Mantoue [1], puisqu'elle lui dut d'échapper au fer et au feu de l'armée d'Alphonse d'Aragon, le conquérant du royaume de Naples, contre qui elle s'était révoltée, prince plus généreux qu'Alexandre, dit le Panormita son historien, car celui-ci n'avait épargné à Thèbes que la maison de Pindare. [2]

Le seul monument élevé à Ovide est une vieille statue au-dessus de la porte de l'ancienne prison qui sert aujourd'hui de caserne à la gendarmerie; avec sa coiffure carrée, sa robe et son livre, il a plutôt l'air du frère Remigio Fiorentino, le traducteur de ses épîtres, que du chantre de l'*Art d'aimer* et du poète des *Métamorphoses*. Les revenus de la commune n'ont point encore permis de remplacer ce gothique monument par un autre plus convenable; et, cependant, Sulmone compte près de huit mille habitans : elle n'est pas sans industrie; ses dragées, ses saucissons, ses cordes à instrumens ont de la réputation, et elle est le chef-lieu du second district de l'Abruzze ultérieure.

Il ne reste aucune trace de la cité antique qui eut beaucoup à souffrir dans les guerres civiles de Marius et de Sylla et de César et de Pompée, et qui devint colonie romaine. Sulmone, soumise successivement aux princes de la maison d'Anjou, de Duras et d'Aragon, fut détruite de fond en comble par les deux tremblemens de terre de 1703 et de 1706. Les églises ne sont point sans quelque magnificence. A la paroisse S.-Pierre, le *Saint* est de Pierre de Cortone. La Badia possède le tombeau de Jacques Caldora, fameux condottiere napolitain du xv° siècle.

[1] *V.* Liv. v, ch. xii ; et Liv. viii, chap. xx.
[2] *De dictis et factis Regis Alph.*

A peu de distance de la ville est le superbe monastère de *S. Spirito del Morrone*, autrefois couvent de Célestins, religieux célèbres par leurs immenses richesses.

Quelques pierres, seuls débris d'un temple de Jupiter, se voient, dit-on, à S.-Quirini, à deux milles de Sulmone.

Près Valloscura, entre Sulmone et Castel di Sangro, la route traverse un profond ravin, vaste solitude mêlée de bois, de montagnes, de rochers, et d'un grand caractère : les villages à mi-côte avec de hauts toits, presque sans fenêtres et sans cheminées, semblent plutôt de petites forteresses que des habitations rustiques; il est impossible d'imaginer un plus beau site de brigands.

Castel di Sangro, où l'on fabrique des tapis et des cartes à jouer, était autrefois fréquenté par les princes aragonais, et particulièrement par Ferrandino, le duc de Calabre, qui venaient y chasser les ours.

Isernia a de nombreuses antiquités : un aquéduc, environ d'un mille, creusé dans le roc, est une belle et hardie construction. Après Isernia, l'aspect rigoureux de la montagne s'adoucit; on sent pénétrer et se répandre la douceur du climat et la lumière de Naples; cette lumière paraît à l'horizon comme une vaste et brillante illumination dont l'éclat s'accroît à mesure que l'on avance. A Venafre, dont l'huile conserve encore la réputation qu'elle avait du temps d'Horace [1], et qui offre quelques restes d'un amphithéâtre, on est en pleine Campanie.

[1] *Viridique certat*
Bacca Venafro.

FIN DU LIVRE ONZIÈME.

LIVRE DOUZIÈME.

NAPLES.

CHAPITRE PREMIER.

Route de Livourne à Naples. — Bateau à vapeur. — Ile d'Elbe. — De la Méditerranée. — Naples. — Douane. — Lazzaroni.

Les bateaux à vapeur sont assurément très utiles, très commodes; mais ce genre de navigation est triste et fort peu poétique : de la fumée, du bruit, de la boue, un restaurant, une sorte de cabinet littéraire, c'est comme un débris flottant de Paris au milieu des mers. Le vent agite rarement la voile provisoire de ce navire qui marche et paraît entraîné par une force irrésistible et fatale; on n'entend ni les chants, ni les cris des matelots, ni le mouvement cadencé des rameurs, mais le battement sourd et régulier de la mécanique; et, au lieu de l'odeur parfumée du goudron, on ne respire que l'exhalaison tépide de l'eau bouillante. L'aspect du bâtiment contraste encore avec les souvenirs mythologiques de la mer de Tyrrhène, et la noire fumée du charbon de terre a dû faire cacher au fond des eaux les blanches Néréides. La nuit semble plus favorable à ce bateau : l'étincelle qui pétille en haut de sa colonne, et le large sillon éblouissant d'écume qu'il trace rapidement, se détachent au milieu des ombres, et sont d'un bel effet.

A minuit, nous étions devant l'île d'Elbe, une des trois grandes îles de la vie de Bonaparte, et l'une des premières de l'histoire, qui semble tenir à la France par les catastrophes qu'elle rappelle, et dont l'apparition à cette heure était encore plus formidable. Tassoni a peint poétiquement cette route de Livourne à Naples, qu'il fait parcourir à Vénus sur un petit bâtiment (*legnetto*), malgré la tempête obligée des poëmes héroïques et des épopées : sa description est à la fois exacte et pleine d'imagination, d'harmonie. [1]

[1]
> .... *Venere fra tanto in altro lato*
> *Le campagne del mar lieta scorrea.*
> *Un mirabil legnetto apparecchiato*
> *A la foce de l' Arno in fretta avea,*
> *E movea quindi a la riviera amena*
> *De la real città de la Sirena.*
>
> . . . .
> *Capraja addietro e la Gorgona lassa,*
> *E prende in giro a la sinistra l' onda.*
> *Quinci Livorno e quindi l' Elba passa*
> *D' ampie vene di ferro ognor feconda.*
> *La distrutta Faleria in parte bassa*
> *Vede e Piombino in su la manca sponda,*
> *Dov' oggi il mare adombra il monte e'l piano*
> *L' aquila del gran Re del' Oceano.*
>
> . . . .
> *Vede l' Umbrone, ore sboccando ci pere,*
> *E l' isola del Giglio a mezzo giorno;*
> *E' n dirupata e ruinosa sede*
> *Monte Argentaro in mezzo a l' onde vede.*
>
> . . . .
> *Quindi s' allarga in su la destra mano,*
> *E lascia il porto d' Ercole a mancina.*
> *Vede Civita Vecchia, e di lontano*
> *Biancheggiar tutto il lido e la marina.*
> *Giaceva allora il porto di Trajano*
> *Lacero e guasto in misera ruina :*
> *Strugge il tempo le torri, e i marmi solve*
> *E le macchine eccelse in poca polve.*
>
> . . . .
> *Già s' ascondeva d' Ostia il lido basso,*
> *E' l porto d' Anzio di lontan surgea;*
>
> . . . .
> *Rade il porto d' Astura, ove tradito*
> *Fu Corradin ne l sua fuga mesta.*
> *Or l' esempio crudele ha Dio punito,*
> *Che la terra distrutta e inculta resta.*
> *Quindi monte Circello orrido appare*

La Méditerranée, depuis les longs voyages sur l'Océan et les découvertes des grands navigateurs modernes, ne paraît plus qu'une espèce de lac, à l'usage des poètes et des gens de lettres; elle n'est point la mer du commerce et de l'industrie, mais la mer de l'Odyssée, de l'Énéide; ses rivages ont vu les scènes immortelles peintes par les historiens de l'antiquité; et pour peu que l'on se pique de goût et de littérature, il semble en vérité que l'on s'y trouve chez soi. La beauté, l'éclat de ses flots, n'ont point été ternis par les âges, et elle a conservé le même sourire :

Tibi rident æquora ponti. [1]

Pulsæ (undæ)
Procedunt, leni resonant plangore cachinni. [2]

C'est aux poètes, c'est aux peintres à rendre les enchantemens du golfe de Naples, et le mélange à la fois gracieux et imposant de bois, de monts, d'habitations, de forts, d'églises, de chapelles, de ruines qui décorent ce magnifique amphithéâtre [3]; faibles prosateurs, nous ne

> *Col capo in cielo e con le piante in mare.*
> *S' avanza, e rimaner quinci in disparte*
> *Vede Ponzia diserta e Palmarola,*
> *Che furon già de la città di Marte*
> *Prigioni illustri in parte occulta e sola.*
> *Varie torri su'l lido erano sparte;*
> *La vaga prora le trascorre e vola,*
> *E passa Terracina, e di lontano*
> *Vede Gaeta a la sinistra mano.*
>
> *Lascia Gaeta, e su per l'onda corre*
> *Tanto, ch' arriva a Procida, e la rade.*
> *Indi giugne a Puzzolo, e via trascorre*
> *Puzzolo, che di solfo ha le contrade.*
> *Quindi s' andava in Nisida a raccorre,*
> *E a Napoli scopria l' alta beltade:*
> *Onde dal porto suo parea inchinare*
> *La Regina del mar, la Dea del mare.*
>
> Secch. rap. can. x, st. VIII-XXVI.

[1] Lucrèce.
[2] Catulle, LXIV, 274.
[3] Les *Souvenirs du golfe de Naples*, publiés en 1828 par M. le

pouvons que raconter nos petites aventures et les vexations de la douane à l'entrée du port. Cette douane était, en 1826, ingénieuse à tourmenter les voyageurs; elle gardait, elle mettait sous une espèce de séquestre la plupart de leurs effets qu'elle ne visitait qu'à son aise, et qu'après avoir délivré un bon qu'il fallait attendre, solliciter et payer. L'examen des livres était encore plus rigoureux qu'à la frontière de l'État romain [1]. Une partie des miens fut retenue à bord; il est vrai qu'à peine descendu dans le bateau qui me conduisait à terre, le batelier me demanda si je n'avais pas quelque *libro nero*, qu'il cacherait au fond de sa barque. Je négligeai cette sorte de contrebande, et subis en débarquant une nouvelle visite. Cette critique de la douane s'exerçait alors à la grille du port sur le pavé, au milieu d'hommes à demi nus qui nous regardaient curieusement, et que la garde s'efforçait d'écarter, à côté du gros factionnaire autrichien immobile auquel tout cela avait l'air de paraître assez ridicule, et au milieu de cette agitation, de cette vocifération perpétuelle du peuple le plus criard de l'univers : *Napoletani mastri in schiamazzare* [2]. Une première visite des effets sur le bateau à vapeur offrit une scène assez gaie : afin de soustraire au séquestre de la douane napolitaine une partie de leurs atours, les femmes mettaient des bracelets, des diamans sur leurs robes de voyage, et des chapeaux à plumes avec des papillotes; les femmes de chambre portaient les cachemires de leurs maîtresses; seules peut-être elles avaient du goût pour la douane, mais leur *éclat emprunté* devait finir avec la visite.

comte Turpin de Crissé, sont un ouvrage exécuté avec un soin rare, qui honore le burin français et ne laisse rien à désirer pour la vérité, le sentiment, la variété et l'effet des vues.

[1] *V*. Liv. VII, chap. IX.
[2] Alfieri. Son. CXLIII. « Les Napolitains, maîtres dans l'art de crier. »

Les Lazzaroni paraissent bien dégénérés de leur ancienne paresse; ceux du port sont actifs et fort occupés : depuis long-temps ils ont abandonné la sauvage nudité qui leur avait valu le nom de *Lazzari* (Lazares); ils portent une chemise, un caleçon de toile; et quand il fait froid, un gilet long à manches et à capuchon de grosse étoffe brune; ils ne campent plus perpétuellement comme jadis; ils sont locataires, paroissiens, et ils n'ont plus enfin tout ce pittoresque qu'avaient observé et peint spirituellement Mmes de Genlis et de Staël. [1]

CHAPITRE II.

Palais. — Palais royal. — Place. — *Largo del Castello.* — Fontaine Médina. — Autrichiens à Naples. — *Castel nuovo.* — Arc d'Aragon. — Fontaine Ste.-Lucie. — Château de l'OEuf. — *Villa reale.* — Fête de Ste.-Marie *di Pie di grotta.* — *Chiaja.* — Société. — Savans. — Ébauche du *Jugement dernier.* — Palais Gravina. — Tolède.

Les palais blanchis de Naples, avec leurs larges balcons donnant sur la rue, afin qu'en vrais Napolitains les habitans puissent jouir du bruit, ont l'air de grandes auberges bien tenues et en belle vue : leur architecture, de l'époque de la décadence, est lourde, contournée. Le palais du roi, le plus important ouvrage de Dominique Fontana, paraît plus étendu que grand; le plan du célèbre architecte a été gâté par les fantaisies des vice-rois et des rois, et il a subi depuis, à plusieurs reprises, de nombreux changemens; on estime la facilité de ses abords et le beau développement de ses escaliers. Il semble qu'on aurait pu profiter davantage de sa merveilleuse position,

[1] *V.* les *Mém.* de Mme de Genlis, T. III, p. 58, et *Corinne.*

en sacrifiant une partie des arsenaux, et en construisant des jardins en terrasse jusqu'à la mer. Les appartemens offrent divers chefs-d'œuvre des premiers maîtres : un grand tableau de la *Vierge avec l'Enfant Jésus, S. Jean, quatre Saints, le Père Éternel* et *deux Anges*, de la première manière de Raphaël ; les *Quatre Saisons; Hippomène et Atalante*, du Guide; la *Boutique de S. Joseph,* la *Visite de S. Joachim à Ste. Élisabeth*, de Schedone ; l'*Orphée*, la *Dispute du Christ et des Docteurs*, du Caravage ; le portrait d'*Alexandre Farnèse*, du Titien; le *Songe de Joseph*, du Guerchin; la *Rebecca*, de l'Albane. On remarquait avec plaisir le beau portrait, par Gérard, d'une grande princesse, sœur du roi, que ses vertus, sa touchante commisération, la dignité de son âme, encore plus que de son rang, devaient un jour rendre chère à la France.

Les constructions interrompues du vaste temple consacré à S. François de Paule, en face du palais, ne paraissent pas de fort bon goût; l'architecture de cette neuve et maladroite imitation du Panthéon est d'un effet médiocre ; il est vrai que l'irrégularité de l'emplacement et l'inégalité du terrain offraient d'assez grandes difficultés. Sur la place, s'élève aujourd'hui la statue équestre de Charles III, par Canova, qui devait être primitivement celle de Napoléon, qui fut un moment celle de Joachim, et dont le colossal et fougueux coursier fut obligé chaque fois de changer d'allure, selon le caractère du cavalier.

Sur la place *Largo del Castello*, la plus vaste de Naples, est sa plus belle fontaine, la fontaine Medina, ouvrage du Napolitain Dominique Auria, terminé par Côme Fansaga, élève du Bernin, qui atteste plutôt, si l'on peut le dire, la diffusion de l'art que ses progrès.

Un corps de garde de cette place était occupé, en

1826, par un poste nombreux d'Autrichiens. Je me rappelle encore l'ennui profond, l'espèce de mélancolie stupide peinte sur les visages de ces hommes que l'on apercevait renfermés comme les ours blancs des ménageries, derrière leurs barreaux de bois. Ils semblaient tourmentés du mal du pays, et il y avait des suicides dans leurs régimens : peu poétiques, habitués à une vie abondante, ces soldats, dont la discipline était parfaite, ne s'accommodaient point du régime rigoureux du peuple en Italie ; la lumière, la nature de Naples leur semblait brûlante et aride, et dans la langueur qui les consumait, ils auraient volontiers donné tout cet éclat pour les valses et les guinguettes allemandes, pour les bords du Danube et la grosse verdure du Prater. On ne trouve point dans le midi de l'Italie nos grandes bacchanales populaires du dimanche ou du lundi. Ces plaisirs à jours fixes de la population des capitales du Nord tiennent à une vie ordinairement laborieuse et triste, qui a besoin de se distraire : sous le ciel de l'Italie, l'homme n'a pas besoin de tant s'agiter, et il lui suffit, pour jouir, de voir, de respirer et de se sentir vivre. L'intendant de l'armée autrichienne, le général Koller, mourut à la fin d'août : son enterrement eut lieu le soir ; toutes les troupes de Naples étaient sur pied ; les brillans uniformes, les pompons écarlates, les larges cocardes, la mine étourdie des soldats de la garde royale napolitaine, contrastaient singulièrement avec la simplicité de la veste grise et du petit chapeau rond du chasseur tyrolien, et l'air martial des grenadiers hongrois. Le général Koller, un des commissaires chargés d'accompagner Napoléon à l'île d'Elbe, l'avait, dit-on, par sa présence d'esprit et son activité, préservé des dangers qu'il courut en Provence [1] ; malgré les charges

[1] *Mém. de M. de Bausset*, T. III, p. 264.

ruineuses de l'occupation étrangère, il emportait l'estime et les regrets universels; indépendamment de ses talens militaires et administratifs, ce général était un amateur éclairé des beaux arts; sa bibliothèque était nombreuse et choisie, et sa collection de vases s'élevant à treize cents, et acquise depuis par la Prusse, ainsi que ses camées, ses bronzes et pierres gravées, passait pour une des plus belles de l'Europe.

Le *Castel nuovo*, bâti par Charles d'Anjou, et qui, dit-on, ressemble à la Bastille, est un grand et insignifiant édifice d'un homme de génie, Nicolas de Pise. A l'entrée, le bel arc de triomphe d'Alphonse Ier d'Aragon, ouvrage du xve siècle, attribué à Julien da Maiano, malgré quelque licence d'ornemens, offre de gracieux détails. Les portes de bronze, du moine Guillaume, sculpteur et fondeur napolitain, sur lesquelles sont représentées les batailles livrées par le roi Ferdinand Ier d'Aragon, aux barons rebelles, si elles n'attestent pas une grande pureté de goût, ont du moins le mérite de la solidité, comme on le voit par le boulet de canon resté dans l'une d'elles, qu'il n'a pu percer. Sta.-Barbara, l'église du château, a une *Vierge*, avec l'Enfant Jésus entre les bras, statue de Julien da Maino, remarquable par l'élégance et la richesse des draperies. Une *Adoration des Mages*, de Jean de Bruges, envoyée par lui au roi Alphonse, et regardée comme son premier tableau à l'huile, est curieuse sous le rapport de l'art: les figures des Mages furent refaites par le Zingaro, qui a représenté Alphonse, Ferdinand, et son fils Ferrandino. Derrière le chœur, l'escalier en colimaçon, qui monte au clocher, est un ouvrage fantasque de Nicolas de Pise.

La jolie fontaine Ste.-Lucie, de marbre blanc, ornée de statues et de bas-reliefs, d'Auria et de Jean de

Nola, est d'un effet piquant, et se détache à merveille de l'admirable fond formé par la mer et le Vésuve.

Sur le rocher que domine la masse imposante du château de l'OEuf, étaient la Villa et les viviers de Lucullus, dont quelques débris existent encore sous les eaux. L'empereur Frédéric II chargea Nicolas de Pise de changer en fortification l'ancien séjour du plus voluptueux des Romains, aujourd'hui défendu par des ouvrages extérieurs, et garni de batteries.

La *Villa reale*, bordée par la mer, avec ses vases, ses fontaines, ses allées d'acacias, ses bosquets de myrtes et d'orangers, son temple circulaire de marbre blanc, sa vue admirable, est peut-être la plus délicieuse des promenades publiques. Son premier ornement de l'art était, en 1826, le groupe célèbre du *Taureau Farnèse*, placé au milieu d'un vaste bassin, ainsi que l'avait projeté Michel-Ange, chef-d'œuvre antique alors trop exposé aux injures de l'air, à l'humidité causée par le voisinage des flots, et qui a fort sagement été transporté aux Studj [1]. Ce jardin n'est ouvert au peuple, aux hommes de la campagne et aux gens en livrée qu'une fois l'an, le 8 septembre, jour de la fête de Ste. Marie *di piè di grotta*. J'y assistai en 1826 : le coup d'œil qu'offrait la *Villa reale* était ravissant; les filles des environs, parées de leurs costumes nationaux, les cheveux retenus par des épingles d'argent, enveloppées de voiles élégans qui retombaient sur leurs casaquins brochés d'or et de couleur éclatante, s'y étaient rendues en foule : telle était jadis pour elles l'importance de cette fête, qui ne remonte toutefois qu'à la fin du xvie siècle, qu'elles stipulaient en se mariant, comme une des clauses du contrat, que leurs époux devraient les y conduire chaque

---

[1] *V.* le chapitre suivant.

année. Le bonnet phrygien, les visages basanés des hommes chargés de fruits réunis en guirlandes, ou suspendus à de longs roseaux, étaient aussi fort pittoresques. Le roi se rendit en grand cortége à l'église de la Madone : ce cortége ressemblait assez à celui de France ; seulement chaque prince était dans une voiture séparée. Les cochers, ainsi que les valets de pied, étaient découverts et avaient d'énormes perruques poudrées, comme celles de présidens à mortier, dont la gravité contrastait d'une manière comique avec les physionomies de ceux qui les portaient. Ces incroyables perruques sont un reste de l'étiquette espagnole. Je ne pouvais m'empêcher de songer à la gaîté du peuple de Paris, si jamais il eût aperçu d'aussi étranges figures. L'escorte militaire était en partie formée de troupes autrichiennes ; il était difficile de voir de plus belles troupes de guerre.

Le large quai de Chiaja qui longe la *Villa reale* est habité par la première société de Naples. Je ne puis me rappeler sans regret et sans charme l'accueil que j'ai reçu dans quelques unes de ces brillantes demeures ; au palais du prince de la T****** C*********, marié à une Française, femme d'une rare supériorité d'esprit et de caractère ; chez le noble et brave F*********, prince de S*******, qui fut généreusement élevé par la France, et qui lui a fait honneur. Je visitais souvent, près de là, l'ancien archevêque de Tarente, Mgr Capece-Latro, hôte bienveillant des étrangers que l'amour des arts et de l'étude attire à Naples, vénérable monument de science et de goût, qui, à quatre-vingt-six ans, vient de publier en latin de curieuses recherches sur l'antiquité et l'histoire de sa maison, dont l'origine remonte à Ginello Capece, consul de Naples en 1009.[1] Les belles

---

[1] *De antiquitate et varia Capyciorum fortuna.* Naples, 1830, in-4°.

collections de médailles, de pierres gravées et de vases grecs formées par l'archevêque de Tarente, sont aujourd'hui à peu près éparses[1] : il semblait, me disait-il d'une manière touchante, se préparer ainsi à quitter tout le reste. Parmi ses tableaux, un *Portement de croix*, de Murillo, qui offre le portrait du peintre, est admirable. Malgré la splendeur et la multiplicité des titres, il règne dans la société napolitaine beaucoup de bonhomie, de simplicité, de familiarité : ces titres semblent, pour la conversation, comme des espèces d'explétifs ; ils sont même donnés dans l'intimité, et une femme dit à son amie : « Princesse, veux-tu ? » L'usage de faire des *pique-niques* au loin, comme en France, dans le dernier siècle, et même sous Louis XIV, existe encore à Naples, mais sans les mêmes scandales. Ces mœurs italiennes, que l'on juge trop souvent d'après les lieux communs des voyageurs d'il y a cinquante ans, ne sont aujourd'hui ni meilleures ni pires que celles des autres grandes capitales, et peut-être même qu'à Naples elles valent mieux. La noblesse de ce pays est un exemple de la gêne qui accompagne toujours les changemens politiques trop fréquens ; depuis plus de trente ans, elle a été ruinée trois ou quatre fois, et son opulence ne répond point toujours à la grandeur de ses souvenirs et de son ancienne existence. Plusieurs de ses membres se distinguent par leurs talens et leurs lumières, et M. le marquis Gargallo, littérateur excellent, a composé une très belle et la meilleure traduction italienne des Œuvres complètes d'Horace, avec des notes critiques fort estimées. Mme Marie Raphale Caracciolo a traduit des extraits de Fénelon, et d'autres passages des meilleurs écrivains anglais. Cette terre classique de l'antiquité rassemble

---

[1] Les médailles sont à Vienne ; les vases et les bronzes en Danemarck.

quelques uns de ses habiles interprètes : MM. Arditi, écrivain fécond, directeur du Musée royal; Carelli, secrétaire de l'Académie d'Herculanum, possesseur érudit d'une riche collection de médailles siciliennes et italiques; le laborieux chanoine Jorio, qui a décrit les tombeaux de Cumes, exhumés à ses frais; Raimond Guarini, archéologue d'une rare sagacité; Giannelli, conservateur des manuscrits de la bibliothéque des Studj, critique âpre, mais très instruit, disciple indépendant des doctrines historiques et philosophiques de Vico; D. Angelo Scotti, bibliothécaire des Studj, un des membres les plus distingués de l'Académie d'Herculanum; le chevalier Monticelli, le fidèle historiographe du Vésuve; Gaspard Selvaggi, bon helléniste et homme aimable, qui long-temps a vécu dans la société de Paris, comme son compatriote Galiani, mais qui est bien éloigné du mauvais ton et de toutes les bizarreries que l'on avait la bonté de passer à l'abbé. Un amateur instruit, M. l'avocat Santagelo, dont je n'ai point oublié la politesse, possède un assez grand nombre de tableaux des premiers maîtres, une belle collection de vases de la Pouille et de la Basilicate, un nombreux médailler, et surtout une première ébauche à l'huile du *Jugement dernier*, de Michel-Ange, qui a subi depuis de nombreuses variantes, et que l'on peut regarder comme une des choses les plus curieuses de l'Italie. Le droit est aussi étudié avec succès à Naples, et même par la noblesse et le clergé; on l'y regarde justement comme la préparation à toutes les carrières publiques, et le nombre des avocats et gens de loi, porté par un voyageur à trente mille, est bien suffisamment de deux mille trois cent soixante-dix.

Le palais Gravina, par Gabriel d'Agnolo, est à peu près le seul palais de Naples qui puisse être cité pour le goût de son architecture. Ce majestueux édifice ne serait pas indigne de Rome ou de Florence. L'inscription porte que le noble fondateur Ferdinand Orsini, duc de Gravina, l'a élevé pour *lui, les siens, et tous ses amis* (*sibi, suisque et amicis omnibus*).

Sur la porte des écuries du palais Maddaloni, on remarque un bas-relief de l'*Enlèvement des Sabines*, par Masuccio Ier, le plus ancien artiste napolitain, du XIIIe siècle, qui a fait aussi quelques ouvrages de la cour et des chambres. Ce palais est situé dans la fameuse rue de Tolède, long et bruyant bazar bordé de hautes maisons, encombré jour et nuit de peuple et de carrosses, la première, je crois, des grandes rues, et qui mérite la réputation dont elle jouit auprès des amateurs de ce genre de merveilles.

CHAPITRE III.

Studj. — Statues. — *Famille Balbus.* — *Vénus de Capoue.* — *Flore Farnèse.* — *Vénus Callipyge.* — *Hercule Farnèse.* — *L'Aristide.* — Bronzes. — *Papyri.* — Meubles. — Ustensiles. — Comestibles. — Vases. — Peintures antiques. — Mosaïques.

Ce splendide musée est au premier rang des collections de chefs-d'œuvre antiques. Au milieu du grand escalier, une statue colossale, peu digne de Canova, représente le roi Ferdinand en Minerve; les traits du vieux monarque sont véritablement grotesques sous le casque et avec l'égide de Pallas. Les neuf statues de la famille Balbus, trouvées à Herculanum, sont d'une noble simplicité : les deux statues équestres de Nonius, père et fils, passent pour des plus vraies, des plus légères de l'antiquité; la tête de la statue du fils, autrefois à Portici, fut brisée en 1799 par un boulet de canon plus redoutable pour elle que le feu du Vésuve ; la tête actuelle est une imitation assez adroite de l'ancienne, faite d'après ses débris. Le *Jupiter* et la *Junon*, en terre cuite ; un *Gladiateur* mourant, sont parfaits de naturel. La *Diane*, statue de marbre coloriée, malgré l'ampleur et la symétrie de sa chevelure et de ses vêtemens, qui ne s'accorde pas trop avec les rudes exercices de la déesse, est un ouvrage précieux. La *Vénus* de Capoue, selon M. Millingen, serait d'Alcamènes ou de Praxitèle, et l'original de notre Vénus de Milo. Le petit *Bacchus* à cheval sur les épaules du faune est plein de joie ; l'*Apollon* au cygne, très beau ; le *Ganymède* caressé par l'aigle, naïf ; la *Minerve* étrusque, superbe. La colossale *Flore Farnèse* paraît élégante et légère. Le torse d'une *Vénus* aussi trouvée à Capoue est d'une grâce admirable. Quatre bas-reliefs grecs sont de la meilleure époque : *Pâris et Hélène*, avec des inscriptions ; *Orphée retrouvant Eurydice* ; une scène voluptueuse d'un *Satyre et d'une Bacchante* ; *Bacchus* entouré d'un nombreux et bruyant cortége. Il est impossible de ne pas être frappé de la puissance, de la persévérance des artistes anciens, à la vue de l'*Apollon Citharœdus*, statue demi-colossale, de porphyre, et dont les draperies, malgré la dureté de la matière, ont une mollesse, une facilité merveilleuses. Près de lui sont d'autres statues précieuses, en pierres dures de couleur : un *Prêtre égyptien*, de basalte, superbe, peut-être Osiris, et que le P. Kircher a pris, à tort, pour une Isis portant l'image d'une divinité canopique ; la *Diane* d'Éphèse, d'albâtre, avec la tête, les mains et les pieds de bronze ; le *Méléagre*, en rouge antique. Au milieu de la salle des Muses, le beau vase du sculpteur athénien Salpion représente la *Naissance de Bacchus*, que Mercure confie aux nymphes : ce chef-d'œuvre, trouvé à Formie, dans le golfe de Gaëte, fut d'abord tellement méconnu qu'il servait aux mariniers à attacher leurs barques, et qu'il porte encore la marque des cordages. Le *Bacchus* hermaphrodite est excellent. La *Vénus Callipyge* règne au milieu de la foule des Vénus qui l'environnent; un jeune et frais *Adonis* ne paraît pas indigne de posséder tant de charmes[1]. L'*Amour ailé*, accroupi sur un dauphin, est un ouvrage romain, à la fois excellent et bizarre. L'*Hercule* offre l'emblème de la force, calme, en repos. Ce colosse, du sculpteur athénien Glycon, avait d'abord été trouvé, privé de ses jambes, dans les thermes de Caracalla : Michel-Ange fut chargé par Paul III Farnèse de les remplacer; mais à peine, malgré sa résistance, en eut-il achevé le modèle, qu'il le brisa à coups de marteau, en s'écriant que jamais il ne voudrait ni ne pourrait faire un doigt d'une telle statue. Guillaume de la Porta, alors le plus renommé après lui des sculpteurs, fut chargé du travail, et il y obtint l'approbation universelle; mais les véritables jambes ayant été retrouvées dans un puits, à trois milles de la place où le corps avait été découvert, elles lui furent restituées, le prince Borghèse, qui les possédait, les ayant cédées généreusement au roi de Naples. Il ne manque aujourd'hui au fils d'Alcmène que la main gauche. Le groupe représentant la fable de Dircé, dit le *Taureau Farnèse*, placé en face de l'Hercule, ne lui est point inférieur, quoique en très grande partie restauré. L'*Atlas* est une magnifique statue, et son globe un curieux monument astronomique. Malgré l'incertitude de la science archéologique, on aime à reconnaître le juste Aristide dans la

---

[1] Dans le remuement perpétuel des *Studj*, la Vénus Callipyge a, depuis, plusieurs fois changé de place.

statue qui porte son nom; cette prodigieuse statue, la plus vraie, la plus réelle peut-être des chefs-d'œuvre antiques, semble marcher, s'avancer, lorsqu'on se place à l'endroit indiqué par Canova; car il ne pouvait se lasser de la contempler, et toutes les fois qu'il se rendait à ce musée elle avait toujours sa première visite.

La salle des Empereurs et des Impératrices offre l'*Agrippine*, dont les traits altérés, vieillis, sur un corps jeune, ne peuvent convenir qu'à la veuve éplorée de Germanicus; l'*Auguste* assis, une des premières statues sorties d'Herculanum; le *Tibère*, le *Claude*, épais, commun, quoique supérieurement drapé; le *Néron*, trouvé à Télèse; le *Trajan*, à Minturnes; le buste colossal de *César*, et le magnifique cratère de porphyre, moins grand que celui du Vatican, mais plus orné.

Les *Studj* sont le premier des musées pour les bronzes. On distingue le *Mercure* assis, si jeune, si naïf; la colossale tête de cheval, ouvrage sublime des meilleurs temps de la Grèce, et dont la récente inscription répète un conte ridicule sur la destruction de la statue; le cheval isolé, qui dans une emphatique inscription latine se prétend le seul reste d'un quadrige d'Herculanum, détruit par le Vésuve; le buste dit le *Platon*, d'une beauté sévère, et dont la chevelure est si artistement travaillée; l'*Archytas*; le *Sénèque*; la tête dite de *Sapho*; quelques actrices et danseuses au moment de leur toilette théâtrale; les deux *Satyres*, le premier dormant, l'autre renversé sur son outre, et faisant claquer son pouce et son doigt; l'idéal de l'ivrogne.

L'habile industrie qui recherche, qui poursuit la pensée antique cachée dans les noirs rouleaux des *papyri* d'Herculanum, est curieuse à observer. Combien ne doit-on pas regretter que tant de soins, de minutieuses précautions ne ressuscitent ordinairement que des ouvrages inutiles ou incomplets [1]! A côté de cette destruction des écrits des sages, certains groupes du *Cabinet des objets réservés* sont à peu près intacts, et les maximes de la morale ont moins résisté aux flammes du Vésuve que les images du vice.

La collection de meubles, d'instrumens, d'ustensiles, dite le *Musée des petits bronzes*, est singulièrement curieuse, unique; elle fait connaître et toucher, en quelque sorte, le matériel de la vie des anciens. Les siéges curules de bronze, placés près de trophées d'armes et de boucliers, rappellent cette gloire civique et militaire qui s'alliait alors si souvent chez les mêmes hommes. Les trépieds, les autels, les tables des sacrifices, les urnes, les coupes, les couteaux; tous ces instrumens du polythéisme, quoique supérieurement travaillés, inspirent beaucoup moins d'admiration. Des dés pipés, le fard des dames romaines, montrent toujours les mêmes impostures dans le plaisir : des fuseaux, des aiguilles, des dés à coudre semblent plus respectables. Les bijoux sont charmans : un de ces joyaux, très ancien, dernière parure de la femme qui le porta, fut trouvé dans un tombeau grec. Plusieurs fragmens de cendre rendue solide par l'eau, gardent de gracieuses empreintes; un sein de femme; un bras avec ses ornemens, une partie des épaules et de la taille; on voit que cette infortunée était jeune, grande, bien faite; mais elle ne fuyait point en chemise, comme l'a imaginé M. le président Dupaty, car on découvre la marque de ses vêtemens. Les alimens, un pâté antique, sont merveilleusement conservés. Les

---

[1] Parmi les papyri déchiffrés jusqu'en 1825, 61 étaient presque entiers; on en possédait les deux tiers de 161; la moitié de 308; le tiers de 190; le quart de 191; 474 étaient coupés au milieu dans leur longueur, par suite de l'inexpérience des premiers ouvriers. Le nombre des colonnes et fragmens déroulés montait à 2366.

instrumens de chirurgie et d'accouchemens, les fioles d'apothicaires, les mortiers, les pilons, n'ont guère changé de forme : peut-être l'art était-il aussi avancé. Les ustensiles de cuisine, malgré le bon goût de leurs ornemens, ne diffèrent point, au fond, des nôtres. Une vraie théière anglaise se trouve parmi ces objets. Les balances, aussi fort élégantes, étaient vérifiées au Capitole par l'édile, ainsi qu'on le voit par l'inscription de l'une d'elles, examinée sous le huitième consulat de Vespasien, et sous le sixième de Titus. A l'extrémité de ce musée, on voit les tables d'Héraclée, découvertes en 1732, monument important pour l'étude de la paléographie grecque, et l'encrier à sept faces, qui a fait enfanter au bizarre érudit Martorelli deux volumes in-4°.

La collection des verreries monte à douze cents. On voit ainsi que les anciens, non-seulement connaissaient l'usage du verre pour les fenêtres, mais qu'ils savaient encore le ciseler, le travailler et le colorier. Un grand nombre de ces verreries sont d'Égypte, et les Égyptiens semblent véritablement les vitriers de l'antiquité.

La collection des vases s'élève à environ deux mille cinq cents, parmi lesquels sont, au premier rang, les trois précieux vases de Nola, représentant une *Orgie de femmes autour d'une idole de Bacchus*; l'*Incendie de Troie*, et le vase dit de *Cassandre*. On remarque encore le musicien *Comus jouant devant Bacchus et Ariane*; le vase funéraire de Charminos de Cos, trouvé parmi les ruines de Carthage, unique dans son genre par les caractères gravés, contre l'usage, après la cuisson; le fameux vase de Locres, destiné aux parfums, et sur lequel on voit le *Plaisir honnête* personnifié, selon M. le chevalier Arditi, et, selon Villoison et l'abbé Zannoni, le prix de la beauté, emporté par la figure de la femme; le curieux vase de Pœstum, offrant *Hercule aux Hespérides;* les vases italico-grecs et de Sicile, dont les sujets sont *Hercule vainqueur au ceste du roi Éryx;* un *Combat entre les Grecs et les Troyens;* la *Mort de Thésée; Électre et Oreste au tombeau d'Agamemnon,* et *Clytemnestre et Égisthe;* un *Combat des Amazones et des Grecs; Hercule tuant le centaure Nessus,* et mille autres peintures qui joignent la naïveté du dessin et de l'expression au travail le plus soigné, le plus fini.

Le riche médailler a la célèbre tasse de sardoine, d'un pied de diamètre, commentée par les plus illustres savans, et dont le groupe des sept figures représente, selon Visconti, le Nil, Orus, Isis et les nymphes du Nil.

Les peintures antiques, au nombre d'environ deux mille, malgré leur grâce, leur ingénuité, leur expression, la vivacité extraordinaire de la couleur de quelques unes, sont bien éloignées des prodigieux effets des statues. Peut-être ne connaissons-nous que les ouvrages des peintres des petites villes qui jusqu'ici ont seules fourni ces peintures. Le tableau monochrome [1] de *Thésée tuant le Centaure,* imité par Canova [2], est regardé comme ce que l'antiquité nous a certainement laissé de plus parfait en peinture. Le célèbre *Marché d'amour* est une composition vive et bien imaginée. Une *Charité grecque* et non romaine, comme on le dit communément; *Hylas enlevé par les nymphes; Agamemnon conduisant Chryséis au navire pour la renvoyer à son père; Achille remettant Briséis aux hérauts d'Aga-*

---

[1] A une seule couleur. On se servait pour les tableaux *monochromes* d'une couleur rouge qui venait des Indes, et qu'on appelait *cinabris indica. V.* Pline (lib. xxxiii, cap. 7, et lib. xxxv, cap. 3), cité par Mazois, p. 133 de son *Palais de Scaurus,* ouvrage remarquable par le goût, l'érudition et le style.

[2] *V.* Liv. vi, chap. xiii.

memnon; Junon et Jupiter sur le mont Ida; le *Sacrifice d'Iphigénie*, malgré quelques parties faibles; *Médée près de tuer ses enfans qui jouent,* sont des ouvrages pleins de noblesse, de pathétique et de poésie. A l'exception du sage Chiron, botaniste, musicien, astronome, précepteur d'Achille, l'honneur de son espèce, des *Centaures,* des CENTAURESSES surtout, respirent la folie, la licence. Plusieurs scènes de comédies sont extrêmement gaies; il n'y a de masqués que les principaux personnages.

Parmi les mosaïques, quelques scènes de comédies, dont deux portent le nom de l'artiste Dioscoride, de Samos, attestent le haut degré de perfection auquel ce genre de travail était parvenu chez les Grecs.

CHAPITRE IV.

Galerie. — École napolitaine. — Schedone. — Salle des chefs-d'œuvre. — *Philippe II,* du Titien.

La galerie nombreuse offre quelques tableaux des premiers peintres; les plus estimés, à l'exception d'un petit nombre de chefs-d'œuvre, ne sont point ceux de l'école napolitaine, dont les derniers maîtres semblent plutôt d'habiles et expéditifs ouvriers que de véritables artistes : on dirait que le talent de ces maîtres gît beaucoup plus dans le bras que dans le cœur et l'âme. Les meilleurs tableaux de cette école sont : l'*Enfant prodigue; S. Nicolas de Bari en extase,* du Calabrese; une *Assomption,* d'André de Salerne; le *S. Bruno à genoux devant l'Enfant Jésus qui le bénit; S. Jérôme dans une grotte,* de l'Espagnolet; une *Danse de petits anges*, très gracieuse, du Cav. d'Arpino ; le *S. Jérôme* dans une petite chambre au lieu de grotte, ôtant une épine de la patte de son lion, vieux et célèbre tableau tout-à-fait dans le style flamand, du Napolitain Colantonio del Fiore, qui vivait aux xive et xve siècles ; la *Vierge* dans un fond d'or, de Giottino ; le *S. Ignace* et *S. François Xavier* baptisant les Indiens, terminé en quatre jours par Luc Giordano. Parmi les ouvrages de l'école florentine, on distingue : une *Déposition de croix*, du Castagno ; une *Circoncision*, de Marc de Sienne ; l'*Enfant Jésus bénissant S. Jean caressé par la Vierge* ; une *Annonciation dans un paysage* ; *Deux saints près de la Vierge sur un trône avec l'Enfant Jésus*, de Ghirlandaio ; un *Jeune homme en noir*, du Bronzino ; l'*Ascension*, du Sodome. Les écoles française et flamande ont : une *Marine*, de Claude Lorrain ; un *Vieux Berger* enveloppé de sa pelisse, de Rembrandt ; un portrait d'*Homme assis* et en noir, de Vandyck ; le *Baptême du Christ* dans un paysage, de Paul Bril ; un *Moine* d'Alcantara, de Rubens ; un portrait de *Jeune homme* avec un chapeau à plumes, d'Holbein. Une collection de tableaux à la manière grecque du bas-empire est fort intéressante pour l'histoire de l'art. On conteste l'authenticité des trois cartons donnés comme de Raphaël et de Michel-Ange. Les autres tableaux remarquables des diverses écoles sont : *S. Sébastien* soigné par des femmes ; la *Vierge, l'Enfant Jésus, S. Joseph lisant dans un livre que soutient un ange* ; *S. Jean, S. François, S. Laurent* ; le *Cordonnier* du pape Paul III ; *S. Jean tenant un agneau* ; un *Groupe de femmes et d'enfans* écoutant avec émotion et surprise un soldat ; un *Vieillard* appuyé sur un bâton ; la *Vierge caressée par l'Enfant Jésus* ; *S. Jérôme les mains jointes, regardant le ciel* ; la *Croix soutenue par des anges* ;

S. Paul tenant l'épée d'une main, et de l'autre un livre; un *Compositeur de musique*; *Jésus-Christ couronné d'épines et insulté par les Juifs*, ouvrages largement exécutés de Schedone, qu'il fit pour son généreux et inutile Mécène, le duc Ranuzio Ier, duc de Parme [1], et qui sont passés à Naples avec les autres collections de la maison Farnèse; la *Vierge tenant l'Enfant Jésus sur ses genoux*, de Léonard de Vinci; *Judith coupant la tête à Holopherne*; *Jésus-Christ appelant S. Mathieu*; la *Madeleine*; les *Apôtres au tombeau de la Vierge*; un *Portement de croix*; *S. François d'Assise*; la *Descente du S. Esprit*, du Caravage; la *Vierge près du Christ déposé sur la croix*, de Louis Carrache; un *Homme couvert d'une pelisse*, riant; la *Vierge et l'Enfant Jésus dormant sur son sein*, d'Annibal; *S. François d'Assise*, de Murillo; une *Ste. Famille et Ste. Catherine*, du Bagnacavallo; un tableau satirique de l'école des Carraches contre le Caravage, dont la tête velue ressemble à celle d'une bête sauvage; deux *Figures de profil adorant la Vierge* dans un paysage, de Bernardin Luini; un portrait de Prince, âgé de trente-trois ans, du Parmesan; la *Vierge serrant tendrement l'Enfant Jésus entre ses bras et contre son front*, du Corrège; un *Portrait de cardinal avec barbe et peu de cheveux*; un *Jeune homme en noir*; un charmant *Portrait d'Anne Boleyn*, de Sébastien del Piombo; un *Portrait de jeune fille*, richement coiffée et vêtue, de Jacques Bassano; les *Mages*; *Ste. Ursule*, du Garofolo; *S. Joseph et la Vierge*, de Bonifazio; un *Portrait*; la *Vierge et l'Enfant Jésus environnés de chérubins*; un *Homme nu parlant à l'oreille du Christ*, du Tintoret; un *Docteur vénitien*, du Morrone; une *Jeune fille*; le

---

[1] *V.* Liv. VIII, chap. VII.

Portrait de Gonzalve de Cordoue; *Erasme vieux*, du Titien; un très beau *Portrait de femme en noir*, de l'école vénitienne; une *Jeune fille*, de Paul Véronèse; le *Père éternel au milieu de quatre chérubins*; la *Vierge et l'Enfant Jésus*, dans un paysage, du Perugin; la *Vierge et l'Enfant Jésus*, le *Portrait du Cav. Tibaldi*, de Raphaël; la *Vierge en prières*, de Sasso Ferrato; *Charles III reçu au palais de Montecavallo par Benoît XIV*; une *Vue du Colysée et de l'arc de Titus*, de Pannini, habile peintre de perspective du dernier siècle, le maître de Joseph Vernet.

A la salle dite des chefs-d'œuvre, on admire, du Titien : le superbe et sévère *Philippe II*, qui protégeait le Titien, mais le payait assez mal, ainsi qu'on le voit par la lettre que lui adressa l'artiste, et dans laquelle il déclare que l'argent se fait trop attendre, et regrette d'être obligé de travailler pour d'autres; *Paul III*, vieux, barbu, entre ses deux neveux, le cardinal Alexandre et Octave second, duc de Parme; la *Madeleine*, touchante et séduisante encore; la *Danaé*, belle de couleur, mais dont l'air calme, satisfait, semble le véritable emblème de la femme payée; de l'Espagnolet : *Silène couché, entouré de satyres qui lui versent à boire*; *S. Jérôme en oraison devant un crâne*, et frappé du bruit de la trompette du jugement dernier; de Schedone : sa petite et sa grande *Charité*; la première si vraie, si pathétique; de Sébastien del Piombo : le pape *Alexandre Farnèse*, une *Ste. Famille et S. Jean-Baptiste*; de Jules Romain : la *Vierge à la chatte*, heureuse inspiration de Raphaël; la chatte paraît vivante; d'Augustin Carrache : *Armide et Renaud*, la scène du miroir magique; de Raphaël : une *Ste.-Famille*, de sa dernière manière, dont la Ste. Anne est l'idéal de la beauté de vieille; la *Vierge sur un trône*, et sur le sein l'Enfant Jésus qui bénit S. Jean entre deux saints; un nouveau *Léon X* entre les cardinaux de Rossi et Julien de Médicis [1]; un *Portrait de cardinal*; d'André del Sarto : *Bramante enseignant l'architecture au jeune duc d'Urbin*; d'Annibal Carrache : *Hercule jeune assis entre le sentier de la vertu et celui de la mollesse*; une *Piété*; de Jean Bellini : une *Transfiguration*, naïve, variée; de Velasquez : le *Portrait d'un cardinal*, son chef-d'œuvre; du Garofolo : le *Christ déposé dans les bras des Maries*, pleuré par divers saints, avec beau paysage; du Zingaro : la *Vierge* sur un trône environnée de divers saints; l'auteur s'y est représenté derrière le jeune S. Aspremus, premier évêque de Naples; la Vierge est le portrait de cette fille du peintre Colantonio del Fiore, qui le rendit lui-même peintre et grand peintre par amour, de chaudronnier qu'il était, seul moyen de l'obtenir du père passionné pour son art : la figure d'un fort vilain vieillard paraît aussi le portrait de ce dernier; de Simon Papa : *S. Michel terrassant le Diable*; de Fra Bartolommeo : une *Assomption*, et en bas, Ste. Catherine et S. Jean-Baptiste; de Claude Lorrain : la *Nymphe Égérie* et ses compagnes, dans un paysage des environs de Rome, merveilleusement éclairé; du Corrège : son joli et frais *Mariage de Ste. Catherine*; la *Madone della Zingarella*; du Dominiquin : l'*Ange gardien*, délicieuse composition, dont la *Gloire* a été barbarement arrachée; du Parmesan : sa *Maîtresse*, richement et singulièrement parée; un noble, mais je crois fort incertain portrait de *Christophe Colomb*.

[1] *V.* Liv. ix, chap. xviii.

CHAPITRE V.

Bibliothéque royale. — Autographes de S.-Thomas ; — du Tasse. — Autres bibliothéques. — Bibliothéque de S.-Philippe de Néri. — Manuscrits de Sénèque. — Imprimerie royale. — Librairie. — Archives. — *Constitutions* de l'empereur Frédéric II. — Pierre des Vignes.

La bibliothéque royale, placée depuis 1804 dans le beau et grand salon du palais des *Studj*, construit par Fontana, compte 150,000 volumes, et environ 3,000 manuscrits. Elle se compose principalement de l'ancienne bibliothéque Farnèse, transportée de Rome à Naples par Charles III, de la bibliothéque palatine, de celle des Jésuites, d'une partie de la bibliothéque de S. Jean Carbonara [1] et des autres bibliothéques de couvens supprimés; elle s'accroît par des achats annuels discutés par une commission, et elle reçoit deux exemplaires de tous les ouvrages publiés. Le catalogue des éditions du xve siècle, nombreuses, sans être remarquables, a été publié récemment par M. de Licteris, sous-bibliothécaire [2]. On distingue : la première édition de *Barthole* (1471), le premier livre imprimé à Naples, où le roi Ferdinand Ier d'Aragon avait appelé Sixte Riessinger, imprimeur et fondeur en caractères, comme on l'était à l'origine de l'imprimerie; l'ouvrage latin de Janus Maius, Napolitain, sur la *Propriété des anciens mots* (1475), et un *Missel* (1477), imprimés tous deux

---

[1] *V.* ci-après, chap. xi.
[2] Naples, Impr. royale, 1828-30, 2 vol. in-folio.

par Mathias Morave, autre Allemand appelé à Naples par Ferdinand; l'*Ésope*, latin et italien, imprimé par Riessinger, et publié par François Tuppo (1485), avec de curieuses gravures sur bois; parmi les manuscrits grecs : les *Paralipomènes d'Homère*, de Quintus de Smyrne, manuscrit de 1311, un des meilleurs de ce poète; l'amphigourique *Alexandra* de Lycophron, qui, dit-on, servit à Manuce pour les fragmens qu'il a imprimés; un *Nouveau Testament*, cru du xe siècle; parmi les manuscrits latins : une *Bible* en deux volumes, du xe siècle; plusieurs ouvrages des Pères, trouvés dans l'église de Troja, du royaume de Naples, dont un *S. Prosper*, d'Aquitaine, fut, d'après la souscription de l'évêque Guillaume, donné à cette église en 1508; les cinq livres des *Institutions grammaticales*, de Charisius Sosipater, imprimées pour la première fois à Naples (1532), par les soins de Janus Parrhasius; le manuscrit de Pompeius Sextus Festus, à demi brûlé, qui a servi pour les éditions imparfaites de ce philologue; les fragmens des livres sur l'agriculture de Gargilius Martialis, découverts et publiés par M. Mai, et de nouveau par M. Scotti, qui en a donné même un *fac-simile*; le célèbre autographe de S. Thomas d'Aquin, contenant l'Exposition du Traité de S. Denis *De Cœlesti hierarchia*, autrefois précieusement conservé au couvent de S. Dominique, et que l'on y expose encore chaque année à la vénération des fidèles, le jour de la S. Thomas. Quelques manuscrits plus modernes sont intéressans; tels sont trois dialogues du Tasse, parmi lesquels *Il Minturno*, dialogues qui ne me parurent pas moins corrigés que ses autres ouvrages[1] : les lettres de Paul Manuce et du cardinal Seripandi prouvent l'honorable empresse-

---

[1] *V*. Liv. vii. chap. xii, et Liv. ix, chap. xviii.

ment de la cour romaine à publier les livres sacrés et les écrits des Pères [1]. Il paraît toutefois par l'une d'elles que l'impression de S. Thomas déplaisait à Rome à bien des gens, et que si l'on trouvait bon tout ce qu'il dit, ces choses-là cependant ne semblaient point convenir aux circonstances. [2]

Les lecteurs sont assez nombreux à cette bibliothèque; mais on se plaint de ce que la communication des livres n'y est pas très facile. Une salle est destinée aux personnes aveugles, auxquelles on lit moyennant une certaine rétribution. Ce cabinet de lecture offre, dit-on, un singulier aspect; car les lecteurs n'étant pas tous, à ce qu'il paraît, fort habiles, leurs malheureux auditeurs les font répéter afin de comprendre le sens de la phrase : l'image pittoresque du Dante a dû fréquemment s'y renouveler :

Lo mento a guisa d' orbo in su levava. [3]

Les aveugles sont communs à Naples ; cette lumière, si éblouissante et si vive, semble enivrer les yeux : aussi trouve-t-on là fort à propos M. le professeur Quadri, un des premiers oculistes de l'Europe.

Les quatre autres bibliothèques publiques de Naples sont la Brancacciana, la plus ancienne, fondée en 1675 par un legs du cardinal napolitain François Brancaccio, riche principalement en manuscrits sur l'histoire de Naples, et qui compte cinquante mille volumes ; la bibliothèque ministérielle, créée en 1807 avec les

---

[1] Ces onze lettres ont été publiées par M. Renouard à la fin du Tome III de ses *Annales de l'imprimerie des Alde.*

[2] *Hora si stampa S. Thomasso, con disparere di molti, che dicono le cose di S. Thomasso esser buone tutte, ma non conformi alla qualità de' tempi che corrono.* Lett. de Paul Manuce au cardinal, écrite de Rome le 24 juillet 1562.

[3] « Il levait le menton en l'air, à la manière des aveugles. » *Purgat.* Can. XIII, 102.

livres de couvens supprimés, affectée aujourd'hui au ministère de l'intérieur; la bibliothèque de la ville, dont la belle bibliothèque du marquis Taccone, acquise par le gouvernement, a fait le fonds; enfin la bibliothèque de l'université, aussi formée des livres des bibliothéques de couvens supprimés.

La bibliothéque du couvent de S.-Philippe de Neri m'a paru au-dessous de son ancienne réputation; le catalogue n'est qu'une table d'auteurs; j'y ai admiré le célèbre manuscrit des *Tragédies* de Sénèque, avec les brillantes peintures du Zingaro représentant les sujets des pièces.

L'Imprimerie Royale, fondée par Charles III, qui produisit à sa naissance le bel ouvrage des *Antiquités d'Herculanum*, ne paraît guère soutenir son ancienne réputation, et suivre les progrès des établissemens analogues, quoique ses caractères sortent des fonderies de Didot et de Bodoni. J'ai connu un Anglais, bon orientaliste, vivant à Naples, qui, voulant y faire imprimer quelques unes de ses recherches, dut s'adresser à feu le chevalier de Médici; ce ministre, homme habile et bon financier, mais peu érudit, se crut toutefois obligé de l'avertir qu'en fait de caractères orientaux l'imprimerie n'avait que des caractères grecs.

L'impôt exorbitant mis à Naples sur les livres étrangers équivaut presque à une prohibition. On a prétendu que si les ouvrages étaient bons, ils ne sauraient être payés trop cher, et que s'ils étaient mauvais, il valait mieux les empêcher d'entrer. C'est à peu près ainsi qu'Omar eût fait de l'économie politique. On ne voit pas que les imprimeries du pays aient beaucoup profité de ces rigueurs, car la librairie napolitaine paraît fort peu vivante, et, hors la capitale, je n'ai pas aperçu un seul libraire dans tout le royaume.

L'archive générale établie dans le gothique palais *de'*
Tribunali, est un vaste établissement divisé en quatre
sections : les sections historique, financière, judiciaire
et communale. On m'a montré environ trois cents gros
volumes in-folio, contenant les actes des princes de la
maison d'Anjou, à commencer par Charles : les *Constitutions* originales de l'empereur Frédéric II, le plus
ancien code du royaume de Naples, furent transcrites,
en 1239, par son chancelier le célèbre Pierre des Vignes ; car Frédéric, comme tous les princes véritablement grands, eut un grand ministre qu'il finit malheureusement par méconnaître. [1]

CHAPITRE VI.

Théâtres. — *S.-Charles.* — Musique. — Conservatoire. —
Zingarelli. — Crescentini. — *Fondo.* — Barbaja. — Florentins. — *S.-Carlino.*

Le théâtre S.-Charles, vaste, commode, brillant,
mais d'un petit goût d'architecture et de décoration, a
été assez plaisamment comparé à un grand colombier
doré. Cette salle offre un aspect véritablement enchanté

---

[1] Les causes de la disgrâce et du supplice de Pierre des Vignes
sont un problème historique fort controversé ; le Dante les attribue
à l'envie des courtisans contre ce ministre, et les beaux vers qu'il a
mis dans sa bouche offrent peut-être la conjecture la plus vraisemblable :

> *La meretrice che mai dall' ospizio*
> *Di Cesare non torse gli occhi putti,*
> *Morte comune e delle corti vizio,*
> *Infiammò contra me gli animi tutti.*
> *E gl' infiammati infiammar sì Augusto,*
> *Che i lieti onor tornaro in tristi lutti.*
>
> *Inf.* Can. xiii, 64.

les jours de *gala*, et même de *demi-gala*, lorsqu'elle est illuminée. Il est impossible de n'être point frappé du grand nombre de jolies femmes des loges, et la laideur des Napolitaines, proverbiale en Italie, ne se rencontre point dans cette haute société. La plupart des acteurs et des pièces que j'ai vus à S.-Charles en 1826 et 1828, à commencer par l'excellent Lablache, par Mme Lalande, et le triste *Dernier Jour de Pompéi*, ont depuis paru sur notre scène italienne, ou sont passés à son répertoire. Je ne crois pas toutefois que l'on y ait représenté le grand opéra de *Bianca e Gernando*, de Bellini, l'auteur du *Pirate*, jeune compositeur sorti du conservatoire de Naples, que les classiques veulent opposer à la gloire romantique et sans rivale de Rossini. Une élève de Crescentini, Mme Tosi, était digne d'un tel maître par sa méthode, sa chaleur et sa vive expression ; mais ses faibles moyens n'y répondaient point. Le sentiment musical du public napolitain ne paraît ni très juste, ni très vrai ; il préfère le chant à l'expression, le piédestal et les arabesques à la statue ; il siffla, il y a quelques années, la *Création* d'Haydn, et l'on se garde bien de lui faire entendre Mozart, malgré les chefs-d'œuvre dont il a illustré le Théâtre Italien. L'instruction musicale est aujourd'hui fort arriérée dans le pays des Porpora, des Leo, des Durante, des Jomellii, des Pergolèse, des Sacchini, des Paësiello et des Cimarose. Rousseau ne dirait plus aujourd'hui à son jeune artiste : « Cours, vole à Naples, » et il se garderait bien surtout de répéter son imprécation : « Fais de la musique française. »[1] Au lieu des trois conservatoires qui existaient autrefois à Naples, et dont l'émulation a produit tant de grands compositeurs, il n'en existe plus qu'un

---

[1] *Diction. de musique*, art. *Génie*.

seul; établissement mal administré, quoique avec quelques maîtres habiles, et dont les seize mille ducats qu'il coûte au gouvernement sont en grande partie gaspillés en traitemens de recteurs, d'inspecteurs, de confesseurs, avant d'arriver à la musique. Le directeur est l'illustre Zingarelli, l'auteur de *Romeo*, qu'il fit en moins de quarante jours, vieillard spirituel, instruit, dévot, théologien même, qui connaît les meilleurs apologistes de la religion, et me montra le *Génie du Christianisme* qu'il lisait, me dit-il, sans cesse. Il appliquait aussi fort judicieusement à son art les préceptes littéraires d'Horace. Zingarelli ne s'occupe guère aujourd'hui que de musique sacrée, et sa piété la lui fait véritablement composer *con amore*: on cite de lui, comme ayant produit beaucoup d'effet, un *Miserere*, exécuté à ce conservatoire par les élèves la semaine sainte de l'année dernière. Crescentini, attaché au même établissement, ne chante plus; mais il professe d'une manière supérieure, et compose des airs fort agréables. La riche bibliothéque musicale possède les autographes complets de Paësiello, qui les a légués à ce conservatoire.

Le joli théâtre *del Fondo* est un diminutif de Saint-Charles pour le chant, la danse et la musique; il a les mêmes acteurs, la même administration, et il dépend des États du célèbre Dominique Barbaja, entrepreneur des théâtres de Vienne, de Milan, etc., qui exerce une sorte de monarchie universelle de l'Opéra.

Le théâtre des Florentins, le plus ancien des théâtres actuels de Naples, est destiné à la comédie que l'on y joue fort naturellement, et même à la tragédie.

Le théâtre *S.-Carlino*, ou de Polichinelle, est le spectacle populaire. L'affiche portait: *Agli amatori del genere brillante si offre pel giorno e la sera di.... altra produzione giocosissima in tutte le sue scene, non an-*

cora recitata dall' attuale compagnia, ricca di bizzarri avvenimenti, ed intitolata.... con Pulcinella. On voit que cette compagnie donne par jour deux représentations, une le matin, l'autre le soir. La troupe se compose de Camerana, auteur fécond et acteur des pièces de son théâtre, et de sa famille; ces espèces de *fantoccini* en chair et en os ne semblent pas moins infatigables que leurs camarades de bois, et je leur ai trouvé la même chaleur, la même verve et la même gaîté.[1]

CHAPITRE VII.

Cathédrale. — *Confession.* — Tombeau de Charles d'Anjou. — Chapelle *Minutolo.* — *Ste.-Restitute.* — Trésor. — Haines d'artistes. — Miracle du sang. — André de Salerne. — Pontano. — *S.-Paul.* — Solimène. — *S.-Laurent.* — *S.-Philippe de Néri.* — Vico. — *Porta Capuana.*

La Cathédrale gâtée, détruite par le goût moderne, n'a d'ancien que ses hautes tours construites par Masuccio Ier [2]. Ses nombreuses colonnes de granit, de marbre africain, de cipollin, proviennent des ruines de deux temples antiques consacrés près de là à Neptune et à Apollon. Le tombeau de Charles d'Anjou fut transféré par Fontana au-dessus de la grande porte intérieure; dominateur et majestueux, ce tombeau paraît une espèce de trône, et convient à un tel conquérant. Un vase antique de basalte d'Égypte sert de baptistère : sur le piédestal en porphyre des fonts sacrés sont sculptés les attributs de Bacchus, qui sont encore, sans que l'on s'en doute, l'emblème du sacrifice chrétien. La chapelle Minutolo, dans laquelle le maquignon Andreuccio de

[1] *V.* Liv. III, chap. XIX.   [2] *V.* ci-dessus, chap. II.

Pérouse parvint, au bout de ses malencontreuses aventures, à dérober le rubis du défunt archevêque de Naples, Minutolo [1], est curieuse sous le rapport de l'art : trois statues, un *Crucifix,* une *Vierge* et un *S. Jean* sont de Masuccio Ier, et divers sujets de la *Passion,* de Thomas de Stefani, le père de la peinture napolitaine, contemporain de Cimabué. A la chapelle Caracciolo est un grand *Crucifix* de bois attribué à Masuccio Ier; on y remarque encore l'emblème de l'ordre *Della Nave* institué, en 1381, par Charles III de Duras, et tel que le portaient les chevaliers. Près la porte de la sacristie est le petit tombeau du roi André, le mari de Jeanne, tué du consentement plutôt que par l'ordre de sa jeune, brillante et infortunée épouse. Ce tombeau, malgré l'espèce de jeu de mots qui termine l'inscription [2], diffère du superbe tombeau de Charles d'Anjou; mais c'est un exemple frappant des coups du sort, de trouver rassemblés et presque face à face dans la même cathédrale un roi meurtrier et un roi meurtri. La chapelle Seripandi a une belle *Piété,* de Curia, et la dernière chapelle, du même côté, une *Déposition,* travail exquis de Jean de Nola. La chapelle souterraine, ou Confession de S. Janvier, fondée, en 1497, par l'archevêque Olivier Carafa, offre d'élégans ornemens : la statue à genoux de l'archevêque a été crue de Michel-Ange.

La basilique Ste.-Restitute, réunie à l'église S.-Janvier, et bâtie sur les ruines d'un temple d'Apollon et de Neptune, fut long-temps la cathédrale. Une mosaïque

---

[1] Boccace. *Giorn.* II, nov. v.

[2] . . . .
Ne regis corpus insepultum , sepultumve facinus
Posteris remaneret ,
Franciscus Berardi F. Capycius
Sepulcrum , titulum , nomenque

de la *Vierge del principio*, ainsi nommée parce qu'elle fut la première adorée à Naples, la représente vêtue à la grecque; à sa droite est un portrait de S. Janvier, regardé comme le vrai portrait du saint, et le modèle de son buste d'argent commandé par Charles II d'Anjou, et placé au trésor. L'*Assomption*, du Perugin, a comme ouvert la route de la vraie peinture à Naples. Le docte et vertueux Mazzocchi repose à Ste.-Restitute dont il avait avec vraisemblance défendu les droits méconnus par Assemani comme ancienne et unique cathédrale.

La riche chapelle du *Trésor*, dans laquelle se conservent le buste et le sang de S. Janvier, est un magnifique *ex-voto* consacré par la ville à son protecteur après la peste de 1526, mais qui ne fut commencé qu'en 1608 sur le dessin du P. Grimaldi, théatin, bon architecte. Plusieurs tableaux des autels représentant des miracles du saint, sont des chefs-d'œuvre du Dominiquin, de l'Espagnolet et de Stanzioni; tels sont : du Dominiquin, la *Femme guérissant une foule de malades avec l'huile de la lampe qui brûle devant S. Janvier*; la *Résurrection d'un jeune Homme* dont la figure principale a bien l'expression et les vastes pensées d'un homme qui revient de l'autre monde; la *Décollation du Saint;* son *Tombeau;* de l'Espagnolet: le *Saint sortant de la fournaise*, presque *titianesque;* de Stanzioni, surnommé le Guide de Naples : une *Possédée délivrée par le Saint*, peut-être le meilleur de ses ouvrages, et qui rivalise de beauté avec ceux de ses voisins. Les superbes fresques des voûtes, des angles et des lunettes, sont encore du Dominiquin; sans les persécutions qu'il éprouva de ses rivaux, et qui causèrent sa mort, il aurait peint la coupole, à laquelle Lanfranc ne voulut point se mettre à moins que l'on n'effaçât l'ouvrage commencé de son grand prédécesscur. Le Guide avait dû aussi être employé à cette chapelle, et s'était rendu à Naples, d'où il fut obligé de partir précipitamment par suite des menaces de l'Espagnolet et du grec Bélisaire Corenzio, alors véritable despote des arts en ce pays, qui avait tenté de l'empoisonner. Le chev. d'Arpino, auquel il avait été fait d'autres menaces, prit également la fuite. Gessi, l'élève du Guide, que sa funeste aventure n'avait point effrayé, vint aussi à Naples avec deux de ses élèves pour le remplacer; mais ceux-ci ayant été attirés sur une galère afin de l'examiner, on leva l'ancre sans que jamais leur maître désolé pût découvrir ce qu'ils étaient devenus. Lorsqu'on voit Titien travailler le couteau au côté, Giorgione s'armer d'une cuirasse quand il peignait dans un lieu public, Baroccio mourir empoisonné, et qu'on se rappelle la fin tragique d'une multitude d'autres peintres, les haines, les passions d'artistes paraissent, en Italie surtout, bien plus vives, bien plus irritables que l'amour-propre des gens de lettres.

J'assistai au mois de septembre 1826 au miracle du sang dans la chapelle du Trésor. Les fioles contenant le sang de S. Janvier sont renfermées dans une armoire derrière l'autel; il n'y a que deux clefs, une entre les mains des députés de la ville, l'autre de l'archevêque. Quelque temps avant la cérémonie, des femmes du peuple vinrent se placer près de la balustrade comme à une place d'honneur; plusieurs figures de vieilles étaient singulièrement caractéristiques. Ces femmes sont appelées les *Parentes de S. Janvier;* elles se prétendent de sa famille, et même lorsque le saint fait trop attendre la liquéfaction, elles se croient en droit de ne le point ménager et de lui dire des injures. Elles récitèrent d'une voix rauque des *Pater,* des *Ave,* des *Credo;* sans la chapelle, il eût été difficile de prendre cet affreux ramage pour des prières, et je crus même un moment que les injures avaient commencé : c'était un autre *femineo ululatu* bien moins pathétique que celui de Virgile. Vers dix heures, les fioles furent tirées de l'armoire; l'une ressemble à un petit flacon d'odeur, mais ne contient qu'une sorte de teinture de sang; l'autre est un peu plus grosse; toutes deux sont sous verre dans une espèce de lanterne de cabriolet. Elles furent montrées aux personnes admises en-deçà de la balustrade, et de grandes Anglaises blondes s'avançaient jusque sur l'autel, et se penchaient curieusement, afin de les examiner avec leurs lorgnons. Il est arrivé, lorsque le miracle tarde trop à se faire, que le peuple s'en prend aux étrangers qu'il suppose anglais et hérétiques, et qu'il regarde comme un obstacle au miracle. On rapporte qu'à la fin du dernier siècle, le prince de S. et le comte de C. furent obligés de sortir de l'église, et poursuivis à coups de pierres. Cette situation doit être cruelle : il est triste d'être martyr sans foi; ce qui de nos jours, dans certaines circonstances politiques, n'a pas été impossible. Le miracle se fit à midi, ainsi qu'il m'avait été à peu près prédit lorsque je fus invité à repasser, et le bruit du canon annonça cette heureuse nouvelle. Si la vie de S. Janvier est presque inconnue, il n'y a pas de saint plus populaire. Voltaire parle avec considération de S. Janvier, et il l'a sagement défendu contre Addison et les écrivains protestans. « Tous ces auteurs, dit-il, « pouvaient observer que ces institutions ne nuisent « point aux mœurs, qui doivent être le principal objet « de la police civile et ecclésiastique ; que probable-« ment les imaginations ardentes des climats chauds ont « besoin de signes visibles qui les mettent continuelle-« ment sous la main de la Divinité; et qu'enfin ces « signes ne pouvaient être abolis que quand ils seraient

« méprisés du même peuple qui les révère »[1]. Le culte de S. Janvier n'a produit aucun des excès du fanatisme; il a souvent prévenu de grands malheurs, et il fut constamment respecté par tous les divers maîtres de Naples.

Sur la place de S.-Janvier, qui le soir était merveilleusement illuminée, est l'obélisque élevé au saint par la ville, monument riche et de très mauvais goût, de Fansaga, élève du Bernin.

A l'église *Donna Regina*, sont des *Noces de Cana*, une *Prédication du Sauveur*, grands tableaux de Luc Giordano; ses fresques du grand et du petit chœur; le *S. François*, du Solimène; et dans la vieille église, dite le *Comunichino*, le majestueux tombeau, par Masuccio II, de la reine Marie de Hongrie, mère du roi Robert, morte, en 1323, au couvent.

La belle église Ste. Marie des Grâces *sopra le mura*, de l'architecture de De' Sanctis, disciple d'André Ciccione, le meilleur élève de Masuccio II, a de bonnes sculptures; de Jean de Nola, une *Déposition de Croix*; un tombeau des Brancaccio: de Santa Croce, le bas-relief de *S. Thomas touchant les plaies du Sauveur*. La fresque de *S. Antoine*, le tableau de *S. André*, sont des meilleurs ouvrages d'André de Salerne, élève et bon imitateur de Raphaël, le premier peintre de l'école napolitaine.

L'église S.-Agnello *a-capo-Napoli* offre d'élégantes sculptures, de Jean de Nola: une statue de *S. Jérôme*; un bas-relief de la *Vierge*, peut-être de Santa Croce; la statue de *Ste Dorothée*, et plusieurs tombeaux de la famille Poderica, qui prétend descendre du saint. Les bas-reliefs de la *Vierge*, de l'*Enfant Jésus*, des *Ames du Purgatoire*, sont d'Auria. Une image de la *Vierge*, à la chapelle Ste.-Marie *intercede*, peinte à la manière

---

[1] *Essai sur les mœurs et l'esprit des nations*, chap. CLXXXIII.

grecque, est regardée comme du temps de Justinien. Le *S. Charles*, de Caracciolo, est une heureuse imitation d'Annibal Carrache.

La petite église de S.-Jean-l'Évangéliste, fondée par Pontanus, couverte à l'intérieur d'inscriptions grecques, au-dehors de sentences morales, et exécutée sur le dessin de Ciccione, rappelle la célèbre Académie qui réunissait des hommes tels que le Panormita, Fazio, Laurent Valla, Sannazar, Galateo, Parrasio, Altilio, alors que Naples rivalisait d'ardeur, de science, de goût, de poésie avec Florence même. Pontanus ne conserva point envers les protecteurs de cette Académie et ses bienfaiteurs les rois d'Aragon la noble fidélité de Sannazar; il livra Naples à leurs ennemis qu'il harangua en insultant aux vaincus; il semble se féliciter, dans l'élégante épitaphe qu'il s'est composée, et qu'on lit sur son tombeau, de cette manière d'être bien avec tous les pouvoirs : *Honestaverunt Reges Domini*[1]. Un autre poète imitateur de la grâce et de la licence antique, Pierre Compare, ami de Pontano et de Sannazar, qui s'adressa souvent au premier comme à son camarade dans le service de Vénus et de Bacchus, reçut de lui un mausolée et une

---

[1] Voici l'épitaphe :

Vivus domum hanc mihi paravi,
In qua quiescerem mortuus.
Noli, obsecro, injuriam mortuo facere,
Vivens quam fecerim nemini.
Sum etenim Johannes Jovianus Pontanus
Quem amarunt bonæ musæ,
Suspexerunt viri probi,
Honestaverunt Reges Domini.
Scis jam qui sum, aut qui
Potius fuerim.
Ego vero te hospes noscere in tenebris
Nequeo,
Sed te ipsum ut noscas rogo.
Vale.

épitaphe dans sa chapelle; poètes étranges, semi-chrétiens, semi-païens dans leurs vers comme dans leur vie, qui fondaient des églises et bravaient si scandaleusement l'*honnêteté* dans leur latin.

L'Académie *Pontaniana* existe encore de nom à Naples; elle encourage les sciences, les lettres et les arts; elle propose des prix comme une académie nouvelle, et elle a un président annuel et un secrétaire perpétuel, M. le Cav. M. Avellino, homme distingué par ses connaissances archéologiques et ses talens d'écrivain.

En avant de la porte de S.-Paul sont deux colonnes antiques à peu près les seules qui se trouvent dans Naples, et qui proviennent de l'ancien temple de Castor et Pollux situé à la même place que l'église. La voûte du chœur et de la croix est le meilleur ouvrage de Corenzio; la voûte de la nef, qui menaçait de s'écrouler, passe pour une des belles fresques de Stanzioni. La sacristie est le triomphe de Solimène : les deux grandes fresques de la *Conversion de S. Paul* et de la *Chute de Simon le Magicien* sont regardées comme les chefs-d'œuvre de ce peintre facile, élégant et chef d'une nombreuse école.

S.-Laurent fut fondé par Charles Ier d'Anjou comme *ex-voto* de sa victoire sur Manfred à Bénévent. L'ancien édifice servait aux assemblées du sénat et du peuple napolitain que le conquérant trouva commode de fermer sous ce prétexte pieux. Le grand arc de pierre de la croisée est une construction hardie de Masuccio II. Les cinq tombeaux de la maison de Durazzo sont intéressans; deux sont de Masuccio : le tombeau de Catherine d'Autriche, femme du duc de Calabre l'Illustre, et celui de Marie, fille du roi Charles III; derrière le grand autel est celui qu'éleva la reine Marguerite à son père Charles, étranglé par Louis, roi de Hongrie, vengeur impitoyable de son frère André. Plusieurs peintures sont remarquables; telles sont : le *S. François* donnant sa règle, du Zingaro; et dans les chapelles, deux beaux tableaux du vieux maître napolitain Simon, contemporain et émule de Giotto, *S. Antoine avec des Anges*, *S. Louis, évêque de Toulouse, fils de Charles II, plaçant sur la tête de son frère Robert la couronne*, à laquelle il avait préféré la mitre, tableau commandé par Robert lui-même; la *Vierge*, *S. Antoine* et *Ste. Catherine*, de Bernard Lama. Les statues des protecteurs de l'ordre des franciscains, du maître-autel, et leurs élégans bas-reliefs, sont de Jean de Nola. Dans le cloître, le bas-relief du tombeau de Louis Altimoresca, exécuté, en 1421, par l'abbé Bambocci, quoique trop chargé de figures, offre quelques lueurs d'un rare talent.

La façade en marbre de S.-Philippe de Néri, une des premières églises de Naples, est de bon goût. Diverses peintures de grands maîtres sont remarquables; telles sont : *Jésus-Christ chassant les vendeurs du temple*, fresque de Luc Giordano, avec l'architecture du Moscatiello, habile peintre en perspective; un *S. François*, la *Rencontre de Jésus et de S. Jean*, une *Fuite en Égypte*, du Guide; le *S. Jérôme* épouvanté de la trompette du jugement dernier, de Gessi : le *S. Philippe* dans sa gloire, coupole de Solimène, paraît finie comme une miniature; la voûte de la belle sacristie est encore de Luc Giordano. A la chapelle S. François, de l'église, est le tombeau de Vico, l'illustre auteur de la *Science nouvelle*, génie allemand sous le soleil de Naples, méconnu pendant sa vie et long-temps après sa mort, dont le système, compris seulement d'un petit nombre d'adeptes, a, de nos jours, été médité par de savans et profonds interprètes.[1]

---

[1] *V.* les *Principes de la philosophie de l'histoire*, *traduits de la* Scienza nuova *de J. B. Vico, précédés d'un Discours sur le système*

Près de cette église est la *Porta Capuana*, la seule porte de Naples qui ait quelque magnificence; on y voit l'écusson aragonais, et elle a d'élégans bas-reliefs en marbre de Benoît da Maiano. Une des deux tours dont elle est flanquée s'appelle l'*Onore*, et porte inscrit son noble titre.

CHAPITRE VIII.

Chapelle *della pietà de' Sangri*. — *S.-Ange à Nilo*. — Mausolée du cardinal Brancaccio. — *S.-Dominique majeur*. — Architecture des couvens de l'ordre de S.-Dominique. — Rota. — Chapelle du Crucifix. — Aniello Fiore. — Monument *Pandone*. — Sacristie. — Aragonais. — Obélisque. — Monastère. — S.-Thomas. — Scolastique. — *Ste.-Claire*. — Le roi Robert. — Jeanne de Naples. — Clocher. — *Gesù*.

La chapelle de Ste.-Marie *della pietà de' Sangri*, appartenant à la famille des princes de S. Severo, est renommée par la profusion de ses marbres et par ses espèces de statues morales, ouvrages de l'école du Bernin, fort admirés, fort recommandés par les voyageurs du dernier siècle, et par les valets de place : la *Pudeur*, de Corradini, portrait de la mère de dom Raymond de Sangro, malgré le long voile collé sur toute sa personne, n'a pas du tout l'air pudique; un *Christ* couché, aussi voilé et comme couvert d'une nappe, de San Martino, est tout aussi mauvais. Mais le chef-d'œuvre de cette épouvantable sculpture est le *Vice détrompé* (faisant allusion à la conversion du père du même Sangro), qui cherche à se délivrer du grand filet dans lequel il est

et la vie de l'auteur, par M. Michelet, 1827, et la Préface des *Essais de palingénésie sociale*, par M. Ballanche, T. II, 1829.

embarrassé; les mailles du filet en marbre, rendues au naturel, sont de ces beautés qui n'échappent point à certains connaisseurs, et qu'ils ne manquent jamais de citer en rappelant les jouissances de leur voyage d'Italie.

A l'église S.-Ange *à Nilo*, le mausolée du cardinal Renaud Brancaccio que lui fit ériger Côme de Médicis, est un des premiers chefs-d'œuvre de Donatello : un bas-relief en marbre de l'*Assomption*, sur le sarcophage, a la grâce, le feu, la légèreté, l'expression de la plus habile peinture. Un bon *S. Michel*, de Marc de Sienne, est au maître-autel, et dans la sacristie sont le *S. Michel* et le *S. André*, du vieux maître napolitain de' Stefani.

A la coupole de l'église de la *Pietà de' Turchini*, est un *Christ embrassant la croix* et s'envolant au ciel, de Luc Giordano, d'un effet extraordinaire; l'*Ange gardien*, d'une des chapelles, est de Stanzioni, et au plafond, une *Nativité* et une *Assomption* de son habile et infortunée élève, la jeune Anella di Rosa, assassinée par un mari jaloux.

On se trouve en plein moyen âge à l'église S.-Dominique Majeur, et, malgré les changemens qu'elle a subis depuis environ six siècles, son architecture porte encore l'empreinte de ce grandiose gothique et de ce caractère de force et de durée commun à tous les bâtimens de l'ordre de S. Dominique. La chapelle S.-Étienne offre un beau cénotaphe de Santa Croce, consacré au cardinal Philippe Spinelli, par son neveu; la chapelle Ste-Lucie, deux tombeaux de Masuccio II, le tombeau de Philippe d'Anjou, frère du roi Robert, et celui de Bertrand del Balzo, grand justicier du royaume; la chapelle de Ste.-Marie *della Neve*, trois statues de Jean de Nola, la *Vierge*, *S. Mathieu* et *S. Jean-Baptiste*. Le *Baptême du Christ*, à la chapelle de ce nom, est un bon tableau de Marc de Sienne, peintre du xve siècle, naturalisé

Napolitain : la vieille figure du Jourdain a servi de modèle pour la statue du fleuve Sebeto, de la charmante fontaine Ste.-Lucie¹. Le sarcophage du Cav. Marin lui fut élevé par le marquis de Villa Manso, qu'il avait institué son héritier : l'amitié du Tasse qui n'a pu rien lui laisser, et le dialogue *Il Manso*, feront plus vivre ce marquis dans la postérité que tous les biens de Marini, grand poète aussi, mais dont la renommée pâlit devant une telle gloire. La chapelle S.-Jean-Baptiste a deux tableaux, du Calabrese; la statue du *Saint*, de Jean de Nola, et le poétique et bizarre mausolée, par Auria de Berardino Rota, auteur de délicieuses églogues italiennes de pêcheurs, son premier titre littéraire, de sonnets et de *canzoni*, à la manière de Pétrarque, en l'honneur de sa femme Porzia Capece, enterrée non loin de lui dans un magnifique mausolée de Jean de Nola. Rota a chanté Porzia en mari, plutôt qu'en amant; ce qui explique l'immense supériorité du *Canzoniere*. A la chapelle de la Madone de Zeandrea, le monument du jurisconsulte de Franchis a la grave simplicité de sa profession : la statue de la Madone rappelle un étrange miracle; elle appartenait au frère André d'Auria de Sanseverino, mort en odeur de sainteté l'année 1672; il l'avait commandée pour une de ses pénitentes, mais celle-ci ne trouvant point la figure assez belle, il fut obligé de la garder pour lui : on raconte que le lendemain matin la statue avait changé de visage, et avait le bon air qu'on lui voit aujourd'hui. Un *Crucifiement*, et divers mystères de la *Résurrection*, à la chapelle de S.-André, sont de précieuses fresques d'Ange Franco, celui des vieux peintres napolitains qui s'est le plus approché de la manière de Giotto. Ce créateur de la

---

¹ *V.* ci-dessus, chap. II.

peinture italienne a fait la fresque du *Saint* à fond d'or de la petite chapelle S.-Antoine abbé.

La grande chapelle du S.-Crucifix réunit les monumens les plus divers, monumens pieux, miraculeux ou presque profanes. Le mausolée du cardinal Hector Caraffa, couvert d'emblèmes mythologiques, semblerait dérobé à quelque temple païen ; il paraît encore plus étrange quand on songe qu'il fut exécuté de la sorte pendant la vie et par l'ordre exprès du cardinal. Près de là, au grand autel, est un crucifix tout noir assez peu visible, peint par le maître inconnu de Masuccio Ier, qui fit entendre à S. Thomas, inquiet s'il ne s'était point trompé dans sa Somme théologique, cette voix miraculeuse : *Bene scripsisti de me, Thoma : quam ergo mercedem recipies ?* à laquelle le Saint qui s'était senti soulever de terre avait aussitôt répondu : *Non aliam nisi te, Domine.* A défaut d'une aussi sainte approbation, la conscience de l'écrivain est une autre voix céleste qui l'avertit et le rassure. Deux tableaux de cet autel sont remarquables : une *Déposition de Croix*, du Zingaro, dans le style flamand, que l'on croirait d'Albert Durer, postérieur d'un siècle au Zingaro ; un *Portement de Croix*, de Jean Corso, peintre napolitain du XVIe siècle, regardé par Solimène comme le meilleur tableau de l'église. On peut juger des talens d'Agnolo Aniello Fiore, fils du peintre et père inflexible Colantonio del Fiore [1], le maître de Jean de Nola, et de son imitation des artistes toscans, par les trois mausolées ci-après, savoir : du cardinal Caraffa de Ruvo, érigé par son fils le cardinal Oliviero, archevêque de Naples, terminé par l'habile élève d'Agnolo ; du mausolée d'un autre Caraffa, sur lequel se lit leur obscure devise, *Fine in tanto*, le

---

[1] *V.* ci-dessus, chap. IV.

chef-d'œuvre de l'artiste, et de celui du comte de Bucchianico et de sa femme Catarinella Orsino.

La chapelle de S.-Thomas d'Aquin ne répond pas complétement à l'idée que l'on s'en fait dans un lieu si plein de ses souvenirs. Le tableau du *Saint* est de Luc Giordano; un tombeau de Jeanne d'Aquin, morte en 1300, de Masuccio II; une grande *Madone* avec le saint et les âmes du Purgatoire, au-dessus de ce dernier tombeau, de François de Rosa, habile peintre napolitain du XVI° siècle : le tombeau de la princesse de Fereloto Donna Vincenza d'Aquino, la dernière de ce nom, morte au mois de décembre 1799, annonce la fin de cette ancienne famille, illustre par un saint et éteinte les derniers jours du XVIII° siècle, qui avait vu s'élever aussi une philosophie puissante, bien éloignée de celle du docteur Angélique.

La chapelle de S.-Sébastien offre, peints à fond d'or et d'une manière remarquable, la *Vierge*; les *Apôtres*; une *Résurrection*, des frères Pierre et Hippolyte Donzelli, élèves du Zingaro. Le monument de Galeaz Pandone, dont la tête paraît vivante, et les ornemens sont exquis, est une des merveilles de l'art due à Jean de Nola. Une *Circoncision*, à la chapelle de ce nom, de l'année 1574, passe pour des meilleurs ouvrages de Marc de Sienne. La majestueuse chapelle de S.-Dominique a son portrait contemporain, regardé comme véritable, et de petits tableaux excellens des frères Donzelli qui représentent les *Miracles de sa vie*.

La sacristie de S.-Dominique est à elle seule un des premiers monumens de Naples, bien moins par ses stucs dorés, son pavé de marbres précieux, ses armoires en racine, sa longue fresque au plafond, de Solimène, son *Annonciation* vraiment très belle d'André de Salerne, que par ses tombeaux, parmi lesquels sont les douze tombeaux des princes aragonais. Le gouvernement de cette dynastie, dont le dernier roi vint demander un asile à la France, fut l'époque glorieuse de l'histoire de Naples, ainsi que de sa splendeur littéraire éclipsée à l'avénement des dynasties espagnole et autrichienne. Au-dessus de ces tombes, une petite figure de la mort peinte en clair-obscur, a pour inscription : *Sceptra ligonibus œquat*. Un cadavre bien conservé, vêtu à l'espagnole, et renfermé dans une caisse de bois, est donné à tort pour celui d'Antonello Petrucci, ministre de Ferdinand Ier, décapité lors de la conjuration des barons; l'état du cou prouve qu'il ne peut être celui du ministre, mais d'un autre obscur Petrucci, enterré à S.-Dominique en 1585. Au-dessus du tombeau de Pescaire est son portrait, sa bannière déchirée, et une courte et simple épée de fer, qui, selon l'inscription recherchée, serait celle que François Ier lui aurait rendue [1]. Le portrait du vaillant capitaine mort de ses blessures à moins de trente-six ans, et si noblement pleuré et chanté par son illustre veuve Vittoria Colonna [2], le représente vêtu en franciscain; usage triste et bizarre imité, sans que l'on s'en doute, du peuple le plus frivole de l'antiquité, des Athéniens, qui, à leur mort, dit Plutarque, voulaient être ensevelis en habits d'initiés ou d'hiérophantes [3], et toujours avec la même intention d'expier ainsi les fautes de notre vie. L'effet de tous ces tombeaux est singulier; ils sont en l'air, sur une espèce de balustrade étroite, circulaire, et placés dans de larges coffres recouverts de velours cramoisi. A l'extrémité de leur longue rangée, je remar-

---

[1] *Piscario Marti debetur Martius ensis :*
Barbara adest, tutus medios potes ire per hostes. V. Liv. xiv.

[2] V. Liv. xiii, chap. ii.
[3] *De Is.* cap. iii.

quai plusieurs caisses d'une forme exactement pareille aux autres, mais dont la couleur était beaucoup moins passée : quoique l'accès n'en fût pas très facile, je m'en approchai, et ce ne fut pas sans surprise que je découvris qu'elles renfermaient les restes de Mme A***, femme de M. le comte de M******* actuel, ancien ministre des finances de Naples, et de trois de ses enfans : deux quatrains français de M. le comte de M******* se lisaient sur le tombeau de son épouse. Malgré la gravité de la mort et l'intérêt touchant que devaient inspirer ces tombes d'une mère et de ses enfans, je ne pus me défendre de quelque surprise de voir ainsi mêler une famille étrangère et nouvelle aux royales sépultures de la maison d'Aragon.

L'obélisque de S.-Dominique, élevé par les Napolitains, est, comme celui de S.-Janvier [1], un riche et détestable monument commencé par Fansaga, et terminé par Laurent Vaccaro, autre élève dépravé et de la seconde génération du Bernin.

Le monastère de S.-Dominique fut pendant plusieurs siècles un de ces grands gymnases du moyen âge dont les maîtres, dont les doctrines avaient tant d'empire. S. Thomas-d'Aquin y composa plusieurs de ses ouvrages ; il y enseigna pendant quinze mois la théologie ; et plus tard le roi Alphonse premier d'Aragon, le grand homme de sa dynastie, s'y rendait souvent à cheval, afin d'assister aux leçons des professeurs. Les traces de S. Thomas se retrouvent à chaque pas dans ce superbe édifice ; on y voit son étroite cellule devenue chapelle, sa classe et un débris de sa chaire. Le traitement de ce puissant professeur, d'après un ordre écrit de Charles d'Anjou de l'année 1272, encore aujour-

---

[1] *V.* le chapitre précédent.

d'hui conservé dans les archives de Naples, était à S.-Dominique d'une once d'or par mois, 6 ducats (25 fr.) de la monnaie actuelle. Si, comme nous le pensons, les hommes doivent être jugés par l'ascendant qu'ils ont exercé sur leur siècle, S. Thomas-d'Aquin, mort à quarante-huit ans, peut être regardé comme un des plus rares génies qui aient paru dans le monde : « c'était Descartes, a dit Fontenelle [1], dans un « autre siècle et dans d'autres circonstances. » Ses idées politiques ne seraient point désavouées par les plus chauds partisans des libertés populaires, et par les plus inflexibles logiciens des mêmes opinions [2] : il est surprenant qu'un usurpateur violent tel que Charles d'Anjou n'en ait point été offensé, quoique le Dante lui fasse, je crois, empoisonner S. Thomas [3]. Les pensées religieuses de S. Thomas sont plus douces et plus sûres : « Dieu n'est point auteur du mal qui souille, dit-il « quelque part, mais du mal qui purifie » : il est difficile de définir la superstition avec plus de sens que ce premier écrivain de la scolastique, lorsqu'il l'appelle un « vice opposé par excès à la religion » [4]. Malgré l'opi-

---

[1] Éloge de Marsigli.

[2] « *Cum non est recursus ad superiorem per quem judicium de invasore possit fieri, tunc....... qui ad liberationem patriæ tyrannum occidit, laudatur et præmium accipit.* » (Lib. II *Sent. Dist.*, 44, q. 2, art. 2......) « *Non putanda est multitudo infideliter agere, tyrannum destituens, etiamsi eidem in perpetuum se subjecerat...; quia hoc ipse meruit in multitudinis regimine se non fideliter gerens, ut exigit regis officium, quod ei pactum a subditis non reservatur.* » (*Opusc.* 39, Lib. I, cap. 6.) .....« *Dicendum quod regimen tyrannicum non est justum;...... et ideo perturbatio hujus regiminis non habet rationem seditionis;..... magis autem tyrannus seditiosus est qui in populo sibi subjecto discordias et seditiones nutrit.* » (2. 2. q. 42, art. 2.)

[3] *Ripinse al ciel Tommaso per ammenda.* Purgat. Can. xx, 69.

[4] *Superstitio, vitium per excessum religioni oppositum.* 2. 2. q. 92, art. 1.)

nion de quelques philosophes, les disputes de la scolastique n'ont peut-être pas été un obstacle à la renaissance et au progrès des lumières. Ces querelles donnèrent aux intelligences la force, l'adresse, la rapidité qu'elles développèrent plus tard sur d'autres sujets; ce rude exercice fut enfin, si l'on peut le dire, la salle d'armes de l'esprit humain.

Le plafond de S.-Pierre *a Majella* est des meilleurs ouvrages du bouillant **Calabrese**, ainsi que les nombreux sujets pris de la *Vie de Ste. Catherine*, peintures que les défenseurs du goût encourageaient de leur temps, et qu'ils cherchaient vainement à opposer aux brillantes nouveautés de Luc Giordano.

Ste.-Claire, peut-être la plus élégante des églises de Naples, quoique trop chargée d'ornemens dans le dernier siècle, avait été habilement refaite par Masuccio II, le premier, le véritable maître de l'art dans cette contrée. D'après le conseil de Boccace, le roi Robert la fit couvrir de fresques par Giotto; mais un magistrat espagnol, régent de l'église, les fit blanchir dans une restauration, afin de donner du jour; une *Vierge* dans une petite chapelle près d'une porte, a seule échappé à l'affreux badigeonnage. Ste.-Claire sert aujourd'hui de sépulture à la famille régnante; mais les tombes de la maison d'Anjou l'y ont précédée : cinq de ces mausolées sont curieux comme histoire de l'art. Celui du roi Robert, qu'il avait commandé de son vivant à Masuccio II, est le plus remarquable. Il est représenté deux fois; la première assis et en costume royal, la seconde couché et en habit de franciscain. Robert, ami des savans, auteur et savant lui-même, si flatté par Pétrarque et les autres lettrés du temps [1], ne

---

[1] *V.* Liv. VIII, chap. XIII, et Liv. IX, chap. VII.

paraît point avoir plu au Dante : dans sa peinture amère du désaccord commun entre notre nature et notre condition, ce grand satirique, lorsqu'il veut l'être, traite Robert de roi bel esprit, et qui n'est que cela.[1]

Le tombeau de Jeanne de Naples est voisin du beau mausolée de son père, le duc de Calabre, fils du roi Robert, appelé Charles *l'illustre*, qui mourut jeune, et n'occupa jamais le trône. Cette reine, dont le souvenir, malgré son crime, est resté si populaire à Naples, porte un long manteau parsemé de fleurs de lis, et la couronne sur la tête. Le mari de la fameuse Catanoise, gouvernante de Jeanne, l'instrument principal du meurtre de son époux, Raymond Cabane, est enterré à Ste Claire, près de la fresque de Giotto. Cet esclave sarrasin, devenu grand sénéchal du royaume, fut, comme sa coupable moitié, un nouvel exemple de la haute fortune de personnages subalternes à cette époque de plaisirs, de corruption et de barbarie. Un petit monument, d'une extrême élégance, est celui d'Antonia Gandino, par Jean de Nola. La grâce de cette jeune fille charmante, morte à quatorze ans, n'est pas moins heureusement exprimée par le marbre que la douleur de ses parens, par sa touchante épitaphe du poète napolitain Antoine Epicuro, de l'Académie de Pontanus[2].

---

[1] *E fate re di tal ch' è da sermone.*
   Parad. Can. VIII, 147.

[2] *Nata eheu miserum, misero mihi nata parenti,*
   Unicus ; ut fieres, unica nata, dolor ;
  Nam tibi dumque virum, tædas, thalamumque parabam,
   Funera, et inferias anxius ecce paro.
  Debuimus tecum poni, materque paterque,
   Ut tribus hæc miseris urna parata foret.
  At nos perpetui gemitus, tu nata sepulcri
   Esto hæres, ubi sic impia fata volunt.
  Antonius filiæ clarissimæ, etc.

La chapelle San Felice, une des principales de l'église, offre un bon *Crucifiement*, de Lanfranc, et un tombeau antique, orné de superbes bas-reliefs, dans lequel repose un duc de Rhodes, César San Felice. Le meilleur des élèves de Solimène, mais qui eut ses défauts, sans posséder toutes ses qualités, le Mura, a fait le tableau du *S. Sacrement*, au maître-autel, et *Ste. Claire mettant en fuite les Sarrasins*, de la grande voûte, dont le tableau du milieu, *David jouant de la harpe devant l'arche d'alliance*, est un ouvrage estimé, de Conca.

Le clocher de Ste-Claire, par Masuccio II, est d'un beau et pur gothique. On remarque au troisième étage l'heureuse innovation du chapiteau ionique opérée par Michel-Ange, avec lequel l'architecte napolitain doit en partager l'honneur. La mort du roi Robert a laissé inachevé ce noble monument.

L'église du *Gesù nuovo*, ou de la Trinité majeure, avec son orchestre de planches peintes, ses candélabres placés entre les colonnes et portés par de petits anges, qu'il est assez facile de prendre pour des amours, ressemble véritablement plutôt à une salle de bal qu'à un temple. La tristesse de la façade que Milizia trouvait semblable à celle d'une prison, ajoute encore à ce contraste. Il ne reste de l'ancienne coupole détruite par le tremblement de terre de 1688 que les quatre beaux évangélistes de Lanfranc. A la chapelle Ste.-Anne est la première fresque due au talent précoce de Solimène, et qu'il fit à dix-huit ans. Son *Héliodore chassé du temple*, vaste fresque au-dessus de la grande porte, est expressive, mais trop confuse. Les fresques de la voûte et le tableau de la chapelle de la Trinité sont du Guerchin. Cette église, ainsi que le collége y attenant, ont été rendus en 1816 aux Jésuites; mais leur rétablissement n'excitait point à Naples le même emportement que chez nous. Les Jésuites sont là tout simplement comme d'autres prêtres, et il y en a tant, que quelques uns de plus semblent à peu près indifférens.[1]

CHAPITRE IX.

Monte-Oliveto. — Poëme du Tasse. — *Santa-Maria la Nova.* — Inscription du tombeau de Lautrec. — Pierre Navarre. — *S.-Jacques des Espagnols.* — Mausolée de Pierre de Tolède. — Domination espagnole. — Édifice S.-Jacques.

L'ÉGLISE de Monte-Oliveto semble un vrai musée de sculpture par les chefs-d'œuvre qu'elle renferme. Les élégans ouvrages exécutés à la chapelle du duc d'Amalfi par Antoine Rossellini, excitèrent l'émulation et développèrent le talent de Jean de Nola. On admire de lui à la chapelle Liguori le bas-relief de la *Vierge avec l'Enfant Jésus, S. Jean et d'autres Saints*, et au-dessous, *S. François de Paule* et les quatre Évangélistes : le *S. Jean-Baptiste*, de la chapelle Artaldo, fut sa première statue. A la chapelle *del Pezzo, la Vierge et son fils*, les ornemens, le bas-relief de *Jésus-Christ qui appelle S. Pierre dans la barque*, par Santa Croce, sont excellens. Les chapelles Mastrogiudici et Piccolomini

---

[1] La population ecclésiastique paraît toutefois diminuer sensiblement à Naples comme ailleurs (*V.* Liv. VI, chap. XIV). On y comptait, en 1786, environ deux cents couvens, contenant 3644 frères et 6416 religieuses ; aujourd'hui il y a trente-deux couvens de religieux, vingt-deux de religieuses, et trente-quatre conservatoires : le nombre des moines était, pour 1829, de 1502, et des religieuses, de 1013 : l'année précédente il n'était, pour les premiers, que de 774, et pour les secondes, de 882. Le nombre des prêtres qui s'élevait, en 1786, à 3143, est actuellement de 800.

ont des scupltures de deux grands artistes florentins : la première, une *Annonciation*, de Benoît da Maiano ; la seconde, une *Nativité*, de Donatello. A la chapelle du S. Sépulcre, le groupe en terre cuite de la *Piété*, du Modanino, offre les figures pleines de naturel de plusieurs illustres contemporains : Nicodème est Pontano, Joseph d'Arimathie, Sannazar, S. Jean et la statue voisine, le roi Alphonse II, et son fils Ferrandino.

Le noble monastère fondé en 1411, par Gurrello Origlia, grand protonotaire du royaume, favori du roi Ladislas, et de l'architecture de Ciccione, est maintenant occupé par des tribunaux, par la municipalité, l'intendance et d'autres administrations, et son jardin est une halle. Le Tasse souffrant, infortuné, trouva un asile à ce couvent ; il y travailla avec ardeur à sa *Jérusalem*, et Manso, son ami, rapporte qu'il avait composé dans le mois de juin 1588 jusqu'à deux cents stances [1]. Telle était sa reconnaissance pour les bons traitemens des religieux qu'il consentit, à leur prière, à suspendre ce glorieux travail pour chanter leur ordre, et qu'il y commença, malgré sa déplorable santé, le poëme sur l'*Origine della congregazione di Monte-Oliveto* [2], ouvrage non terminé, mais qui montre tout le parti que peuvent tirer de l'écriture et de l'histoire monastique les véritables poètes. Il est probable que la nouvelle destination du monastère et le vacarme de ce quartier l'auraient aujourd'hui bien moins inspiré.

---

[1] *Vie du Tasse*, p. 196.

[2] *Lasciai dunque l'opere mie da parte, ed ancora infermo e quasi disperato della salute cominciai, come vollero (i Padri) a poetare acciochè la mia poesia fosse quasi un riconoscimento della lor grazia e carità*. Lett. au cardinal Caraffa, Vol. XIII, p. 184 de l'édition de Pise. Le Tasse adressa encore à la même époque un beau sonnet à ces religieux. *Rime*, part. III, p. 52.

Sta.-Maria *la Nova* a quelques belles peintures : une *Assomption*, au plafond, de Jérôme Imparato ; le *Couronnement de la Vierge*, titianesque, le chef-d'œuvre de Fabrice Sta.-Fede, peintre napolitain du xvie siècle, encore distingué par ses talens comme littérateur et musicien, qui eut un rare succès d'artiste, puisque le peuple, sur le point de brûler la maison d'un magistrat lors de la révolte de Masaniello, s'arrêta lorsqu'il sut que deux chambres étaient peintes par lui, mouvement digne d'un peuple d'origine grecque ; on remarque encore les fresques de la *Vie de S. Jacques*, de Stanzioni ; celles du chœur, de Simon Papa le jeune ; les deux grands tableaux de Marc de Sienne, à la chapelle du Crucifix, ainsi que les fresques de Corenzio, et la coupole où il a représenté les quatre célèbres écrivains franciscains, S. Bonaventure, Jean Scott, Nicolas de Lira et Alexander ab Alexandro. A droite du grand autel, sous l'orgue, deux petits enfans ont été faits à huit ans par Luc Giordano. Mais le plus noble ornement de ce temple consiste dans les deux tombeaux généreusement élevés par le duc de Sessa, neveu du grand Gonzalve, et gouverneur de Naples, à deux guerriers malheureux, ses ennemis : le premier, à Lautrec, sur lequel se lit une belle inscription, véritable monument d'honneur chevaleresque et castillan, que l'on est surpris de savoir l'ouvrage de la plume vénale et diffamatoire de Paul Jove[1] ; le second à Pierre Navarre, fameux général de génie, passé du service d'Espagne à celui de François Ier, qui

---

[1] *V.* Liv. iv, chap. viii. Voici l'inscription :

Odetto fuxio Leutrecco

Consalvus Ferdinandus Ludovici F. Corduba, magni Consalvi nepos ; quum ejus ossa, quamvis hostis, in avito sacello, ut belli fortuna tulerat, sine honore jacere comperisset, humanarum miseriarum memor, Gallo Duci Hispanus Princeps P. obiit an. 1528, *aug.* 28.

fit des mines une science nouvelle, et créa dans l'art de fortifier d'importantes combinaisons.[1]

La petite église de l'*Incoronata*, sale, humide, sombre, est intéressante par les peintures de Giotto, qui représentent le mariage de la première reine Jeanne et de son cousin Louis de Tarente, accompagnés d'une multitude de domestiques dansants[2]; le sacre des deux époux; l'hommage que rendent à la reine les Chartreux de S.-Martin, pour l'érection de leur monastère; l'arrivée du barbare Louis de Hongrie, vengeur de son frère André, avec ses cavaliers, peintures jadis superbes, louées ingénieusement par Pétrarque, fier, à juste titre, de son compatriote Giotto[3], qui offrent le véritable

---

[1] Un écrivain militaire français fort éclairé, M. Allent, regarde comme douteux, malgré l'opinion de Guichardin et de Brantôme, que l'empereur ait fait étouffer dans son lit entre deux matelas, Pierre Navarre, prisonnier (*V.* la remarque 8 du T. Ier et unique de l'*Histoire du corps du génie*). Celano, l'auteur des *Notizie del bello, dell' antico et del curioso della città di Napoli* (Naples, 1758) prétend, d'après plusieurs autres écrivains, que Navarre, enfermé au *Castello nuovo*, fut publiquement condamné à mort comme transfuge, et que s'il fut trouvé le matin étouffé dans son lit, on doit regarder cela comme une attention du gouverneur, qui voulut lui épargner la honte de l'exécution publique (*per opra del Castellano, per non farli più sensibile la morte, nella pubblicità del gastigo* (*Giorn.* IV). L'inscription du tombeau, aussi de Paul Jove, n'indique rien de pareil; elle respire la même magnanimité que celle du tombeau de Lautrec, et semble favorable à la conjecture de M. Allent, la voici :
Ossibus, et memoriæ Petri Navarri Cantabri, solerti in expugnandis urbibus arte clarissimi. Consalvus Ferdinandus Ludovici fil. Magni Consalvi nepos, Suessæ princeps, Ducem Gallorum partes secutum, pio sepulchri munere honestavit; quum hoc in se habeat præclara virtus, ut vel in hoste sit admirabilis.
Obiit an. 1528, *aug.* 15.

[2] Jeanne créa, à l'occasion de ce mariage, l'ordre du *Nœud*, le premier qui ait été établi en Italie; l'emblème en paraît singulièrement odieux, lorsqu'on se rappelle le genre de mort d'André, premier mari de Jeanne, étranglé par Louis de Tarente et ses complices.

[3] *Si in terram exeas cappellam Regis intrare non omiseris, in*

portrait de Jeanne, et donnent une idée de la magnificence de sa cour. Les *Sept Sacremens*, dans le chœur, encore de Giotto, sont les mieux conservés de ses ouvrages de l'*Incoronata*.

S.-Jacques des Espagnols, fondée par le superbe et despotique vice-roi don Pierre de Tolède, offre son tombeau, un des beaux ouvrages et le plus important de Jean de Nola : les statues des angles sont de parfaits modèles de figures allégoriques; les bas-reliefs prouvent l'habileté de l'artiste dans la perspective propre à ce genre de sculpture. La plupart des pompeuses et longues inscriptions des tombeaux espagnols qui se trouvent dans les églises de Naples, pourraient être ajoutées aux *Rodomontades* de Brantôme : tous ces morts, tous ces Guzman, sont des héros *famosos*, *imbencibles*. La domination espagnole est une des calamités qui ont pesé sur Naples et sur l'Italie; alors les vieilles mœurs domestiques s'altérèrent; on vit se répandre et régner le faste sans richesse, l'orgueil sans fierté, et la flatterie corrompit toutes les âmes; l'Italie eut une sorte d'inertie sans repos, des aventures sans gloire; sa religion fut intolérante, son gouvernement despotique, l'esprit humain, s'agitant dans l'ombre des écoles, fit peu de progrès, et, pour comble de honte, il ne s'éleva point d'écrivain italien chargé de peindre et de punir cette tyrannie étrangère.

Quelques tableaux de S.-Jacques des Espagnols sont remarquables : un *Christ en croix*, de Marc de Sienne; le tableau au-dessus de la porte, de Passanti, bon élève et imitateur de l'Espagnolet; une *Piété*, de Bernard Lama, que l'on a crue et qui est digne de son maître Polydore de Caravage.

qua conteranneus olim meus Giottus pictor nostri œvi princeps magna reliquit manus et ingenii monumenta. Epist.

L'édifice S.-Jacques, établi dans l'ancien couvent, et destiné à recevoir les divers ministères, la Bourse, etc., est une bonne et utile construction du genre industriel, fort estimable sans doute, mais qui jamais ne peut faire naître ou entretenir le génie de la grande architecture. Ces travaux prouvent toutefois les talens de MM. Gasse, architectes d'origine française, établis à Naples.

CHAPITRE X.

Ste.-Marie del Parto. — Sannazar. — Chartreuse *S.-Martin.* — L'Espagnolet. — Villa Belvédère. — *Floridiana.*

Luc Giordano fut enterré à Ste.-Brigitte : les fresques de la coupole passent pour les plus magnifiques qu'il ait faites : son *S. Nicolas* veut être dans le style de Paul Véronèse.

Ste.-Marie *del Parto*, fondée par Sannazar, à la place même de son ancienne Villa, et à laquelle il donna le nom de son beau et bizarre poëme (*De partu Virginis*), renferme le noble mausolée du poète, ouvrage de Santa Croce et du frère Montorsoli. Les deux statues d'Apollon et de Minerve, qui le décorent, sont devenues David et Judith : un beau bas-relief offre des faunes et des nymphes, mélange de christianisme et de paganisme, tout-à-fait analogue avec le caractère du chef-d'œuvre de Sannazar, qui lui avait coûté vingt années d'opiniâtre travail. On a cherché différens motifs à la métamorphose des statues : les uns l'ont attribuée à un scrupule religieux de la part des moines servites auxquels Sannazar avait légué son église ; d'autres ont cru y découvrir l'intention de mettre un terme à la confusion des idées saintes et profanes [1]; on raconte aussi qu'un vice-roi qui voulait envoyer à Madrid ces statues, fit observer aux moines que de pareilles figures étaient là fort déplacées; mais que ceux-ci, non moins rusés, imaginèrent alors d'inscrire au-dessous les noms de David et de Judith. La touchante fidélité de Sannazar envers le dernier prince de la maison d'Aragon, son bienfaiteur, honore les lettres; il le suivit dans son exil, et ne rentra dans sa patrie qu'après l'avoir vu mourir. Mais il trouva le palais qu'il en avait reçu, et dans lequel il expliquait à table les anciens avec les gens de lettres ses amis [2], la tour qu'il avait élevée, détruits par la guerre; et, presque mourant, il fit le dernier de ses vers :

La vendetta d'Apollo ha fatto Marte. [3]

Un tableau de Léonard de Pistoie, dans la chapelle où est enterré l'évêque Diomède Caraffa, représente *S.-Michel terrassant le Diable*, qui a la tête d'une jolie femme. Le tableau, dit-on, fut commandé par l'évêque; le S. Michel est son portrait, et le diable celui d'une certaine dame napolitaine, aux vives poursuites de laquelle il se félicitait d'avoir échappé dans sa jeunesse. Cette singulière peinture a donné lieu au proverbe napolitain pour désigner quelque séduisante beauté : « C'est le démon de la Mergellina. »

La Chartreuse S.-Martin est célèbre par sa vue et les peintures de Lanfranc et de l'Espagnolet. Le couvent est aujourd'hui une grande maison d'invalides, parmi lesquels il y a beaucoup d'aveugles. Par un de ces contre-sens trop fréquens dans l'administration napolitaine,

---

[1] *V.* une note de L. Bossi, T. VI, p. 95 de sa traduction de la *Vie et du pontificat de Léon X.*
[2] *V.* les *Geniales Dies* d'Alexander ab Alexandro, Lib. II, cap. I.
[3] « Mars a tiré vengeance d'Apollon. »

si des quinze-vingts occupent le plus beau point de vue de Naples, la poudrière et la manufacture d'armes, quoique fondées par Charles III, ont été mises au pied du Vésuve, à la *Torre della Nunziata*, gros bourg de six à huit mille âmes. Lors de la dernière éruption, il fallut enlever précipitamment cette poudrière, qui pouvait faire sauter tant de monde et détruire la manufacture d'armes, l'unique du royaume. J'ai souvent traversé dans mes courses la *Torre della Nunziata*, et je ne pouvais chaque fois me défendre de pitié pour ces pauvres habitans, si insoucians et si gais, célèbres par leur macaroni, et qui se trouvaient placés entre le double volcan de la nature et des hommes. L'église S.-Martin, véritable bonbonnière, semble maintenant trop riche, trop petite, trop ornée pour une église d'invalides. L'*Ascension* de la coupole et les douze *Apôtres* entre les fenêtres, de Lanfranc, sont remarquables par l'expression et la variété. Au-dessus de la porte, une *Déposition de croix*, de Stanzioni, témoigne de nouveau de la mauvaise nature de l'Espagnolet[1] : jaloux de cette *Déposition*, qui se trouvait alors vis-à-vis la sienne, il invita les moines à la nettoyer, et mêla dans l'eau quelques substances corrosives qui l'altérèrent, ainsi qu'on le voit encore; car Stanzioni ne voulut point y retoucher, afin qu'elle devînt un monument de la perfidie de son ennemi. L'emploi de pareils moyens n'était point nécessaire à la gloire de l'Espagnolet, qui a laissé ses plus beaux ouvrages à la Chartreuse. Ses têtes de *Moïse* et d'*Élie*, ses douze *Prophètes* au-dessus des lunettes des chapelles, sont admirables; sa *Communion des Apôtres* offre un S. Pierre en raccourci d'un effet extraordinaire; la *Déposition de croix*, au Trésor, son chef-d'œuvre, est d'un extrême pathétique : il est impossible de ne pas être profondément attendri en

---

[1] *V.* ci-dessus, chap. vii.

contemplant la douleur de la Vierge auprès du Christ mort. La belle voûte du chœur ne put être achevée par le Cav. d'Arpino, que le tyrannique Corenzio¹ obligea de quitter Naples. A la chapelle S.-Bruno, le *Saint donnant sa règle*, et les fresques de la voûte, par Stanzioni, sont excellens. La *Nativité*, du maître-autel, que la mort empêcha le Guide de terminer, lui avait été payée 2000 écus, qui furent généreusement abandonnés par les moines à ses héritiers. La voûte de la brillante sacristie est un autre bon ouvrage du Cav. d'Arpino et de Stanzioni.

La villa Belvédère que je trouvai inhabitée pourrait devenir un délicieux séjour; il y a du mouvement de terrain pour le jardin, et la vue est admirable. La galerie et le Musée d'antiquités sont nombreux et assez remarquables. On entendait le soir, de ce jardin, le rugissement des lions de la *Floridiana* qu'avait occupée l'ancienne maîtresse et femme du roi Ferdinand. C'est sur le même rivage qu'une autre maîtresse de roi, Circé plus passionnée, plus violente que la duchesse, avait d'autres lions captifs :

Hinc exaudiri gemitus iræque leonum,
Vincla recusantum, et sera sub nocte rudentum. ²

Cette belle villa de la *Floridiana*, créée en 1819, mérite que l'on sollicite une carte d'entrée, afin de parcourir ses jardins si fleuris, d'examiner son élégant casin, ses jolies fabriques, son superbe pont, et de jouir de ses vues délicieuses et variées. Le chantre des *Jardins* n'aurait pu y reprendre que le mausolée de la petite chienne Moretta :

Loin ces vains monumens d'un chien ou d'un oiseau ;
C'est profaner le deuil, insulter au tombeau.

¹ *V.* ci-dessus, chap. VII.
² *Æne.* VII, 15.

CHAPITRE XI.

S.-Jean Carbonara. — Caracciolo. — Amans de reines. — Ancienne bibliothèque de S.-Jean Carbonara. — *SS. Apôtres.* — Cimetière. — Cav. Marin. — Jour des morts. — *Carmine.* — Conradin. — Place du marché. — Peuple de Naples. — Dialecte napolitain. — Chansons populaires. — *S.-Severin.* — Jean de Nola.

S. Antoine abbé offre un monument curieux de la vieille peinture napolitaine, tout-à-fait dans le style de Giotto; c'est le tableau à fond d'or en trois compartimens, de Colantonio del Fiore, représentant au milieu *S. Antoine* et deux anges, et deux saints sur chacun des deux autres compartimens.

La petite église S.-Jean Carbonara, de Masuccio II, est remarquable malgré sa dégradation par son caractère, ses souvenirs historiques et les sculptures de ses chapelles et de ses tombeaux. Pétrarque rapporte qu'il s'était trouvé au même endroit à de véritables combats de gladiateurs renouvelés du cirque des anciens, et exécutés en présence de la reine Jeanne, du roi André, de la cour, de l'armée et du peuple qui applaudissait avec enthousiasme à ces égorgemens [1]. Le vaste et grandiose mausolée du roi Ladislas et de sa sœur Jeanne II, le chef-d'œuvre de Ciccione, ne peut produire tout son effet

---

[1] *Aderat Regina et Andreas Regulus..... aderat omnis Neapolitana militia, quo nulla comptior, nulla decentior. Vulgus certatim omne confluxerunt...... repente quasi lœtum aliquid accidisset plausus inenarrabilis ad cœlum tollitur. Circumspicio, et ecce formosissimus adolescens rigido mucrone transfossus ante pedes meos corruit. Obstupui, et equo calcaribus adaucto, tetrum ac tartareum spectaculum effugi.* Epist. Lib. v, 37.

dans l'étroit espace où il est placé; mais il paraît qu'alors de pareilles masses étaient de rigueur pour de telles sépultures. La statue de Ladislas, l'épée à la main, monté sur son cheval de bataille, en haut du monument, exprime très bien l'ardeur du jeune conquérant italien qui avait pris le titre de roi de Rome, et aspirait à dominer toute la péninsule lorsqu'il mourut de l'excès des plaisirs. Un autre mausolée fort curieux de Ciccione est celui de ser Gianni Caracciolo, l'amant, le ministre de la seconde reine Jeanne, espèce de comte d'Essex napolitain. Les catastrophes de ces amans, de ces favoris de souveraines inspirent peu de pitié; ils semblent bien plutôt les victimes de l'ambition que de l'amour : on sent que, pour plaire, il leur a moins fallu d'agrément et de mérite que de souplesse, et ils ne sont qu'une autre sorte de courtisans plus intimes et un peu plus laborieux que les autres. Caracciolo, ainsi que sa maîtresse, avait soixante ans lorsqu'il fut assassiné; sa mort, produite par sa cupidité et résultat d'une intrigue de palais, ne peut être ainsi attribuée au mouvement et à la violence des passions. Les grandes fresques de cette chapelle sont de Gennaro di Cola, peintre napolitain du xive siècle, et belles pour le temps. La chapelle voisine du marquis Caracciolo di Vico a six statues d'apôtres par Jean de Nola, de son émule et contemporain Jérôme Santa Croce, de son digne élève Annibal Caccavello, et du célèbre sculpteur espagnol Pierre della Plata : le bas-relief de l'*Épiphanie*, par ce dernier, est parfait. La chapelle Miroballi, quoiqu'elle ne soit pas tout-à-fait irréprochable, peut être regardée cependant comme l'une des plus régulières et des plus élégantes qui aient précédé la renaissance.

L'ancienne bibliothèque de S.-Jean Carbonara, fondée par le cardinal Jérôme Seripandi, auquel Janus Parrhasius avait légué ses manuscrits grecs et plusieurs de ses propres manuscrits inédits; cette célèbre bibliothéque, si vantée par Montfaucon et encore trop souvent citée comme en place ¹, n'existe plus depuis plus d'un siècle : une partie et la principale fut transportée à Vienne en 1729 ², le reste est passé à la bibliothéque royale de Naples ³. La dispersion de cette bibliothéque peint assez bien la paresse napolitaine et monastique : des savans allemands avaient été envoyés au couvent de S.-Jean Carbonara pour prendre des copies des manuscrits, relever leurs titres ou rechercher les variantes; après quelque résistance et de faux prétextes, les moines ayant reçu l'ordre du chef du sénat napolitain de rendre leur bibliothéque plus accessible, finirent par être tellement effrayés de cette sorte de service qu'ils aimèrent mieux offrir volontairement les manuscrits à l'empereur Charles VI, afin d'être tranquilles.

A l'église, dite de la Pietatella, une *Purification*, de Curia, a été citée comme un des meilleurs tableaux de Naples, et l'Espagnolet la donnait pour modèle à ses élèves.

Les fresques de la brillante église des Saints-Apôtres ont quelque célébrité : la voûte, les angles de la coupole, la tribune du chœur, le chœur, une belle *Piscine probatique* au-dessus de la porte, et dont la perspective est de Viviani, sont de Lanfranc; la coupole est de Benasca; on rapporte que les maîtres de Naples, après avoir souvent comparé les deux *S.-Michel* de ces deux derniers peintres, placés aux Sts.-Apôtres, ne purent jamais être d'accord sur celui qui devait être préféré;

---

¹ *V.* Ginguené, *Hist. litt. d'It.*, VII, 215. *Biogr. univ.* XXXIII, 24.
² *J. Lambecii. Comment. de bibliotheca Cæs. Vindob.*, vol. I, col. 763 *seq. ed. Kollarii.*
³ *V.* ci-dessus, chap. v.

les quatre tableaux de la croisée, de Luc Giordano; les lunettes de la nef, de Solimène, sont de leurs ouvrages cités. A la chapelle Filomarino, on admire le célèbre *Concert d'Anges*, bas-relief exquis, du Fiammingo.

Un grand cimetière souterrain, dans lequel gît le Cav. Marin, dépend de cette église: la pierre sépulcrale du poète est fort simple; mais le quatrain qui lui sert d'épitaphe est d'une singulière recherche; sans l'énormité des éloges, on pourrait croire vraiment qu'il l'a composé. Le cimetière des Sts.-Apôtres, lorsque je le visitai le jour de la Toussaint, était devenu une sorte de jardin planté de branches et d'arbustes à cause de la fête funèbre du lendemain. Ce jour-là, les cercueils sont ouverts, les cadavres, les ossemens sont habillés, de longues inscriptions rappellent ce qu'ont été tous ces morts, parmi lesquels le peuple se répand et qu'il reconnaît, qu'il contemple avec les plus éclatans transports. Le culte des tombeaux n'est alors qu'une espèce d'orgie bruyante et théâtrale.

L'église Ste.-Marie *del Carmine*, la plus fréquentée, la plus populaire des églises de Naples, rappelle une des plus tragiques catastrophes de l'histoire, et le premier exemple du régicide en Europe; on y conserve les restes du jeune Conradin et de son cousin Frédéric, déposés obscurément derrière le grand autel: l'inscription ne peut se lire qu'à la lueur d'une lampe, et cette sorte de mystère ajoute encore à l'émotion. Conradin, sur l'échafaud, n'avait fait entendre que ce cri : « O ma mère! « quelle douleur te causera la nouvelle qu'on va te por- « ter de moi! » Cette mère, l'impératrice Marguerite, accourait du fond de l'Allemagne pour racheter sa vie; arrivée trop tard, elle consacra le prix de l'inutile rançon à fonder le monastère *del Carmine*, dans lequel sa statue la représente une bourse à la main. On ne sait si

Marguerite fut reçue de Charles d'Anjou, et si elle réclama le corps de son fils; mais alors une telle entrevue surpasserait en pathétique la scène de Priam aux pieds d'Achille. Une chapelle, sous l'invocation de la croix, fut élevée au lieu de l'exécution, à l'angle des maisons du côté de l'église *del Carmine*, où se trouve maintenant un café. On voit en face, dans la nouvelle église Ste-Croix *al Mercato*, la petite colonne de porphyre qui indiquait la place même du meurtre; elle est à terre, exposée à toutes les saletés d'une sacristie napolitaine, et l'on y lit encore l'affreux quolibet en caractères lombards :

Asturis ungue leo pullum rapiens aquilinum
Hic deplumavit, acephalumque dedit. [1]

Un fait peu remarqué prouve toutefois quel était alors le prestige de la royauté : quand le bourreau eut fait tomber la tête de Conradin, un autre bourreau qui se tenait prêt, tua le premier d'un coup de poignard, afin, dit l'historien, qu'on ne laissât pas en vie le vil ministre qui avait versé le sang d'un roi. [2]

L'église *del Carmine*, quoique riche de marbres et de stucs, a peu de beauté : un *Père éternel*, avec le S.-Esprit, est de Giordano; l'*Assomption* et les fresques de la croisée; un *Élie* et un *Élysée*, sont de Solimène. C'est dans cette église, la plus fréquentée de Naples, que chaque année, le lendemain de Noël, est exposé le mi-

---

[1] *Asturis* indique Jean Frangipani, seigneur d'Astura, qui prit et livra lâchement Conradin. Le lion était autrefois dans les armes de France. Le Dante fait allusion à cet emblème lorsqu'il appelle lion, Charles de Valois qui, en s'emparant de Florence, fut cause de son exil.

[2] *Acciò vivo non rimanesse un vile ministro che aveva versato il sangue d' un re*. Biancardi, *le Vite de' rè di Napoli*; *Vita di Carlo d'Angiò*, p. 134, cité par Guinguené, *Hist. litt. d'It*. T. Ier, 356.

raculeux crucifix qui, lors du siége de 1439, plia la tête, afin d'esquiver un boulet de canon; crucifix si vénéré du peuple napolitain, qui ce jour-là court en foule l'adorer, et auquel ses magistrats vont en corps offrir leurs hommages.

La vaste place du marché fut le théâtre du soulèvement de Masaniello, véritable tribun napolitain, et non de Rome, qui avait préludé à son insurrection, en allant avec les *gamins* du temps montrer son derrière sous les fenêtres du vice-roi. Le peuple de Naples, malgré nos prétentions nouvelles, doit être regardé comme le premier peuple de la terre pour l'émeute : il existe un livre italien, intitulé : *Relation de la vingt-septième révolte de la* TRÈS FIDÈLE *ville de Naples*. Mais ces hommes mutins, emportés, ne sont ni cruels ni furieux, et malgré leur vivacité et l'ardeur du climat qui les brûle, leur histoire n'offre aucun de ces grands massacres populaires dont l'histoire de nations plus civilisées n'a que trop d'exemples; les horreurs de la révolution de 1799 vinrent de Nelson et de la cour; de vrais Napolitains n'auraient jamais destitué S. Janvier, comme jacobin et protecteur des jacobins, pour le remplacer comme on fit par S. Antoine. Les diverses dominations étrangères qui ont occupé ce pays, successivement grec, arabe, normand, espagnol, autrichien, français, produisirent sans doute chez les habitans leur habitude perpétuelle, leur facilité d'imitation : on retrouve jusque dans les mœurs actuelles beaucoup de traces des mœurs espagnoles, telles que l'exagération, la jactance, le goût des cérémonies, et depuis vingt ans le militaire a singé tour à tour les Français, les Anglais et les Autrichiens, en prenant toujours, comme il arrive à ces sortes de copistes, ce qu'il y a de pis dans leurs modèles. Si la nature du Napolitain est peu élevée, son instinct est bon, compatissant[1], et quoique ignorant, inappliqué, il a de l'imagination et une vive intelligence, très susceptible de culture; son langage est pittoresque, figuré, quelquefois éloquent. Lorsque S. M. l'archiduchesse Marie-Louise vint à Naples, en 1824, on la montrait de loin à un homme du peuple, en lui disant que c'était *la vedova di Napoleone* (la veuve de Napoléon). — *Che la vedova? repartit le Lazzarone, è il suo sepolcro* (ce n'est point sa veuve, c'est son tombeau). Les chansons populaires que j'ai souvent écoutées le soir dans les rues n'avaient point le caractère bouffon ou licencieux que je m'attendais à y trouver; plusieurs couplets offraient une suite de préceptes moraux sur la conduite de la vie et la fragilité des choses d'ici-bas; ils étaient comme une paraphrase du *Linquenda tellus et domus;* le rhythme en était grave et mélancolique, et mon compagnon napolitain, homme d'esprit et musicien fort exercé, me fit remarquer que ce rhythme avait servi de

---

[1] Il n'est pas rare de voir les plus pauvres gens se charger d'enfans abandonnés, et les adopter quelquefois à la place de ceux qu'ils ont perdus. Ces enfans portent le nom touchant de *figli della madonna* (enfans de la madone). Naples, la troisième ville de l'Europe en population, a un nombre d'enfans trouvés fort inférieur à celui de Londres et de Paris, ainsi qu'on peut en juger par ce rapprochement : à Londres, sur 1,200,000 habitans et 44,000 naissances, 20,000 enfans exposés; à Paris, sur 800,000 habitans et 29,000 naissances, 10,000 enfans exposés; à Naples, sur 400,000 habitans et 15,000 naissances, 2000 enfans exposés. On voit que ces expositions s'élèvent, à Londres, à près de la moitié des naissances; à Paris, à plus d'un tiers; et qu'elles sont, à Naples, au-dessous du septième. On doit remarquer, toutefois, que les moyens de subsistance sont infiniment moins coûteux dans cette dernière ville que dans les deux autres grandes capitales. La proportion des suicides, autre symptôme à peu près du même genre, ne paraît pas moins favorable aux mœurs napolitaines. Ils ont été, à Paris, en 1824, de 371; en 1825, de 396; en 1826, de 511; tandis qu'on n'en comptait, à Naples, en 1828, que 14, nombre qui semblait encore fort élevé, et qui ordinairement était bien moindre.

modèle à Rossini pour un des chœurs de *Mosè*. Ces chansons populaires napolitaines se renouvellent de temps à autre, sans que l'on en connaisse les auteurs. Voici une des strophes qui se chantaient alors à Naples :

Che bella cosa è de morire acciso
Nnanze a la porta de la nnammorata,
L'anema se ne saglie mparadiso,
E lo cuorpo lo chiagne la scasata. [1]

Les poésies en dialecte napolitain sont très nombreuses [2]. Capasso, littérateur distingué du xviiie siècle, a traduit dans ce dialecte les sept premiers livres de l'*Iliade*; l'*Énéide* a été traduite entièrement par un auteur inconnu : la plus estimée de ces traductions d'épopées est celle de la *Jérusalem*, par le célèbre poète napolitain Gabriel Fasano, cité par Redi (*Bacco in Toscana*). On lisait encore, il y a une vingtaine d'années, sur un cabaret du Pausilype, la jolie inscription suivante, composée par Nicolas Valletta, et que l'on a fait disparaître depuis comme trop épicurienne :

Amici, alliegre magnammo e bevimmo
Fin che n' ci stace uoglio a la lucerna :
Chi sa s' a l' autro munno n' ci vedimmo ?
Chi sa s' a l' autro munno n' c' è taverna ? [3]

---

[1] « La belle chose que de mourir frappé à la porte de celle qu'on aime ! tandis que l'âme vole au paradis, la maîtresse, privée de son jeune époux, pleure sur le corps »

[2] La collection des poëmes en langue napolitaine, publiée par Porcelli, de 1783 à 1789, forme vingt-huit volumes in-12.

[3] « Amis, mangeons et buvons joyeusement, tant qu'il y a de « l'huile dans la lampe : qui sait si dans l'autre monde nous nous « reverrons ? Qui sait si l'autre monde a une taverne ? » Valletta, mort à Naples à la fin du dernier siècle, est auteur du petit et spirituel ouvrage intitulé : *Cicalata sul fascino, volgarmente detto Jettatura*, dans lequel il prétend prouver que la faculté de jeter un sort par des paroles ou un regard, comme on le croit à Naples, est une chose réelle et qui remonte à la plus haute antiquité.

L'*Annunziata*, de l'architecture de Vanvitelli, une des belles églises de Naples, a plusieurs bons ouvrages des divers maîtres napolitains : des fresques, de Corenzio, à la voûte de la sacristie et du trésor; la *Vie de Jésus-Christ*, sculptée en bois sur les armoires, par Jean de Nola; la statue du tombeau d'Alphonse Sancio, d'Auria; une *Déposition de Croix* en demi-relief, de Jean de Nola, ou de Santa Croce. En avant du grand autel est l'humble sépulture de la seconde reine Jeanne : quelques uns des ornemens ont été faits avec son manteau de brocart d'or.

L'église refaite de S.-Pierre *ad aram* passe pour la plus ancienne de Naples. Un bas-relief, représentant une *Déposition de Croix*, et un *S. Michel*, sont de Jean de Nola.

La petite église de la Banque des Deux-Siciles a une *Assomption*, le chef-d'œuvre d'Hippolyte Borghèse, peintre napolitain du xviie siècle, qui mérite d'être vue.

S.-Severin, belle église de François Mormandi, habile architecte napolitain du xvie siècle, est remarquable par plusieurs de ses peintures, et surtout de ses sculptures. Les voûtes du chœur de la croisée sont des meilleurs ouvrages du cruel Corenzio, qui périt à quatre-vingt-cinq ans, en tombant d'un échafaud lorsqu'il voulait y retoucher; juste et tardif châtiment de ses méfaits [1] !
Le *Baptême du Rédempteur* est du Perugin; le beau tableau de la chapelle de la *Ste. Famille*, de Joseph Marullo; les trois tombeaux des frères Jacques, Ascagne et Sigismond Sanseverino, empoisonnés par la femme de leur oncle Jérôme, afin de posséder leur riche héritage, contribuèrent à étendre la juste renommée de Jean de Nola, et sont les dernières bonnes sculptures

---

[1] *V.* ci-dessus, chap. vii.

exécutées à Naples. On attribue aussi à cet artiste d'un talent si doux et si gracieux, qui touche à la décadence de l'art sans y avoir participé, et semble le Dominiquin de la sculpture, le tombeau du jeune André Boniface, et celui de Jean-Baptiste Cicara, quoique le premier paraisse de Pierre della Plata. Dans le cloître, on admire encore, après quatre siècles, la vaste fresque du Zingaro, son plus célèbre ouvrage, qui représente, avec une variété infinie, la *Vie de S. Benoît*. Le réfectoire et le chapitre offrent d'autres bonnes fresques de Corenzio : une *Multiplication des pains*, qui compte jusqu'à cent dix-sept personnages, fut terminée en quarante jours.

CHAPITRE XII.

Monastère *S.-Gregorio armeno.* — Prise d'habit.

J'eus l'honneur d'être invité, au mois de septembre 1826, à la prise d'habit de Mlle Teresa B********, fille du prince de R******, qui devait avoir lieu au couvent de *S.-Gregorio armeno*. Cet antique monastère de bénédictines, qui prétend remonter jusqu'à Ste. Hélène, la mère de Constantin, exigeait jadis de telles preuves de noblesse, qu'on rapporte que la reine Caroline d'Autriche, le visitant avec une de ses filles, lui dit, en plaisantant, que lorsqu'elle le voudrait, elle ne pourrait y être reçue. Étrange institution dans une religion dont l'égalité est le principe et l'esprit ! L'église brillante, ornée des peintures de l'Espagnolet et de Giordano, contenait la plus haute société de Naples; les femmes avec des diamans, et beaucoup d'hommes en uniformes et en costume; la musique exécutait des airs de Rossini et de l'opéra du *Dernier Jour de Pompeï*. Pour la première fois j'entendis la voix éclatante d'un soprano, qui, malgré sa mélodie, me faisait mal; l'on m'a heureusement assuré qu'il était le dernier à Naples de son espèce. La jeune religieuse n'était point encore à la place qui lui était réservée dans le chœur : les trois jours qui précèdent sa prise d'habit, elle va dans le monde; on lui prête les diamans de la famille, et ce matin elle était allée faire des visites d'adieu aux religieuses des divers couvens où elle avait des parentes et des amies. Elle revint très parée pendant la célébration de la messe; deux dames l'accompagnaient, et la musique d'un régiment de la garde, placée sous le vestibule de l'église, joua des fanfares lorsqu'elle entra. Son maintien était parfaitement simple et naturel; on sentait qu'il n'y avait point là de victime, et que jamais le mot cruel de Mélanie, *On ne meurt point, ma fille, et l'on fait son devoir*, n'avait été prononcé. A la fin de la messe elle se mit à genoux devant l'archevêque qui officiait, et qui prononça quelques prières, auxquelles son clergé et la religieuse répondirent. Elle sortit ensuite, tenant d'une main une petite croix, et de l'autre un cierge, et entra dans le couvent, où l'attendaient les religieuses, qui la reçurent à la porte en l'embrassant, et où elle changea d'habit. Pendant cet intervalle, les personnes restées dans l'église avaient quitté leurs places, et s'étaient répandues dans le chœur, afin de s'approcher de la grille qui donnait dans le couvent, et près de laquelle la nouvelle religieuse devait revenir, pour recevoir le voile des mains de l'archevêque par une espèce de tour. Les deux côtés de cette grille offraient alors un frappant contraste : d'une part, l'austérité, la solitude et le silence du cloître; de l'autre, la frivolité de personnes du monde, causant, regardant, se pressant avec l'impatience et le bruit de gens qui attendent; c'était un vrai *rout* éclairé par des cierges, et sur les marches de l'autel. La seule personne recueillie au milieu de ce petit tumulte, était une pauvre fille d'Aversa, destinée à servir de femme de chambre dans le couvent à Mlle B*********, et qui elle-même allait bientôt pour cela devenir obscurément religieuse. Elle avait le costume pittoresque de son pays, des fleurs dans ses cheveux, de longues chaînes dorées, et plusieurs rangs de grosses perles roulées autour du cou, et qui retombaient sur son casaquin de soie amaranthe broché d'or. Lorsque la religieuse reparut à la grille, l'archevêque lui adressa un discours assez froid, et lui passa le voile, en l'invitant à la persévérance; car cette prise d'habit n'est que provisoire, et il y a un noviciat d'une année. La cérémonie terminée, l'on se rendit à la porte du couvent; la religieuse y reparut, et y resta long-temps à recevoir les adieux, les félicitations, les embrassemens de ses amies et de ses proches; mais, de part et d'autre, il n'y avait point de scènes; il régnait, au contraire, une sorte de bonhomie et de gaîté. Cette prise d'habit italienne était fort différente de la peinture de *René :* il n'y avait là ni mélancolie ni pathétique, et l'on distribuait avec profusion aux personnes invitées des rafraîchissemens, des sucreries et des sonnets. [1]

[1] Le Tasse a composé plusieurs sonnets très beaux sur des prises d'habit (*monacazioni*) (*Rime*, part. III, 4, 52, 60). On connaît le sonnet de Monti, *Fuggia Licori al chiostro*, qui se termine par ce trait hardi :

Sorrise acerbo la donzella forte,
Chiuse le sacre porte, e con disprezzo
Ne consegnò le chiavi in mano a morte.

CHAPITRE XIII.

Pausilype. — Grotte. — Tombeau de Virgile. — *Mergellina.* — Pêcheurs. — Palais de *Donn' Anna.*

La triste grotte du Pausilype, route sombre, voûtée, mal éclairée, semble placée là comme pour rendre plus sensible et plus vif l'éclat de la lumière de Naples. Cette grotte célèbre, et beaucoup trop admirée, car la montagne est de tuf, et non de roc, a été fort bien décrite par Sénèque, peintre chagrin, assez convenable au tableau, lorsqu'il l'appelle une longue prison, un obscur corridor, et qu'il disserte à son sujet sur la force involontaire de nos impressions [1]. Près de là sont les débris du *Columbarium* [2], appelé le tombeau de Virgile, ruine assez pittoresque, mêlée de verdure, et que surmonte un chêne vert dont les racines plongent dans la partie élevée du roc qui l'avoisine. Malgré l'incertitude du monument, il paraît toujours vénérable par la multitude des grands hommes qui l'ont visité; il est comme un témoignage perpétuel des hommages offerts à la mémoire et au nom seul du poète. Pétrarque y fut conduit par le roi Robert; il y planta le célèbre laurier renouvelé de nos jours par un autre poète [3]; et ce fut à l'as-

---

[1] *Nihil illo carcere longius, nihil illis faucibus obscurius.* Epist. 57.

[2] Ce nom vient de la ressemblance des trous où les pigeons font leurs nids, soit dans les murs, soit dans les colombiers, avec les petites niches destinées chez les Romains à recevoir les urnes d'une même famille. Le *Columbarium* contenait, dans un petit espace, les restes d'un grand nombre de corps; il n'était éclairé que par la lueur des lampes qui brûlaient dans les cérémonies des funérailles.

[3] M. Casimir Delavigne. *V.* les notes sur le *Peintre*, poëme de Girodet, par M. Coupin, première note du chant III.

pect du même monument que Boccace sentit se décider en lui la passion des lettres, et qu'il renonça pour toujours à son négoce.

Après avoir descendu la riante colline du Pausilype [1], qu'ombragent et que décorent les festons de la vigne et le gracieux pin ombellifère, on se trouve sur la plage de la Mergellina, lieu charmant, si heureusement abrité qu'il n'est privé de feuillage qu'un seul mois de l'année, et que Sannazar, qui l'habita, a chanté et regretté d'une manière si touchante [2]. Les pêcheurs de la Mergellina, remarquables par la beauté de leurs formes antiques, sont encore intéressans par leur vie laborieuse, paisible, leur existence domestique, leur aisance bien acquise : ils semblent les vertueux Troglodytes du peuple napolitain. On n'est point surpris qu'ils aient inspiré à Sannazar, qui les avait sous les yeux, ses Églogues maritimes (*piscatoriæ*), nouveau choix de personnages dont Fontenelle l'a blâmé comme inférieur aux anciens bergers *qui étaient en possession de l'églogue* [3]. Il est vrai que *le Normand Fontenelle, au milieu de Paris*,

---

[1] Παῦσις τῆς λύπης, cessation de tristesse.

[2]   *Mergillina vale, nostri memor; et mea flentis*
  Serta cape, heu! domini munera avara tui.
 Maternæ salvete umbræ, salvete paternæ;
 Accipite et vestris thurea dona focis.
 Neve nega optatos, virgo sebethias, amnes;
  Absentique tuas det mihi somnus aquas,
 Det festo æstivas umbras sopor; et levis aura
  Fluminaque ipsa suo lene sonent strepitu;
 Exilium nam sponte sequor. Fors ipsa favebit :
  Fortibus hæc solita est sæpe et adesse viris.
 Et mihi sunt comites musæ, sunt numina vatum ;
  Et mens læta suis gaudet ab auspiciis,
 Blanditurque animo constans sententia, quamvis
  Exilii meritum sit satis ipsa fides.
 Epigram. Lib. III, ep. 7. *V.* ci-dessus, chap. x.

[3] *Discours sur la nature de l'églogue.*

ne pouvait guère avoir l'idée de pareils pêcheurs et de la Mergellina.

Les ruines, la grotte du palais de Donn' Anna, appelé improprement le Palais de la reine Jeanne, vaste édifice resté inachevé, et qui n'a été commencé qu'à la fin du XVIe siècle, tous ces débris couronnés de verdure et baignés par les flots sont extrêmement pittoresques.

Au-dessus du promontoire du Pausilype, on voit encore les fameuses citernes et les viviers de l'immense villa de Pollion, dans lesquels se gardaient les vieilles murènes nourries de la chair des esclaves, monument du luxe et de la barbare sensualité des Romains.

CHAPITRE XIV.

Capo di Monte. — Pont. — Palais. — Chinois. — Observatoire. — Catacombes. — Sérail. — Jardin botanique. — Institut du Miracle. — Éducation française des femmes en Italie. — *Ponti rossi.*

Capo di Monte, quoique situé à la porte de Naples, et résidence royale, était autrefois à peu près inaccessible; le pont jeté par les Français entre les deux collines est un de ces travaux grands et utiles qui honorent leur passage, comme les ouvrages des Romains ont illustré leur domination. Ces deux peuples peuvent être encore rapprochés sur ce point, comme ils le sont par la gloire des armes.

Le palais de Capo di Monte, mal construit dans l'origine, inachevé, a peu de magnificence, et, depuis que son superbe musée est passé aux Studj, il n'a guère de réputation que pour la pureté de l'air, la vue, son bois et la chasse.

Le collége des Chinois de Capo di Monte, unique en Europe, fut fondé en 1726 par D. Mathieu Ripa, missionnaire napolitain, à son retour de la Chine, où son talent de peintre lui avait obtenu la faveur de l'empereur et de la cour. La dépense est supportée moitié par l'établissement, dont le revenu s'élève à 6000 ducats, moitié par la Propagande de Rome. Les élèves sont envoyés de la Chine vers l'âge de treize à quatorze ans, et ils y retournent comme missionnaires dans leur maturité. Quarante ont déjà été instruits dans cette maison; on y voit leurs portraits avec des inscriptions indiquant leur nom, la date de leur naissance, leur province, l'année de leur arrivée à Naples, de leur départ pour la Chine et de leur mort, lorsque cette dernière est connue, ainsi que les persécutions ou le martyre que plusieurs ont subis. Cet intéressant séminaire pourrait aider à l'étude d'un peuple et d'une littérature cultivée de nos jours avec succès, si les élèves étaient pris moins jeunes, et partaient de Macao plus instruits; mais il paraît aujourd'hui décliner, et l'on n'y compte plus que six Chinois. Le petit musée se compose de curiosités chinoises, telles que porcelaines, vêtemens de soie, peintures, etc., et d'une grande carte du *céleste empire.*

Sur le point le plus élevé de Capo di Monte est l'observatoire, élégant édifice de M. Étienne Gasse. L'astronomie a été très anciennement étudiée à Naples, depuis les moines des XIe et XIIe siècles, Pandolphe et Pierre Diacre, et Flavio Gioja, l'inventeur de la boussole, jusqu'à Fontana dans le XVIIe siècle, et à l'illustre P. Piazzi, mort, il y a peu d'années, directeur général des observatoires du royaume, qui avait été précédemment directeur de celui de Palerme, et auquel on doit la découverte de la planète la Cérès.

Les catacombes de S.-Janvier, moins illustres que

celles de Rome, m'ont, dans leur genre, paru fort supérieures. Les tombeaux antiques, les inscriptions grecques que l'on y a découverts prouvent l'ancienne civilisation de cette contrée; mais ces palais de la mort s'écroulent comme les demeures des hommes, et l'on est déjà bien loin d'y trouver libre aujourd'hui un espace aussi étendu que celui qui fut parcouru par Mabillon.

Le sérail ou *Reale Albergo*, vaste dépôt de mendicité fondé par Charles III, et dont l'idée a de la grandeur, est à la fois école, atelier, hospice. Peut-être que la réunion de ces établissemens divers s'oppose à leur bonne tenue. Le régime militaire, établi dans le sérail, afin de contenir sa vagabonde et nombreuse population, ne semble pas non plus très propre, par les règles absolues de sa discipline, à opérer le perfectionnement moral et intellectuel des individus. Les employés paraissent aussi d'une condition trop subalterne et trop peu au-dessus des gens qu'ils sont chargés de conduire. Une école de sourds-muets, d'après la méthode de l'abbé de l'Épée, tient à l'*Albergo*. Mais l'instituteur doit avoir là moins à faire que chez aucun autre peuple : les grimaces sont comme la langue maternelle du Napolitain, et peuvent très bien chez lui aider ou suppléer même au langage des signes. Si le vocabulaire de ces grimaces était publié, on serait confondu de tout ce qu'elles expriment, et avec une rapidité, une précision, si l'on peut le dire, que la parole ne saurait atteindre. Un étranger demandait à un homme du peuple où se trouvait un casin situé en haut de *Capo di Monte*; le Napolitain, pour toute réponse, releva sa lèvre inférieure; il renouvela cette grimace, qui était, en effet, fort intelligible, jusqu'à ce que l'étranger, que son silence impatientait, l'eût enfin remarquée.

Le jardin botanique, créé en 1818, dans une belle exposition, et confié aux soins éclairés de M. Tenore, offre une très agréable promenade : le nombre des espèces est déjà de 10,000, parmi lesquelles on en compte beaucoup que nos jardins du nord ne pourraient conserver.

L'Institut, dit du *Miracle*, fondé par la reine Caroline Murat, dans l'ancien couvent de ce nom, à l'instar de la maison d'éducation de S.-Denis, a mérité le suffrage des juges les plus sévères et les plus exercés. L'ancienne directrice française avait été justement maintenue [1]. Les maisons analogues de Milan et de Florence étaient également dirigées par des Françaises. Les dames salésiennes de Venise sont des religieuses françaises émigrées. Notre influence sur l'Italie, interrompue par la politique, s'exerce encore par les mœurs et les manières. La grâce et la raison des femmes de France entées sur l'imagination italienne s'allient très bien, et ont déjà produit plus d'un aimable modèle.

Au-delà est la belle avenue qui conduisait à l'ancien Champ de Mars créé par les Français, qui convenait si bien à une grande capitale souvent agitée, et que l'on a si malencontreusement réduit, sous le prétexte de rendre des terres à l'agriculture, comme si elle en manquait dans un tel pays. C'est de ce côté qu'est la colline de Ste.-Marie *del Pianto*, appelée aussi le *Mont de Lautrec*, parce que ce général y était campé. Les historiens font périr notre armée par les privations, l'excès de la chaleur et la contagion, sans indiquer les exhalaisons du sol, qui peut-être y contribuèrent davantage, si l'on en juge par un fait contemporain. Le

---

[1] Cette dame, remplacée récemment, a été appelée à Madrid par la reine, princesse de Naples, et mise à la tête d'un établissement pareil.

soldat français qui s'assit sur le trône de Naples, brave compatriote de Lautrec, et qui eut avec lui assez de ressemblance ¹, après avoir passé une revue de ce côté, fut si charmé de la situation, qu'il voulut y camper la nuit avec sa troupe; le lendemain, il fut fort indisposé, ainsi que ses soldats, dont plusieurs moururent. On montre encore la grotte de Lautrec, où il fut enterré obscurément en 1528, jusqu'au moment où le duc de Sessa, ayant retrouvé son corps, lui érigea, en 1556, un noble mausolée à l'église de Sta.-Maria la Nova. ²

Entre la colline de Capo-di-Monte et celle de Capo-di-Chino est un secret vallon dans lequel apparaît, sur un coteau et au milieu de pins, le pittoresque couvent de Ste.-Marie *de' Monti,* avec son dôme oriental. Mais le principal ornement de ce vallon est ce qui reste du superbe aquéduc rougi par le temps, et appelé de sa couleur *Ponti rossi* (ponts rouges), ouvrage d'Auguste, qui conduisait les eaux du Sebeto à trente-cinq milles de Naples jusqu'au port de Misène, que les tremblemens de terre ont ébranlé, que la végétation presse, domine, enveloppe, dont le chevrier et son troupeau parcourent les arcades, et qui atteste encore la puissance du peuple roi.

---

¹ « Lautrec, dit Brantôme, étoit brave, hardi, vaillant, et ex-
« cellent pour combattre en guerre et frapper comme sourd;
« mais pour gouverner un état il n'y étoit bon. »
² *V.* ci-dessus, chap. IX.

FIN DU LIVRE DOUZIÈME.

LIVRE TREIZIÈME.

ENVIRONS. — ROUTE DE ROME.

CHAPITRE PREMIER.

Vomero. — Camaldules. — Lac d'*Agnano.* — Grotte du Chien. — *Solfatare.* — Pouzzole. — Cathédrale. — Temple de Sérapis. — Port. — Amphithéâtre. — Tombeaux. — Maison de Cicéron. — Lacs *Lucrin* et *Averne.* — Temples de Vénus, de Mercure, de Diane. — Bains de Néron. — Piscine admirable. — *Cento Camerelle.* — *Cumes.* — *Baïes.* — *Bauli.* — Tombeau d'Agrippine. — Côte de Misène. — Grotte de la *Draconaria.*

Le Vomero, que l'on traverse pour monter aux Camaldules, paraît le cratère d'un ancien volcan dans lequel s'élèvent plusieurs monticules couverts de la végétation la plus forte, la plus variée, la plus confuse, et qui sont d'un aspect ravissant, singulier. Le couvent des Camaldules offre une des belles vues de l'univers; on découvre les deux golfes de Naples et de Pouzzole, et leurs îles, les cratères éteints de la Solfatare et de l'Astrumi, le lac d'Agnano, le cap Misène, le château de Baïes et la mer immense. Il n'est point de lieu plus propre à la vie contemplative, et les religieux, avec leur longue barbe, leur robe et leur capuchon de laine blanche, sont eux-mêmes assez pittoresques. Il est vrai qu'ils n'ont point trop l'air de s'en douter, et que le voyageur, frappé de ce qu'il y a de poétique dans leur institution, éprouve quelquefois, en causant avec eux, beaucoup de mécompte. L'église a quelques tableaux, parmi lesquels on distingue une *Cène*, de Stanzioni. Une partie des biens du couvent a été acquise, sous l'administration française, par M. Ricciardi, ancien ministre de la justice, magistrat distingué par son indépendance et ses hautes lumières, qui a pris le titre de comte *de' Camaldoli*, et a fait de cette propriété une fort agréable villa, très bien chantée par un des bons poètes actuels de l'Italie.[1]

Le lac d'Agnano n'a de curieux aujourd'hui que son site triste et sauvage; car le phénomène de son eau bouillonnante sans chaleur, image assez juste de certains enthousiasmes, n'existe plus.

J'ai, comme tout le monde, été voir la célèbre grotte du Chien : il est dans les voyages une partie obligée, quoique sans beaucoup d'intérêt. Cette grotte, bien moins curieuse que les étuves voisines de S. Germano, et que les grottes nombreuses et bien plus vastes de la même espèce, qui se trouvent à Latera, dans l'État Romain, n'est plus, comme autrefois, ouverte; elle a été adjugée à un paysan qui en trafique et en a la clef; il s'y rend ordinairement avec le chien destiné à l'expérience. La vie de ce pauvre animal se passe ainsi en évanouissemens perpétuels, mais ceux-là du moins ne sont point joués, avantage qu'il a sur d'autres évanouissemens plus distingués.

La solfatare est une belle et antique ruine de volcan. Cette plaine de soufre blanche, chaude, fumante, creuse et sonore, offre un aspect extraordinaire; on serait tenté de percer sa croûte si mince, si fragile, pour sonder l'abîme de feu qu'elle doit recouvrir. Parmi les fêtes célébrées à Naples par la magnificence d'Alphonse, à l'arrivée de l'empereur Frédéric III (1452), dit M. de Sismondi, la plus surprenante fut une chasse

---

[1] *La villa di Camaldoli al Vomero, polimetro* del Cav. A. M Ricci, 1827.

aux flambeaux dans l'enceinte de la solfatare, où la disposition des lumières, dans ce cirque formé par la nature, le nombre des animaux, la musique et les brillans costumes des chasseurs, semblaient réaliser les prodiges de la magie.[1]

Pouzzole, avec sa languissante population, est le seul point habité de cette côte, autrefois couverte de brillantes villa, de somptueux édifices, et que Cicéron appelait *Puteolana et Cumana regna*[2]. Alors Rome entière courait aux bains de Pouzzole qui était le Spa, le Baden de l'antiquité. Il ne reste aujourd'hui de tant de splendeur qu'un petit nombre de ruines.

L'ancien temple consacré à Auguste par le chevalier romain Calpurnius, monument de l'opulence et de la bassesse romaine, et dont il ne subsiste que l'inscription et quelques colonnes, est la cathédrale dédiée à S. Procul, compagnon de S. Janvier.

Sur la place, un beau piédestal de marbre blanc, orné de quatorze figures représentant des villes de l'Asie mineure, renversées par un tremblement de terre, et rebâties par Tibère, paraît avoir supporté une statue de l'empereur restée enfouie sous les constructions de la ville moderne [3]. Une autre statue d'un sénateur, encore sur son piédestal, a conservé son inscription.

Le port de Pouzzole était un des plus magnifiques de l'Italie : son môle, dont il n'y a plus que treize arches de vingt-cinq, fut restauré par Adrien et Antonin le Pieux. Le pont, ouvrage insensé de Caligula, qui imitait la voie Appienne, et sur lequel il se rendit triomphalement de Pouzzole à Baïes, tenait à ce môle.

Le palais du vice-roi, Pierre de Tolède, qui contri-

---

[1] *Hist. des Rép. ital.*, T. IX, 596.
[2] *Epist. ad Att.*, Lib. xiv, 18.
[3] Il est, dit-on, maintenant aux *Studj*.

bua à repeupler Pouzzole presque abandonné après l'affreux tremblement de terre de 1538, est une caserne.

Les belles colonnes et le pavé du temple de Sérapis sont inondés. Ce mélange d'eau et de ruines, assez pittoresque, est fort insalubre, et s'oppose aux recherches archéologiques. Les coquillages incrustés dans quelques unes des colonnes de marbre cipollin, restées debout, prouvent que la mer s'est élevée sur ce point à vingt-deux palmes au-dessus de son niveau actuel; elle aurait ainsi couvert presque toute la ville et tout le pays même, au-delà de l'entrée du golfe du Pausilype; fait peu vraisemblable, phénomène qu'ont diversement expliqué les savans. M. Niccolini, président de la société *Borbonica* de Naples, chargé, en 1828, du desséchement de ce petit marais, indique une cause assez probable de la trace des eaux à une telle hauteur: il croit que lors du tremblement de terre de 1538, qui combla une partie du lac Lucrin, engloutit le grand village de Tripergole, et enfanta en trois jours le *Montenuovo*, une partie des eaux du lac fut expulsée, et dut quelque temps séjourner sur le terrain du temple de Sérapis. Ce culte mystique et populaire, qui, plusieurs fois banni de Rome, faillit un moment, au temps même de Cicéron, à usurper les honneurs du Capitole, véritable panthéisme, fut le dernier des cultes antiques à tenir tête au christianisme. [1]

L'amphithéâtre dit *Colysée*, quoique ruiné par les tremblemens de terre et encombré d'une végétation verdoyante et pittoresque, n'a pas tout-à-fait perdu son ancienne forme; il pouvait contenir quarante mille personnes. Auguste y assista aux jeux célébrés en son hon-

---

[1] *V.* sur Sérapis et son origine une note érudite de M. Guigniaut, éditeur et traducteur français de l'ouvrage sur les *Religions de l'antiquité* de Creuzer, mise à la fin du T. IV de la traduction des OEuvres complètes de Tacite par M. Burnouf.

neur. Le *Labyrinthe*, vaste édifice souterrain, servait peut-être de réservoir pour l'eau des naumachies données à l'amphithéâtre.

Au nord de Pouzzole, sur la superbe voie Campanienne, sont d'antiques tombeaux assez bien conservés, et qui s'étendent à plus de deux milles. Ils me furent montrés par des gens si misérables, qu'on aurait pu les prendre pour des spectres habitans de ces tombeaux, et qui devaient bientôt y rentrer.

La maison de Cicéron, bâtie sur le plan de l'Académie d'Athènes, vantée dans ses lettres, et à laquelle il avait donné le nom d'*Académie*, était alors sur le bord de la mer; et l'orateur romain pouvait, de sa terrasse, pêcher à la ligne, en méditant sans doute sur ses *Académiques*. Adrien, mort à Baïes, fut enseveli dans cette maison; et son successeur, le pieux Antonin, voulut que ce tombeau devînt un temple.

Les lacs Lucrin et Averne, réunis à la mer par Jules César, furent bouleversés par le tremblement de terre de 1538 [1]; il a fort altéré l'aspect mythologique et virgilien de ces lieux, dont les noms cependant subsistent encore, mais qui sont bien déchus de leur fabuleuse destination : les Champs Élysées sont aujourd'hui un bon vignoble, et l'*Avare Achéron*, sous le nom peu harmonieux de Fusaro, sert à rouir le chanvre, et fournit d'excellentes huîtres. L'Averne, le Styx, l'Achéron, existaient aussi en Égypte et en Grèce : il semble que les anciens transportaient avec eux leurs machines poétiques comme leurs institutions et leurs lois.

Au couchant du lac Lucrin et au midi de celui d'Averne était l'autre villa de Cicéron, dite de Cumes, dans laquelle il avait commencé sa *République*, dont

---

[1] *V.* la page précédente.

quelques précieux lambeaux ont reparu de nos jours [1]; villa différente de celle qu'il possédait à Pouzzole, et toutes deux si agréables qu'il ne savait à laquelle donner la préférence. [2]

La prétendue grotte de la Sibylle est peu agréable à visiter ; il faut se pourvoir de torches et se plonger, sur le dos d'un guide, dans un souterrain long, noir et marécageux. L'usage de ces caveaux semble incertain, quoiqu'on les retrouve dans la plupart des grands édifices de l'antiquité; et l'examen des lieux ne donne pas là-dessus beaucoup de lumières. Peut-être ces galeries d'architecture romaine, ornées de bas-reliefs noircis par la torche du cicerone, servaient-elles de retraite et de bains pendant la grande chaleur ?

Les ruines des trois édifices appelés les temples de Vénus *genitrix*, de Mercure et de Diane Lucifère, paraissent bien plus raisonnablement avoir dû appartenir à quelques-uns des thermes dont la magnificence et la volupté romaine avaient couvert ces rivages. Les bains de Néron ont plus de vraisemblance. Ces bains ont inspiré à M. Casimir Delavigne quelques-uns de ses plus beaux vers :

> Ces temples du plaisir par la mort habités,
> Ces portiques, ces bains prolongés sous les ondes,
> Ont vu Néron, caché dans leurs grottes profondes,
> Condamner Agrippine au sein des voluptés.
> Au bruit des flots, roulant sur cette voûte humide,
> Il veillait, agité d'un espoir parricide ;
> Il jetait à Narcisse un regard satisfait,
> Quand, muet d'épouvante et tremblant de colère,
> Il apprit que ces flots, instrumens du forfait,
> Se soulevant d'horreur, lui rejetaient sa mère. [3]

Ces grottes brûlantes sont encore des étuves d'un effet

---

[1] *V.* Liv. III, chap. IX.
[2] *Epist. ad Att.* Lib. XIV, 15.
[3] *La Sibylle.* Messénienne.

extraordinaire. Le cicérone, sans que je m'en doutasse, s'y plongea nu, et il en sortit peu de temps après tout en feu, ruisselant de sueur et poussant une espèce de gémissement qui me donnait de l'inquiétude; il reprit heureusement bientôt tout son sang-froid pour réclamer le prix de son expérience accoutumée.

La colonie de Cumes, conduite par Hippocles Cumæus, de Chalcis dans l'île d'Eubée, était, selon Strabon, le plus ancien monument du passage des Grecs en Italie. Virgile lui donne la même origine : la géographie et l'histoire sont ici d'accord avec la poésie. Le dernier roi de Rome, Tarquin, chassé par une révolution aristocratique, selon un spirituel écrivain napolitain [1], finit ses jours à Cumes, après avoir fait ou fait faire pendant vingt années la guerre au peuple romain. La célèbre sibylle, dont le souvenir est le premier de Cumes, avait probablement sa grotte dans l'excavation tortueuse, pittoresque, encombrée de fragmens de rochers et d'un accès difficile. Cette sibylle qui, après avoir brûlé plusieurs exemplaires du livre des Oracles, exigeait du même roi un prix égal à celui qu'elle avait demandé pour plusieurs, pressentait déjà les manies des bibliomanes, des amateurs de médailles, etc.; et même elle aurait dû demander davantage. C'est à Cumes que Pétrone arrêté se fit ouvrir les veines, qu'il disserta sur le plaisir avec ses amis jusqu'à sa dernière heure, et qu'il plaça l'impure demeure de son Trimalcion, dans lequel Voltaire, par de très bonnes raisons, ne peut reconnaître un homme de l'esprit, de l'âge et du rang de Néron. [2]

Sur la route de Cumes à Misène, *alla Torre della*

[1] Delfico. *Pensieri su l'istoria*, p. 171.
[2] *V. Siècle de Louis XIV*, le Catalogue des écrivains français, art. Nodot, et le *Pyrrhonisme de l'histoire*, chap. xiv.

Gaveta, sont les restes de la somptueuse villa dans laquelle s'était enseveli, vers la fin de ses jours, le sénateur Servilius Vatia, afin d'échapper aux regards de Séjan et de Tibère, et de ne point être complice des bassesses de leur sénat; noble et sage exil, oisiveté blâmée spirituellement et à tort par Sénèque[1], qui, à chaque proscription, faisait dire de Vatia que lui seul savait vivre : *O Vatia, solus scis vivere.*

Il reste une grande partie de l'*Arco felice,* ancienne porte de Cumes, qui n'a véritablement aujourd'hui de remarquable que ses nombreux fragmens d'antiquités et la délicieuse vue de ses hauteurs.

Le lac de Licola est un monument des ouvrages prodigieux de Néron, appelé par Tacite *cupitor incredibilium,* qui voulait établir un canal d'Ostie au lac Averne. Les travaux n'ayant pu s'exécuter, les eaux se sont arrêtées dans les fouilles commencées, qui portent encore le nom de *Fosse de Néron.*

La côte insalubre de Baïes et son triste château, hôpital de quelques canonniers invalides, ne donnent guère l'idée de ce rivage que Horace célébrait comme le plus délicieux de l'univers :

Nullus in orbe sinus Bajis prælucet amænis.

Cicéron croyait devoir s'excuser d'avoir été à Baïes, et la maison qu'il avait achetée dans le voisinage lui fit tort dans l'esprit de quelques graves sénateurs. Sénèque nommait Baïes le réceptacle de tous les vices : *diversorium vitiorum*; et Properce trouvait que Cynthie se compromettait en y restant :

Tu modo corruptas quam primum desere Bajas.

Marius, Pompée, César, avaient leur villa à Baïes :

---

[1] *Nunquam aliter hanc villam Vatiæ vivo præteribam, quam ut dicerem : Vatia hic situs est.* **Epist. LV.**

c'est dans la dernière que mourut le jeune Marcellus, que Livie fut soupçonnée d'avoir empoisonné. La belle villa de Calpurnius Pison vit se tramer cette grande et malheureuse conspiration contre Néron, dans laquelle Lucain, qui l'avait bassement flatté, entra plus par amour-propre de poète mécontent, que par patriotisme [1]. La plus splendide des anciennes villa de Baïes paraît avoir été celle que Alexandre Sévère fit bâtir pour sa mère l'impératrice Julia Mammea, assez avare malgré ses vertus, et qui jamais ne se serait jetée dans une telle dépense. De toutes les épithètes que les historiens et les poètes de l'antiquité ont prodiguées à ces bords, ils n'en méritent plus qu'une seule, celle de *tepidæ* (tièdes).

Sur la côte de Bauli était la maison de Hortensius, dite la *Pécherie*, célèbre par ses murènes qu'ont vantées Cicéron, Varron et Pline l'ancien, et dont il reste quelques débris près du rivage. La ruine dite le *Tombeau d'Agrippine* était peut-être un théâtre dont elle paraît avoir la forme. C'était le long du chemin de Misène, à côté de la villa de César, que les gens d'Agrippine, selon Tacite, lui érigèrent, seulement après la mort de Néron, un petit tombeau (*levem tumulum*).

Les *Cento camerelle* (les Cent petites chambres) ont passé pour les prisons de Néron; car le crime a donné dans cette contrée une sorte de popularité à son nom. La maison de César paraît avoir été sur ce point.

La célèbre *Piscine*, dite *admirable*, ancien réservoir qui fournissait d'eau la flotte stationnée à Misène, est le plus beau monument et le seul bien conservé de cette côte; et soit qu'il ait été construit par Lucullus,

---

[1] *Lucanum propriæ caussæ accendebant, quod famam carminum ejus premebat Nero, prohibueratque ostentare, vanus adsimulatione.* An. xv, 49.

Agrippa ou Claude, il atteste toujours la force et la grandeur des ouvrages romains.

Le port de Misène, commencé par César, et fini par Auguste, était la principale station des Romains dans la Méditerranée. Pline l'ancien y commandait la flotte lorsqu'il partit pour sa fatale exploration du Vésuve, tant la science et l'ardeur de connaître s'alliaient à Rome avec les plus importantes et les plus hautes fonctions. Ce magnifique port, comblé en partie, a pris le nom de *Mare morto*, qui lui convient aujourd'hui. Misène fut aussi un lieu de délices : Néron y avait une maison, et l'on voit encore les débris de celle de Lucullus, dans laquelle le préfet du prétoire Macron fit étouffer Tibère. Parmi les grottes, les souterrains dont cette côte est minée, on visite la grotte de la Draconaria, vaste piscine construite peut-être par Néron, pour conduire dans sa maison les eaux chaudes de Baïes.

CHAPITRE II.

Ischia. — Vue. — Bains. — Vittoria Colonna.

Mon voyage à Ischia n'a été qu'un passage d'un jour fait par le bateau à vapeur ; mais j'ai pu respirer l'air délicieux de cette île, et contempler son merveilleux panorama, regardé comme un des plus beaux de l'Italie, et même de toutes les côtes et îles de la Méditerranée. Le diapason des habitans m'a semblé encore plus éclatant que celui du peuple napolitain. A l'approche des barques, ils se jetèrent dans l'eau, enlevèrent les voyageurs sur leurs épaules, afin de leur louer des ânes qu'ils conduisaient par derrière avec des cris et une agilité incroyables. Le superbe *Épomée*, volcan éteint, plus ancien, dit-on, que le Vésuve, paraît une aiguille des Alpes frappée par les rayons du soleil de Naples. Sa base est sillonnée de ravins profonds, romantiques, ombragés de hauts châtaigniers; et sur les coteaux inférieurs qui s'abaissent jusqu'à la mer croissent ces vignes auxquelles on doit l'excellent vin blanc d'Ischia. Sur la colline de la *Sentinella*, un des plus ravissans points de vue de l'île, était une jolie maison louée à des dames étrangères, et où j'eus l'honneur de dîner en excellente compagnie. Cette maison appartenait au frère du premier médecin des bains *del Monte della Misericordia*, établissement thermal important; car les eaux d'Ischia sont très salutaires, particulièrement pour les blessures. Le costume national des paysannes est riche et assez élégant; les dames même ne l'ont point quitté; il varie selon chaque endroit; mais le mouchoir de soie de couleurs brillantes, et roulé en forme de turban, est à peu près universel. Nous avions passé devant l'île de Procida, dont les filles ne mettent plus leurs fameux habits grecs que les dimanches et fêtes, comme les *highlanders* écossais, leur soi-disant costume romain. Ces filles étaient accourues sur le rivage pour voir le bateau à vapeur, instrument du commerce et de l'industrie moderne, qui formait un vrai contraste avec les costumes poétiques de l'antiquité.

L'île de Nisida, aujourd'hui lazaret de Naples, vit les adieux de Brutus et de Porcie. Ischia, dans les temps modernes, devint la retraite d'une autre digne Romaine, Vittoria Colonna, marquise de Pescaire, la veuve inconsolable du vainqueur de Pavie, femme illustre par ses vertus, sa beauté, la supériorité de ses talens poétiques, et qui devint comme la muse sainte de Michel-Ange et la Béatrice de ce Dante des arts. [1]

[1] Le rapprochement de Porcie et de Vittoria Colonna a été élé-

CHAPITRE III.

Portici. — Le *Granatello*. — La Favorite. — *Pavé*. — Hackert.

La côte vivante, industrieuse et peuplée de Portici, espèce de quai bruyant, poudreux, bordé de jolis casins et résidence royale, forme un vrai contraste avec la plage déserte de Pouzzole. Le palais, admirablement situé, n'a plus son célèbre musée passé aux Studj; mais il possède quelques ouvrages des meilleurs peintres français de l'école moderne, des portraits de Gérard, d'excellens capucins de Granet, et d'élégans tableaux de M. de Forbin. Les mosaïques antiques, qui forment le parquet de quelques pièces, rendent moins insipide la visite ordinaire des appartemens. Les jardins sont agréables: de beaux chênes, du jardin anglais, ont pris racine dans la lave, et semblent l'image de deux âmes fortes qui, lorsqu'elles s'entendent, sont indestructibles et inséparables.

Le petit fort du *Granatello*, presque en face du palais, mérite d'être visité pour sa vue de mer et l'aspect que présente de là le Vésuve.

gamment exprimé dans des vers latins de l'Arioste, qui avait déjà célébré la marquise de Pescaire dans l'*Orlando* (Can. xxxvii, st. xvi, suiv.):

Non vivam sine te, mi Brute, exterrita dixit
Portia, et ardentes sorbuit ore faces ;
Avale, te extincto, dixit Victoria, vivam
Perpetuo mœstas sic dolitura dies.
Utraque romana est, sed in hoc Victoria major :
Nulla dolere potest mortua, viva dolet.

On sait que Michel-Ange fit pour Vittoria divers dessins cités par Vasari comme des ouvrages admirables ; il correspondait avec elle, et elle lui inspira dix beaux sonnets et plusieurs madrigaux remplis de sentiment et de passion.

A Resine est le palais de la Favorite appartenant au prince de Salerne; ses jardins, avec leurs grosses treilles, m'ont paru beaucoup trop vantés. Sa véritable merveille est le plancher de la salle ovale provenant du palais de Tibère à Caprée. On ne sait si l'idéal de l'antiquité s'étend jusque sur son vice; mais la mosaïque de Caprée, au lieu de causer du dégoût, n'inspire que de la curiosité. Mme de Genlis a peint vivement l'impression désagréable qu'elle ressentit lorsque, au moment de son entrée au Palais-Royal, elle se trouva occuper momentanément les petits appartemens du régent qui avaient encore leur alcove à glaces, et toute leur ancienne magnificence de boudoir; le pavé de Caprée est encore plus souillé, et cependant, en voyant les marbres de diverses couleurs dont il se compose, on ne peut qu'admirer la beauté d'un pareil ouvrage. Le même genre de travail si splendide, si convenable aux palais, se conserve encore en Italie; et l'on voyait à l'hôtel de l'ambassade de France à Naples une habile et récente imitation du plancher de la Favorite.

Les appartemens ont plusieurs *Vues*, des meilleures du célèbre paysagiste Philippe Hackert, mort il y a environ dix années. Il était peintre du roi de Naples, qui lui payait ses tableaux six ducats pour chaque pied carré : aussi l'artiste intéressé a-t-il fait les ciels deux ou trois fois plus étendus qu'ils ne devraient l'être; et c'est le défaut de tous les ouvrages qui lui ont été commandés à ces bizarres conditions. [1]

[1] C'est à ce même artiste qu'Alexis Orloff avait commandé, d'après l'ordre de Catherine, quatre tableaux représentant les faits principaux de la guerre de Morée, et particulièrement l'incendie de la flotte turque à Tchesmé. Hackert ayant déclaré ne savoir comment rendre un vaisseau sautant en l'air, Orloff fit sauter le plus beau de sa flotte, au risque de détruire les bâtimens nombreux et richement chargés qui se trouvaient dans la rade de Livourne. Ces quatre tableaux se voient dans la salle d'audience de Petershoff; ils sont, dit-on, médiocres.

CHAPITRE IV.

Vésuve. — Route. — Ermites. — Éruptions. — Bienfaits du Vésuve.

Il est certains usages de voyageurs qui, quoique consacrés, n'en sont peut-être pas, pour cela, plus raisonnables. Ainsi il est reconnu que tout homme qui va au Vésuve doit sacrifier sa nuit, partir à dix heures du soir, et grimper la montagne avec des torches, afin de voir, dit-on, lever le soleil de la maison des ermites. Mais le Vésuve est entouré au levant de hautes montagnes, qui affaiblissent extrêmement l'effet de ce merveilleux lever du soleil, puisqu'on ne l'aperçoit que lorsqu'il fait grand jour. Le coucher est bien autrement pompeux; l'astre dominateur embrasse sans obstacle l'immense horizon, et se plonge dans la mer avec tous ses feux. Par un reflet de ce soleil couchant, le Vésuve était teint entièrement d'une belle couleur violette. Le lever de la lune, dont je jouis à mon retour en descendant, complétait ce magnifique spectacle; car j'étais parti tout bonnement vers le milieu de la journée, par un temps très doux, et je n'avais pas eu les honneurs de l'expédition nocturne des gens qui voyagent dans les règles.

Les prétendus ermites ne sont pas tout-à-fait dignes du respect qu'ils inspirent à quelques voyageurs mélancoliques : leur hospitalité n'est pas du tout gratuite; ils n'ont jamais été prêtres, et ils ne sont au fait que deux paysans intéressés, avec un garçon, tenant guinguette aux *Trois-Ormeaux*. Leur maison, adjugée comme une autre location, a même autrefois passé pour un de ces rendez-vous galans et furtifs communs dans le voisinage des grandes villes. Il y a environ quarante ans que l'un de ces ermites, mort très vieux, était un ancien valet de chambre de Mme de Pompadour, à laquelle il avait, disait-on, manqué gravement, et qui le congédia de son service. La destinée de ce compagnon disgracié de Mme Duhausset, qui n'a point laissé de *Mémoires*, était dans son espèce assez bizarre; après avoir assisté aux petits soupers de Louis XV, il préparait le frugal repas du voyageur, et on le distinguait aux manières de Versailles qu'il avait conservées. Ces ermites, comme l'aubergiste de Chamouny, ont aussi leur livre de pensées à l'usage des voyageurs; mais le Vésuve, ainsi que le Mont-Blanc, n'a guère fait produire que des pauvretés. L'aspect de la réalité, même la plus grande, est le plus souvent stérile, si l'imagination et la mémoire ne viennent l'embellir et la compléter, et elle a besoin, pour inspirer, de cette sorte de distance.

Avant l'éruption de l'année 63, qui précéda de seize ans l'éruption à jamais célèbre par la mort de Pline l'ancien et les deux lettres de Pline le jeune à Tacite, les éruptions du Vésuve paraissent avoir été moins fréquentes et moins destructrices. Sous Auguste, la cime moins élevée était couverte d'arbres et de vignes. Les éruptions principales ont été, depuis cette dernière, dont M. le chev. Arditi a prétendu, dans une dissertation lue à la Société *Borbonica*, indiquer l'heure, la minute et la seconde, les éruptions de 203, de l'année 472, dont les cendres volèrent jusqu'à Constantinople; de 512, de 685, de 993, de l'année 1036, la première des éruptions modernes qui ait été accompagnée de lave, de 1049, de 1138, de 1306, de 1500, et de l'année 1631, la plus violente depuis celle de 79. Malgré les désastres de ces diverses éruptions, et l'effroi que doit inspirer cette terre du volcan, sillonnée d'éclairs comme le ciel, les éruptions du Vésuve n'ont point les effets complétement destructeurs des inondations, des avalanches et autres tristes fléaux du Nord : le pavé de la ville est fourni par sa lave, dont les brillantes scories teintes d'azur, d'outremer, de jaune et d'orangé, se changent encore en joyaux et en élégans ouvrages, qui se débitent au loin. La cendre qu'il a lancée produit des fruits excellens et le joli vin de *Lacryma christi*, si spirituellement chanté par Chiabrera [1]. Une nombreuse population vit du Vésuve ; il est comme une immense usine créée par la nature au bord de la mer, et qui a celle-ci pour moteur : aussi *la montagna*, comme on dit à Naples, est-elle plus aimée que redoutée du Napolitain ; elle fait son orgueil et sa gloire ; elle est la plus majestueuse décoration de son bel amphithéâtre ; il la regretterait si elle pouvait disparaître, et les habitans de Resine, de la *Torre del Greco* et de la *Nunziata* ont rebâti leurs maisons aux mêmes places où elles avaient été renversées. Enfin le Vésuve, au milieu même de ses plus grandes fureurs, ne semble avoir englouti Pompéi que pour la conserver miraculeusement à la curiosité et à l'admiration de la postérité.

[1]
Chi fu de' contadini il sì indiscreto,
Ch' a sbigottir la gente
Diedé nome dolente
Al vin, che sovra gli altri il cuor fa lieto ?
Lacrima dunque appellerassi un riso,
Parto di nobilissima vendemmia ?

On a remarqué que, lors des éruptions de 1794, 1796 et 1822, certains endroits incultes étaient devenus extrêmement fertiles par cette pluie de cendre.

CHAPITRE V.

HERCULANUM. — Théâtre. — POMPÉI. — Fouilles. — Maison de campagne. — Voie des tombeaux. — Murs. — Rues. — Maison d'Actéon. — Boutiques. — Maisons du boulanger ; — de Pansa ; — du poète dramatique. — Thermes. — *Fullonica.* — *Forum.* — Trésor public. — Prisons. — Basilique. — Panthéon. — Place du Théâtre tragique. — Théâtre. — Prix des places. — Amphithéâtre.

HERCULANUM, quoique sur la route de Pompéi, ne doit être visitée qu'après : comme on ne peut l'examiner qu'aux flambeaux, puisqu'elle est enfouie à plus de soixante pieds sous une lave très dure, on ne comprendrait guère, sans cette précaution, la forme des galeries de son théâtre, le plus intact qui nous reste de l'antiquité, ainsi que les distributions de sa magnifique villa. Ce fut un prince d'Elbeuf, Emmanuel de Lorraine, marié à Naples et établi à Portici, qui découvrit en 1711 Herculanum. Nous avons vu un des plus beaux palais de Vérone et de l'Italie, bâti par un évêque de Bayeux [1]; ces noms de Normandie semblent étrangement mêlés aux splendides monumens de l'Italie ancienne et moderne. Herculanum rappelle un des plus terribles exemples de l'abus de l'érudition; c'est le trait du prélat romain Bajardi, qui se disait descendre de Bayard : appelé par le roi de Naples pour donner le catalogue des objets découverts et conservés à Portici, il obtint la permission, en attendant l'exécution des gravures, de mettre à la tête du grand commentaire une préface dont il publia le commencement en sept vol.

[1] *V.* Liv. v, chap. xxv.

in-4°; et il n'avait pas encore, raconte l'abbé Barthélemi, entamé son sujet.

L'antiquité, à Pompéi, n'est plus cette antiquité vague, reculée, incertaine, cette antiquité des livres, des commentateurs, des antiquaires; c'est l'antiquité réelle, vivante, en personne, si l'on peut le dire : on la sent, on la voit, on la touche. La nouvelle et savante barbarie des musées est ici plus choquante et plus funeste que partout ailleurs : si les objets découverts étaient laissés en place, avec les précautions nécessaires et faciles à prendre pour leur conservation, ils seraient, comme l'a remarqué M. de Châteaubriand, le plus merveilleux musée de la terre. On peut ajouter qu'un cinquième seulement de la ville est déblayé, et qu'il faudra, si les enlèvemens continuent, bâtir une autre ville pour déménager Pompéi. Il est vrai qu'au train dont vont les fouilles, on a du temps devant soi : d'après les calculs les plus exacts, l'exhumation complète donnerait lieu à une dépense de 694,589 ducats (2,894,080 fr.); et il n'y a d'alloué chaque année, pour les travaux et réparations, que 6000 ducats, (25,000 fr.). On voit que, s'il a fallu cent vingt ans pour parvenir à la découverte du cinquième que nous possédons, il faudra encore quatre cent quatre-vingts ans afin de jouir de l'aspect entier de Pompéi.

Lorsque Sulpitius, cherchant à consoler Cicéron de la mort de sa fille Tullia par l'exemple des vicissitudes humaines, lui parle de ces cadavres de cités qu'il apercevait à son retour d'Asie, il ne s'attendait pas que cette expression figurée dût s'appliquer un jour aussi fidèlement à la ville qui faisait les délices de son ami, *Tusculanum et Pompejanum valdè me delectant*, dont la maison, malgré la bonne volonté de l'abbé Romanelli, n'a point encore été découverte.

La maison de campagne, ou de Diomède, dans le faubourg, la plus belle de Pompéi, montre cette double vie publique et privée des Romains. La partie publique se composait du vestibule et de l'*atrium*, qui renfermait dans un ordre presque toujours pareil le *cavœdium* (cour), le *tablinum* (salle d'audience), les ailes, les corridors (*fauces*). La partie privée contenait les chambres à coucher (*cubicula*), la salle à manger (*triclinium*), les salles (*œci*), la galerie de tableaux (*pinacotheca*), la bibliothèque, les bains, l'exèdre ou salon, le xiste ou parterre garni de fleurs et d'arbustes; toutes ces pièces étaient distribuées autour du péristyle. La vie publique est pleine de grandeur; la plupart des petites pièces, à l'usage de la vie privée, qui ne reçoivent le jour que par la porte, et n'ont point de cheminées, sont fort peu *comfortables*, malgré les mosaïques et les peintures brillantes dont elles sont décorées. On voit par l'incommodité de ces pièces que la vie des Romains était surtout extérieure et publique, et qu'à l'exception de la nuit et de leur principal repas qu'ils faisaient vers le soir, ils passaient presque toute la journée au Forum, ou sous les portiques. L'*atrium* même du logis était une espèce de Forum intérieur dans lequel ils recevaient leurs hôtes, leurs cliens, leurs amis, et dans lequel ils continuaient de vivre à l'air. Il n'y a jamais eu chez eux, comme chez les Italiens actuels qui n'ont pourtant pas de vie publique, le *home* des Anglais, ou notre *coin du feu*. La maison de Diomède avait trois étages, chose rare; car la plupart des autres maisons n'en avaient que deux, surmontés d'une terrasse ornée d'une espèce de treille. Comme dans l'Orient, l'appartement des femmes donne sur le jardin.

La voie des tombeaux, garnie de trottoirs, bordée de chaque côté de hauts mausolées occupés par des familles entières et leur suite, est une véritable rue. Les morts dans le polythéisme semblent à peine quitter la terre; ils habitent les lieux les plus fréquentés, le long des chemins publics, et ils paraissent moins mourir que changer de logis. Les plus remarquables de ces tombeaux sont le monument élevé par la prêtresse de Cérès, Alleja Decimilla, à son époux Marcus Allejus Lucius Libella, et à son fils, sur un emplacement accordé par le peuple; celui que Nevoleja Tyche a consacré à son mari Caïus Munatius, à elle-même et à leurs affranchis et affranchies; elle y fit sculpter son propre portrait, le *bisellium*, siége d'honneur ¹, que les décurions et le peuple avaient décerné à Munatius, une cérémonie funèbre et une barque qui gagne le port, peut-être emblème du repos de la tombe après les orages de notre vie; le cénotaphe de C. Calventius Quiétus, que sa munificence fit honorer aussi du *bisellium*, regardé comme le plus élégant et le mieux conservé des monumens funèbres de l'antiquité; le tombeau de Scaurus, curieux par ses bas-reliefs en stuc, représentant des chasses, des combats de gladiateurs, dont la visière du casque est baissée, et qui sont couverts de cuissards et de brassards comme les anciens chevaliers, ainsi que par ses inscriptions explicatives tracées au pinceau.

Les remparts de Pompéi, découverts de 1812 à 1814, et que l'on peut aujourd'hui parcourir en entier, ont fait connaître l'étendue et le plan de la ville; ces remparts, construits en grande partie avec d'énormes blocs de pierre, avaient affronté la fortune de Sylla, qui soumit Pompéi sans l'attaquer.

Les rues de Pompéi sont étroites et assez mal ali-

---

¹ Le *bisellium* était une espèce de banc couvert de coussins ornés de franges, et sur lequel on s'asseyait seul au forum et dans les spectacles publics, quoiqu'il y eût place pour deux.

gnées; mais les chars, dont l'empreinte des roues se voit encore, n'ayant que quatre pieds de voie, une plus grande largeur n'était pas nécessaire. Les anciens s'imaginaient, d'ailleurs, que les rues étroites et tortueuses étaient plus salubres, parce que l'action du soleil s'y faisait moins sentir.

L'auberge publique de Julius Polybe offre un vaste souterrain, la plus belle cave de Pompéi.

La maison dite des *Vestales*, brillante de peintures et de mosaïques, a presque la forme d'un temple; les bizarres chapiteaux des colonnes sont bien éloignés de la pureté grecque.

La maison des Danseuses a conservé son air de fête, par la variété, la grâce et la volupté de ses figures.

La maison dite de *Salluste* ou d'*Actéon*, est une des plus élégantes et des plus recherchées de la ville; son atrium passe pour le mieux conservé. Un four, semblable aux nôtres, paraît tout neuf et pourrait encore servir. Une boutique communiquait à l'appartement de Salluste : on voit, par cet exemple et par beaucoup d'autres, que les plus riches patriciens ne dédaignaient point de vendre en détail le vin, l'huile et les denrées de leurs terres, ou les produits de leur industrie; usage qui existe encore dans quelques provinces d'Italie, et que pratiquent les économes Florentins. Les boutiques étaient une propriété lucrative; Cicéron savait tirer parti des siennes comme un entrepreneur de nouveau passage [1], et l'on voit encore à Pompéi, près de l'am-

---

[1] *V.* ce passage comique d'une lettre à Atticus, dans lequel Cicéron montre une si bizarre ostentation de philosophie : *Sed quod quæris, quid arcessierim Chrysippum; tabernæ mihi duæ corruerunt, reliquæque rimas agunt. Itaque non solum inquilini, sed mures etiam migraverunt. Hanc ceteri calamitatem vocant; ego ne incommodum quidem. O Socrates, et Socratici viri! nunquam vobis gratiam referam. Dii immortales, quam mihi ista pro nihilo!*

phithéâtre, un écriteau par lequel Julia Félix, fille de Spurnius, riche propriétaire, offre à bail pour cinq ans un vaste édifice contenant un bain, un *venereum*, toujours voisin de ce dernier, et NEUF CENTS boutiques avec leurs dépendances. Le luxe de nos magasins à la mode existait dans ces boutiques, qui formaient presque toujours le devant des habitations : leur pavé était de mosaïque ; elles avaient aussi leur musée en plein vent ; un bœuf était peint sur la boutique d'un boucher, et le groupe des vendangeurs représenté sur celle d'un marchand de vin, a été imité par le Poussin. Le mystérieux *venereum* décoré de la grande fresque d'Actéon, doit paraître moins scandaleux avec la religion, la poésie et les mœurs des habitans de Pompéi.

La maison dite de *Modeste*, était celle d'un marchand de liqueurs. L'enseigne représentait assez poétiquement Ulysse repoussant les perfides breuvages que lui offrait Circé.

La maison du boulanger est fort décente et bien distribuée. Le four, les moulins sont curieux. Les deux seuls poètes comiques latins, Plaute et Térence, avaient été, pendant leur esclavage, condamnés, comme les ânes, à tourner la meule de ces petits moulins de pierre dont la forme ressemble à celle des moulins à café. Caton vante les *habiles meuniers* de Pompéi. [1]

L'habitation de l'édile Pansa est la plus grande et la plus régulière de Pompéi. Pansa louait aussi un grand nombre de boutiques et un four. Au-dessus de ce dernier est l'inscription célèbre : *Hìc habitat felicitas*, et son emblème obscène, petit bas-relief de pierre peint en

---

Sed tamen ea ratio ædificandi initur, consiliario quidem et auctore Vestorio, ut hoc damnum quæstuosum sit. Lib. xiv, 9. Chrysippe était architecte de Cicéron ; il en avait un second qui s'appelait Cluatius. *Ibid.* Lib. xii, 18.

[1] *De re rust.* Cap. xxii.

rouge, allusion, selon quelques doctes antiquaires, à l'abondance des blés, ou peut-être à la forme des petits pains antiques. Cet emblème servait aussi d'amulette chez les anciens, afin de conjurer certains maléfices, et M. Arditi a pensé que le boulanger l'avait employé comme une espèce d'assurance de son établissement.

La petite maison du poète dramatique, avec sa médiocre et célèbre mosaïque du gros chien à l'attache, et l'inscription *cave canem*, est un des plus jolis monumens particuliers de l'antiquité ; elle a de nombreuses figures de *Génies*, de *Victoires*, des arabesques et des mosaïques du meilleur goût. La belle mosaïque de sept figures dite le *Concert d'une représentation dramatique*, est un tableau curieux d'une répétition et des coulisses de l'antiquité.

Les thermes, d'une élégante simplicité, ne pouvaient guère contenir qu'une vingtaine de personnes ; ils n'étaient pas probablement les seuls à Pompéi. Le *côté* des dames est le plus orné. La première salle servait à se déshabiller ; dans le fond est un petit cabinet ovale (*frigidarium*) dans lequel se trouve le bassin rond creusé dans le pavé (*piscina*) destiné au bain froid ; de là on passait dans la salle tiède (*tepidarium*) ; puis dans la troisième et dernière salle, l'étuve, au bout de laquelle est un long bassin (*baptisterium*) où se prenait le bain chaud. Ces trois salles sont pavées en mosaïque, et les voûtes, chose unique au milieu de ces décombres, sont très bien conservées. Les thermes, chez les anciens, sont de véritables monumens publics dont l'inauguration se fait avec solennité : l'inscription à peu près effacée des termes de Pompéi portait qu'à l'occasion de leur ouverture il y aurait des combats de gladiateurs, chasse des animaux, athlètes, et qu'on répandrait des parfums et dresserait des tentes dans l'amphithéâtre.

La maison des teinturiers et des foulons (*fullonica*), ancienne habitation convertie en fabrique, est curieuse par sa distribution, ses peintures, et comme usine, comme manufacture, comme monument industriel des anciens. Ces teinturiers, ces foulons, que l'usage des robes devait fort occuper, paraissent des gens considérables; ils avaient leur collége et leurs prêtres, et ils élevèrent à Pompéi la belle statue de la prêtresse Eumachia.

La maison dite de la *Fontaine* en mosaïque, découverte en 1827, est incrustée de coquillages dont, après bientôt vingt siècles, pas un seul ne manque; elle ressemble beaucoup aux fontaines de Naples de l'école du Bernin, et, chose singulière pour un ouvrage antique, on pourrait croire qu'elle appartient à cette époque de décadence.

La maison dite de *Castor et Pollux*, à cause des deux peintures qu'on y trouva en 1828, peut être regardée comme une des belles et des plus vastes de Pompéi.

Le forum civil était le lieu d'affaires et comme la bourse et le palais de Pompéi; au milieu se voyaient les statues en marbre ou en bronze avec des inscriptions honorifiques de Rufus, de Salluste, de Pansa, de Scaurus, de Gellianus et autres illustres personnages de la colonie; statues érigées sur des piédestaux qui sont encore en place. Un tel édifice surprend avec la petitesse de la ville; il est un monument de l'importance et de cette espèce de pompe qui s'attachait à la vie politique des anciens.

Le trésor public, appelé le temple de Jupiter, était dans le beau quartier. Les caisses publiques, chez les anciens, se déposaient dans les temples; à Rome, le trésor de la république était dans le temple de Saturne; l'hôtel des monnaies dans celui de Junon, et la caisse générale de la nation dans celui de Castor et Pollux. César, dit Montesquieu, avait amassé, pour son expédition contre les Parthes, des sommes immenses qu'il avait mises dans le temple d'Ops[1]. Ce genre de dépôt, dont les formes de l'administration et de la comptabilité modernes ne s'accommoderaient guère, ne surprendra point si l'on songe que les dignités d'augure et de grand pontife étaient chez les Romains des magistratures, et que ceux qui en étaient revêtus faisaient partie du sénat; il y avait là une intime union entre le pouvoir et le sacerdoce.

Les portes des prisons, très étroites, sont garnies de barreaux de fer, et les chambres où le jour ne pénétrait point étaient de véritables cachots. Au milieu de cette multitude d'édifices consacrés par les anciens à la religion, aux affaires ou aux plaisirs, il est impossible de ne pas remarquer combien les sentimens d'humanité, de commisération, paraissent étrangers à cette société si forte, si glorieuse, si passionnée pour la patrie : on n'a point trouvé d'hospice à Pompéi.

Le temple de Vénus, un des plus considérables de la ville, est inférieur toutefois par son architecture à la trésorerie. Il était destiné au collége des *Venerei*, corporation chargée de présider au culte de la déesse.

La majestueuse basilique était un tribunal : les magistrats siégeaient au fond à une place élevée; on voit encore les petites fenêtres et les barreaux par lesquels ils interrogeaient les accusés; le jugement était public. Quelques inscriptions barbouillées sur la basilique donnent l'idée de cet album des murs composé de réflexions populaires inspirées par l'humeur, l'oisiveté ou le libertinage.

---

[1] *Grand. et décad. des Romains*, chap. XII.

La maison d'Adonis, agréable et ornée d'un bel atrium toscanique, a deux remarquables peintures : *Persée et Andromède* et *Vénus et Adonis*.

L'école de Verna, curieuse comme modèle d'une classe antique, est une vaste place au milieu de laquelle se trouve la chaire du maître qui professait à la fois pour les petits garçons et les petites filles.

Le panthéon, ou le temple d'Auguste, superbe édifice, servait aux banquets publics ; de nombreuses peintures répondent à cette destination : onze cabinets, réservés aux principaux habitans, offrent des figures d'oies, volatiles trop dédaignées des gourmands modernes, dont le foie, selon Pline, était un mets délicieux [1], et qui était la pièce capitale de ces festins. *Ethra découvrant à son fils Thésée l'épée de son père* est la plus remarquable peinture du Panthéon.

Les fûts de colonne d'un ancien ordre dorique du temple dit d'Hercule, le caractère de son architecture, l'exiguité de ses proportions, attestent sa haute antiquité et le placent au premier rang des édifices sacrés de Pompéi.

La place du théâtre est admirable par ses longs et beaux portiques, ses restes d'un temple grec, le plus ancien et l'un des beaux monumens de la ville, son *puteale* et sa vue de la mer maintenant éloignée de deux milles, et qui baignait autrefois les murs de la commerçante Pompéi.

La curie isiaque, le temple d'Isis, montrent les initiations, les mystères et les pratiques sacerdotales du culte de l'Égypte.

Le grand théâtre, selon l'inscription, fut bâti sous Auguste, aux frais des deux Marcus Holconius Rufus

---

[1] Lib. x, cap. 22 cité par Mazois. *Palais de Scaurus*, chap. XIII.

et Celer, pour l'embellissement de la colonie. Les premières places étaient occupées par les décurions, les *Augustales* (prêtres du temple d'Auguste), et ceux qui avaient le privilége du *bisellium;* les secondes, par les citoyens, les militaires et les divers corps; les troisièmes et dernières par le peuple et les femmes, cérémonial malhonnête et contre lequel nous avons déjà réclamé [1]. Le prix des places, comme de nos jours en Italie, était peu élevé : un billet trouvé à Pompéi, pour une tragédie d'Eschyle, n'avait coûté que quelques sous.

L'Odéon, le petit théâtre, est mieux conservé que le grand; il servait aux répétitions et aux concours poétiques, dont les prix étaient des trépieds.

Le quartier des soldats conserve encore sur ses murs les grossiers dessins de guerriers et de vaisseaux crayonnés dans l'oisiveté du corps-de-garde romain.

L'amphithéâtre est un des mieux conservés qui nous restent. Il pouvait contenir jusqu'à vingt mille personnes, nombre supérieur à la population de Pompéi; mais on voit qu'il était aussi fréquenté par les habitans des villes voisines, puisqu'au rapport de Tacite, ceux de Nuceria s'y étant rendus pour assister à un spectacle de gladiateurs, une légère dispute, qui devint un affreux carnage (*atrox cædes*), s'éleva entre eux et les Pompéiens; scène de meurtre au sujet d'une autre scène de meurtre, et qui peint la joie et les plaisirs barbares des anciens.

Je ne suis point allé voir Pompéi au clair de lune, comme on m'y avait invité à Paris; car il ne me paraît point convenir à cette sorte de ruine : il lui faut de grandes ombres et de hautes masses, et les décombres de Pompéi ne s'élèvent guère qu'à douze pieds au-des-

---

[1] *V.* Liv. XIII, chap. XXII.

sus de terre. Quant à l'idée que l'on peut supposer les habitans endormis, et se croire ainsi dans une cité antique en repos, elle n'est pas très facile à admettre, et l'on ne se figure point cette espèce de bivouac au milieu de tas de pierres.

La vue de Pompéi montre bien mieux que toutes les dissertations quelle était l'existence municipale, la prospérité et l'éclat des colonies romaines. Cette petite ville de troisième ordre, dont un cinquième seulement nous est connu, que l'on peut parcourir en moins d'une demi-heure, possède un Forum, huit temples, une basilique, trois places publiques, des thermes, deux théâtres, et un superbe amphithéâtre.

CHAPITRE VI.

La *Cava*. — Monastère de la *Trinité*. — Archive. — Chartes. — Bibliothéque. — Manuscrit des lois lombardes. — SALERNE. — Cathédrale. — Grégoire VII.

La Cava est une vallée suisse avec des oliviers, la mer et le soleil de Naples. La force et la beauté des femmes, l'industrie des habitans, un écrivain politique, Filangieri, l'auteur de la *Science de la législation*, composée en partie à la Cava, publiciste moins éloquent que Jean-Jacques, mais partisan comme lui des principes populaires, ajoutent encore à cette ressemblance. Parmi la multitude de détails que présente ce délicieux paysage, entremêlé de vieux châteaux en ruine et de belles maisons de campagne, on ne doit pas négliger la superbe grotte de Dunega.

Le monastère de la Trinité, situé au sein de ces bois

et de ces montagnes, et comme incrusté dans le mont Fenestra, devint à la fin du xe siècle un de ces asiles des lettres, alors que la civilisation latine avait disparu, et que la civilisation italienne n'était point née. Je visitai le couvent avec deux Français instruits, mes compagnons de voyage à Pœstum [1]. Accueillis avec cette politesse empressée, affectueuse, des religieux italiens, nous fûmes invités au dîner monastique qui était abondant, mais sans recherche ni profusion; on servit ensuite au salon des glaces et du café. L'archiviste auquel j'étais adressé ne se trouvant point au couvent, nous fûmes conduits par un jeune prêtre fort gracieux, ayant comme Apollon le goût des vers et de la botanique, et qui nous fit voir un peu longuement, pour des amateurs de livres et d'archives, son herbier et ses sonnets. L'archive célèbre de la Cava est le plus riche en chartes de l'Italie, et l'on doit vivement désirer que le catalogue en soit publié. Le moyen âge avec sa barbarie est l'époque des institutions et des chartes. La multitude des titres et actes de donation de la Cava sont octroyés par les souverains de Bénévent, de Salerne et de Capoue, à la suite de guerres et de traités de paix, et quelquefois en expiation des crimes de ces princes; il n'est pas de pièces plus propres à éclairer l'histoire de ce pays pendant les xie, xiie et xiiie siècles. Le savant ouvrage de l'archiviste, le prieur dom Salvator Marie de Blasi, publié à Naples en 1781, a fait connaître la série des diplômes concernant les rois lombards, de l'année 840 à l'année 1077. Parmi les chartes qui sont à la Cava, il en est une qui montre le bon esprit, la modération des habitans, et la magnanimité d'Alphonse Ier d'Aragon. Ce prince ayant envoyé à la commune un blanc-seing,

---

[1] M. Rouard, aujourd'hui bibliothécaire de la ville d'Aix, et son élève M. de N*****.

avec invitation d'y inscrire tous les priviléges qu'elle désirait, elle fit un usage si discret de cette permission, que Alphonse renvoya un nouveau diplôme avec des concessions plus étendues que celles qui avaient été demandées. La bibliothèque, sans être fort nombreuse, a de belles éditions des Aldes, des Juntes, des Grifi, des Étienne; une édition estimée de S. Jean-Chrysostôme, de Charlotte Guillard, habile et docte imprimeur. Parmi les manuscrits, au nombre seulement d'un peu plus de soixante, on admire une *Bible* du VIIIe siècle, très bien conservée, in-4°, précieux monument de la calligraphie et des ornemens de cette époque, écrite avec de l'encre de diverses couleurs; une Bible charmante par l'élégance des caractères, la blancheur du vélin, la fraîcheur des miniatures, mais qui n'est que du XIIIe siècle, et le *Codex legum longobardorum*, de l'année 1004, in-4°, un des trois exemplaires connus, et le plus précieux de ceux qui contiennent les lois des rois d'Italie jusqu'à Lothaire II, avec des variantes et détails historiques.[1]

L'église de la Trinité, dont la façade est d'une médiocre architecture, offre une pierre sépulcrale que sa mitre renversée a rendue le sujet de diverses conjectures : la tradition du couvent est qu'elle couvre les

---

[1] Une lettre intéressante sur la bibliothèque du monastère de la Trinité a été écrite à M. le bibliothécaire de la bibliothèque du Roi à Naples (Naples, 1800) par M. l'abbé de Rozan, vicaire général du diocèse de Luçon, qui avait trouvé un asile à la Cava. L'auteur du texte du *Voyage pittoresque dans le royaume des Deux-Siciles*, publié à Naples par MM. Cuciniello et Bianchi, annonce, d'après une note autographe, que cette brochure anonyme avait été composée à la prière du cardinal de Bernis, auquel elle était adressée sous le nom du bibliothécaire. Elle a été traduite en italien par le P. Morcaldi, lecteur de philosophie à la Cava (Naples, 1822), et elle est précédée d'une lettre du cardinal Maury, datée de Montefiascone, du 26 juin 1801, dans laquelle il accorde de justes éloges aux connaissances bibliographiques de l'abbé de Rozan, qu'il félicite de l'avantage *très rare d'être savant avec esprit*.

restes de l'antipape Bourdin, légat du pape Pascal II, et archevêque de Brague en Portugal, élu par l'empereur Henri V, qu'il avait couronné. Peu d'années auparavant, vers 1100, un autre antipape nommé Théodoric, après avoir promené son vain titre pendant cent trois jours par les bourgs de la Campanie, mourut simple bénédictin dans ce monastère. Vers la fin du même siècle, Innocent III, troisième antipape (tant il y avait alors surabondance de foi), quoique soumis, fut enfermé par le pape Alexandre III à la Cava, qui paraît alors comme la maison pénitenciaire de l'antipapauté.

Salerne, citée par les écrivains de l'antiquité, brille surtout par ses souvenirs du moyen âge : capitale des États de Robert Guiscard, école célèbre de médecine et de droit, elle rappelle la science barbare et la chevalerie aventureuse de cette époque. Son port, d'après l'inscription, fut commencé par le fameux conspirateur des Vêpres Siciliennes, Jean de Procida, noble et médecin de Salerne, *ami intime et compagnon* de Manfred, le poétique bâtard de l'empereur Frédéric II, fondateur de sa célèbre foire de septembre. A l'exception du dôme construit d'antiquités, et des six curieuses colonnes romaines cachées dans l'écurie de l'archevêque, l'aspect de la ville est aujourd'hui assez moderne; elle a un lycée destiné à l'étude des sciences exactes, une maison d'orphelins, un théâtre nouveau; et son intendance, bâtie il y a vingt ans, passe pour la plus belle du royaume.

Le dôme, vaste édifice consacré à S. Mathieu par Robert Guiscard, est presque un musée par la multitude de colonnes, de bas-reliefs enlevés aux temples de Pœstum [1]. Grégoire VII, mort fugitif à Salerne, y

---

[1] *V.* le chap. suivant. La célèbre tasse de granit a été transportée, en 1830, à la *Villa reale* de Naples.

est enterré; quoique l'on y vénère le corps de S. Mathieu, la relique de l'apôtre paraît presque effacée par le souvenir du pontife, dont les dernières paroles contrastent singulièrement avec sa vie et sa renommée, et semblent celles d'un sage : *Dilexi justitiam et odivi iniquitatem; propterea morior in exilio.* Non loin de sa chapelle, où se voit sa statue debout, est le tombeau d'un cardinal Caraffa, son admirateur, sur lequel se trouvent un bas-relief antique et une inscription qui se termine par ce trait hardi d'indépendance religieuse : *Hic mortuus jacere delegit vivus ubi Gregorius septimus pontifex maximus libertatis ejusdem (ecclesiasticæ) vigil assiduus excubat adhuc licet cubet.* On voit que cette liberté ecclésiastique peut avoir son enthousiasme et ses héros comme la liberté politique.

CHAPITRE VII.

Pæstum. — Origine. — Métairie. — Temples.

L'ORIGINE phénicienne, étrusque, grecque dorienne, grecque sybarite de Pœstum, dépend tout-à-fait du choix, de l'inclination des érudits, car il y a des étymologies pour toutes ces origines. L'origine grecque sybarite paraît toutefois la plus généralement adoptée. Ces champs de roses que Virgile voulait chanter, *biferique rosaria Pœsti,* et qu'ont célébrés presque tous les poètes anciens, n'offrent plus qu'une plaine insalubre et désolée qui n'a pas perdu toute sa fécondité; car si les roses n'y fleurissent plus deux fois l'an, elle produit encore moins poétiquement, il est vrai, une double récolte de pommes, de poires et de cerises. Une grande métairie garnie d'antiquités est voisine des temples; sans la dégradation et l'horrible misère des gens qui l'habitent [1], elle ne formerait point avec eux un choquant contraste : le travail des champs est noble, et des pâtres, des laboureurs, ne sont point de trop indignes successeurs des prêtres, des guerriers et de tous les pompeux personnages de l'antiquité qui ont figuré sous ces portiques.

Les ruines de Pœstum se composent des murs, de deux temples, le plus grand, dit-on, consacré à Neptune et le plus petit à Cérès; d'une basilique, qui pourrait bien aussi avoir été un temple, et d'un amphithéâtre, appartenant à l'enfance de ce genre de constructions, mais qui ne peut être que du temps des Romains. Lorsque l'on contemple les imposans débris des monumens publics de Pœstum, sans qu'il soit depuis long-temps question d'aucune trace de ses habitations, on est de nouveau frappé de l'importance que les anciens attachaient aux premiers, et de l'infériorité, du peu de solidité des maisons particulières. Quoique les Sarrasins aient saccagé Pœstum, il est probable que son principal dévastateur fut Robert Guiscard, lorsqu'il la dépouilla de ses colonnes, de ses sculptures et de ses ornemens de vert antique, afin d'en décorer l'église S.-Mathieu, qu'il bâtissait à Salerne [2] : la dévotion du

---

[1] La déplorable condition du paysan napolitain provient de ce qu'il ne possède pas, et n'est que le fermier de propriétaires qui ne résident point et dont il ne connaît souvent que le régisseur. Les *villeggiature* des Napolitains se bornent à changer d'air, à jouer plus gros jeu et à avoir plus de monde qu'à la ville. C'est tout-à-fait la vie de la campagne en France sous Louis XV. L'énormité des impôts oblige ces propriétaires à élever le prix des baux; le malheureux cultivateur demeure ainsi sans ressource, et si vous lui demandez ce qu'il gagne, pour toute réponse il dit : *si campa* (on vit).

[2] *V.* le chap. précédent.

guerrier normand dut être plus fatale aux temples antiques que le pillage des infidèles.

Ces temples, presque de front sur le bord de la mer, sont encore, au-dehors et de loin, d'un effet singulièrement majestueux : il est impossible de n'être pas frappé de la solidité de ces massives colonnes qui, depuis des siècles, se soutiennent par un équilibre secret ; car on ne voit ni ciment, ni barres de fer, ni toute cette partie mécanique des arts modernes. Mais l'intérieur, encombré de grosses colonnes, est fort étroit ; ces temples sont plutôt une enceinte sacrée, une espèce de sanctuaire qui devait être rempli par les prêtres et les statues, et le peuple était obligé de se tenir dehors. Les basiliques chrétiennes ont bien surpassé en étendue les temples du polythéisme. On sent que les croyances nouvelles avaient besoin d'un plus vaste espace pour un plus grand dieu.

Le temple romain, découvert en 1830, et situé entre les temples de Neptune et de Cérès, n'offre plus que quelques débris qui attestent son ancienne magnificence.

CHAPITRE VIII.

Sorrente. — Barque. — Maison du Tasse. — Costumes. — Antiquités.

La barque napolitaine qui, pour 10 grains (moins de 10 sous), vous mène à Sorrente, est une espèce de barque turque pour le grand nombre des rameurs, la confusion et l'inexpérience de la manœuvre; et cependant, quelque temps qu'il fasse (et la mer de ce golfe est quelquefois très mauvaise), la barque part tous les jours à midi ; à force de cris, de sauts, de gestes et de grimaces, elle arrive pour repartir le lendemain matin, chargée d'oranges portées au marché : l'ignorance de ces hommes surmonte l'obstacle sans le mesurer, et ils possèdent une intelligence, une industrie d'instinct qui supplée à l'instruction. Il est d'usage de faire une quête à bord, afin de dire des messes pour les âmes du purgatoire ; la petite boîte qui sert de bourse est peinte de flammes. Sans entrer dans la question théologique sur l'efficacité de ces prières, il est difficile de n'être pas touché d'un si pieux usage, nouvelle preuve de la commisération naturelle au peuple napolitain. [1]

La maison du Tasse est aujourd'hui un palais bien situé, au-dessus d'un rocher élevé, décoré de verdure, et baigné par la mer. Le propriétaire était encore, il y a quelques années, M. Gaëtan Spasiano, descendant de la sœur aînée du poète, Cornelia, qui l'avait reçu si tendrement, quoique, avec cette défiance particulière à l'infortune, il eût cru devoir, après une si longue absence, ne se présenter à elle que sous les habits d'un vieux pâtre dont il s'était revêtu dans le voisinage ; scène touchante de reconnaissance racontée par lui et son ami Manso [2], et que l'on croirait empruntée d'Homère. Ce palais moderne, bien meublé, venait d'être loué, lorsque je le visitai, à une famille anglaise. On montre, dans un enclos d'orangers et de lauriers, l'emplacement de la maison où naquit le Tasse. Mais si ses traces matérielles sont incertaines ou effacées, la beauté, l'éclat, la magie, cette sorte de jeunesse du site de Sorrente et de son délicieux *Piano*, ne sont point altérés ;

---

[1] *V.* Liv. xii, chap. xi.
[2] Let. du 14 novembre 1587, et *Vie du Tasse*, p. 87 et suiv.

et l'on comprend très bien quelles premières et durables impressions elles durent produire sur un tel génie.

Le jour que je passai à Sorrente était un dimanche; les paysannes portaient leurs riches et pittoresques habits; il est vrai qu'avec des corsets à coutures d'or, des chaînes, des bagues, des boucles d'oreille et des épingles dans les cheveux, quelques unes allaient pieds nus. La *corbeille* est ici ruineuse pour le jeune villageois qui se marie : il doit fournir toute cette parure, et le schall de cachemire de rigueur ne cause pas plus de gêne à un époux parisien de la moyenne propriété. Il m'est impossible toutefois de m'indigner comme certains voyageurs économistes, et lady Morgan, contre la dorure des toilettes napolitaines. Ce luxe est en harmonie, si l'on peut le dire, avec l'imagination brillante, le langage musical, les physionomies animées des filles et des femmes qui les portent, avec le soleil, la nature, la poésie, la religion du pays; un pareil éclat n'irait point sous un ciel brumeux et à des visages puritains. Il faut de la variété dans les mœurs et les usages des peuples; elle ne s'oppose point au perfectionnement moral des individus, et ce serait une bien triste, une bien ennuyeuse uniformité que celle de la race humaine enrégimentée de la sorte, et portant le costume d'une même civilisation.

Sorrente, ville ancienne, et dont Stace a chanté la magnifique villa qu'y possédait son ami Pollius Félix, ainsi que le temple d'Hercule qu'il avait agrandi [1], possède plusieurs débris de monumens antiques; tels sont les ruines de ce temple d'Hercule et des temples de Neptune et de Diane, ainsi que la vaste piscine restaurée par Antonin le Pieux, qui sert encore.

L'auberge nouvelle de Giuseppe Siciliano, qui m'avait

---

[1] *Silv*. Liv. II, Carm. II.

été indiquée, et qui a dû devenir très bonne, n'était pas encore pourvue de toutes les choses nécessaires. Cette espèce de privation à laquelle le séjour habituel de Paris ne prépare guère, n'est point toutefois, sauf le premier moment, sans quelque plaisir. Il semble que lorsque vous couchez par terre, en plein air, vous avez un sentiment plus vif d'indépendance et de force : le *comfortable* du logis et des grandes villes est une sorte d'oppression qui assujettit à ses petites douceurs, qui trouble et inquiète par ses perpétuelles précautions; et la philosophie robuste du lazzarone à moitié nu, qui prend le temps comme il vient, paraît bien préférable.

CHAPITRE IX.

Caprée.

Au milieu de ces îles et de ces rivages déchirés, calcinés par des volcans, il n'y en a pas de traces à Caprée; elle offre de jolis coquillages, une végétation d'oliviers qui surpasse en hauteur ceux de la côte de Naples, un sol fertile, un air tempéré, et les vues les plus pittoresques; mais les ruines du palais de Tibère semblent y tenir lieu de volcan éteint, et ces restes de la demeure d'un homme rappellent des calamités et des fureurs qui ne le cèdent point aux plus terribles fléaux de la nature. Le palais de Tibère est là si populaire, qu'on pourrait croire qu'il l'habite encore. Ce palais, qui n'était pas situé dans la belle partie de l'île, et près de son unique fontaine, a fourni les degrés de marbre du chœur de la paroisse, et les cinq colonnes de marbre qui soutiennent la chapelle dédiée à S. Constantin, protecteur de Caprée, ainsi que les pierres brillantes qui ornent la mitre de son buste d'argent, conservé à la sacristie. Indépendamment de ces ruines informes, on remarque les aquéducs, les bains d'Auguste, qui, dans sa vieillesse, habita quatre ans Caprée, la villa *del Sole*, un des douze palais consacrés par Tibère aux douze grands dieux, une partie du Forum, des Thermes, deux temples, de longues grottes, les arcades qui réunissaient les vallées, et la belle chartreuse fondée par la reine Jeanne, aujourd'hui caserne. Une vaste grotte d'azur au-dessus de la mer, et dans laquelle on peut aller en barque, a été découverte récemment, et rappelle, dit-on, les merveilles des *Mille et une nuits*. Un télégraphe est au-dessus de l'île; s'il eût existé du temps de Tibère, quel rapide instrument de tyrannie n'eût-il pas été pour un tel homme?

L'aspect riant de Caprée en fait un délicieux séjour, et l'on comprend très bien la résolution de cet Anglais qui s'y retira et y vécut trente ans. L'hôte de Caprée était le notaire de l'endroit, d'une race antique de notaires, qui a dans son étude des actes remontant à plusieurs siècles, et dans son jardin un beau palmier en pleine terre. Ce notaire, fort brave homme, a de l'aisance, une bibliothèque où la théologie domine un peu trop; et son hôtellerie, où l'on donne, il est vrai, ce que l'on veut, lui rapporte plus, je crois, que son étude.

Malgré le bon naturel et la pauvreté des habitans de l'île, une vive et ancienne inimitié subsiste entre ses deux villages; le premier, Capri, capitale de plus de dix-huit cents âmes; le second, Anacapri, de dix-sept cents. On ne conçoit point que la vanité aille se nicher là. J'ai gravi l'étroit et rude escalier de plus de cinq cents marches, taillé dans le roc qui conduit à ce dernier village et au mont Solaro, visité depuis, et avec raison, par tous les paysagistes. C'était avant le jour : le lever du soleil, au milieu de cet immense horizon, offrit une des belles scènes de la nature dont j'aie été témoin ; mon guide de Caprée même ne paraissait point blasé sur l'éclatante apparition du soleil, et lorsque

>Tout écumant de feux il jaillit dans les airs, [1]

il s'écria et répéta avec transport : *Il sole !*

La prise de Caprée par les troupes italiennes sous le commandement d'un général français, illustré par cet exploit, est un des beaux faits d'armes des dernières guerres ; l'aspect des lieux, surtout de la hauteur du mont Solaro, ajoute encore à l'impression de ce prodige d'audace et de courage : le souvenir de cette gloire italienne et française me charmait, et je ne la trouvais pas alors moins brillante que l'admirable spectacle que j'avais sous les yeux.

CHAPITRE X.

Castellamare. — Amalfi. — Atrani.

Castellamare, jolie ville de mer, avec des eaux minérales, des manufactures et de charmantes maisons de campagne, rendez-vous de la meilleure compagnie de Naples, est voisine de l'ancienne Stabie, troisième victime du Vésuve, avec Herculanum et Pompéi. Le casin du Roi, peu remarquable, et appelé *Quisisana* (*ici on guérit*), prouve la salubrité de l'air. A la colline de Pozzano, lieu célèbre par la statue de la mira-

[1] Fontanes.

culeuse Vierge retirée d'un puits au xie siècle, une croix a pour piédestal un autel de Diane, seul débris du temple qu'a remplacé l'église de la madone.

Je me rendis à Amalfi à travers les bois, les montagnes et les rochers qui séparent les deux golfes. C'était à la fin d'octobre : la variété des feuilles d'automne était encore plus frappante et plus vive sous cette belle lumière. Une des montagnes de la presqu'île, le mont S.-Angelo, la plus élevée des environs de Naples, est l'ancien *Lactarius*, véritable montagne suisse de l'antiquité, qui a conservé ses aromatiques herbages; aussi, indépendamment de la bonté de leur lait, les vaches de cette côte se mangent-elles, et la *vitella di Sorrento*, dont j'ai soupé en beefteack chez Giuseppe Siciliano, est fort tendre.

A la vue de la côte d'Amalfi, je ne pus me défendre d'un vif sentiment d'admiration pour l'Italie : c'était sur ces rochers qu'avaient été retrouvées les Pandectes, que la boussole avait été inventée, et qu'était né Masaniello; ainsi m'apparaissaient au-dessus de ce village les causes les plus puissantes de la civilisation et des révolutions modernes, les lois, la navigation, la souveraineté du peuple : quelle cité dans l'univers rassemble de tels souvenirs?

Amalfi, l'Athènes du moyen âge, jadis république puissante par ses armes et son commerce, dont les lois maritimes furent pendant quatre siècles celles de toute l'Europe, n'est aujourd'hui qu'un très pittoresque village, fameux par son macaroni, le meilleur du royaume, et par ses papeteries. La côte escarpée d'Amalfi, avec ses bois d'oliviers et de myrtes, ses grottes, ses ruines, ses précipices et ses blanches maisons, autour desquelles serpentent les branches dorées de l'oranger, mérite encore l'éloge qu'en faisait Boccace lorsqu'il la regardait comme la plus délicieuse de l'Italie¹. Il faut que la mer ait empiété là considérablement sur ses bords ; la montagne, le village, touchent presque aux flots ; la grève étroite n'offre que quelques barques de pêcheurs, et l'espace manque aujourd'hui pour l'arsenal, le port et autres établissemens d'un peuple navigateur et guerrier. La seule trace de magnificence de l'ancienne Amalfi est la cathédrale, refaite, à la vérité, mais qui conserve de belles colonnes de granit, un vase antique de porphyre servant de baptistère, et deux sarcophages antiques.

Le petit village d'Atrani, patrie de Masaniello, ancienne dépendance d'Amalfi, et qui a partagé sa gloire, offre un monument très curieux, échappé aux divers historiens de l'art; ce sont les bas-reliefs en bronze des portes de l'église S.-Salvatore, avec l'inscription de l'année 1087, époque de la grandeur de la république d'Amalfi. Ces portes, commandées par Pantaléon, fils de Pantaléon Viaretta, pour le rachat de son âme (*pro mercede animæ suæ*), et consacrées à S.-Sébastien, sont aujourd'hui les plus anciennes des nombreuses portes en bronze de l'Italie, depuis que l'incendie de S.-Paul hors les murs, en 1823, a détruit les portes de cette basilique, fondues en 1070 à Constantinople.

Je comptais visiter, à mon retour, les poétiques îles des Syrènes (*Galli*); mais j'en fus repoussé par un temps affreux, et je ne pus les observer que des hauteurs de la petite ville de Positano, dans laquelle mes mariniers, inondés de torrens de pluie, furent contraints, malgré leur ardeur, de se réfugier.

¹ *Credesi che la marina da Reggio a Gaeta sia quasi la più dilettevole parte d'Italia, nella quale assai presso a Salerno è una costa sopra'l mare riguardante, la quale gli abitanti chiamano la costa d'Amalfi, piena di picciole città, di giardini, e di fontane, e d' uomini ricchi, e procaccianti in atto di mercatanzia.* Giorn. II, nov. 4.

CHAPITRE XI.

Palais de *Caserte*. — Jardins. — *S. - Leucio*. — Aquéduc. — Charles III.

Le palais de Caserte, bâti par Vanvitelli, et commandé par Charles III, la plus grande conception de palais qui existe en Europe, s'il ne brille point par le goût, l'harmonie et l'élégance, se recommande par l'ordre, l'unité, l'accord et la bonne distribution. Les parties remarquables de cet immense ensemble sont : le vestibule décoré de colonnes en marbre de Sicile, et qui offre du centre un majestueux coup d'œil; le grand escalier tout en incrustations de marbre et en colonnes; la chapelle en colonnes corinthiennes de marbre avec les plus précieux revêtemens, et plusieurs des salons et galeries. Cependant, toute cette magnificence, qui rappelle Versailles, semble triste; le palais est au pied de montagnes pelées, et l'on ne conçoit pas comment, dans un pays qui a de si admirables vues, il a été bâti dans un tel coin.

Comme dans les grandes résidences royales, trois jardins différens dépendent de ce palais : le jardin régulier avec son inévitable cascade qui, tombant cette fois d'un noir rocher, serait assez sauvage, sans les grandes statues de Diane, de ses nymphes et d'Actéon à moitié cerf; le bois des anciens ducs de Caserte, vieux parc féodal qui paraît encore le roi du manoir, et le jardin anglais créé, en 1782, par la reine Caroline, avec ses grottes, ses ruisseaux, ses grands magnolias et ses serres.

CASERTE. 409

S.-Leucio, grande filature de soie, près de Caserte, fut établie par le roi Ferdinand, qui rédigea lui-même, en 1789, le Code de la colonie industrielle qu'il avait si libéralement fondée, et que, sans le malheur des temps, il eût étendue en y introduisant d'autres métiers. Le joli casin du Belvédère, qui fait partie du domaine de S.-Leucio, est digne de son nom.

Mais un monument qui me paraît devoir plus honorer Charles III et Vanvitelli que leur somptueux palais, c'est l'utile, grandiose et solide construction de l'aqueduc de Caserte : quoique nouveau, cet aqueduc semble pouvoir se passer du temps; il a le caractère et toute la majesté d'un ouvrage des Romains, et l'on pourrait très bien lui appliquer ce que Plutarque disait des monumens d'Athènes au temps de Périclès : « Chacun d'iceux « dès lors qu'il fut parfait, sentoit déjà son antique « quant à la beauté. » Une inscription rappelle qu'il a été consacré à l'utilité des peuples par Charles III, prince véritablement digne de mémoire, quoique rempli de ridicules et de manies, le seul grand roi des diverses branches de la maison de Bourbon depuis Louis XIV.

CHAPITRE XII.

Le *Mont-Cassin.* — S.-Benoît. — Didier. — Cour. — Église. — *Tugurio.* — Orgue. — Monastère. — Réfectoire. — Bibliothèque. — Archive. — Correspondances des Papes et du Grand-Turc. — Lettres de Mabillon, de Montfaucon. — Gattola. — Portraits. — Chaise *balnearia.* — Tour de S.-Benoît. — Religieux. — De la vie monastique actuelle.

Le Mont-Cassin, sur lequel S. Benoît jeta, l'an 529, les fondemens de son célèbre monastère, après y avoir renversé le temple et la statue d'Apollon, ce berceau des ordres religieux de l'Occident, est comme le Sinaï du moyen âge et de l'histoire monastique ; il rappelle la gloire de son grand législateur, chef fugitif d'une tribu de solitaires qui défrichaient le sol, et convertissaient, civilisaient et affranchissaient les peuples. Le monastère du Mont-Cassin conserve encore, au-dehors et du bas de la montagne, quelque chose d'une citadelle ; aspect que justifient les événemens dont il fut le théâtre pendant les premiers siècles de son existence. Alors la vie de couvent n'était pas si tranquille ; ces refuges soutenaient des siéges, et la nécessité obligeait de les fortifier ; on voit le Mont-Cassin pillé par les Lombards en 589, et brûlé par les Sarrasins en 884 ; sans parler des visites armées des Croisés, et plus tard des déprédations des Normands. Aussi devint-il une véritable place forte, et ses abbés, qui avaient pris le titre d'évêques, eurent le titre féodal de premiers barons du royaume. Après les Barbares, les tremblemens de terre vinrent attaquer le vénérable monument de S. Benoît, détruit de fond en comble en 1349 et 1649. Il fut généreusement secouru et relevé à la suite de ces divers désastres par plusieurs papes, parmi lesquels on distingue Urbain V (Guillaume de Grimoard), grand pape français, ami de Pétrarque, qui, par sa science, sa piété et son goût des arts, faisait lui-même honneur à l'ordre de S.-Benoît. [1]

Le Mont-Cassin se rattache encore d'une manière éclatante à l'histoire des lettres, des sciences et des arts. On sait qu'au milieu du naufrage de la civilisation, ses

---

[1] Le nom de Grimoard s'est honorablement perpétué jusqu'à nos jours par le mariage de la petite-nièce d'Urbain V, Urbaine de Grimoard, avec Guillaume de Beauvoir du Roure, dont l'ancienne et historique maison a depuis fait précéder son nom de celui de Grimoard.

religieux sauvèrent, par leurs copies, les ouvrages des grands hommes de l'antiquité ; dès le xie siècle, l'illustre abbé Didier, depuis le pape Victor III, qui faisait copier par ses religieux Homère, Virgile, Horace, Térence, les *Fastes* d'Ovide, les *Idylles* de Théocrite, et plusieurs historiens grecs et latins, appelait de Constantinople des artistes grecs pour orner le monastère de mosaïques, et il préparait ainsi de loin l'époque de la renaissance.

L'on entre au Mont-Cassin par une longue et sombre grotte faite de cailloux, dans laquelle, selon la tradition, S. Benoît aurait habité. Le grand caractère de la cour et de l'escalier du premier parvis paraît encore plus imposant à la sortie de cette espèce de caverne. Si la grille avait été mise vis-à-vis de la façade (projet que la dépense empêcha d'exécuter), on n'aurait point joui, malgré la beauté du coup d'œil, d'un tel effet.

L'apparition de la brillante basilique et de son double parvis, au sommet d'une montagne et dans la solitude sauvage de l'Apennin, est tout-à-fait merveilleuse ; mais la magnificence de cette église et de ses riches chapelles est de mauvais goût, puisque l'architecture est du cav. Fansaga, et la plupart des peintures des derniers maîtres de l'école napolitaine. De chaque côté de l'escalier du premier parvis sont les statues colossales de S. Benoît et de sa sœur jumelle Ste. Scolastique, et sous les arcades du second celle de sa mère Ste. Abbondanzia. Tous ces grands religieux du moyen âge, chantés si poétiquement par le Dante, et qui sont comme les demi-dieux, comme les héros de l'Homère chrétien, ont ordinairement des saintes pour mères et pour sœurs ; ces aimables sœurs, compagnes de leur vie, ont part au culte que la dévotion leur rend : Ste. Scolastique n'était pas moins chérie de S. Benoît, que

Ste. Marceline de S. Ambroise; les douces vertus de ces femmes répandent sur l'histoire austère, laborieuse des saints, un charme singulièrement tendre.

Les ouvrages remarquables de l'église sont : la porte du milieu, commandée à Constantinople par Didier, en 1066, et sur laquelle sont sculptés en lettres d'argent les noms des terres, châteaux et villages dépendant du monastère ; à la chapelle de S. Grégoire, le tableau du saint, de Marc Mazzaroppi de S. Germano, peintre, mort jeune au commencement du xviie siècle, dont les principaux ouvrages sont au Mont-Cassin ; au-dessus de la petite porte de la nef latérale, le *Martyre de S. André*, du même ; à la nef du milieu, la *Consécration de l'Église par le pape Alexandre II*, fresque vantée, de Giordano, que l'on y voit vêtu à l'espagnole, et qui est de petite taille; la coupole, du malfaisant Corenzio ; l'autel orné de marbres, de pierres précieuses, d'albâtre, de noir et de vert antiques, de lapis-lazzuli et de brocatelle, au-dessus de l'église souterraine et des tombeaux de S. Benoît et de Ste. Scolastique, regardé comme du dessin de Michel-Ange ; les deux mausolées, de Guidone Ferramosca, dernier prince de Mignano, et du fils de Laurent de Médicis, Pierre, noyé au passage du Garigliano ; le dernier mausolée avec de beaux bas-reliefs de San Gallo.

L'église souterraine dite *il Tugurio e il Succorpo*, consacrée à S. Benoît et à sa sœur, dont les corps réunis y reposent, ainsi qu'à ses compagnons Maur et Placide, offrait diverses peintures de Marc de Sienne aujourd'hui fort altérées par l'humidité. Le tableau de l'autel du saint est de Mazzaroppi. Le Tasse, lorsqu'il allait mourir à Rome, était descendu dans cette chapelle, afin d'y vénérer le corps de S. Benoît, auquel il avait une dévotion particulière ; il passa quelques jours au Mont-Cassin, cloître, manoir singulièrement propre à la rêverie poétique, qu'il était digne de chanter, ainsi que son illustre fondateur, devenu de nos jours, et malgré l'indifférence du siècle, le héros d'une estimable épopée italienne [1], et que le Dante avait aussi admirablement célébré. [2]

L'orgue si vanté de l'église du Mont-Cassin, avec le fracas de ses tonnerres et les fanfares de ses trompettes, m'a paru assez en harmonie avec le clinquant de l'architecture.

Le monastère du Mont-Cassin, véritable colonie religieuse et savante, réunissait dans son enceinte tous les arts, métiers et professions, logés à leur aise dans des bâtimens séparés. L'architecture des monastères, ainsi qu'on l'a remarqué, est celle de la maison romaine. Comme chez les anciens, si la partie publique était grande et la partie privée petite, de même, dans le couvent, le vestibule, les portiques, la salle du chapitre, le réfectoire, tout ce qui sert à la communauté, est vaste, magnifique : la société seule compte, l'in-

---

[1] *S. Benedetto*, poème épique par le Cav. A. M. Ricci (Pise, 1824). M. Ricci, déjà cité, ancien professeur d'éloquence sous l'administration française, est auteur d'un autre louable poème épique, l'*Italiade*, des deux poèmes didactiques la *Georgica dei fiori* et le *Conchiglie*, de nombreuses poésies lyriques, d'idylles, de touchantes élégies sur la mort de sa femme, de petites odes anacréontiques et de discours en prose qui prouvent l'étendue de ses connaissances et la variété de son talent.

[2]
Quel monte, a cui Cassino è nella costa,
Fu frequentato già in su la cima
Dalla gente ingannata e mal disposta.
  Ed io son quel che su vi portai prima
Lo nome di colui che 'n terra addusse
La verità che tanto ci sublima ;
  E tanta grazia sovra me rilusse,
Ch' io ritrassi le ville circostanti
Dall' empio colto che 'l mondo sedusse.
                      Parad. Cau. XXII, v. 37.

dividu disparaît, et la cellule de l'abbaye ne tient pas plus de place que la chambre de Pompéi. Les monastères seuls avaient perpétué ces vénérables coutumes de l'antiquité, si opposées aux mœurs et aux usages de quelques époques modernes, où les besoins, où les jouissances de l'homme se sont étendues et multipliées à mesure que l'État et la société se rapetissaient.

L'immense réfectoire a une belle *Multiplication des pains*, presque aussi large que la salle, commencée par François Bassano, et terminée par son frère Léandre, et surtout les seize figures originales du cav. d'Arpino, qui servirent pour les mosaïques de la coupole de S. Pierre, représentant le *Christ*, les *Apôtres*, la *Vierge* et *S. Jean-Baptiste*, données par lui, ainsi que quelques autres peintures, comme marque de sa dévotion envers le Mont-Cassin.

Le vaste local de la bibliothèque bien éclairé, garni de belles armoires et des bustes de docteurs de l'ordre de S. Benoît, ne ressemble point au grenier dans lequel Boccace l'avait trouvée, et le savant bibliothécaire archiviste dom Ottavio Fraja, digne successeur des anciens religieux du Mont-Cassin, illustrés par leur ardeur à transcrire les manuscrits de l'antiquité, qui a retrouvé dans un de ses manuscrits de S. Augustin de nombreux passages inédits publiés à Rome, in-folio, en 1819, ce religieux éclairé n'a aucun rapport avec le moine grossier, gratteur et trafiquant de manuscrits, auquel le *Novelliere* eut affaire [1]. Quoique la bibliothèque

---

[1] Cette visite de Boccace au Mont-Cassin est rapportée par le commentateur du Dante, Benvenuto da Imola (*Parad.* xii, 74). Malgré son mauvais latin, je ne puis résister au plaisir de citer ce joli récit, qui semble écrit sous la dictée de Boccace, le maître de Benvenuto. « *Volo ad clariorem intelligentiam hujus litteræ referre illud, quod narrabat mihi jocosè venerabilis præceptor meus Boccacius de Certaldo. Dicebat enim, quod cum esset in Apulia, captus fama*

compte dix-huit mille volumes, et quelques éditions des plus rares du xv⁰ siècle, elle est fort inférieure au célèbre archive, riche de huit cents diplômes originaux, priviléges, chartes des empereurs, des rois, des ducs, et des divers princes et bulles des papes; les premiers qui remontent jusqu'au commencement du ix⁰ siècle; les secondes du xi⁰; monumens de l'histoire politique, militaire, religieuse et monastique de ces temps barbares. Le plus ancien diplôme est celui d'Ajon, prince de Bénévent, daté de 884, en caractères lombards, et sur parchemin; il commence par ces mots : *Ajo Dei Providentia Longobardorum gentis princeps*. Un recueil de chartes lombardes est curieux : en tête de chaque diplôme, une miniature représente le prince couronné, assis avec le sceptre en main, ou debout avec l'épée et le bouclier, et environné de soldats armés de lances et de moines vêtus de robes de diverses couleurs.

loci, accessit ad nobile monasterium Montis-Casini, de quo dictum est. Et avidus videndi librariam, quam audiverat ibi esse nobilissimam, petivit ab uno monacho humiliter, velut ille, qui suavissimus erat, quod deberet ex gratia sibi aperire bibliothecam. At ille rigide respondit, ostendens sibi altam scalam : Ascende quia aperta est. Ille lœtus ascendens, invenit locum tanti thesauri, sine ostio, vel clavi, ingressusque vidit herbam natam per fenestras, et libros omnes cum bancis coopertis pulvere alto. Et mirabundus cœpit aperire nunc istum librum, nunc illum, invenitque ibi multa et varia volumina antiquorum et peregrinorum librorum. Ex quorum aliquibus erant detracti aliqui quinterni, ex aliis recisi margines chartarum, et sic multipliciter deformati. Tandem miseratus, labores et studia tot inclytorum ingeniorum devenisse ad manus perditissimorum hominum, dolens et illacrymans recessit. Et occurrens in claustro, petivit a monacho obvio, quare libri illi pretiosissimi essent ita turpiter detruncati. Qui respondit, quod aliqui monachi volentes lucrari duos, vel quinque solidos, radebant unum quaternum, et faciebant psalteriolos, quos vendebant pueris; et ita de marginibus faciebant brevia, quæ vendebant mulieribus. Nunc ergo, o vir studiose, frange tibi caput pro faciendo libros. »

Le plus ancien manuscrit est le *Commentaire d'Origène sur l'épître de S. Paul aux Romains*, de l'année 569, ainsi que le porte la souscription singulière du prêtre Donato, datée du *château de Lucullus*, sur l'emplacement actuel du château de l'OEuf, qui annonce qu'il l'a relu trois fois, quoique malade.[1]

Un manuscrit de Virgile, du xive siècle, copie d'un autre manuscrit en caractères lombards du xe siècle, a des vers achevés et suppléés qui ne sont point imprimés. Un manuscrit du Dante, du xiiie siècle, in-4°, offre des variantes et notes inédites.

A la suite du livre de Boccace, *De claris mulieribus*, traduit en italien par Messer Donato de Casentino, par ordre de la *famosissima reina Giovanna di Puglia*, se trouvent deux lettres extraordinaires et peu connues; la première, de Mahomet II au pape Nicolas V ; la seconde, qui est la réponse de celui-ci : ces lettres furent traduites de l'arabe en grec, du grec en latin, et du latin en italien. La lettre du sultan a ce protocole : « Roi des rois, seigneur des seigneurs, Machabeth (Mahomet), amiral, grand sultan Begri, fils du grand-sultan Marath, serviteur des sept Musaphy [2], donne le salut, dont il est digne,

---

[1] *Donatus gratia Dei presbyter proprium codicem Justino Augusto tertio post consulatum ejus in œdibus B. Petri in Castello Lucullano infirmus legi, legi, legi.*

[2] Je dois à l'obligeance et à l'érudition de M. Reinaud, premier employé au cabinet des manuscrits orientaux de la Bibliothéque royale, l'interprétation ci-après des titres de Mahomet : *Amiral* paraît l'équivalent des mots *khacan albahrayn*, ou monarque des deux mers, c'est-à-dire de la mer Noire et de la mer Méditerranée; *sultan Begri* répond à l'expression arabe *sultan Albarrayn*, ou sultan des deux continens, c'est-à-dire de l'Europe et de l'Asie; ces deux titres se retrouvent en tête de la plupart des actes de la chancellerie impériale et des monnaies ottomanes ; *Marath* est pour *Mourad* ou *Amurat*; les sept *Musaphy* signifient les sept livres sacrés, ou plutôt les sept personnes auxquelles Dieu a fait successivement des ré-

à Nicolas, vicaire de Jésus-Christ crucifié par les Juifs. » L'objet de la lettre est d'arrêter les armemens excités par le pape contre les Turcs qui avaient envahi une partie de l'Autriche, et menaçaient de descendre en Italie. Le sultan promet de se faire chrétien dès qu'il sera arrivé à Rome avec son armée. Mahomet était plus ambitieux que fanatique; ce n'était pas la première fois qu'il avait parlé d'embrasser le christianisme, et même lors de la prise de Constantinople, après avoir très bien accueilli le nouveau patriarche, il lui demanda une exposition de la doctrine chrétienne, ne désirant, disait-il, que d'être éclairé. Il énumère dans sa lettre ses forces et celles de ses alliés, et il annonce que la guerre qui lui serait suscitée par le pape n'aurait d'autre résultat que de répandre le sang chrétien qu'il doit conserver comme pasteur, et dont il aura un compte rigoureux à rendre à Dieu. La réponse du pontife commence ainsi : « Nicolas, serviteur des serviteurs de Dieu, salue cor-« dialement Machabeth, seigneur des Turcs, et prince des « infidèles. » Il lui déclare qu'en défendant les chrétiens et leurs terres, il ne fait que remplir son devoir. Il détaille longuement les cruautés de l'armée turque dans sa marche, depuis Constantinople, et montre qu'il n'est point la dupe de la feinte promesse de conversion et d'obéissance. Ces correspondances du pape et du grand Turc n'étaient pas rares dans le xve siècle. Un autre grand pape, Pie II, écrivait dans le même sens à Mahomet II, et l'on connaît la correspondance criminelle

---

vélations : il est vrai que les Musulmans reconnaissent huit de ces personnages privilégiés : Adam, Seth, Énoch, Abraham, Moïse, David, Jésus et Mahomet : mais on retrouve le même terme dans deux pièces du même Mahomet II existant par extrait aux archives du ministère des affaires étrangères, et dans lesquelles Mahomet jure par les *sept livres*; il faut lire alors *Mushaphy*. Cette lettre doit être de 1454 ou 1455.

d'Alexandre VI avec Bajazet II, qui lui marchandait la vie de son frère Zizim, et lui demandait même pour un de ses protégés un chapeau de cardinal.

Un office de la Vierge et du S. Esprit a de charmantes miniatures exécutées, en 1469, par Barthélemi Fabius de Sandalio. Un recueil de belles miniatures représentant divers oiseaux sur parchemin, avec des vers écrits à la plume, fut exécuté, selon l'inscription, en 1686, par Joseph Soavi d'Ascoli.

Une collection considérable de lettres de Mabillon, Montfaucon, Ruinart, Muratori, Mazzocchi, Tiraboschi et autres savans, est fort intéressante; ces lettres sont adressées à D. Erasme Gattola, archiviste et bibliothécaire, pendant quarante ans, du Mont-Cassin, le restaurateur de l'archive, né à Gaète, en 1662, mort en 1734, auteur de l'Histoire, en 4 vol. in-fol., de l'Abbaye du Mont-Cassin, et oublié à tort dans nos dictionnaires historiques. Je me suis procuré une copie exacte de quarante lettres latines et italiennes de Mabillon et de Montfaucon; elles traitent des ouvrages importans qui paraissent, des querelles théologiques du xviie siècle, des travaux de leur ordre, de sa rivalité avec les jésuites qu'ils ne ménagent point. J'attendrai des temps plus littéraires pour publier ces lettres qui honorent l'érudition française, et peignent l'aimable simplicité de ces doctes religieux.

L'archive a quelques vieux portraits curieux, parmi lesquels un portrait du Dante que l'on dit d'après nature. La belle et antique chaise *balnearia*, de rouge antique, fut trouvée dans des bains à Sujo, sur les bords du Garigliano.

L'emplacement de la tour habitée par S. Benoît est encore vénéré. Une chapelle inférieure, ornée de mosaïques et de vieilles peintures, passe pour avoir été sa cellule. Une des peintures représente le saint lorsqu'il voit l'âme de sa sœur chérie, Ste. Scolastique, monter au ciel sous la forme d'une colombe. Le tableau de l'autel, la *Vierge montrant Jésus-Christ à S. Benoît*, est de Mazzaroppi. Au dessus, trois pièces offrent des tableaux de divers maîtres célèbres, consacrés la plupart à honorer la mémoire du saint.

Le Mont-Cassin, qui, dans les temps de barbarie, était devenu l'asile de tant de princes, de guerriers, de ministres, de personnages fameux, fut de nos jours plusieurs fois visité par un homme d'une grande et juste renommée oratoire, M. de Serre, que l'on y a regretté. Condamné au repos par la défiance et l'envie des partis, il y passa une fois six jours; il se promenait, me dit-on, il errait sous les arcades et sur les terrasses du monastère, jusqu'à quatre heures du matin. Sans doute que les orages politiques devaient alors lui sembler moins rudes que son isolement au milieu de ce cloître et dans la solitude de l'Apennin. Ainsi, le Mont-Cassin, après avoir recueilli les repentirs et les remords religieux du moyen âge, devait recevoir un jour le martyr de la tribune et de la vie publique.

L'abbé du Mont-Cassin était un homme aimable, poli, modéré, et qui lisait quelquefois, me disait-il, le Constitutionnel à Capoue; ses religieux, très bonnes gens, sont d'ailleurs assez peu graves pour des bénédictins; ils aiment la chasse, dont les acquéreurs de leurs anciens bois leur ont laissé la permission, et ils vous demandent curieusement des nouvelles de la cantatrice de S. Charles et de l'opéra nouveau. Les études du noviciat, petit séminaire d'une douzaine d'enfans et de jeunes gens destinés à recruter le couvent, qu'ils dirigent, ne paraissent pas très fortes; c'est tout au plus si l'on y enseigne le grec, et je ne crois pas qu'il y soit question d'hébreu. Cette vie monastique, oisive, sans opulence, espèce de carrière sans vocation, de moyen de subsistance pour les fils trop nombreux d'anciennes maisons, semble aujourd'hui un véritable contre-sens; consacrée, ramenée à l'étude, refaite plébéienne, elle serait d'un puissant secours au catholicisme compromis par de maladroits amis, assailli de toutes parts, mais qui a en lui de quoi se défendre; une vaste réforme est devenue sur ce point indispensable; il ne s'agirait plus de dompter les moines sauvages disciplinés avec génie par S. Benoît, mais de faire travailler d'honnêtes paresseux et des hommes bien élevés.

Les environs du Mont-Cassin, volcaniques, quoique couverts de matières calcaires, sont fort curieux sous le rapport géologique. Le voyage d'Italie, si utile aux poètes, aux érudits et aux artistes, n'est peut-être pas d'un moindre intérêt pour les savans.

CHAPITRE XIII.

S.-Germano. — Théâtre. — Amphithéâtre. — *Arce.* — *Arpino.* — Maison de Cicéron. — *Fullonica.* — Cav. d'Arpino. — Théâtre *Tullio.*

S.-GERMANO, au pied du Mont-Cassin, offre de nombreuses et remarquables antiquités. Au lieu dit *il Crocefisso,* sont quelques restes de l'ancienne cité, et un bout de l'ancienne voie en basalte conserve l'ornière des chars comme à Pompéi. L'extérieur, les degrés du théâtre existent; la scène est détruite, et l'orchestre ensemencé. La plus importante de ces ruines est l'amphithéâtre, dit le *Colysée,* majestueux au-dehors, mais où l'herbe croît à l'intérieur.

Arpino, l'ancienne patrie de Cicéron, qu'il a plusieurs fois surnommée tendrement son *Ithaque*, est voisine. Arce, sur la route, était la demeure de son frère Quintus : la belle villa de celui-ci, dans laquelle sa femme Pomponia, sœur d'Atticus, recevait si mal son beau-frère, et les hommes invités à la fête du lieu par son mari [1], a été placée avec quelque vraisemblance à la *Fontana buona*, où l'on a trouvé un grand nombre de petites statues, de bustes, de vases, de peintures et de mosaïques.

La position d'Arpino sur une double colline est pittoresque. Une élégante inscription moderne rappelle sa fabuleuse fondation par Saturne, dont un bénédictin d'Arpino, le P. Clavelli, prétend avoir retrouvé l'urne cinéraire, et la gloire plus certaine de cette petite ville d'avoir vu naître Marius et Cicéron. Arpino abonde en antiquités. L'emplacement de la maison de Cicéron a été mis par une tradition fort incertaine dans la rue de la *Cortina*; il devait être plus probablement dans l'île du Fibrène, près d'Arpino, où MM. Didot ont établi une belle papeterie; l'aspect des lieux s'accorde encore avec la description qui précède le touchant passage du *De Legibus* sur cette même maison. [2]

La maison de Marius pouvait s'élever, dit-on, à la même place que le beau palais en ruine du *Castello*.

Quelques inscriptions constatent l'existence de plusieurs *fullonica* (ateliers de foulons et de teinturiers), détail singulier qui prouve que la ville ancienne

---

[1] *Epist. ad Attic.* Lib. v, 1.
[2] *Quid plura ? Hanc vides villam, ut nunc quidem est, latius œdificatam patris nostri studio; qui, quum esset infirma valitudine, hic fere ætatem egit in litteris. Sed hoc ipso in loco, quum avus viveret, et antiquo more parva esset villa, ut illa Curiana in Sabinis, me scito esse natum. Quare inest nescio quid, et latet in animo ac sensu meo, quo me plus hic locus fortasse delectet : siquidem etiam ille sapientissimus vir, Ithacam ut videret, immortalitatem scribitur repudiasse.* Lib. II.

avait le même genre d'industrie que la ville nouvelle, où l'on fabrique beaucoup d'une sorte de drap commun et à poil appelé *peloncino*; les eaux limpides du Fibrène convenant toujours à cette industrie.

Les diverses églises et galeries particulières d'Arpino offrent des tableaux et des dessins du Gioseppino, dit le Cav. d'Arpino. La maison qu'il habitait, hors de la porte de l'*Arco*, a, au plafond, un *Phaéton* de cet artiste de talent, mais corrupteur du goût, et qui a été appelé assez justement le Cav. Marin de la peinture.

Il y a de l'aisance à Arpino; les *dilettanti* y sont nombreux, et l'on y exécute sur le neuf et joli théâtre *Tullio*, les ouvrages de la composition de ces amateurs distingués.

Les travaux de l'émissaire du lac Fucin, dit de Claude, commencés en 1826, sont aujourd'hui assez avancés pour mériter la visite du voyageur. L'Isola di Sora, sur la route, offre les sites les plus variés et une double, majestueuse et bruyante cascade formée par le Liris. La restauration de l'émissaire qui doit fournir un écoulement aux eaux du lac Fucin, et les conduire jusqu'à la Méditerranée, paraît fort redoutée des riverains du lac, dont l'abaissement subit et considérable sans que les terres puissent être, faute de bras, livrées immédiatement à la culture, les menace de fièvres et de contagions; mais le grandiose ouvrage romain fait l'admiration des ingénieurs et des antiquaires.

CHAPITRE XIV.

Route de Rome. — *Averse.* — Hôpital. — Vin. — Capoue. — Amphithéâtre. — Cathédrale. — Ancienne Minturnes. — Voie Appienne. — *Garigliano.* — Gaëte. — *Castellone.* — Villa; — Tombeau de Cicéron. — Fontaine *Artachia.* — *Itri.* — *Fondi.* — Mort d'Esmenard.

AVERSE était célèbre par son hôpital de fous qui ne paraissait point aux étrangers digne de sa réputation. Son unique mérite fut peut-être d'avoir le premier, en Italie, délivré ces infortunés des liens dont ils étaient chargés. Averse était l'ancienne Atella, renommée par ses farces satiriques, commencement du théâtre latin.

C'est au couvent de S.-Pierre, à Majella, l'ancien château, que fut étranglé André, le mari de la reine Jeanne, et que périt aussi Jeanne elle-même et Charles de Duras, son second époux, complice du meurtre.

Le vin mousseux d'Averse, dit *asprino*, a été cité par Redi, dans son dithyrambe, et on le donne pour du vin de Champagne aux amateurs peu exercés.

Le magnifique amphithéâtre de Capoue montre quelle était la richesse, la puissance de cette reine de la Campanie, dont la civilisation étrusque avait de long-temps devancé celle de Rome; il a été regardé comme le plus ancien et le modèle de tous les autres amphithéâtres. Les Campaniens avaient inventé les combats de gladiateurs : Cicéron prétend que la fertilité du sol produisit la férocité des habitans, effet extraordinaire, mais que d'autres exemples expliquent : combien de fois le sang n'a-t-il pas coulé au milieu des banquets, des fleurs et des parfums! La république de Capoue fut traitée par les Romains avec une barbarie inouïe dans l'histoire, le peuple réduit à l'esclavage fut vendu à l'encan, et les sénateurs, battus de verges, furent décapités. Et cependant le plus doux des hommes, Cicéron, n'a pas craint d'approuver de pareilles horreurs, qu'il attribue plutôt à la prudence qu'à la cruauté (*Non crudelitate... sed consilio*). Les voluptueux et sanguinaires Capouans firent, les premiers, usage du *velarium* (voile tendu au-dessus de l'amphithéâtre pour préserver du soleil), ce qui leur valut des Romains le reproche de mollesse, quoique ceux-ci n'aient point tardé à user aussi du *velarium*. L'amphithéâtre de Capoue est aujourd'hui le seul qui offre au centre quelques constructions dont l'usage n'est point encore expliqué. Florus exprime spirituellement l'erreur commune réfutée par Montesquieu sur le séjour prolongé d'Annibal à Capoue, lorsqu'il dit qu'il aima mieux jouir qu'user de la victoire (*Cum victoria posset uti, frui maluit*). Capoue fut rebâtie par Jules-César qui y établit une colonie; elle fut brûlée, en 840, par les Sarrasins, et l'amphithéâtre devint une citadelle.

La nouvelle Capoue est une espèce de place forte, avec une école d'application pour l'artillerie et le génie. La cathédrale, gothique, a de nombreuses colonnes de granit, enlevées à l'amphithéâtre : une *Piété* et le *Christ au tombeau*, de la chapelle souterraine, statues vantées par Lalande et les autres voyageurs, comme du Bernin, ne sont ni bonnes, ni de lui, mais de son élève Vaccaro.

Le fabuleux et poétique Liris, qui a pris le nom barbare de Garigliano, a dû recevoir aujourd'hui son nouveau pont de fer, le premier qu'aura vu l'Italie. Ces constructions de l'industrie moderne, fort utiles sans doute, et préférables aux vieux bacs et aux ponts vacillans de bateaux, devront toutefois contraster avec la richesse des matières, la majesté et les souvenirs des monumens antiques. C'est sur les bords du Garigliano que l'armée française fut défaite par Gonzalve. Brantôme, plus courtisan et intéressé que Français, qui se repent plus d'une fois de ne s'être point attaché à une cour étrangère, éprouve, au sujet de ce revers, un mouvement plus patriotique qu'il ne lui appartient, lorsqu'il s'écrie, avec une sorte de sensibilité et d'imagination : « Hélas ! j'ay veu ces lieux-là derniers, et mesmes « le Garillan, et c'estoit sur le tard, à soleil couchant, « que les ombres et les manes commencent à se paroistre « comme fantosme plustost qu'aux autres heures du jour, « où il me sembloit que ces âmes généreuses de nos braves « François là morts s'eslevoient sur la terre et me par- « loient, et quasi me respondoient sur mes plaintes que « je leur faisois de leur combat et de leur mort. »[1]

Ici commence la voie Appienne, la plus noble des voies antiques, surnommée la reine des voies romaines (*regina viarum*), autrefois décorée de somptueux mausolées, de temples, d'arcs de triomphe et d'autres monumens, qui s'étendait jusqu'à Bénévent et Brindes, et dont l'entretien, dont la réparation fut un des titres de gloire de César, d'Auguste, de Vespasien, de Domitien, de Nerva, de Trajan et de Théodoric.

Entre le Garigliano et Mola sont les restes d'un aquéduc, d'un théâtre et d'un bel amphithéâtre, ruines de l'ancienne Minturnes, dont les marais cachèrent Marius.

Gaëte, avec ses vergers d'orangers et de citronniers sur le bord de la mer, est d'un aspect ravissant. Les femmes, belles et mises d'une manière pittoresque, portent dans leurs cheveux de jolies tresses en rubans; ces

[1] Vie de Gonsalve de Cordoue

cheveux, au lieu d'être de ce noir éclatant des Italiennes, sont à peu près, comme ceux d'Armide¹, d'un châtain presque clair. Il y a quelques restes d'un théâtre, d'un amphithéâtre, d'un temple de Neptune et des villa de Scaurus et d'Adrien. C'est sur ce même rivage que Lælius et Scipion faisaient des ricochets, et revenaient aux jeux de l'enfance, comme d'autres hommes célèbres.

Le baptistère de la cathédrale de Gaëte, antique monument, offre un beau bas-relief. Le clocher est remarquable, ainsi que la célèbre colonne à douze faces, avec l'indication des vents en grec et en latin.

La citadelle de Gaëte est illustrée par deux belles défenses : la première de 1501, la seconde de 1806. Elle offre de loin, au sommet de sa hauteur, la tour pittoresque, appelée la *tour de Roland*, d'après l'habitude italienne de donner le nom du paladin de Charlemagne à certains vieux et grands édifices. Ce monument est antique, et l'inscription a prouvé qu'il était le tombeau de L. Munatius Plancus.

Castellone de Gaëte, dans une délicieuse situation, est l'ancienne Formie; une partie des murs et une porte existent encore. La célèbre villa de Cicéron, dont l'emplacement fait aujourd'hui partie de la propriété d'un homme érudit², était entre Mola et Castellone. Le haut monument en ruine, dit *Torre di Cicerone*, n'est point, comme on le répète, le tombeau de Cicéron, ni même le temple qu'il avait élevé à Apollon, ainsi que l'a prétendu le bizarre abbé Chaupy. Le tombeau élevé au grand orateur de Rome par ses affranchis, serait, d'après

---

¹ *V.* Liv. x, chap. v.
² M. le prince Caposele. *V.* sa lettre à Mme Brun, de Copenhague, intitulée *Antichità Ciceroniane ed iscrizioni esistenti nella villa Formiana in Castellone di Gaeta.* Naples, 1827, pl. in-8°.

de récentes conjectures, le vaste mausolée rectangulaire dont les débris se trouvent au pied du mont Acerbara, vis-à-vis la tour, à droite de la voie Appienne¹. Marius, dans sa prison de Minturnes, est respecté par le Cimbre; Cicéron meurt de la main du tribun Popilius, qu'il avait défendu : le barbare, avec son instinct sauvage, était plus facile à émouvoir que le Romain, agent des triumvirs, et le père de la patrie devait succomber près des lieux où se sauva le proscripteur de Rome.

C'est au même endroit où périt Cicéron que fut pris et trahi, par le seigneur d'Astura, le jeune Conradin : ce bord enchanté semble funeste à l'innocence et au génie.

Malgré les préventions, toujours un peu suspectes, de la propriété, la fontaine Artachia, près de laquelle Ulysse rencontra la fille d'Antiphates, roi des Lestrigons, qui allait y puiser, pourrait bien être dans la petite villa déjà citée, et illustrée par les traces de la maison de Cicéron.²

Itri était l'ancienne *urbs Mamurrarum* d'Horace, où il coucha chez Muréna, et soupa chez Capiton :

Murena præbente domum, Capitone culinam.

Le sol est d'un rouge foncé; la vallée, sauvage.

Fondi, ville ancienne, est aujourd'hui du plus triste aspect; elle fut détruite de nouveau et brûlée par le fameux corsaire Barberousse, furieux de n'avoir pu enlever la belle et spirituelle Julie Gonzaga, veuve de Vespasien Colonne, comtesse de Fondi, afin de l'offrir à Soliman II : Julie, surprise au milieu de la nuit, n'avait eu que le temps de se sauver en chemise par la fenêtre, de se jeter sur un cheval et de gagner la montagne.

¹ *V.* les *Antichità*, p. 17 et suiv.
² Ibid. p. 35 et suiv.

La classe où S. Thomas enseignait la théologie à Fondi était en réparation lorsque je la visitai, et elle doit, je crois, devenir une chapelle. On montre aussi sa chambre, son puits et un oranger à demi desséché, qu'il aurait planté par la tête, phénomène aujourd'hui reconnu très possible. Ce noble végétal convenait à S. Thomas, comme le cyprès à S. Dominique. [1]

C'est à l'une des rapides descentes de cette route, que fut renversé au milieu des rochers le chantre de la *Navigation*, mort à Fondi six jours après, tandis que son compagnon de voiture, l'excellent Granet, ne ressentit rien. L'académicien, successeur d'Esmenard, rappela ingénieusement cette catastrophe par le trait suivant : « *Muses propices*, disait Horace, *vous veillez* « *toujours sur celui qui assiste à vos chœurs, qui* « *boit l'eau pure des fontaines sacrées : sous votre* « *conduite il traverse avec sécurité les sentiers es-* « *carpés du pays des Sabins*. Ce doux oracle du « prince des lyriques devait donc être démenti presque « aux mêmes lieux où il fut inspiré [2]. »

---

[1] *V*. Liv. VII, chap. XXIII.
[2] *Discours de réception de M. Ch. Lacretelle.*

CHAPITRE XV.

Suite de la route de Rome. — Mesures contre les brigands. — Gasparoni. — *Terracine.* — Palais de Théodoric. — Port. — Cathédrale. — Marais Pontins. — *Monte-Circello.* — Mme Fiorini. — Murs, temples de *Cora.* — Velletri. — *Genzano.* — *Larricia.* — Palais *Chigi.* — Église. — *Albano.* — Tombeaux. — *Galerie.* — *Castel-Gandolfo.* — Lac. — Émissaire. — Superstition patriotique de Rome. — Nymphée. — Palais. — Église. — Villa *Barberini.* — Vue de Rome.

Les mesures contre les brigands étaient, sur la route de Rome, véritablement formidables en 1826. Cette route avait alors l'aspect d'un long camp, tant les postes y étaient rapprochés. La capitulation de Gasparoni, le dernier des brigands romains, a contribué à l'extinction ou plutôt à la suspension du brigandage[1]. L'éducation morale du peuple, son bien-être seraient très préférables à tous ces remèdes extérieurs et violens, à tous ces cosmétiques de la force et de la police qui répercutent le mal au lieu de le guérir.

Terracine, la première ville de l'État romain, est l'ancienne Anxur; sa colline escarpée offre encore l'aspect éclatant peint par Horace :

Impositum saxis late candentibus Anxur.

Les ruines du palais dit de Théodoric, du commen-

---

[1] Gasparoni, d'abord mis au château S. Ange, a depuis été transféré à Civita-Vecchia, afin de le dérober à la curiosité des voyageurs, dont plusieurs même croyaient devoir lui faire des présens. Cet homme prétend avoir été calomnié et n'avoir tué qu'une *cinquantaine* de personnes, tandis qu'on lui attribue plusieurs centaines de meurtres.

cement du ve siècle, d'où la vue est admirable, sont un monument curieux de la construction des édifices romains des premiers temps de la décadence.

Les restes du port antique et atteri de Terracine prouvent qu'il avait été établi pour une navigation très active; on y remarque encore les modillons de marbre percés de trous dans lesquels entraient les câbles auxquels les navires étaient amarrés. Le môle, ou mur d'enceinte paraît, même aujourd'hui, d'une surprenante solidité. On ignore l'époque et l'auteur de la fondation de ce port, mais il doit être regardé, par le genre de sa fabrique reticulaire, comme un des premiers régulièrement construits en Italie.

La cathédrale offre plusieurs belles colonnes cannelées de marbre blanc qui proviennent d'un temple d'Apollon, et d'autres colonnes antiques.

Un splendide palais, de vastes greniers et autres bâtimens construits par Pie VI, annoncent les travaux hardis de ce pape pour le desséchement des marais Pontins, ainsi que la fertilité de ces plaines insalubres, un peu trop redoutées par les voyageurs qui ne font que les traverser. La formation de nombreux canaux, la direction uniforme du canal de la ligne Pie (*linea Pia*), quelques établissemens maritimes comme du temps des anciens, seraient les meilleurs moyens de rendre sa prospérité à cette côte marécageuse, autrefois si peuplée, si florissante, et qui, selon Pline, avait compté jusqu'à vingt-trois villes.[1]

Le Monte-Circello, à l'extrémité occidentale des marais Pontins, mérite une course du voyageur poète, antiquaire, minéralogiste ou botaniste. Cet ancien cap de Circé, roche calcaire à pic que tout annonce avoir été baignée par les flots, conserve encore la *grotta della*

---

[1] *V*. Le beau travail de M. de Prony *Des Marais Pontins*. Paris, Impr. roy., 1814, in-4°.

maga, une de ces vastes cavernes d'où l'on extrait le marbre et l'albâtre. Au sommet, quelques débris et substructions paraissent appartenir à l'ancien temple du soleil. On remarque que les troupeaux de porcs sauvages sont encore assez nombreux sur ce rivage. Il n'est pas d'humain qui puisse se vanter d'une généalogie plus antique que celle de ces bêtes, puisqu'elles descendent des compagnons d'Ulysse, et que leurs ancêtres ont été chantés par Homère. On citait en Bretagne les cochons nobles de MM. de Rohan; ils sont d'une bien petite famille à côté de ceux-là. Circé est la plus ancienne des botanistes, selon M. de Saint-Pierre, qui croit que pas une des plantes connues de son temps ne s'est perdue, ainsi qu'on peut en juger par son herbier, qu'Homère nous a en quelque sorte conservé [1]. Ces plantes doivent se retrouver surtout au Monte-Circello, qui en produit de très variées. Une jeune et aimable dame de Terracine, Mme Élisabeth Fiorini, est célèbre en Italie par ses talens comme botaniste; non moins savante que la fille du Soleil, ses enchantemens sont moins redoutables. Mme Fiorini, élève du fameux minéralogiste Brocchi, s'est occupée avec zèle de la Flore des marais Pontins, et l'on cite un certain nombre de plantes découvertes et très bien classées par elle.

La petite ville de Cori, l'ancienne Cora, indépendamment de ses antiques murs, qui résistèrent long-temps aux Romains, a ses deux superbes temples d'Hercule et de Castor et Pollux : le premier élevé sous le règne de Claude, regardé comme le plus parfait modèle de l'ordre dorique grec, et merveilleusement posé sur un soubassement de rocher tout-à-fait isolé; le second, dont il ne reste que deux colonnes corinthiennes et l'inscription.

[1] *Études de la nature.* T. I, 259.

Velletri, mal bâtie, est remarquable par la beauté vraiment extraordinaire des femmes, et le magnifique escalier de marbre de l'ancien palais Lancellotti, de Martin Lunghi le vieux, le plus habile des trois architectes de ce nom, et supérieur à son fils et à son petit-fils. A l'église de Ste.-Marie *dell' Orto*, on cite comme un tableau d'un bon dessin et d'un bon coloris, la *Vierge, l'enfant Jésus*, avec des anges vêtus à la romaine, ouvrage de Rositi, peintre de Forli, du xvie siècle.

Genzano, près du joli lac de Némi, a de la réputation par son vin et par ses charmantes mosaïques en fleurs dont le pavé de sa vaste église est orné le jour de la Fête-Dieu, décoration brillante, qui montre un certain goût et une sorte de sentiment de l'art jusque dans un village.

Le sévère palais Chigi, à Larricia, et l'église, sont des ouvrages les plus distingués de Bernin. La coupole de cette dernière est ingénieuse, mais les détails sont trop prodigués à la voûte. On peut remarquer dans ces deux beaux édifices le caractère du talent de Bernin, architecte supérieur par l'effet et la disposition, mauvais par les détails.

Albano est le séjour d'été (*villeggiatura*) le plus recherché des environs de Rome. Ses deux ruines, dites le *tombeau d'Ascagne*, le fondateur d'Albe la Longue, et le *tombeau des Horace et des Curiace*, durent être de magnifiques mausolées.

La *Galerie*, belle avenue de chênes verts, conduit d'Albano à Castel-Gandolfo. Le lac qui remplit le cratère presque ovale d'un ancien volcan, offre encore son superbe émissaire, canal souterrain long d'une demi-lieue, creusé dans la montagne, qui, après 2225 ans, atteste la puissance de Rome dès les premiers siècles de son origine, monument de cette superstition patriotique qui contribua tant à sa granduer[1]. Un Nymphée, construction réticulaire en forme de grotte, autrefois destiné à prendre le frais, et qu'environne une forte végétation, est d'un aspect singulièrement pittoresque.

Le simple palais de Castel-Gandolfo est l'unique maison de campagne que possède le pape. La Cathédrale, du Bernin, a, au maître-autel, un tableau de Pierre de Cortone, et une *Assomption*, de Carle Maratte, peintres de l'époque de la décadence du goût, comme l'architecte du palais, Charles Maderne.

Les vastes jardins de la villa Barberini offrent des restes considérables de la maison de campagne et des thermes de Domitien, mêlés de beaux arbres. On y domine toute la campagne de Rome, désert inculte, parsemé de ruines, d'où la ville pontificale, avec ses dômes dorés, ses colonnes d'airain, ses obélisques de granit, ses palais immenses, apparaît comme un majestueux oasis de monumens.

---

[1] On se rappelle la prophétie du vieil Aruspice étrusque que le sénat fit habilement confirmer par l'oracle de Delphes. Cette prophétie, qui a bien l'apparence d'avoir été concertée, annonçait que les Romains ne s'empareraient point de Veies si la crue extraordinaire du lac, qui avait eu lieu sans qu'il fût tombé de pluie et par un temps très sec, ne trouvait une issue, sans toutefois se jeter dans la mer. Cette dernière partie de l'oracle était un moyen employé par le gouvernement de Rome afin de prescrire avec plus d'autorité les irrigations si utiles à l'agriculture. Cicéron paraît assez le croire lorsqu'il dit : *Ita aqua albana deducta ad utilitatem agri suburbani non ad arcem urbemque retinendam* (*De Divinit.*). Ce travail avait encore un but d'utilité militaire, puisqu'il forma les soldats à l'art des mines, ainsi qu'on le vit par celle qu'ils poussèrent jusque sous la citadelle de Veies, et qui décida du sort de la place.

FIN DU TOME TROISIÈME.

TABLE DES MATIÈRES

CONTENUES

DANS LE TROISIÈME VOLUME.

LIVRE NEUVIÈME.

FLORENCE.

Chap. I*er*. Route de Bologne à Florence. — Apennins. — *Pratolino*. — Aspect de Florence............ *page* 1

Chap. II. Fête Saint-Laurent. — Florentins. — Fêtes de Florence. — *Barberi*. — Improvisateurs. — Sgricci... 5

Chap. III. *Palais vieux*. — Démocratie florentine. — *Salle du conseil*. — Emprisonnement de Côme. — *Salle de l'audience*. — Portraits. — *Hercule*, de Bandinelli ; *David*, de Michel-Ange. — *Place*. — *Loge des Lanzi*. — Orgagna. — Statues...................... 10

Chap. IV. *Uffizi*. — Galerie. — *Bacchus*, de Michel-Ange. — Copie du Laocoon. — *Mercure*, de Jean Bologne. — Finiguerra. — Tête de cheval. — Chimère. — *Niobé*. — L'*Alexandre* mourant. — *Brutus* ; — *Satyre*, de Michel-Ange. — Portraits des peintres. — Coffret de Clément VII. — Tribune. — *Vénus*. — Statues. — Tableaux. — École florentine. — Médailles. — Camées............ 20

Chap. V. Bibliothéque Laurentienne. — Vestibule. — Escalier. — Vitraux. — Catalogue. — Virgile. — Pandectes. — Tacites. — *Décaméron*. — Pâté de Courrier. — Lettres de Cicéron copiées par Pétrarque. — Notes de Politien. — Lettre du Dante. — Portrait du Dante. — Discours *de la véritable amitié*. — Manuscrits d'Alfieri. — Miniatures. — Évangéliaire syriaque. — Portrait de Laure. — Missel. — Doigt de Galilée. — Collection d'Elci....... 36

Chap. VI. Bibliothéque Riccardi. — Pline. — Ancienne universalité de la langue française. — Anecdote du Dante. — Manuscrits de Poggio. — Constance Varano. — Sommaires de l'histoire de Florence. — Testament de Strozzi. — Autographes............................. 50

Chap. VII. Bibliothéque Marucelli. — *Mare magnum.* — Bibliothéque Magliabecchi. — Catalogue......... page 56
Chap. VIII. Cabinet scientifique et littéraire de M. Vieusseux. — Déclin, fin des anciennes académies ; nouvelles sociétés savantes. — Progrès intellectuels de l'Italie. — Savans, littérateurs de Florence. — Ocheda.......... 60
Chap. IX. Dôme. — Arnolfo di Lapo. — Coupole. — Brunellesco. — *Pavé.* — Tombeaux. — Statues. — Peintures. — *Chœur.* — Dernier ouvrage de Michel-Ange. — Gnomon. —*Sacristie.* — Pazzi. — Des conspirations républicaines funestes à la liberté. — *Campanile.* — *Zuccone.* — *S. Jean.* — *Portes.* — Ghiberti. — Cossa. — Autel. — *Bigallo.* — Banc du Dante....... 64
Chap. X. *S.-Laurent.* —*Chapelles.* — Côme l'ancien. — *Vieille sacristie.* — Jean de Médicis. — *Chapelle des tombeaux; — des Médicis.* — Piédestal. — *S. Giovannino.* — Ammanato. —Laure Battiferri. — Le P. Inghirami. — *Lo Scalzo.* — André del Sarto............ 81
Chap. XI. *S.-Marc.* — Pic de la Mirandole. — Politien. — Couvent. — Savonarole. — Ancienne bibliothéque de S.-Marc. — *Annonciade.* — Chapelle. — Les Villani. — Tribune. — Cloître............................ 90
Chap. XII. Place Ste.-Croix. — *Ste.-Croix.* — Tombeaux de Michel-Ange, de Machiavel, de Galilée. — Monument au Dante. — Autres tombeaux. — Alfieri. — Lanzi. — Léonard Arétin. — Chanceliers de la république florentine. — Mausolée de Marsuppini. — Filicaia. — Thadée Gaddi. — Chaire. — Cloîtres. — *S. Ambroise.* — Fausse conversion. — La *Badia.* — *Or San Michele.* — Luxe des arts avec l'esprit industriel et le gouvernement républicain. — Chaires du Dante. — Gonnelli............ 100
Chap. XIII. *Ste.-Marie-Nouvelle.*— *Porte.* — Cimabué. — Ghirlandaio. — *Crucifix* de Brunellesco. — Tombeaux. — *Chapelle des Espagnols.* — *Grand cloître.* — Peintures grecques. — *Apothicairerie.* — Le commerce, les lettres et les emplois publics compatibles à Florence. — *Ognissanti.* — *St.-Sépulcre.* — *Trinité.* — Colonne. — *SS. Apôtres.* — Mausolée d'*Altoviti.* — Laurent Lorenzini. — *Ste.-Marie-Majeure.* —Vue basse des Florentins. 114
Chap. XIV. *S.-Esprit.* — Mystère florentin. — Chœur. —

Sacristie. — Mari de Bianca Capello. — Pierre Vettori.
— *Carmine*. — Masaccio. — Frère Ambrogino. — *S. Félix*. — Don Basile Nardi. — *Malmaritate*. — Ste. Félicité.
— Paterins. — Angelica Paladini. — Sacristie. —
M. Barbieri. — André del Castagno............ *page* 124
CHAP. XV. Palais. — Architecture florentine. — Palais *Riccardi*. — Luc Giordano. — Académie de la Crusca.
— *Chapelle*. — Lorenzino Médicis. — Le marquis Capponi. — Palais *Gherardesca*...................... 133
CHAP. XVI. Maison Lenzoni. — Salons littéraires d'Italie. 137
CHAP. XVII. Palais *Martelli*; — *Pandolfini*; — *Borghese*.
— Bals. — Société. — Palais *Altoviti*; — *Peruzzi*; — *Ruccellai* (*strada della scala*). — Académie platonicienne. — Palais *Ruccellai* (*della vigna*); — *Corsini*; — *Vecchietti*; — *Strozzi*. — Cronaca. — Gondi....... 139
CHAP. XVIII. Palais *Pitti*. — Cour. — *Vénus* de Canova.
— Galerie. — Bibliothèque. — Manuscrits de Galilée. —
Boboli. — *Fleuves*, de Jean Bologne. — Casin Leblanc. 145
CHAP. XIX. Maisons de Cellini; — de Zuccari; — de Michel-Ange; — de Jean Bologne; — d'Alfieri; — de Viviani; — de Galilée; — de Machiavel............. 156
CHAP. XX. Académie des Beaux-Arts. — Du grand nombre d'artistes. — Raph. Morghen. — Niccolini. — Pierres dures....................................... 159
CHAP. XXI. Théâtres de la *Pergola*; — *Cocomero*; — *Goldoni*; — *Alfieri*........................... 162
CHAP. XXII. Hôpital de *Sta.-Maria-Nuova*. — Confrérie de la Miséricorde. — Améric Vespuce. — Musée de physique et d'histoire naturelle. — Télescope de Galilée... 164
CHAP. XXIII. Maison de travail. — *Stinche*. — Prisons.. 166
CHAP. XXIV. Porte à *S. Gallo*. — Pont *alle Grazie*. —
Épitaphe de cheval. — Porte S. Nicolas. — Pont vieux.
— Orfévrerie florentine. — Corridor. — Groupe d'*Hercule* et du *Centaure*. — Ponts de la Trinité; — *Carrajá*.
— Porte *al Prato*. — *Calcio*. — Artistes-ingénieurs.... 168

TABLE DES MATIÈRES.

LIVRE DIXIÈME.

ENVIRONS. — PISE. — LIVOURNE.

CHAP. I*er*. Avenue du *Poggio imperiale.* — *Arcetri.* — Tour ; — maison de Galilée. — *Montici.* — Guichardin.. page 173

CHAP. II. Cascines. — Villa *del Boccaccio.* — Alessandra Scala. — *Badia.* — *Tipografia Fiesolana.* — M. Inghirami. — Villa *Mozzi;* — *Ricasoli.* — FIESOLE. — Mino. — Capucins.................................. 177

CHAP. III. *Poggio di Cajano.* — Salon. — Peintures. — Marguerite d'Orléans. — Alliances malheureuses des Médicis.. 181

CHAP. IV. *Careggi.* — Fête de Platon. — Mort de Laurent le Magnifique. — *S. Etienne-tra-l'arcora.* — *Quiete.* — Éléonore de Montalvo. — *Petraia.* — Scipion Ammirato. — *Castello.* — Villa *Bartolini.* — *Topaia.* — Benoît Varchi... 183

CHAP. V. Vallombreuse. — Fête. — Aspect. — S.-Gualbert. — Hugford. — *Scagliola.* — *Paradisino.* — Route. — Culture. — Paysan du *Val d'Arno*................... 187

CHAP. VI. Bastion de Michel-Ange. — Église *S.-Sauveur.* — *S.-Miniato al Monte.* — Tombeau du cardinal de Portugal... 191

CHAP. VII. Chartreuse. — Des chartreuses. — Acciaioli. — Dom Fortunato. — Le prêtre italien............... 192

CHAP. VIII. *S.-Casciano.* — Villa de Machiavel........ 195

CHAP. IX. *Certaldo.* — Maison ; tombeau de Boccace... 197

CHAP. X. PISE. — Route. — Solitude. — Climat. — Dôme. — Buschetto. — Autel S.-Blaise. — Tombeaux de Ricci ; — de l'empereur Henri VII. —Chaires. — *Ste.-Agnès*, d'André del Sarto. — Baptistère. — Célérité des travaux. — Chaire de Nicolas de Pise. — Tour penchée. — Vue. — Jean de Pise...................................... 204

CHAP. XI. *Campo-Santo.* — Jean de Pise. —Peintures. — Benozzo Gozzoli. —Sculptures. — Monument de Béatrice. — Tombeaux d'Algarotti ; — de Pignotti ; — de Vacca. 210

CHAP. XII. Églises. — *S.-Étienne.* — Drapeaux. —Orgue. — *S.-Nicolas.* — Clocher. — *S.-Michel.* — *S.-Paul.* — *Ste.-Marie della Spina.* — Ninus de Pise......... 218

CHAP. XIII. Université. — Professeurs. — Bibliothèque.
— Jardin botanique........................ *page* 223
CHAP. XIV. Palais ducal. — D. Garzia. — Palais *Lanfranchi*. — Lord Byron. — Palais *Lanfreducci*. — *Alla giornata*. — Tour *de la Faim*. — Pont de marbre. — Jeu.
— Chinzica................................ 225
CHAP. XV. Chartreuse......................... 228
CHAP. XVI. Ferme de *San Rossore*. — Chameaux. —
Bêtes épiques de l'Italie...................... 229
CHAP. XVII. Bains. — Vanité de Montaigne.......... 231
CHAP. XVIII. LIVOURNE. — Lazaret. — Synagogue. —
Juifs. — *Esclaves*, de Tacca. — Magasin des huiles. —
Manufacture de corail. — Magasin Micali. — Cimetière
anglais. — *Ardenza*. — *Montenero*................ 232

LIVRE ONZIÈME.

ROMAGNE. — ABRUZZES.

CHAP. Ier. Aspect. — Romagnoles. — IMOLA. — FAENZA.
— Françoise Bentivoglio. — Manufacture. — Capucins.
— M. Strocchi............................. 235
CHAP. II. RAVENNE. — Cathédrale. — *S.-Vital*. — Mosaïques. — Bas-reliefs. — Tombeaux d'Isaac ; — de
Placidie. — *S.-Jean-Évangéliste*. — *S.-Apollinaire*.
— Palais de Théodoric. — *Classe*. — Collége. —
S.-François. — Le P. Alfieri. — *Braccio-forte*..... 238
CHAP. III. Bibliothèque. — Manuscrit d'Aristophane. —
Médaille de Cicéron. — Papyrus. — Académie des
Beaux-Arts. — Palais du chevalier R******.......... 245
CHAP. IV. Tombeau du Dante. — Le Dante.......... 248
CHAP. V. Environs. — Murs. — Mausolée de Théodoric.
— *Crocetta*. — Alberoni. — *S.-Apollinaire in Classe*.
— Abaissement prétendu de l'Adriatique. — *Pineta*. —
Colonne des Français. — Bataille. — Côte jusqu'à Rimini. 251
CHAP. VI. FORLI. — Catherine Sforze. — Cathédrale. —
S.-Jérôme. — CÉSÈNE. — Malatestiana. — *Savignano*.
— Sénatus-consulte. — Rubicon.................. 257
CHAP. VII. RIMINI. — Pont. — Arc d'Auguste. — *S.-François*. — Alberti. — Malatesti. — Chapelle. — Forte-

resse. — Françoise de Rimini. — Bibliothéque. — Cagliostro... page 260

CHAP. VIII. République de S.-Marin. — Constitution. — Population. — Revenus. — Armée. — S.-Marin. — Église. — Onofri. — M. Borghesi. — Citoyens de S.-Marin. — Vue.. 264

CHAP. IX. *Cattolica.* — PESARO. — Princes de la Rovère. — Belvedère S.-Benoît. — Bibliothéque Olivieri. — L'*Imperiale*.. 268

CHAP. X. FANO. — Arc d'Auguste. — *S.-Paternien.* — Théâtre. — Métaure. — *Senigallia.* — Massacre. —Vue. 273

CHAP. XI. ANCÔNE. — Arc de Trajan. — Cathédrale. — Bourse. — Bon marché du spectacle en Italie. —Giovanni. 275

CHAP. XII. LORETTE. — Statue de Sixte-Quint. — Portes. — *Sta.-Casa.* — Statue de la Madone. — Palais. — Pots. — Trésor. — Le Tasse à Lorette............... 277

CHAP. XIII. *Fermo.* — Oliverotto. — ABRUZZES. — Brigands. — Habitans. — *Pescara.* — *Popoli.* — *Sulmone.* — Ovide. — *Castel di Sangro.* — *Isernia.* — Aquéduc. — *Venafre.* — Lumière de Naples................. 281

LIVRE DOUZIÈME.

NAPLES.

CHAP. Ier. Route de Livourne à Naples. — Bateau à vapeur. — Ile d'Elbe. — De la Méditerranée. — NAPLES. — Douane. — Lazzaroni........................... 287

CHAP. II. Palais. — Palais royal. — Place. — *Largo del Castello.* — Fontaine Médina. — Autrichiens à Naples. — *Castel nuovo.* — Arc d'Aragon. — Fontaine Ste.-Lucie. — Château de l'OEuf. — *Villa reale.* — Fête de Ste.-Marie *di Pie di grotta.* — *Chiaja.* — Société. — Savans. — Ébauche du *Jugement dernier.* — Palais Gravina. — Tolède.......................... 291

CHAP. III. *Studj.* — Statues. — *Famille Balbus.* — *Vénus de Capoue.* — *Flore Farnèse.* — *Vénus Callipyge.* — *Hercule Farnèse.* — *L'Aristide.* — Bronzes. — *Papyri.* — Meubles. — Ustensiles. — Comestibles. — Vases. — Peintures antiques. — Mosaïques.................... 299

TABLE DES MATIÈRES. 441

Chap. IV. Galerie. — École napolitaine. — Schedone. — Salle des chefs-d'œuvre. — *Philippe II*, du Titien. *page* 306

Chap. V. Bibliothéque royale. — Autographes de S.-Thomas ; — du Tasse. — Autres bibliothéques. — Bibliothéque de S.-Philippe de Néri. — Manuscrit de Sénèque. — Imprimerie royale. — Librairie. — Archives. — *Constitutions* de l'empereur Frédéric II. — Pierre des Vignes.. 311

Chap. VI. Théâtres. — *S.-Charles.* — Musique. — Conservatoire. — Zingarelli. — Crescentini. — *Fondo.* — Barbaja. — *Florentins.* — *S.-Carlino*............. 315

Chap. VII. Cathédrale. — *Confession.* — Tombeau de Charles d'Anjou. — Chapelle *Minutolo.* — *Ste.-Restitute.* — Trésor. — Haines d'artistes. — Miracle du sang. — André de Salerne. — Pontano. — *S.-Paul.* — Solimène. — *S.-Laurent.* — *S.-Philippe de Néri.* — Vico. — *Porta Capuana*................................. 318

Chap. VIII. Chapelle *della pietà de' Sangri.* — *S.-Ange à Nilo.* — Mausolée du cardinal Brancaccio. — *S.-Dominique majeur.* — Architecture des couvens de l'ordre de S.-Dominique. — Rota. — Chapelle du Crucifix. — Aniello Fiore. — Monument *Pandone.* — Sacristie. — Aragonais. — Obélisque. — Monastère. — S.-Thomas. — Scolastique. — *Ste.-Claire.* — Le roi Robert. — Jeanne de Naples. — Clocher. — *Gesù*............. 327

Chap. IX. *Monte-Oliveto.* — Poëme du Tasse. — *Santa-Maria la Nova.* — Inscription du tombeau de Lautrec. — Pierre Navarre. — *S.-Jacques des Espagnols.* — Mausolée de Pierre de Tolède. — Domination espagnole. — Édifice S.-Jacques........................... 338

Chap. X. *Ste.-Marie del Parto.* — Sannazar. — Chartreuse *S.-Martin.* — L'Espagnolet. — Villa Belvédère. — *Floridiana*...................................... 343

Chap. XI. *S.-Jean Carbonara.* — Caracciolo. — Amans de reines. — Ancienne bibliothéque de S.-Jean Carbonara. — *SS. Apôtres.* — Cimetière. — Cav. Marin. — Jour des morts. — *Carmine.* — Conradin. — Place du marché. — Peuple de Naples. — Dialecte napolitain. — Chansons populaires. — *S.-Severin.* — Jean de Nola.. 347

Chap. XII. Monastère *S.-Gregorio armeno.* — Prise d'habit. 356

TABLE DES MATIÈRES.

Chap. XIII. *Pausilype.* — Grotte. — Tombeau de Virgile. — *Mergellina.* — Pêcheurs. — Palais de *Donn' Anna. page* 359
Chap. XIV. *Capo di Monte.* — Pont. — Palais. — Chinois. — Observatoire. — Catacombes. — Sérail. — Jardin botanique. — Institut du Miracle. — Éducation française des femmes en Italie. — *Ponti rossi*.............. 361

LIVRE TREIZIÈME.

ENVIRONS. — ROUTE DE ROME.

Chap. Ier. *Vomero.* — Camaldules. — Lac d' *Agnano.* — Grotte du Chien. — *Solfatare.* — Pouzzole. — Cathédrale. — Temple de Sérapis. — Port. — Amphithéâtre. — Tombeaux. — Maison de Cicéron. — Lacs *Lucrin* et *Averne.* — Temples de Vénus, de Mercure, de Diane. — Bains de Néron. — Piscine admirable. — *Cento Camerelle.* — *Cumes.* — *Baïes.* — *Bauli.* — Tombeau d'Agrippine. — Côte de Misène. — Grotte de la *Draconaria*................................... 367
Chap. II. Ischia. — Vue. — Bains. — Vittoria Colonna. 376
Chap. III. Portici. — Le *Granatello.* — La Favorite. — *Pavé.* — Hackert....................... 378
Chap. IV. *Vésuve.* — Route. — Ermites. — Éruptions. — Bienfaits du Vésuve................. 380
Chap. V. Herculanum. — Théâtre. — Pompéi. — Fouilles. — Maison de campagne. — Voie des tombeaux. — Murs. — Rues. — Maison d'Actéon. — Boutiques. — Maisons du boulanger ; — de Pansa ; — du poète dramatique. — Thermes. — *Fullonica.* — *Forum.* — Trésor public. — Prisons. — Basilique. — Panthéon. — Place du Théâtre tragique. — Théâtre. — Prix des places. — Amphithéâtre............................. 383
Chap. VI. La *Cava.* — Monastère de la *Trinité.* — Archives. — Chartes. — Bibliothèque. — Manuscrit des lois lombardes. — Salerne. — Cathédrale. — Grégoire VII... 394
Chap. VII. *Pæstum.* — Origine. — Métairie. — Temples. 398
Chap. VIII. *Sorrente.* — Barque. — Maison du Tasse. — Costumes. — Antiquités...................... 400
Chap. IX. Caprée........................... 403

TABLE DES MATIÈRES. 443

Chap. X. *Castellamare.* — *Amalfi.* — *Atrani.*..... page 405

Chap. XI. Palais de *Caserte.* — Jardins. — *S.-Leucie.* — Aquéduc. — Charles III...................... 408

Chap. XII. Le *Mont-Cassin.* — S.-Benoît. — Didier. — Cour. — Église. — *Tugurio.* — Orgue. — Monastère. — Réfectoire. — Bibliothéque. — Archive. — Correspondances des Papes et du Grand-Turc. — Lettres de Mabillon, de Montfaucon. — Gattola. — Portraits. — Chaise *balnearia.* — Tour de S.-Benoît. — Religieux. — De la vie monastique actuelle........................ 409

Chap. XIII. *S.-Germano.* — Théâtre. — Amphithéâtre. — Arce. — *Arpino.* — Maison de Cicéron. — *Fullonica.* — Cav d'Arpino. — Théâtre *Tullio*................ 420

Chap. XIV. Route de Rome. — *Averse.* — Hôpital. — Vin. — Capoue. — Amphithéâtre. — Cathédrale. — Ancienne Minturnes. — Voie Appienne. — *Garigliano.* — *Gaëte.* — *Castellone.* — Villa ; — Tombeau de Cicéron. — Fontaine *Artachia.* — *Itri.* — *Fondi.* — Mort d'Esmenard....................... 423

Chap. XV. Suite de la route de Rome. — Mesures contre les brigands. — Gasparoni. — *Terracine.* — Palais de Théodoric. — Port. — Cathédrale. — Marais Pontins. — *Monte Circello.* — Mme Fiorini. — Murs, temples de *Cora.* — Velletri. — *Genzano.* — *Larricia.* — Palais *Chigi.* — Église. — *Albano.* — Tombeaux. — *Galerie.* — *Castel-Gandolfo.* — Lac. — Émissaire. — Superstition patriotique de Rome. — Nymphée. — Palais. — Église. — Villa *Barberini.* — Vue de Rome............... 429

FIN DE LA TABLE DU TROISIÈME VOLUME.

www.ingramcontent.com/pod-product-compliance
Lightning Source LLC
Chambersburg PA
CBHW072214240426
43670CB00038B/1437